大學用書

新編中國哲學史（三上）

勞思光　著

三民書局　印行

國家圖書館出版品預行編目資料

新編中國哲學史／勞思光著.——三版五刷.——臺北市：三民，2024
　　面；　公分

ISBN 978-957-14-5610-2（第三冊上:平裝）
ISBN 978-957-14-5611-9（第三冊下:平裝）
1. 中國哲學史

120.9　　　　　　　　100027708

新編中國哲學史（三上）

作　者｜勞思光
創辦人｜劉振強
發行人｜劉仲傑
出版者｜三民書局股份有限公司（成立於 1953 年）

三民網路書店
https://www.sanmin.com.tw

地　址｜臺北市復興北路 386 號　（復北門市）(02)2500-6600
臺北市重慶南路一段 61 號（重南門市）(02)2361-7511

出版日期｜初版一刷 1983 年 2 月
重印三版四刷 2007 年 1 月
三版一刷 2012 年 10 月
三版五刷 2024 年 5 月
書籍編號｜S120080
ISBN｜978-957-14-5610-2

三民書局

新編中國哲學史（三上）目次

序論
壹 「晚期」之意義……一
貳 本期中國哲學之演變……二
第一章 唐末思想之趨勢及新儒學之醞釀
壹 道教內丹派之興盛……一五
貳 佛教禪宗之發展……一八
參 儒學復興之嘗試……二三
一、韓 愈……二三
二、李 翺……二七
第二章 宋明儒學總說

壹　宋明儒學之分派……三八
貳　宋明儒學所依據之經籍……六〇
參　宋明儒學興起時之歷史環境……七〇
肆　宋明儒學所面對之哲學難題……七四

第三章　初期理論之代表人物

壹　周惇頤……八九
一、生平及著作……八九
二、濂溪學說之要旨……九一
三、濂溪與儒道之關係……一二一
貳　邵　雍……一五〇
一、生平及著作……一五〇
二、康節學說之要旨……一五四
三、結　語……一六五
參　張　載……一六六
一、生平及著作……一六六
二、橫渠學說之要旨……一六八
三、餘　語……一九〇

第四章　中期理論之建立及演變

壹　程顥之學……一九二
一、生平及著作……一九二
二、明道學說之要旨……一九三
三、附　語……二一五
貳　程頤之學……二一六
一、生平及著作……二一六
二、伊川學說之要旨……二一七
三、結　語……二五二
參　程門弟子之分派……二五三
一、明道之傳……二五四
二、伊川之傳……二五五
三、別　傳……二五六
肆　朱熹之綜合系統……二五七
一、生平及著作……二五七
二、晦翁學說之要旨……二六〇
三、結　語……三〇六

伍　朱熹之敵論……三一〇
一、湖湘學派……三一一
二、事功學派……三一八
三、朱陸之爭……三三九

第五章　後期理論之興起及完成

壹　陸九淵之學……三五六
一、生平及著作……三五六
二、象山學說之要旨……三五七
三、結　語……三七五
貳　王守仁之學……三七七
一、生平及著作……三七八
二、陽明學說要旨……三八二
參　王門弟子之分派……四三〇
一、王畿（龍溪）……四三一
二、鄒守益（東廓）……四三八
三、聶豹（雙江）……四四四
四、王艮（心齋）……四五六

五、餘　論……四六六
肆　後期理論總評……四六八
一、內在問題……四六八
二、外緣問題……四七〇

序論

本書前二卷分別析論「初期」及「中期」之中國哲學思想，本卷則析論「晚期」。以下當說明所謂「晚期」之範圍，並對此一階段中之思想趨向及演變作一簡明敘述，以清眉目。

壹　「晚期」之意義

所謂「晚期」之中國哲學，即指自宋初至清代一段時期中之中國哲學思想而言。此處有兩點應稍作解釋。第一、本書第二卷論述中國哲學之「中期」，止於唐代之佛教教義。

本卷現論述「晚期」，而以宋代為主，似將唐中葉後至五代時一段略而不言。此點易使人誤會。但本卷之所以如此，並非對此一階段之中國哲學思想避而不談，而僅是將宋代興起之宋明儒學視作主要哲學思想運動，故將唐代中葉以後之有關言論，繫於此一運動下而論之（參閱下文〈唐末思想之趨勢及新儒學之醞釀〉一章），蓋唐代除佛教思想外，並無明確哲學思想或理論出現；所有者僅屬零星言論。此中較重要者大抵可視為儒學思想漸求復振之信號。因此，本書不能另標「唐代哲學思想」之名。至於五代，世亂時促，亦無顯明哲學思想成立，故亦不能成為單獨之論題，只能就與宋明儒學思想有關者隨處提及而已。此是首須說明者。

第二、本卷論「晚期」之中國哲學，止於清代中葉；此亦應加說明。

中國哲學史之論述，應止於何時，殊難有確定標準。如馮友蘭《中國哲學史》（指原本說，最近改寫本不擬論及），分中國哲學思想為兩大階段，即所謂「子學時代」與「經學時代」，而以清末之譚嗣同、廖平等人作為最後結束經學時代之代表人物，於是其書之論述，直至清亡為止。本書則認為清道光以後，鴉片戰爭既使西方勢力進入中國，中國整個歷史皆進入一新階段——即所謂「近代史」及「現代史」之階段。此後，一切思想制度之演變，皆須在此一新配景中觀察了解。故就中國哲學思想而言，道光後之中國哲學思想亦必須收入此一「近代或現代之配景」中析論。而所謂「中國哲學史」，原以此一大變開始以前為限，因此，本卷所說之「晚期」，即止於乾嘉時代。所謂「晚期」，原對「中期」、「初期」而言，皆指舊有之中國哲學思想。若尚在發展變化中之「近代史」及「現代史」，則不能稱為「晚期」，故必須如此劃分也。

以上說明本書所定之「晚期」之範圍，以下再對此一階段中之中國哲學思想作一概觀，以明其趨向及演變。

貳　本期中國哲學之演變

晚期中國哲學思想之演變情況，一般言之，不似初期與中期之繁雜；蓋初期哲學思想，涉及古代南北文化之衝突與融會；其間有所謂諸子之說，頭緒頗繁。中期則一方面有古代思想之變質問題（此在儒道二家皆然），另一方面又有外來之印度佛教入侵。其間中印思想之激盪變化，亦屬曲折多端。而晚期之中國哲學思想，則大致言之，只有一主流，即回歸於先秦本義之「新儒學」——可包括宋明諸儒之說；故敘述整理之線索，在客觀上已有限定。學者了解此一階段亦較易下手。

但晚期哲學之演變線索雖簡，學者掌握此線索時，對初期及中期實況之了解仍為必不可少之條件。此因晚期哲學所面臨之問題，基本上實源自中期之曲折也。

宋以後之儒者，所以有歸向先秦之新儒學運動，原由於欲擺脫中期哲學所留下之限制。此又可分兩方面說，其一是儒學內部問題，即關涉漢儒之偽冒儒學之理論；其二是對抗外來壓力之問題，即關涉佛教之價值觀。在本書第二卷中，關於漢儒思想與先秦儒學之歧異，已屢有說明。至於佛教基本價值觀念與儒學立場之同異，亦有描述。此處只拈出一、二主要觀念，以表明宋明儒學最早面對之問題；進一步之討論皆留俟後節。

漢儒思想之特色，為其「宇宙論中心之哲學」；具體言之，即是一切歸於一「天」；以此說明一切存在及關係，亦據此以立價值標準。此與先秦孔孟之「心性論中心之哲學」，殊異甚顯。漢以後之儒者，雖以宗孔孟為名，但實際上對於雜取陰陽五行等原始觀念之漢儒理論，亦常盲目接受，不知其方向實大悖孔孟本義。然漢儒之「宇宙論中心之哲學」，不僅就歷史意義說，是違離孔孟者，且在理論意義上亦是一退化墮落；蓋所謂德性及價值問題，決不能訴於存在或存有領域。以宇宙論觀念為基礎而建立之任何價值理論，本身皆必屬粗陋虛弱。此一理論問題有其客觀確定性，故在一定歷史契機下即將顯現。當此問題顯現時，學者縱使不甚確知漢儒宇宙論思想與先秦儒學之歷史性差別，亦將因發現漢儒此種思想本身之不可成立，而有抗拒改造之要求。此在唐末學者即已有表現，而成為宋明儒學運動之序曲。

引起此一潮流之歷史契機，乃佛教之壓力。佛教之宗教面，本書中不能涉及。就其哲學面言之，則佛教哲學是一與先秦儒學不同之心性論哲學；其精采處皆落在價值問題上。中國學者在面對佛教之壓力時，由其教義中之強點，即看出漢儒傳統下「宇宙論中心之哲學」之根本弱點。故在唐末，學者如韓愈、李翱等，皆以拒佛之立場而初步嘗試脫離漢儒思想；蓋欲與佛教之價值論爭短長，即不能不拋棄「宇宙論中心之哲學」，而歸於「心性論中心之哲學」。就理論層級說，「宇宙論中心之哲學」本身屬於幼稚思想，無法與佛教之心性論抗衡；此是客觀限制。此限制一旦進入人之自覺，則拋開宇宙論而重看價值問題，即是不可免之事。

中期之中國哲學，一部分勢力為宇宙論中心之理論，另一部分勢力則為佛教之心性論。當中國學者欲抗拒佛教時，一方面必須脫離宇宙論傳統，另一方面又必須建立心性論系統以完成此抗拒之努力。前者屬消極性工作，後者為積極正面之工作。此種努力，不論在消極面或積極面，均非可一步完成者，因此，此兩種工作之逐漸完成，即表現晚期中國哲學之演變線索。

自唐代「中國佛教」長成後，就佛教一面說，已對中國心靈作最大限度之適應；但在基本精神方向上看，則佛教之「捨離精神」乃決不能放棄之原則。在此處佛教與儒學無法妥協。中國學者至此即面臨一種精神方向之選擇問題。若接受「捨離精神」，則即必須持一否定世界之態度，若對此世界欲有所肯定，而不願視世界之「有」本身為一迷執，則即須拒絕「捨離精神」。唐代提倡儒學而排斥佛教諸人，基本上即皆由於不願否定世界；但其立說，殊欠堅實。故只能看作一種意向之表示。此諸人在晚期中國哲學思想中，亦只有序幕人物之地位。此是本期開始時之情況。

至北宋初年，乃有進一步之表現。周惇頤立說，已有自造一系統之意。因此已是以理論系統抗拒佛教，而非如唐人之僅有拒佛之意向。然就理論內容言之，則周氏之說，基本上未脫宇宙論之影響，不過增多形上學成分而已。其中心性論之成分甚少。其後張載之說，大體亦如此（詳見後文各章）。故周張哲學之課題，可說是以混合形上學與宇宙論之系統排拒佛教心性論，尚非以孔孟本義之心性論對抗佛教之心性論也。

二程兄弟，立說自有異同；然大旨皆是以「性」為主；定之以「性即理」之說，於是引生一純粹形上學系統。明道早死，《遺書》中所載議論頗多歧出之義，亦無他作可供檢定，故釋之者遠自朱熹以前即多爭執。伊川之說則面目甚明，乃一脫離宇宙論影響之形上學；較之周張自是一進展。

然若就根源處著眼，則此一重振儒學之運動，目的既在於以儒學之價值哲學代替佛教之價值哲學，則如上文所指出，此一工作必須歸於心性論之肯定，因就哲學問題本身說，價值德性等等問題，皆本不屬「有無」之領域；宇宙論固不能對此種問題有真解答，以超經驗之「實有」為肯定之形上學系統，亦不能提供解決。今伊川之形上學，雖已遠勝漢儒之說，亦有進於周張之言，仍不能真完成重振儒學之任務。於是二程「性即理」之論，只代表宋明儒學之第二階段，而非成熟階段。朱熹之綜合周張二程，亦仍未脫此第二階段也。

成熟階段即心性論重建之階段，此一工作始於南宋之陸九淵，而最後大成於明之王守仁。陸氏首重「心」觀念，即由「存有」歸於「活動」，由對峙於客體之主體昇往最高主體性。陽明主「良知」之說，最高主體性乃由此大明。至此，宋明儒學進至高峰。重建心性論即重建儒學之價值哲學。此一建立完成時，中國心靈已不再受制於印度之捨離教義。但在另一方面，儒學價值理論之長短亦皆顯出。故明代以後中國哲學思想即逐漸有反宋明儒學之嘗試。此種嘗試之成果雖不甚豐，然學者觀晚期中國哲學思想時，對此點亦不能不特加注意。

所謂「王學」，在明代已有流弊。但「流弊」是一事，本身之「真缺陷」又另是一事。後章論「王學」時，對其流弊亦當有所陳述。本節論本期中國哲學思想之演變，則不涉及此類旁出之問題，而只涉及「真缺陷」之問題。

王陽明之學既代表宋明儒學之高峰，故「王學」所現出之缺陷，實亦即儒學本身之內在問題。此問題就根源處說，即是「道德心」對「認知心」之壓縮問題。倘就文化生活一層面說，則是：智性活動化為德性意識之附屬品因而失去其獨立性之問題。至其具體表現則為：知識技術發展遲滯，政治制度不能進展，人類在客觀世界中控制力日見衰退。

關於儒學此一內在問題之確切意義，當留至本書後文評估宋明儒學時再作展示。此處只就其影響中國明代以後之思想說，則主要在於具體表現一層面。根源一層非深入哲學問題者不知；即在文化生活一層面說，亦不是常識所能了解。但具體表現則常人皆能了解，皆能察知，故最易發生影響。明末清初反宋明儒學之思想，大抵由此而發生。

中國在明末已入衰亂時期。其時最明顯之病痛，即在於制度之無力。由於一切制度失去力量，對外不能防禦異族之入侵，對內不能維持社會之秩序。此兩面可用滿清之為患及流寇之興起為代表，最為人所熟知。但制度無力所引生之問題，尚不限於此。軍事財政方面之衰弱混亂以外，在政府人事方面，教育考選方面，無不百病叢生。因此，當時有識者面對此種全面性之衰亂，即不能不對文化制度作一徹底反省。

再進一步看，制度之敗壞雖是一嚴重問題，但此種敗壞何以不能救治，則是更嚴重之問題。因專就制度而論，任何制度之功能均有一定局限，因之亦必有某種缺陷及弊病；然而此種缺陷弊病並不必然生出大崩潰或大混亂之災難。一社會或一國家中，制度有弊病時，人可能通過改進發展而避免災難，亦可能完全無所作為，以致坐待制度弊病成為災難。此中關鍵，即在於「文化活力」問題。文化活力如強，則自能補偏救弊，日新不息；文化活力如衰，則即無救弊之力，災難自隨之而來。而明代末年之衰亂，正屬於第二種情況。由此，此種檢討文化制度而作反省之思想家，遂不能不更進而追問文化活力衰落之原因。

「文化活力」是一廣泛詞語，如作更確定之解釋，則所謂文化活力，即指推動觀念生活及制度種種發展之力量。此種力量之強弱，具體言之，即以知識分子之思想生活態度為核心條件；因一切改進必以某種「理」為據，而了解「理」及說明「理」之所在，無疑為知識分子之責任（倘專依「力」說，則知識分子常常是最無「力」

之社群。但若只說「力」而不問「理」，則亦無文化可說，最無改進可說。今之輕視知識分子者，大抵皆由於不明「力」與「理」之分際。「理」若無「力」自屬空虛，但「力」若不依「理」則必成種種罪惡矣。此點在本書中自不詳論，然學者宜注意及之，方不致為謬論所誤也）。就明末而論，種種制度弊病，固是嚴重；但其時知識分子對此危機難局，毫無作為，則更是致命病根所在。由此，檢討文化制度之思想家，乃必須更進而檢討當時知識分子本身之觀念及生活態度。

從事此一檢討批評者，主要有顧、黃、王及顏、李諸人。此數人彼此所見不同，所得結論，所提出之主張，自亦互異；但有一共同趨向，即皆確認知識分子之如此墮落無力，乃學風不良所致，換言之，即是認為有一種普遍性之觀念錯誤或思想錯誤，為文化活力衰落之原因；推而言之，亦是大災難之根源。於是揭露此種錯誤，並求一解救之道，即成為一在文化上作全面反省之思潮。此思潮亦即是清初思想之總脈，其影響則至於乾嘉時期。

顧炎武、黃宗羲、王夫之並稱為清初三大家。三人檢討文化制度及學風問題，皆認為陽明學派當負責任，但三人所見又大有不同，蓋本身治學方向本不同，故所見輒異。

黃宗羲在三人中，最明心性之學，其基本立場仍承王陽明至劉蕺山一支思想；故當黃氏批評學風時，其主要抨擊對象為陽明之後學，而所強調之問題則為陽明後學走入禪門。禪門之捨離精神承自佛教傳統教義，知識分子之心態或精神方向一旦入禪，即喪失一切做文化建設之能力及意志。而另一面又未必真能達成佛教所證顯之智慧，於是徒得禪門之病，而誤盡天下事。此是黃氏之主要立場。

觀此可知，黃氏做文化上之反省時，僅歸咎於陽明學派之流弊（因陽明本旨自不是「入禪」）；不唯不致疑於整個儒學傳統，亦未反對宋明理學，且亦非反對陽明之學，故此一檢討工作中否定成分甚少。至其政治思想之特異，則又是另一事。

顧炎武與黃氏不同。顧氏推尊朱熹，對陸王一系之學即不以為然；故顧氏認為弊害自「空談心性」而起，因此強調程朱一系之「格物窮理」，又以「行己有恥」為格言，作為踐履工夫之樞要。此說自純哲學觀點言之，則未免粗淺。且顧氏持此說以攻陸王，亦正見其未解陸王之學，且未知陸王之方向與先秦儒學之密切關聯。但自哲學史觀點說，則此種思想乃一反陸王而尊程朱之思想，亦即否定宋明儒學一半；在影響上自有可重視之處。

王夫之所學龐雜，上宗《易傳》，旁取漢儒及橫渠之說。因之，宇宙論興趣特強。王氏立說，則對宋明儒學各大家皆持否定態度，獨於張橫渠較能契合；而其主旨則在於強調形器才性，重視事功。其言心言性處，皆是繫於一宇宙論旨趣之下而言之。故王氏之態度又異於顧黃，實已反對整個宋明儒學，不過尚未檢討整個儒學傳統而已。

上述三家，下文另有專節析論其學說。此處只點明三人之思想形成清初哲學思潮之主流。至於顏李一派，立場較近於王，下文亦當簡述其說。但顏李雖自立門戶，在哲學問題上則所見尚屬粗淺（見後文），影響亦不甚大，故不能與三家並列，只可視為旁支思想。

宋明儒學至陽明即入高峰，其後蕺山亦只是發揮補充而已。但至清初三大家立說時，哲學問題遂漸轉為對宋明儒學之檢討批評。如上所說，此一檢討批評之思潮，實由於面對文化病痛而生出。依此，則此一思潮似應有推進中國哲學之功效，而事實則大不然。清代哲學思想自三大家後，不唯毫無進展，反而江河日下。此中理由，又必須在此稍作說明。

清代哲學之衰落，若從文化史之廣泛觀點看，則因素甚多，其中最重要者為異族統治者之壓迫問題。但本書取哲學史立場，故只能論及哲學思想內部之因素。但此非謂強指內部因素充足決定衰落。歷史事件中，每一情況皆有特殊條件；故論析某一次思想衰落時，從哲學史立場看，即應先觀察內部因素是否已足決定此衰落，倘不足決定，則應說此一衰落乃受外在因素決定者；換言之，即應說明此一衰落並非哲學思想內部之問題。若內在因素確已足夠決定思想衰落，則即不能繞向外緣；只應就思想本身作一說明。此正是文化史與哲學史之差別所在；倘不能把握此種分際，則可能在外緣因素上纏繞不清，反而不能把握思想內部之問題。如此即不足言「哲學史」矣。

然則清初三家之努力，何以失敗？清代之哲學思想何以不能由三家之學而振起？三家之學，內部情況是否已足以說明此一失敗？此乃吾人此處應作說明之真問題。

如上所述，三家面對明末文化活力衰萎時之種種病態，而欲尋一革新之路；此乃表面上似應為一推進哲學思想之努力。然此種努力之成敗關鍵，不在於努力者之意向如何，而繫於立說之人對問題本身之了解如何。倘真了解病態之根源，則縱使一時未能有除治之方，此種真了解本身仍可形成一思潮，傳遞後代而逐漸生出正面成果。反之，倘雖有革除病態之意向，而實不了解病是何病，則所謂革新救治，便一齊落空；所提出之種種主張，每每反成為病中之病，則其失敗乃屬當然。清初三家之學，就個人說，則可謂皆「足以自立」；但針對彼等所欲解決之文化問題說，拋開一切外在因素不論，其思想內部皆有一定局限。因之，彼等實皆未能真了解所面對之病態或問題之真象。

顧亭林對心性之學所知殊少；當其面對文化衰落之大問題時，但以為此乃王學之病，而不知王學之局限即傳統儒學之局限。由此，倡程朱而抑陸王，成為一在儒學內部倒退之要求，既不能真見儒學之缺陷，補充拓展自無從說起，且併王學之長亦失之。結果，顧氏之學本身不代表儒學之進展，更不代表儒學之改造，轉成為一迷失。其影響所及乃有尊經崇古之學風，此自只能加強衰落，而不能有救治之功。

其次，黃宗羲頗能承王劉之說，可謂知心性論之大旨。且黃對儒學傳統之缺陷，亦似時有所見（觀《明夷待訪錄》可知）。但黃平生立說，特重闢禪，次言經世。對價值意識及文化精神等等根源上之問題，皆無正面主張。如此，觀黃氏之學，若取其論心性問題部分，則覺陽明學派又多一人；若取其論世考史之作，則覺黃氏乃一史學家或政治思想家。此兩種身分皆與改造儒學傳統無關。結果，黃氏後學，大抵通史學而不通哲學，反成為日後「以史學代替哲學」一謬誤思潮之先驅。此自非黃氏本意，但事實如此，實由黃氏之學內部局限使然也。

最後，王夫之乃一任才縱情之人物。其學混雜，對心性論之本義已不能把握；故當王氏否定大多數宋明儒時，其主張並非更進一步求儒學之發展，或求儒學之改造，反而沾染漢儒宇宙論，混同才性與心性，成一大亂之局。其正面貢獻自在於強調「實現」，強調「歷史」一方面，但此種貢獻可建立王氏個人在哲學史上之地位，而與救治文化病態則相去萬里矣。

三家學說，後文各有論述。此處只說明三家之思想立場及局限，以釋其未能推進中國哲學思想之故，不再多說。總之，三家思想內部局限已定，皆不足擔承此一「大推進」之任務，故縱使外在因素不如當時實際所有之惡劣，三家亦不能成功。於此，清代哲學思想在三家後逐步衰落，亦是勢所必然，不足為怪矣。

三家之後，清代可說並未出現任何偉大哲學思想家。但清代思想亦有一顯著特色，此即「以史學代替哲學」之潮流。而此一潮流之具體表現，即「乾嘉學風」是。

三家中王夫之著作清初列為禁書，故少流傳，影響亦較小。顧黃二氏，則頗為乾嘉學人所樂稱。然乾嘉學風本身則與顧黃立說之旨大異。顧氏雖不通心性之學，但其立說本旨仍在治平；黃氏則始終不失陽明、蕺山之大意，二人均無以考據訓詁代替哲學之主張，而乾嘉學人則基本上從事廣義之史學工作，而自以為由此可解決哲學問題。此一學風雖表面上接近漢代注疏之學，但實質上大有差別，實是一特殊傾向。

此一傾向本身自不代表一種哲學思想，但涉及一理論性問題，對了解哲學思想頗關重要，應在此稍加析論。此即是語文與理論之關係問題。

語文與理論及觀念之關係，論者甚多；近年語言哲學興起，所涉尤繁。此處只就有關乾嘉學風範圍論析，則應指出之問題有二。其一是：語文研究與理論研究之界限問題；其二是：語文研究對哲學研究之正面意義問題。

先就第一點說。語文形式與所表述之觀念結構有一定關聯，固是無可否認者；但就特定理論說，人了解表述此理論之語文，與了解此一理論，仍有一明確界限。此種界限不能通過形式意義之關聯而予以取消，蓋此界限之成立，乃由理論內容而來，不屬形式結構一層面。

舉例言之，如吾人欲了解一篇以外國文字寫成之醫學論文，第一步自然先須能了解此種文字。但了解文字後，仍未必能了解此論文之理論內容；欲達成理論內容之了解，又須具備有關此理論之特殊知識。倘吾人不具備此種知識，則第二步之了解即不可能。蓋語文之了解本身不能提供有關特定理論之特殊知識也。

外文如此，古文亦然。一切訓詁考訂工作，對於學者了解古代文件之作用，基本上與翻譯工作屬於同一類；故吾人取某經某子之文為對象，而作訓解時，最後之目的應即是將此文全部譯成通用語文（如當代口語）。但此一工作完成時，吾人對此文之理論內容之了解並未同時完成。蓋此文縱然全譯成通用語文，吾人所面對者不過是一篇以通用語文寫成之文章；而以通用語文寫成之文章，吾人並非一定全能了解。上述醫學論文之例，亦可用於此。倘吾人未具備基本醫學知識，則縱是一篇以最淺顯之通用語文寫成之醫學論文，吾人讀之，仍將茫然不知其旨。總之，語文之了解決不能代替理論內容之了解。

此即語文研究與理論研究之大界限所在。依此觀之，則乾嘉學人之蔽立明。蓋注疏經子，可以達成語文之了解，然不能以此為理論之了解。乾嘉學人，但注意語文問題，每以為語文困難一經消除，則一切理論均可憑常識或直觀了解，不知每一理論之內容，均涉及一定之理論知識。於是此種研究每以精細之訓詁開始，而以極幼稚粗陋之理論了解為終結。此是乾嘉學風之根本病痛所在（此類理論之例證，見後章）。

以上是就乾嘉學風之負面說，其關鍵在於上述之界限問題。茲另從正面看，則當涉及上節所列之第二問題。語文研究對哲學研究是否仍有某種正面意義？對此問題，吾人可答以「確有正面意義」；但此所謂「正面意義」確指何在，則應再加析解。

首先應加分別者，是哲學研究中之「哲學史」部分與「哲學問題」部分。語文研究對「哲學問題」之正面意義，當歸於「普遍文法」之探求，由此再溯至心靈或思想之活動形式。但此是現代哲學中方發現之哲學工作。古代中國無人順此一方向作嚴格研究。至於語文研究對「哲學史」工作之意義，則在於了解古代文獻之時代，辨別學派之源流，確定詞語之先後各種解釋。此一工作正是乾嘉學人所致力者。就此而論，乾嘉學人之研究成績，對於吾人今日了解哲學史上種種細微問題，自亦有確定意義。

例如，古代中國之經籍，經秦代之變亂，至漢時多失確解。漢人雖因時代距古較近，故於古語古物甚至古制皆能有所解釋，但漢代之思想風氣，本身與先秦大異，因此，凡涉及理論觀念時，漢儒之解釋即大半隔閡不通。且漢儒承戰國託古之風，而漸多偽書，於是自漢以下，論經籍源流者，每每以訛傳訛。至於隋唐宋明，其病益甚。「十三經」之中，真偽相雜，成為訛誤之具體代表。此種訛誤，若專就哲學問題之研究看，可能所關甚小。但若就哲學史研究看，則真偽不分，文獻混亂，又久主訛誤之說，則是一必須澄清之問題。而從事此種澄清工作，學者便不能專倚玄思直悟，而必須依靠古史之廣泛研究——包括古代語文之研究。以廣義之古史研究為基礎，學者乃能循一客觀標準以考訓古代文獻；由此，方可有整理古代思想之客觀線索，而一不為訛誤成說所拘，二不為主觀猜想所蔽。就此而論，宋明儒工作尚極少，更無論隋唐儒士。而乾嘉學人全力集中於此類工作，成績遠勝前代。今日之許多新發展，仍大半借助於此一時期之工作成績。此為吾人所不能否認者。而語文研究對哲學研究之正面意義，以及乾嘉學風之長（就其與哲學工作之相關處說），亦皆可由以上所論顯出矣。

總之，乾嘉學風本身原是一「以史學代替哲學」之潮流，基本上自屬謬誤。但乾嘉學人之謬誤，主要在於不知語文研究與理論研究之界限，因此其病在於不能真正了解「哲學問題」。至於在「哲學史問題」方面，則由於語文研究（廣義史學研究中之一部分）原對哲學史研究有一定正面意義，而乾嘉學人在此一面貢獻甚多，故乾嘉學風對於中國哲學史之工作仍大有助益。此是吾人評定乾嘉學人之思想工作時之結論；其詳當俟後文論之。

又由語文研究以了解古代哲學思想時，尚有更進一步之細微問題，須加清理；亦留俟後章論清儒思想時再作展示。此處是總論中國哲學思想之演變問題，故只說明大眉目。

就「中國哲學史」而言，敘述應至乾嘉學風為止。蓋此後中國哲學思想之演變，見於清道光以下。而此時演變之主要因素，乃外來之壓力及刺激。就時代劃分而論，此即屬於近代中國史之開端，已非傳統中國之範圍。此後之哲學思想，尤不能列入中國哲學史中所謂「晚期」。此點上文業已說及。本書第三卷既標明以「晚期」之中國哲學思想為敘述對象，自不能包括屬於近代中國史階段之哲學思想。故即以論乾嘉學風一章結束全書。

以上說明本期中國哲學思想之演變大要。以下即分章析論本期各重要思想。

第一章　唐末思想之趨勢及新儒學之醞釀

在本書第二卷中，已對中國佛教自漢至唐之發展演變，作一系統論述。本卷以宋明儒學為主要論述對象，但對宋儒興起以前之中國思想界情況，應先稍作敘述。此即本章之主題。

以時代劃分而論，第二卷原已接觸唐代思想，但以佛教教義為限。茲則泛論唐代禪宗興起以後，至唐末為止一段時間中，中國思想界之概況。

此可分為三方面論之。第一為道教方面之思想，第二為佛教方面之思想，第三則為儒學方面之思想。

壹　道教內丹派之興盛

案「道教」與「道家」不同。「道家」指中國先秦時代之老莊思想，所代表者為古中國南方文化傳統。「道教」則以方術為主，源出於先秦之「方士」。宋玉已云：

有方之士，羨門，高谿，上成，鬱林，公樂，聚穀。❶

❶《文選》，宋玉〈高唐賦〉

「有方之士」即「方士」也。至秦始皇時，則欲借「方士」之力「以求奇藥」❷。其時「方士」蓋已成為通用之名。至漢則有「道士」一稱，但亦泛指「道術之人」，非專屬於「道教」。兩晉至南北朝，初則以「道士」或「道人」泛指僧道一流，後則稱佛教徒為「道人」，道教徒為「道士」，如《齊書》謂「道人與道士辯是非」❸，即明證也。案「道教」之組成，乃逐步發展而漸趨定型者。在漢時，凡習神仙術者、黃白術者，皆稱為「道術之士」，而其組織亦未統一。如張角有「太平道」，于吉有「于君道」，張陵有「五斗米道」，此外尚有「帛家道」、「李氏道」等❹，皆各有組織，不相統屬。故道教雖於東漢時開始有宗教組織，然其統一組織則在東漢時並未成立也。晉抱朴子葛洪，精於丹術，著《內篇》、《外篇》及《神仙傳》等，屬道教中傑出人物；然對道教組織之進展並無大影響。南北朝時期，南中國劉宋有陸修靜，撰《齋儀》以規定宗教儀式，又「分三洞之源，立四輔之目」❺，一時負道流重望，遂成為南方道徒之共同領袖。北中國元魏則有寇謙之，假當道之力而擴展道教組織，成為北方道流之共同領袖。此後，道教之統一組織乃逐漸形成，而與老莊之學實無關係也。

　　但另一面道教自東漢時已附託所謂「老君」，其初與老聃似非指同一人；如《玄都律》謂有五神下降封張陵為「國師」，而云：「其一云是周柱下史也，一新出太上老君也」❻。但晉《抱朴子》即言「老君」即李聃❼，於是，道教之思想旨趣，雖與老莊無關，而在名義上卻假託老子矣。至唐代則皇室李姓，遂與此道教之「老君」

❷ 參閱《史記・秦始皇本紀》
❸ 參閱《齊書・高逸顧觀傳》
❹ 參閱《抱朴子・道意篇》
❺ 南宋金允中〈上清靈寶大法總序〉
❻ 見曹學佺《蜀中廣記》，卷七十二引《玄都律》
❼ 參閱《抱朴子・雜應篇》

聯宗。唐太宗貞觀十一年詔書，即宣布：「朕本系出於柱史」❽，高宗、中宗及玄宗皆上尊號，於是唐代之道教乃大盛。至其教義則仍以神仙術為主，而又兼收各種思想，流傳至今之《道藏》，亦即在唐開元間開始纂修者也。

道教之神仙術，本由方士傳統而來；但自漢以下，各種思想，如陰陽五行之說，緯書中之圖書等等，均逐漸為道徒所利用；甚至儒書亦然。如魏伯陽著《參同契》，即假借《易經》而言丹術者。唐代道教既大盛，丹術之言亦大盛。而隋道士蘇元朗（青霞子）倡「內丹說」，輕視金石之術，而教人以行氣導引之法，自煉精氣以求長生。此是道教修煉理論之一大改變。蘇元朗雖假託《參同契》，實則蘇以前並無「內丹」觀念，所謂「丹鼎」一派皆就「外丹」言金丹。即《抱朴子》雖有「大藥」之說，仍只與所謂「房中術」有關，而非真正「內丹」也。嚴格意義之「內丹」，始自蘇元朗而盛於唐，至宋尤見流傳日廣。茲專就唐代而言，則「內丹」說之興，使道教假借各家思想以談修煉之風亦日盛。於是，道士慣於襲取佛儒觀念以講一套修煉理論，而儒書中最常受道家利用者，即是《易經》。道士取〈河圖〉、〈洛書〉等怪說，借《易經》以談修煉，由此遂生出以圖書解《易》之風氣。此點對宋代儒者影響至大。如周濂溪之據〈太極圖〉作說，即其最顯著之實例（詳見第三章，論濂溪與道教關係各節）。

外丹以煉藥為主，仍不脫方士氣習；除對醫藥方面可以有影響外，對思想界影響極小。言「內丹」則涉及內部精神境界問題，理論意義遠較「外丹」為高。故唐代「內丹說」既盛行，思想界遂通過此說而受道教之影響。此論唐末思想界時所首應留意者也。

---

❽ 太宗此詔見《廣弘明集》，卷二十五，及《混元聖紀》，卷八

貳 佛教禪宗之發展

禪宗在慧能手中而成為中國佛教之大派。慧能示寂後，南北兩大支禪宗勢力曾有衝突，然大體言之，禪宗並未因有此內爭而衰，反而通過神會之才辯而影響日大。宗密以華嚴學者而談「禪」，著《禪源諸詮集》，搜輯諸說，判以教理，先分「禪」為四，其言云：

正信因果，亦以欣厭而修者，是凡夫禪。悟我空偏真之理而修者，是小乘禪。悟我法二空所顯真理而修者，是大乘禪。若頓悟自心本來清淨，元無煩惱，無漏智性本自具足；此心即佛，畢竟無異；依此而修者，是最上乘禪，亦名如來清靜禪，亦名一行三昧，亦名真如三昧。此是一切三昧根本，若能念念修習，自然漸得百千三昧。達摩門下展轉相傳者，是此禪也。❾

除此四義外，宗密在其前尚列一「外道禪」，「外道」自是指謬誤而言，故不列入。四義之中，凡夫禪雖非外道，亦不關正覺，故嚴格言之，只三種禪行而已。然此所謂「禪」取廣義解釋，其中唯最後一種始指達摩之傳，亦即指「禪宗」也。

於是宗密在〈都序〉後文，再分禪宗為三云：

禪三宗者，一，息妄修心宗；二，泯絕無寄宗；三，直顯心性宗。❿

對應於此三宗，又說「三教」云：

❾《中華大藏經》，第二輯(144)，卷上之一，〈禪源諸詮集都序〉

❿《中華大藏經》，第二輯(144)，卷上之二

教三種者，一，密意依性說相教；二，密意破相顯性教；三，顯示真心即性教。⓫此即所謂「禪之三宗，教之三種」。宗密然後指出禪宗各派，分別屬於此三宗；又將小乘教義及般若唯識等大乘義分別與此三教相配，而「顯示真心即性教」則配以真常教義。先就禪三宗說。宗密云：

初，息妄修心宗者，說眾生雖本有佛性，而無始無明覆之不見，故輪迴生死。諸佛已斷妄想，故是性了了，出離生死，神通自在。當知凡聖功用不同；外境內心各有分限；故須依師言教，背境觀心，息滅妄念；念盡即覺悟，無所不知。如鏡昏塵，須勤勤拂拭，塵盡明現，即無所不照。……南侁北秀，保唐宣什等門下皆此類也。牛頭天台，惠稠求那等，進趣方便；迹即大同，見解即別。⓬

案宗密即以「息妄修心宗」指神秀一支，故取鏡塵之喻也。至牛頭天台，則修行之跡雖相似，所持理論觀點則不同。其次又云：

二，泯絕無寄宗者，說凡聖等法皆如夢幻，都無所有；本來空寂，非今始無。即此達無之智，亦不可得。平等法界，無佛無眾生。法界亦是假名，心既不有，誰言法界？無修不修，無佛不佛。設有一法勝過涅槃，我說亦如夢幻。無法可拘，無佛可作。凡有所作，皆是迷妄。如此了達，本來無事。心無所寄，方免顛倒，始名解脫。石頭牛頭，下至徑山，皆示此理。……因此便有一類道士儒生閒僧，汎參禪理者，皆說此言，便為臻極；不知此宗不但以此言為法。⓭

此是以「泯絕無寄宗」判石頭牛頭一支。然後論第三宗云：

⓫ 《中華大藏經》，第二輯(144)，卷上之二

⓬ 同上

⓭ 同上

三，直顯心性宗者，說一切諸法，若有若空，皆唯真性。真性無相無為，體非一切；謂非凡非聖，非因非果，非善非惡等。然即體之用，而能造作種種；謂能凡能聖，現色現相等。於中指示心性，復有二類。一云：即今能語言動作，貪嗔慈忍，造善惡，受苦樂等，即汝佛性。即此本來是佛，除此無別佛也。……不斷不修，任運自在，方名解脫。……二云：諸法如夢，諸聖同說；故妄念本寂，塵境本空。空寂之心，靈知不昧。即此空寂之知，是汝真性。任迷任悟，心本自知，不藉緣生，不因境起。……覺諸相空，心自無念；念起即覺，覺之即無。修行妙門，唯在此也。故唯備修萬行，唯以無念為宗。……然此兩家，皆會相歸性，故同一宗。⓮

宗密論「直顯心性宗」而未指出何人屬此派，然就「本來是佛」及「以無念為宗」看，則皆慧能之說，可知此宗即專指慧能之傳也。其下再依三教說。先將「密意依性說相教」再分為三。即：第一，人天因果教；第二，斷惑滅苦樂教。此二教與小乘經論相應。第三，將識破境教。此則與大乘唯識教義相應。故宗密述此教後云：

《解深密》等數十本經，瑜伽唯識數百卷論，所說之理，不出此也。⓯

宗密又指出：此中第三「將識破境教」與禪門之「息妄修心宗」相通，即近於神秀之禪義。「曹溪荷澤，恐圓宗滅絕，遂呵斥住心伏心等事，但是除病，非除法也。」⓰下又指出此亦達摩之傳。蓋慧能以前，四祖五祖所持修行法門，皆屬此宗。而在理論上則與唯識之教相近也。

其次，宗密論「密意破相顯性教」，則指出此即與般若中觀之教相應，其言云：

⓮ 《中華大藏經》，第二輯(144)，卷上之二
⓯ 同上
⓰ 同上

> 生死涅槃，平等如幻；但以不住一切，無執無著，而為道行。諸部般若千餘卷經，及中百門等三論，廣百論等，皆說此也。此教與禪門泯絕無寄宗全同。⑰

依此，般若之教亦相當於禪宗中一支之說。

最後，論「顯示真心即性教」，則指出此教即說「佛性」，說「如來藏」，換言之，即與大乘真常教義相應，故云：

> 《華嚴》、《密嚴》、《圓覺》、《佛頂》、《勝鬘》、《如來藏》、《法華》、《涅槃》等四十餘部經，《寶性》、《佛性》、《起信》、《十地》、《法界》、《涅槃》等十五部論，雖或頓或漸不同，據所顯法體，皆屬此教。全同禪門第三直顯心性之宗。

依此，真常教義即與慧能之禪義全同⑱。

總之，宗密原習真常教義（華嚴宗），茲序之說，則將禪宗再加分判，而配以佛教各支理論；於是禪門之三宗，分列相應於唯識、般若及真常教義；換言之，印度大乘佛教之三支，皆收入禪宗。此是禪宗理論一大發展。若就理論內部看，則宗密此種分判，自大有問題。本書此處只論禪宗思想之發展及影響，故對嚴格理論上之是非，不作詳論。

宗密如此大倡禪門理論，其影響之大固不待言。而另一面，歷史機緣又適利於禪宗之流布。宗密之死在唐

---

⑰《中華大藏經》，第二輯(144)，卷上之二

⑱案宗密在《圓覺經大疏》中，則分禪宗為七家。前三家包括神秀等人之說；即六祖同學所傳。第四家為懷讓道一所傳。第五家相當於「泯絕無寄宗」；即石頭，牛頭所傳。第六家則近於淨土與禪宗之混合。第七家即荷澤所傳。第四與第七家，皆是慧能之教；亦即「直顯心性宗」之兩派也。總之，「直顯心性宗」即慧能之教義，亦即此處所論之真常教義

武宗會昌元年——即公元八四一年，不久即有會昌毀法之事。唐武宗既以政治力量壓制佛教，於是寺院被毀，經卷散失。佛教重經論之各宗——如天台、華嚴、法相等，經此破壞，勢遂大衰。而禪宗不重經論，只主參悟，故在此「法難」後，並不受嚴重影響；反因他宗皆衰，而成獨秀之勢。唐末至五代，以迄宋時，中國之佛教實際上只有禪宗為主流。而此點又是唐末思想界另一重要情況。蓋禪宗至宗密立說，而理論進展已有統攝各宗之趨勢；再加以歷史機緣之助力，遂自此成為思想界一大勢力。日後宋儒評論佛教，大抵所據之了解皆由禪宗而來。此點學者不可不留意也。

參　儒學復興之嘗試

隋唐之世，佛教最盛。專以唐代而論，中國佛教三宗中，華嚴及禪宗皆成立於唐初。故大概言之，此時思想界之主流實為佛教教義。道教雖外有皇室之支持，內有「內丹說」之發展；然其理論終是雜取於人，不成體系。至於儒學，則兩漢以降，早已日衰。先混入陰陽五行之說及讖緯之言，後又為清談玄風所掩。唐時官定經籍，真偽不分；所謂讀儒書之士人，則恃辭賦以取功名，藉婚姻以攀門第。其風氣之惡劣，考史者類能言之。故就哲學思想而論，唐代儒學可謂衰極。然此時期中，亦有極力欲作儒學復興之嘗試者。雖以外在阻力至強，內在根基復弱，以致成就無多，然終屬唐末思想界中一重要趨勢，仍當在本章中稍作敘述。

嘗試復興儒學而有著述者，以韓愈及李翺二人為代表。以下分述其言論之大旨。

一、韓　愈

《新唐書》本傳云：

> 韓愈，字退之，鄧州南陽人。……長慶四年卒，年五十七。[19]

依此，則韓氏之生卒年代應為公元七六八—八二四。沒後，門人李漢編其遺文為《昌黎先生集》，又作序文。序文中有云：

> ……比壯，經書通念曉析，酷排釋氏。諸史百子，皆搜抉無隱。汗瀾卓踔，奫泫澄深。詭然而蛟龍翔，蔚然而虎鳳躍，鏘然而韶鈞鳴。日光玉潔，周情孔思；千態萬貌，卒澤於道德仁義，炳如也。洞視萬古，愍惻當世；遂大拯頹風，教人自為。時人始而驚，中而笑，且排先生益堅；終而翕然隨以定。[20]

此處推崇韓氏之語，多就其文說；然大拯頹風之言，則可兼指其「酷排釋氏」。蓋反佛教方是韓氏思想特色也。韓氏在文學上提倡古文，成為「起八代之衰」之文豪，不可謂不成功。但就思想言，則韓氏自身既不長於理論之建構，亦不精於經籍之考訓，實未能立說以影響思想界。然其反佛教而倡儒學之精神方向，則在當時確有卓立不群之意味；故日後宋人筆下，則盛推昌黎。如本傳云：

> 自晉訖隋，老佛顯行；聖道不斷如帶。諸儒倚天下正義，助為怪神。愈獨喟然引聖，爭四海之惑。雖蒙訕笑，跲而復奮。……昔孟軻距楊墨，去孔子才二百年；愈排二家，乃去千餘歲。撥亂反正，功與齊而力倍之，所以過況雄為不少矣。[21]

案此以昌黎上比孟子，而以為其事尤難，可謂推崇逾分；然謂過於荀卿、揚雄，則表示宋代人之一般看法。韓

---

[19] 《新唐書》，卷一百七十六

[20] 《昌黎先生集・序》

[21] 《新唐書》，卷一百七十六

氏之理論未必過於荀揚，但其方向則自謂承孟子之道統也。韓氏論「道」云：

斯道也，何道也？曰：斯吾所謂道也，非向所謂老與佛之道也。堯以是傳之舜，舜以是傳之禹，禹以是傳之湯，湯以是傳之文武周公。文武周公傳之孔子，孔子傳之孟軻。軻之死，不得其傳焉。㉒

韓氏於此明白主張以孟子為儒學正統所在。而謂孟子後道遂不傳，於是視秦漢以下思想，皆屬歧途邪說，故其言云：

周道衰，孔子沒；火于秦，黃老于漢，佛于晉魏梁隋之間；其言道德仁義者，不入于楊、則入于墨；不入于老、則入于佛。㉓

此以秦之焚書，漢之重黃老，南北朝之盛行佛教，分指各衰落階段。若細案之，則老莊之說盛於魏晉而不可謂盛於漢，佛教之大盛正在唐時，皆與韓氏所論輕重不合。但韓氏原屬文人，非作嚴格理論研討者。此文所說，仍只表示其立場觀點而已。

韓氏以為釋老因儒學之衰而興，遂使仁義道德之學不傳；而天下反以佛老之說為「道」。〈原道〉之作，即以辨此義為目的。故云：

其所謂道，道其所道，非吾所謂道也；其所謂德，德其所德，非吾所謂德也。凡吾所謂道德云者，合仁與義言之也。㉔

此則申明儒學之價值觀念與佛老不同。老子言「道德」、「去仁與義」，故非儒學所肯定之「道德」。又另評佛教

㉒《昌黎先生集》，卷十一，〈原道〉

㉓同上

㉔同上

之說，則謂佛教是「夷狄之法」，而廢棄倫常，乃不合理者。韓氏引〈大學〉中「古之欲明明德於天下者」一段，再謂：

然則古之所謂正心而誠其意者，將以有為也。今也欲治其心而外天下國家，滅其天常；子焉而不父其父，臣焉而不君其君，民焉而不事其事；……《詩》曰：戎狄是膺，荊舒是懲。今也舉夷狄之法而加之先王之教之上，幾何其不胥而為夷也。[25]

如此駁佛老，未見理論力量何在。然其立場固極明白。韓氏對古史之了解，全受唐代風氣所局限，故其論道統，今日視之，亦屬一團混亂。但其自覺肯定者仍是孔子之學。故其釋「仁義道德」云：

夫所謂先生之教者，何也？博愛之謂仁，行而宜之之謂義，由是而之焉之謂道，足乎己無待於外之謂德。其文《詩》《書》《易》《春秋》，其法禮樂刑政。……[26]

如此釋「仁」、「義」，足見韓氏無哲學思考能力，亦不真了解孟子之說。然強調儒家經籍及禮樂刑政，即表現韓氏實承儒家經世之精神，以哲學詞語言之，即持肯定世界之態度，故與佛教之捨離相反也。

〈原道〉一文，表現韓氏之立場以及對學統之看法；雖文中理論甚簡而淺，但亦足表示韓氏反對佛教「捨離精神」，故為韓氏著作中一重要文件。若就進一步之理論說，則韓氏另有〈原性〉一篇，論「性情」問題。其界定「性」、「情」之意義云：

性也者，與生俱生也。情也者，接於物而生也。[27]

---

[25] 《昌黎先生集》，卷十一，〈原道〉

[26] 同上

[27] 《昌黎先生集》，卷十一，〈原性〉

依此，韓氏所了解之「性」，實指人在實然歷程中開始所具之能力講；此則未接觸孟子心性論之基本問題。而所謂「與生俱生」，正荀子所謂「生而有」之意。韓氏欲承孟子之學，而其言「性」乃依荀子之意以界定「性」字之詞義，亦可謂怪事。此蓋因韓氏對孟荀二家之學說均不深知其義，而於此處所關涉之哲學問題亦不能掌握也。由於韓氏論「性」，是指「自然之性」言，故不知「心性」與「才性」之分，而云：

性之品有上中下三；上焉者，善焉而已矣；中焉者，可導而上下也；下焉者，惡焉而已矣。[28]

如此說法，「性」成為「才性」之意；而何以能如此說「善惡」，亦不可解。韓氏之說，直以為所謂「性善」、「性惡」乃指人「初生」時之「善惡」，此與荀子意尚近，與孟子意則相隔天淵。然韓氏反以為孟荀之說不當，而云：

孟子之言性曰：人之性善。荀子之言性曰：人之性惡。揚子之言性曰：人之性，善惡混。夫始善而進惡，與始惡而進善，與始也混而今也善惡，皆舉其中而遺其上下者也，得其一而失其二者也。[29]

韓氏所見全屬常識層面，根本不知「心性論」所涉及者為價值意識之根源問題。依韓氏此說，似乎「性」只是一事實——即個人初生時所具之能力；而另外有一現成善惡標準，懸立於外，可以衡度某人之「性」是上、中或下。其對哲學問題之無知，實可笑也。

至於論「性」之內容，韓氏又舉「仁、禮、信、義、智」五者，稱為「其所以為性者」，與「喜、怒、哀、懼、愛、惡、欲」之為「七情」相比而言之。倘如此說，則「性」既只含五種德性，則又如何能分為「三品」？韓氏以能力差異說之，謂上者能「主於一而行於四」；中者則於其一或少有或少反；下者則反於一而悖於四。如是說，則「性」只以五種德性為內容，卻又或順或悖；於理不可通矣。

[28] 《昌黎先生集》，卷十一，〈原性〉

[29] 同上

韓氏論「七情」亦分「上中下」說。謂：

上焉者之於七也，動而處其中；中焉者之於七也，有所甚、有所亡，然而求合其中者也；下焉者之於七也，亡與甚直情而行者也。[30]

依此，似乎「情」本身可以生成是能中或不能中，又與「性」之方向不相關矣。此說益謬，不待多辯。

總之，韓氏自身乃一文人，其談理論問題亦不過做文章而已，於一切理論分際皆未深察。且雖尊孟子，亦不解孟子之說；雖反佛教，亦不解佛教教義。故在哲學思想之進展中，可謂全無實際貢獻。然其立場甚為堅定，其志向確在於復興儒學或「先王之道」，故仍代表當時之一種特殊精神方向。觀其與孟簡書可知其所以自處。韓氏之言云：

漢氏已來，群儒區區修補，百孔千瘡，隨亂隨失。其危如一髮引千鈞，綿綿延延，寖以微滅。於是時也，而唱釋老於其間，鼓天下之眾而從之。嗚呼，其亦不仁甚矣。釋老之害，過於楊墨；韓愈之賢，不及孟子。孟子不能救之於未亡之前，而韓愈乃欲全之於已壞之後。嗚呼，其亦不量其力，且見其身之危莫之救以死也。雖然，使其道由愈而粗傳，雖滅死萬萬無恨。[31]

韓氏之學雖不足承孟子，而其志則確以復興儒學為己任。此所以論者常謂韓氏為宋明儒學之先驅者也。

二、李翱

李翱，字習之，《新唐書》卷一百七十七有傳，而不著生卒之年，大致其人與韓愈同時，其卒在韓氏卒後。

[30] 《昌黎先生集》，卷十一，〈原性〉

[31] 《昌黎先生集》，卷十八，〈與孟尚書書〉

為韓氏平輩交，非弟子也。李氏理論能力頗高，勝韓昌黎甚多。《李文公集》中，除最有名之〈復性書〉外，尚有〈從道論〉、〈命解〉及論學書札，皆對儒學問題有確定之見解。

最可注意者，是李氏乃首以〈中庸〉為據而提出儒學理論之人。蓋〈中庸〉作為《禮記》之一篇，雖在南朝亦有為疏解者，實向不為儒者所重視。李氏獨據〈中庸〉立說，實開啟宋儒尊信〈中庸〉之風氣。此較韓愈之重視〈大學〉尤為重要；蓋韓氏雖引用〈大學〉，實未能依其文而提出任何理論。李氏則真能依據〈中庸〉而發揮其理論也。

〈復性書〉分上、中、下，為李氏學說之綱要所在。茲舉其要旨略作析述。

〈復性書〉上，先論「性情」，次言成德之道。其言云：

人之所以為聖人者，性也；人之所以惑其性者，情也。喜怒哀懼愛惡欲七者，皆情之所為也。情既昏，性斯匿矣，非性之過也。七者循環而交來，故性不能充也。水之渾也，其流不清；火之煙也，其光不明；非水火清明之過。沙不渾，流斯清矣；煙不鬱，光斯明矣。情不作，性斯充矣。㉜

李氏劈頭即提出「性」觀念，作為人之所以為「聖人」之基礎條件；而以「情」為「惑其性」，或使「性不能充」之根本因素。意即：人能實現其性即成聖人；而所以不能實現其性者，全由於情之干擾阻礙。當「性」受「情」之干擾時，其不能實現「非性之過」。此種以「性情」二字對分而界定聖凡二方向之觀點，已有一定思路，非如韓愈之朦朧著語也。然後，以水火為喻，謂水火本有清明之「性」，但為外在因素所干擾即失其清明；故欲使「性」能「充」（即實現），則必須「情不作」方可。

然所謂「情不作」，亦非消滅「情」之意，只是主從問題。故其下又云：

㉜《李文公集》，卷二，〈復性書〉上

性與情，不相無也。雖然，無性則情無所生矣；是情由性而生。情不自情，因性而情；性不自性，由情以明。性者，天之命也；聖人得之而不惑者也。情者，性之動也；百姓溺之而不能知其本者也。㉝

據此，則李氏以為在存有性一面看，「情」是依於「性」而存有。「性」本身作主時，則通過「情」而顯現其方向；所謂「由情以明」；如此則「性」不受「情」之支配，「情」即不能累「性」；聖人非「無情」而只是不受「情」之支配。故云：

聖人者，豈其無情邪？聖人者，寂然不動，不往而到，不言而神，不耀而光，制作參乎天地，變化合乎陰陽；雖有情也，未嘗有情也。㉞

此處描繪聖人境界，顯受《易傳》之影響。所謂「雖有情也，未嘗有情也」，即不受「情」之支配之意也。另一面凡常之人亦非「無性」，只是「性」不能發用，不能作主而已。故云：

然則百姓者，豈其無性者邪？百姓之性與聖人之性弗差也。雖然，情之所昏，交相攻伐，未始有窮，故雖終身而不自覩其性焉。㉟

「不自覩其性」即是「性」不能顯現，故不能作主也。於是李氏再以水火為喻，而云：

情之動弗息，則不能復其性而燭天地為不極之明。故聖人者，人之先覺者也。覺則明，否則惑，惑則昏。明與昏謂之不同。明與昏，性本無有；則同與不同，二者離矣。夫明者所以對昏，昏既滅，則明亦不立矣。㊱

㉝《李文公集》，卷二，〈復性書〉上

㉞同上

㉟同上

此處標出「復其性」一語，即全文之主旨所在。然論及「昏」、「明」相依而立、一滅俱滅之義，則李氏思想中受佛教影響處似頗明顯；不僅「覺」、「惑」等字眼有佛教氣息也。

其下，李氏遂轉而依《易傳》及〈中庸〉以發揮己說。先謂「誠」乃聖人充其性之境界；而「復其性」則為賢人之工夫。下即引《易傳》云：

《易》曰：夫聖人者，與天地合其德，日月合其明，四時合其序，鬼神合其吉凶；先天而天不違，後天而奉天時。天且弗違，而況於人乎？況於鬼神乎？此非自外得者也，能盡其性而已矣。[37]

此處應注意者，是李氏引《易傳》所描繪之聖人境界，而以「盡其性」一語釋之，由此遂過渡至〈中庸〉。故其下云：

子思曰：唯天下至誠為能盡其性，能盡其性則能盡人之性，能盡人之性則能盡物之性，能盡物之性則可以贊天地之化育，可以贊天地之化育則可以與天地參矣。[38]

李氏以為〈中庸〉乃子思所作，故引〈中庸〉此段而冠以「子思曰」。〈中庸〉此段乃日後宋儒理論中「本性論」一支之根源，李氏則以此「盡性」之說連通〈中庸〉與《易傳》。蓋《易傳》雖有「窮理盡性以至於命」之語，其意實不甚明確；而〈中庸〉此段則明確肯定人物各有「性」，而「盡性」即為價值所在，乃中國經籍中最早言「本性論」之資料也。

下文李氏進而論教化問題云：

[36] 《李文公集》，卷二，〈復性書〉上
[37] 同上
[38] 同上

聖人知人之性皆善，可以循之不息而至於聖也，故制禮以節之，作樂以和之；安於和樂，樂之本也；動而中禮，禮之本也。……視聽言行，循禮而動，所以教人忘嗜欲而歸性命之道也。[39]

此就「禮樂」以說明聖人之教化，其觀念大致由〈樂記〉中論「禮樂」特性之語而來。如此之教化，目的只在於使人不為「嗜欲」所制而歸於「性命」之道；換言之，即全就德性之完成以說教化，而未意識到客觀文化秩序本身之意義。此可說是將儒學全當作宗教看之理論，自又與李氏立論時心目中先存一佛教意象有關也。

〈復性書〉上末段，則李氏自述其志向之語。李氏謂孔子門人中多能傳此「性命」之道；而曾子、子思至孟軻尤然。秦火後則所傳者皆末節，而「性命之源，則吾弗能知其所傳矣。」[40]於是李氏乃立志傳此「道」。其言云：

嗚呼，性命之書雖存，學者莫能明；是故皆入於莊列老釋。不知者謂夫子之徒不足以窮性命之道。信之者皆是也。有問於我，我以吾之所知而傳焉。[41]

此可見李氏最關心之問題，在於辯明儒學中自有「性命之道」；蓋隋唐時佛教既盛行於中國，佛徒每謂儒學只是世間法也。李氏此種志向，可說下與宋儒直通。然以《易傳》及〈中庸〉說孔孟之學，亦自此始矣。

〈復性書〉中則講工夫問題。開始設問云：

或問曰：人之昏也久矣。將復其性者必有漸也。敢問其方。曰：弗慮弗思，情則不生；情既不生，乃為正思。正思者，無慮無思也。[42]

---

[39] 《李文公集》，卷二，〈復性書〉上

[40] 同上

[41] 同上

此所謂「方」，即指工夫途徑。李氏之答語，用字頗有問題；然其意亦不難明，蓋以無慮無思之寂然不動境界為目的，故即以息止思慮為工夫也。於是其下續云：

《易》曰：天下何思何慮；又曰：閑邪在其誠；《詩》曰：思無邪。曰：已矣乎？曰：未也。此齋戒其心者也，猶未離於靜焉。有靜必有動，有動必有靜；動靜不息，是乃情也。《易》曰：吉凶悔吝生乎動者也。焉能復其性邪？曰：如之何？曰：方靜之時，知心無思者，是齋戒也。知本無有思，動靜皆離，寂然不動者，是至誠也。[43]

李氏大意謂求心之無思，是「齋戒」或強制工夫；必須「寂然不動」方是最後境界。此已見李氏確受佛教影響，蓋李氏所言之境界，只重「寂然不動」一面，不似宋儒兼說「感而遂通」一面；其所追求者實只是一有超離意味之自我。然李氏自己似不甚明白此中界限。觀其下論〈大學〉語可知。其文云：

曰：敢問致知在格物何謂也？曰：物者萬物也，格者來也、至也。物至之時，其心昭昭然明辨焉，而不應於物者，是致知也，是知之至也。知至故意誠，意誠故心正，心正故身脩，身脩而家齊，家齊而國理，國理而天下平。此所以能參天地者也。[44]

以「不應於物」釋致知格物，可謂奇想。然此正是李氏思想之真傾向所在。李氏雖言「盡性」之義，但未能明白〈中庸〉所說之「盡性」，與道家之純任自然，佛教之無所執著皆不同。李氏但以為此心不為物所動，即是至高境界。儒家化成世界之精神中之積極意義，李氏固未能知也。然李氏仍由如此意義之「致知格物」說到「平

[42] 《李文公集》，卷二，〈復性書〉中
[43] 同上
[44] 同上

天下」，則其所謂「平天下」，決非〈大學〉本旨所在，反近於道家之「無為」觀念矣。

此文後半講〈中庸〉處，不再引述。但尚有一點可注意者，即李氏認為「復性」之工夫，仍屬漸進者。其文云：

曰：如生之言，脩之一日，則可以至於聖人乎？曰：十年擾之，一日止之，而求至焉，是孟子所謂以杯水而救一車薪之火也。甚哉。止而不息必誠，誠而不息必明，明與誠終歲不違，則能終身矣。造次必於是，顛沛必於是，則可次希於至矣。[45]

此即謂成聖成賢，須漸次下工夫；亦可見李氏雖受佛教影響，然並非主張學禪宗之頓悟也。

此外，另有一重要問題，李氏提及而全不能解答者，即「情」作為邪妄，何由而生？原文云：

問曰：人之性猶聖人之性；嗜欲愛憎之心，何由而生也？曰：情者，妄也、邪也。邪與妄則無所因矣。妄情滅息，本性清明，周流六虛，所以謂之能復其性也。[46]

以為「邪妄」即「無所因」，可謂大謬之說。李氏在此點上顯出其人對哲學問題實尚未能真正面對。如此重要關鍵，乃以「不可解」解之，則累累千言，全無著落矣。

〈復性書〉下，只自述所感；其中有一點可注意者，即是李氏有「人之本性」之觀念。其言云：

天地之間，萬物生焉；人之於萬物，一物也。其所以異於禽獸蟲魚者，豈非道德之性乎哉？[47]

此即以「道德之性」為人獨具之「本性」，上承孟子之意。惜與其他理論不甚通貫耳。

[45] 《李文公集》，卷二，〈復性書〉上

[46] 同上

[47] 《李文公集》，卷二，〈復性書〉下

除〈復性書〉外，他文中尚有表露李氏思想者。茲再選述數點，以結束本節。

李氏有〈從道論〉，提出「從道」而不「從眾」之主張。其言云：

中才之人拘於書而惑於眾。《傳》言：違眾不祥。《書》曰：三人占則從二人之言。翱以為，言出於口則可守而為常，則中人之惑者多矣。何者？君子從乎道也，不從乎眾也。[48]

此處李氏觸及一頗為重要之思想問題，即理論內部之「是非」與風氣、傳統及習慣等之分別。「眾」可形成風氣傳統等，然不應作為價值標準或是非標準。何況多數人本不能了解真是非，故「從眾」每每即是犧牲是非標準。故云：

且夫天下蚩蚩，知道者幾何人哉？使天下皆賢人，則從眾可也；使天下賢人二、小人三，其可以從乎？況貪人以利從，則富者之言勝；柔人以生從，則威者之言勝；中人以名從，則狷者之言勝。[49]

天下明理者常少，故不可從眾。而且所謂「眾」每每受其他因素控制，而不能代表真是非，故君子只能「從道」。李氏此一論點之重要性，在於看清有風氣時尚以外之真是非在。此一肯定正歷代知識分子所常缺乏之者。李氏能建立此肯定，即見其人之不凡矣。

至李氏之反佛教，其立場則見於〈去佛齋〉之論。楊垂撰集《喪儀》，中有「送卒者衣服於佛寺以申追福」一條，李氏認為此條應除去，故作此論。其評佛教云：

佛法之所言者，列禦寇、莊周言所詳矣；其餘則皆戎狄之道也。[50]

[48] 《李文公集》，卷四，〈從道論〉
[49] 同上
[50] 《李文公集》，卷四，〈去佛齋〉

此說見李氏對佛教經論思想，所知亦甚少；而以莊列比之，則日後朱熹之說之根源也。

李氏又謂：佛教徒不事生產，故不能「使天下舉而行之」；蓋如人人學佛教徒，則社會無法持續也。其言云：

> 夫不可使天下舉而行之，則非聖人之道也。故其徒也，不蠶而衣裳具，弗耨而飲食充，安居不作，役物以養己者，至於幾千百萬人。推是而凍餒者幾何人可知矣。[51]

此說正與其後武宗禁佛教之觀點相同；蓋佛教盛時，僧徒遍南北，皆不事生產；乃唐代一大社會經濟問題也。

此外，李氏又認為人不應關心「命運」，蓋信命運或不信命運，均有大弊。其〈命解〉一文云：

> 或曰：富與貴在我而已；以智求之則得，不求則不得也，何命之為哉？或曰：不然，求之有不得者，有不求而得之者，是皆命也，人事何為。二子出，或問曰：二者之言，其孰是邪？對曰：是皆陷人於不善之言也。以智而求之者，盜耕人之田者也；皆以為命者，弗耕而望收者也。吾無取焉爾。[52]

案李氏此論蓋針對當時喜言祿命術之風而發。其意以為，人如深信一切皆命定，則事事不加努力而望其有成果可得。此是信命之弊。又如全不信命運，則將以為事事可以強求而得，不能安分。此是不信命之弊。總之，君子一切事均只應「循其方，由其道」，不應依賴命而求有得，亦不應依賴用智而事事強求。此即所謂「君子之術」。李氏此論雖無關於重要哲學問題，然可見其對人生之態度正承「正其誼不謀其利，明其道不計其功」之說；亦李氏思想傾向之一種旁面表現也。

韓愈與李翱，皆為努力嘗試復興儒學之人；在唐末雖未能及時建立新風氣，然其思想傾向，固已為北宋儒

---

[51] 《李文公集》，卷四，〈去佛齋〉

[52] 《李文公集》，卷四，〈命解〉

學留下種子。尤其李翺尊信《易傳》及〈中庸〉，已與日後宋儒對經籍之看法相同。至韓愈言「仁、義、道、德」，雖未精切，但其肯定世界之態度，則亦使儒佛之辨開始透顯。若以理論造就言，韓李二氏固不能與周張程朱比肩，但作為宋明儒學之先驅者，則當之無愧也。

至李氏思想中受佛教影響之色彩，則自不能諱亦不必諱。李氏少年受知於梁肅；即李氏〈感知己賦〉序文中所稱「安定梁君」是也[53]。梁肅論佛教「止觀」之義，以為「止觀」目的在於「導萬化之理而復於實際」，又以「實際」為「性之本」[54]；則李氏所謂「復性」，極可能即通過梁肅此種理論而來；且以「邪妄」為不可追究根源者，亦與佛教之「無明」觀念相近。凡此種種跡象，皆可作為李氏受佛教影響之佐證。然而學者在此等問題上須留意分別者，是影響之限度問題。李氏立說，在思路及用語上，實有受佛教影響處，然其對世界之態度，則仍不主捨離；故可說：佛教之影響李氏，只在思辯表述一層上，而不達於基本價值肯定上。如此，則李氏只能算作採取某種佛教觀念或論點以講儒學之人，非捨棄儒學精神方向者也。

韓愈因有諫迎佛骨一事，遭受政治迫害，故後世言及反佛教之知識分子，常推韓氏為代表人物。然就理論成績講，則韓說尚不及李說。不過二人在對文化之態度上，則同是反佛教精神方向耳。

× × × × ×

以上分三點論述唐末思想界之趨勢；總而言之，則道教有「內丹說」興起，故由金石之術轉而為養心煉氣之言，理論成分漸趨複雜；佛教禪宗大盛，有收攝諸家之勢；儒者一面則開始反佛教而求儒學之復興。三種趨勢互相激盪，於是有北宋儒學興起。其代表人物及理論要旨，皆見以下各章。本章至此結束。

---

[53] 《李文公集》，卷一，〈感知己賦〉

[54] 參閱梁肅《止觀統例》。見《大藏經》，卷四十六

第二章　宋明儒學總說

如序論中所表明，本書所謂「晚期中國哲學」雖包括自唐至清之階段，但以宋明儒學為主要論述對象，故在逐步展示各時代中各家思想之前，應先對有關宋明儒學之一般問題作一概要說明。此即本章之課題。

本章所欲說明之各問題，皆非與某一人或某一派單獨相關者，而是關涉整個宋明儒學者。凡屬於某人某派之問題，則歸入以下各章分別論之。

本章所討論之問題有四，即：

壹　宋明儒學之分派

貳　宋明儒學所依據之經籍

參　宋明儒學興起時之歷史環境

肆　宋明儒學所面對之哲學難題

此外若干零星問題，可附於上列各項之下者，即皆作附帶說明，不另作論析。

壹　宋明儒學之分派

所謂「分派問題」，可在不同理論層次上獲得不同意義。宋明儒學之發展演變，歷時既長，門戶傳承亦頗繁複。若就學人彼此之關係一層次著眼，則可分之「派別」為數甚多。明末黃宗羲著《明儒學案》時，即採此種立場；其未完稿《宋元學案》，立場亦復類似。而黃氏對《明儒學案》中分派標準之說明，則謂：

……故此編以有所授受者，分為各案；其特起者，後之學者不甚著者，總列諸儒之案。❶

觀此，可知黃氏之分派主要以「傳承關係」為據，即所謂「授受」也。至於理論之大方向一面，則黃氏轉未有深切論斷。其撰學案，雖亦強調「宗旨」❷，但詳觀其書，所謂「宗旨」，大抵皆相應於小門戶說，非涉及基本哲學問題之方向評判，非基本層次上之「宗旨問題」。

黃氏此種態度，在舊日儒者中乃常見之事；蓋在舊傳統下，對基本層次上之方向問題，人常覺無可多說，故所爭議辨析者輒落在枝節微細之處。本書取哲學史立場，在世界哲學之大背景下觀中國哲學，故本節所論之「宋明儒學之分派問題」，意義不同；著眼點在於理論之大方向一層，而不在傳承等等私人關係（此種傳承問題，乃後文分論各家之演變時所應論述者，但非此處所論之課題）。由此，亦不涉及繁瑣之門戶問題。與黃氏學案立場不同。

---

❶ 黃宗羲《明儒學案・凡例》

❷ 〈凡例〉中自稱：「是編分別宗旨，如燈取影」；又強調「各家自有宗旨」以識周海門，皆足證黃氏自覺其書能辨明「宗旨」也

就哲學理論之大方向看，對宋明儒學之分派問題，可說有三種不同主張；此三者可分別稱為：「二系說」、「三系說」及「一系說」。此中「二系說」最為流行，此處即從「二系說」開始分別析述。

所謂「二系說」，即將宋明儒學分為「理學」與「心學」兩大系之說法。此說在明代以後即日盛，至今人習言之，似已成為「常識」；然詳按之，則在史實與理論兩面，皆未見其可取。

茲先就史實言之，「理學」、「心學」二詞，原非宋人所用。在兩宋及元代，周張二程以下諸儒之學，皆被稱為「道學」，無稱「理學」者。觀元修《宋史》，仍稱〈道學列傳〉，即可知矣。

「理學」一詞之正式使用，當以元末之張九韶（即張美和）為最早。張九韶輯周張邵三家及二程朱子之言，而輔以荀卿以下數十人之說，更附己見，遍論天地、鬼神、人物、性命等等問題，號為《理學類編》❸。案張氏此書成於至正丙午年，其時尚無「心學」與「理學」對峙之說。然書中以六家之言為主，不及陸子，可知已有視陸學為「旁門」之意。故吾人已可說，二系之門戶分別，在此書已透端倪。換言之，將「理學」與「心學」分為二系，可說始於此書。然尚無「心學」之名也。

「心學」一名，最早當出於明陳真晟之《心學圖》❹。陳真晟與吳康齋同時，行輩略早於陳白沙。著有二圖，一為〈聖人心〉，一為〈學者心〉。統名之為《心學圖》。此是最早正式使用「心學」一詞者。然考陳氏之說，則實宗程朱，既以「天運」觀念為歸宿，又以「主敬」為工夫，則上異於陸象山，下不合於陽明之說；即與陳白沙之學比觀，亦頗異趣。可知此時所謂「心學」非後世所用之意。陽明之學大行於世宗以後；學者始以「致

---

❸ 《四庫全書總目提要》，卷九十三，子部三，儒家類三。又張九韶在《明史》附見於〈宋訥傳〉；稱「張美和」，蓋舉其別字也

❹ 《明儒學案》，卷四十六，〈諸儒學案〉上，四

良知」為「心學」，蓋本陽明「心外無理」、「心外無義」等語❺及「心者，天地萬物之主也」、「心即天」之論斷❻；進而將南宋之陸象山，亦收歸「心學」一系，蓋陸氏曾言「心，即理也」❼，與陽明之謂「心即天」旨趣不異。由此，程朱一系被視為「理學」，而陸王一系有「心學」之名，此即二系說形成之歷史過程。

觀此種史實，可知「理學」與「心學」視為對峙之二系，乃後世逐漸形成之說法。在朱陸諸人，亦尚無此意。非程朱真標明一「理學」之旗幟，而否認有「心學」。就陸王一面觀之，則陸王雖皆以「心」為最高主宰，為義理之根源，亦並非否定有「理學」。雙方立說，殊異在於是否以「心」觀念為第一義，並非一方只言「理」，另一方只言「心」，以「理學」與「心學」為互相排斥者也。

以上就史實而言，若就理論一面觀之，則二系對峙之說如能確立，必須有確立此種對峙之條件。此條件即是：雙方之說在基本方向上有不可解決之衝突，雙方理論不能納於一共同標準下以判斷其得失。今觀宋明儒之新儒學，則並非如此。首先，在方向上，雙方皆欲復興先秦儒學——即所謂孔孟之教，則基本方向本無不同；其次，在判斷標準方面，雙方既有共同之目的，則達成此目的之程度高低，即直接提供一判斷標準。而就理論內部言，理論效力之高低，亦非不能比較。則二系之對峙，實無確立之條件。此義在下文論「一系說」時，當再闡釋。

至於「三系」之說，則出於現代。然其論據，亦有淵源。以下略作說明。

三系說之提出，主要關鍵在於強調二程兄弟彼此之差異。但由於區分二程之方向及影響，遂涉及對宋明儒

❺ 《王陽明全集》，〈答王某〉

❻ 《王陽明全集》，〈答季明德〉

❼ 《象山全集》，卷十一，〈與李宰書〉

學分派之全面觀點。換言之，言「二系」者，但以「程朱」與「陸王」對峙，而以為此外諸家，不歸於此則歸於彼。現持「三系」之說者，則先將「明道」與「伊川」分為兩系，然後繫朱氏之學於伊川一系之下，又將前之周濂溪，後之胡五峰等，收歸明道一系，於是與陸王一系比觀，遂成為「三系」。

案二程兄弟之學，有同有異。此固無可疑（詳見後論）。在程門弟子中，如謝良佐立說❽，即偏近於明道，而游酢、楊時則偏近於伊川❾；由此，兩支傳授之不同，影響後學。胡安國與游楊二子論學，苦不能入❿，而見上蔡則深相契合。其後胡宏承父學而立說，遂深譏游氏，而倡「性無善惡」之說⓫；其門下有張栻，曾與朱熹辯議不休⓬。於是，後世論者每據此以分別二程兄弟之學⓭。此外，陸象山少時讀伊川語，即謂「若傷我者」⓮；此尤足表明陸氏之學，與伊川殊趣。由以上種種根據觀之，似有一定理由將二程兄弟分為二系，再加陸王一系，然後將其他宋代各家之言，依其偏似，分別劃歸二程之學。此即「三系說」形成之大略也。

以上只論歷史淵源；「三系說」之確立，乃現代之事；提出此說者，又另有一理論上之斷定，此又應稍加說明。

如上所述，就歷史淵源著眼，則三系之分，所以與二系不同，主要在於強調二程兄弟立說之殊異。然則此

---

❽ 參閱《宋元學案》，卷二十四，〈上蔡學案〉

❾ 參閱《宋元學案》，卷二十六，〈廌山學案〉；及卷二十五，〈龜山學案〉

❿ 參閱《宋元學案》，卷三十四，〈武夷學案〉；並黃宗羲案語及引朱子語

⓫ 參閱《宋元學案》，卷四十二，〈五峰學案〉

⓬ 參閱《宋元學案》，卷五十，〈南軒學案〉

⓭ 如全祖望在〈南軒學案〉之案語中，即謂：「南軒似明道，晦翁似伊川」

⓮ 《宋史》，卷四百三十四，〈儒林列傳〉四，〈陸九淵傳〉。他書所引略同

種殊異涉及何種理論問題？此點能作適足澄清，則三系說所據之理論斷定，即可顯出。

案二程立說，皆以「性即理」為中心；此原是二程所同。但如就「性」觀念本身看，則所謂「性」又有兩種意義：

第一、「性」可指一切存有所共具之「性」。換言之，此一意義之「性」，即指一「存有意義之原則」(Ontological Principle)。強調此種原則時，則即是斷定一切存有，包括日月山川、禽獸草木，與人自身皆在同一之共同原則下存在及變化。此亦說為表「一本」之「性」。

第二、「性」又可指各類不同存有自具之特性。此一意義之「性」即接近於希臘哲學中亞里斯多德所用之「本性」(Essence)觀念。如取此一意義而說「性」，則所說者非萬有同具之「性」，而是各類存有之所以成為此種存有之「條件」——亦即通常所謂「理」。如再嚴格言之，A所以成為A之「條件」或「理」，與B所以成為B之「條件」或「理」，內容不同，故如此言「性」時所說之「理」，實為殊別意義之「理」。故此一意義之「性」即表「萬殊」之「性」。

此處學者不可與宋儒喜說之「理一分殊」之語混淆。說「理一分殊」時，所謂「理」雖顯然指「共同之理」而言，但此種「共同之理」仍可以配以上列兩種不同意義之「性」觀念，而獲得不同解釋。如取前一意義，則此「理」即為「共同原則」，有確定之內容，能表一切存有之共同規律及方向，是實質意義之「理」。如取後一意義，則萬有各成類別，各有其「性」亦各有其「理」，固是實質意義之殊別；但每一類存有必有一「本性」或殊別意義之「理」，又成為一形式意義之共同原則。此原則雖非實質意義，然仍是共同之「理」。故無論取前一意義或後一意義說「性」，皆可言「理一分殊」也。此種關節上易生誤解，故順加數語說明。

現在應回到程氏兄弟之差異問題。「性」本身之二義，二程兄弟均注意及之。但明道強調前一意義之「性」，喜說此一「共同」之「存有原則」；伊川雖亦說此意義之「性」，但較重視後一意義之「性」，而常強調「本性」或殊別意義之「理」。朱熹承伊川之說，於此點尤為重視。涉及此類論斷之資料均見後章，現只指出二程此種不同歸趣，以闡明「三系」觀念之依據。

由於「性」可以作為「存有原則」，而取實質意義言「理一」，亦可作為「本性」觀念看，而取形式意義言「理一」。故二程及其後學，雖幾乎人人皆說「理一分殊」，其所謂「理」與其所謂「性」，所指常有不同。到此為止，學者似有理由將此兩種思路，視為宋代儒學之兩系。

再進而言之，則「存有原則」既屬實質意義，自必有其確定內容。追問此一原則之內容畢竟為何，即可進而觀察此種思想之傳承所在，然後不難判定其理論立場在整個儒學思想中所處之地位。

就宋儒而論，對此種「存有原則」之肯定，實以周惇頤為最早。二程少年時曾從周氏治學；伊川早期作品中亦常引周氏之語⑮。至朱熹立說，雖主要是承伊川之學，但由於朱子之宇宙論興趣特強，故對周氏之〈太極圖說〉力加推崇，又強調二程之學皆出自濂溪；於是後世言「道學」或「聖學」之統系者，照例認為二程皆承周氏之學。然倘作嚴密剖析，則周氏在〈太極圖說〉及《通書》中，雖言及兩種意義之「理」，但所強調者實是作為共同「存有原則」之「理」，而此「理」即以「生生」之義說之。明道所強調者亦在此。至於「本性」意義之「理」，在周氏書中所說甚少。凡此種種，下文皆有詳論。此處須指出者，是周氏此種觀念，實是承《易傳》思想而來。「天地之大德曰生」一語，是《易．繫辭》中一主要斷定；有此斷定，則一切存有皆視為受此以「生」為內容之原則之決定。此是一種混有宇宙論及形上學成分之思想。在此思想方向下，「心」或「主體」之觀念，皆成為第二序者。此是言「存有原則」而又強調其實質意義者立說之主要特色所在。周氏如此，承其說者亦是

⑮ 例如〈顏子所好何學論〉

如此。

此說與強調「心性」之思想之不同，自不待言。即對強調萬有之殊異之理之思想，亦有區別；此點上文已就「性」之二義說明。現為再求簡明，則可以「天」觀念與「理」觀念對舉。凡以「天」觀念為第一序者，即屬於周氏思想之類型；以「理」觀念為第一序，則屬於伊川之類型。明道顯然偏於前者，雖言「理」而特重「天」；伊川亦言「天」，但特重「理」。如此，則在理論意義上，自可視為兩支思想。再配以特重「主體性」而以「心」觀念為第一序之陸王諸人之說，則自宋至明之儒學，即可視為「三系」。此是「三系說」之根據。

此中有許多糾結問題，如朱熹既承伊川，又盛稱濂溪；二程皆言「性即理」，又有對「天」觀念之不同看法等等，皆須詳加清理。本節只討論「分派」問題，故對此類析剖清理工作不能多所涉及。學者讀後文各章後，對此中分際所在，自可明白了解。

以「天」、「理」、「心」三觀念中孰為第一序作為判別標準，則「三系說」即可成立。但此種劃分之理論確定性，仍須預認另一理論斷定。此即：如此三種思想或思路，乃不能有共同裁斷之標準者（此點與講「二系說」之情況大致無異）。否則，正如「二系」未必有確定之對峙理由，「三系」亦未必有確定之分立理由。

總而言之，「二系」或「三系」之說，皆須排斥「共同判斷標準」，方能確立。反之，若有「共同判斷標準」，則整個問題即將改變面目。至此，乃可轉而論「一系說」。

「一系說」乃本書所取之立場。對此立場，有以下數點，應加說明：

第一、所謂「一系說」，自是視宋明儒學為一整體，但此並非忽視各家各派立說之殊異；而是通過一發展演變之動態觀，以安頓此種種差異於一整體過程中。換言之，學說之差異皆視為整體過程中之階段特徵。

第二、在此觀點下，此整體過程之原始方向或要求，即成為一共同判斷標準。依此標準，乃可確定所謂「發展」之意義。

第三、就理論結構及效力而言，亦可有一共同標準，以裁定各階段學說之得失，而明其升降進退。

由上三點說明，即可略述「一系說」之要旨。

宋明儒學作為一整體哲學運動者，歷時數百年；各家學說之殊異，若就細處言之，則可謂千門萬戶。但就其大處著眼，則首先不可否認者，是此一運動有一基本目的，即是要求歸向先秦儒學之本來方向。因此宋儒初立說時，實即一面排除漢儒傳統，另一面堅決反對外來之佛教；直至明代陽明之學興起，此一基本方向並無改易。此處吾人即可掌握一客觀共同標準，以籠罩整個運動。蓋歸向先秦儒學（即所謂「孔孟之學」）既是基本方向所在，則各家之說與孔孟之學距離之遠近，即可表示其說在此大運動中所處之地位或階段。愈接近孔孟之學者，在此運動中，即代表愈成熟之理論。換言之，能達成原始要求愈多者，即愈成功。此是一系說之第一標準。

其次，宋明儒學所從事之工作，乃一哲學之建立工作；其方向雖以孔孟為依歸，其立說自必是一新體系之提出。由此，專就一一理論體系看，則在結構上與理論效力上得失如何，乃成為一客觀理論問題。此處所涉及之判斷標準，屬於普遍性之哲學標準，而非如以上就基本目的或方向著眼時之僅涉及歷史意義之標準。因此，一系說除據基本目的或方向，以評定諸家學說所處之地位外，尚須就理論標準以估定各說之理論成就。

簡言之，持一系說以整理宋明儒學，即是從事以下三步工作：

第一、分觀一一學說，判定其說與孔孟之原旨距離如何。此是歷史標準。

第二、再觀此各學說，作為理論體系看，其效力如何。此是哲學標準。

第三、通過以上兩重標準，決定各學說之地位及得失後，即可依時間次序，將此運動中各家之說合觀，而其中升降進退之跡，即可全幅呈現矣。

依一系說立場論之，宋明儒學運動之面貌大致可敘述為三階段之進展過程。

宋代儒學之復興運動，自始即有一自覺之方向；此即歸向孔孟之教，而排拒漢儒傳統及印度佛教之壓力。此一方向直至明代，並無改變。因此，吾人觀宋明各家之說時，首先即可用孔孟學說（即先秦儒學之本來面目之代表）作為客觀標準，以判各學說與孔孟學說之同異遠近。

案反漢儒及佛教，自唐末韓愈、李翱時已肇其端⑯。宋初胡瑗、孫復亦皆輕視漢儒章句之學，排佛教之說。濂溪以後之新儒學理論，在方向上實承以上淵源而來。然在方向上欲上承孔孟是一事，如何了解孔孟之學又是另一事。韓李之粗疏，固不待言；即以濂溪以下之宋明儒者而論，其立說亦非自始即與孔孟原旨密合。其間自有一發展過程或演變過程。

濂溪立說，雖以恢復孔子之儒學為志，但其所據則是《易傳》與〈中庸〉。故〈太極圖說〉及《通書》之思想，在形態上皆屬半形上學半宇宙論，而與孔孟之心性論大為不同。然此種不同，乃從哲學史之客觀立場上說，固無礙於濂溪在主觀上仍以為上承孔孟。張橫渠因范仲淹之勸而讀〈中庸〉⑰，其後所致力者亦重在《易經》；故張氏之哲學思想，在基礎上亦與周氏相近。立說之不同，則由於張氏之宇宙論興趣更重，而思路亦稍異。但總觀其學說，則亦屬半形上學半宇宙論之形態。蓋所依據之哲學觀點根本類似也。

周張之學，後文均有專節論述。此處所須說明者，只是：周張二家在宋明儒學之發展歷程中，代表第一階段。其特徵是混合形上學及宇宙論以建構其哲學系統。就主觀方向言，固以為承孔孟之學，排佛教而輕漢儒；

---

⑯ 案韓愈論「道統」，以為孟子後儒學即失傳，所謂「軻之死，不得其傳焉」，即足見韓氏眼中，漢儒乃不承孔孟之學者。至其排佛則人所共知，不待徵引。李翱在〈復性書〉、〈從道論〉等文中所表現之立場，大致與韓氏類似

⑰ 《宋史》，卷四百二十七，〈張載傳〉

但依客觀標準看，則二人尚未完全擺脫漢儒之「宇宙論中心之哲學」之影響，與孔孟之「心性論」距離尚大。

二程之學，雖有不同；然其共同特徵則在於「性即理」一命題之提出。此一命題即決定二程之理論與周張之不同。周張立說，皆混雜宇宙論成分，二程則建立較純粹之形上學系統。此點在伊川學說中尤為明確。

宇宙論與形上學之差異，在於形上學之主要肯定必落在一超經驗之「實有」(Reality)上；建立此肯定後，對於經驗世界之特殊內容，可解釋可不解釋⑱。即有解釋，亦只是其「形上實有」觀念之展開。此「實有」本身之建立並不以解釋經驗世界為必要條件。而宇宙論之主要肯定，則落在經驗世界之根源及變化規律上；此種根源及規律雖亦可視為「實有」，但非超經驗之「實有」。其建立根據每與經驗世界之特殊內容息息相關。故宇宙論之型態，依哲學史觀點說，較形上學型態為幼稚。

但宇宙論與形上學又有一共同點，此即以「客體性」或「存有性」為第一序觀念，而不以「主體性」或「活動性」為第一序。因此，皆與以「主體性」為歸宿之「心性論」不同。

孔孟之學原屬「心性論中心之哲學」，故「主體性」觀念最為重要。周張之系統，混有宇宙論與形上學兩種成分，而獨不能建立「主體性」，此固與孔孟之學違離，即以二程之形上學系統而言，「主體性」仍不成為第一序觀念，因此，仍難與孔孟之學密合。然二程立「性即理」之說，即將漢儒所倡之「宇宙論中心之哲學」掃除一空；亦對佛教提出一有力之駁辯。此則有勝於周張二氏之說者。因此，二程之學應代表宋明儒學之第二階段。

此一支思想之勢力，在事實上久存不衰；但就理論標準看，則其說既不能與孔孟密合，則基本目的並未達

⑱ 形上學理論中，有不解釋經驗世界之內容者，最易顯現其與宇宙論之不同。例如，希臘之巴門尼底斯(Parmenides)及齊諾(Zeno)一系之思想，即一方面視經驗世界為虛幻，另一方面不妨有"Being"之肯定。此種理論顯然屬形上學，而絕非宇宙論也。

成，因此並非宋明儒學之最後成果。

南宋朱熹主要雖承伊川，然其宇宙論興趣特高，於「主體性」及「活動性」之體認則不真切。故朱氏立說，自不能較周張二程更接近孔孟之本旨。但朱氏之學另有一特色，此即朱氏有意綜合北宋諸家之學說以構成一系統。二程雖曾受業於濂溪，然其學趨向頗異[19]。伊川生平尤不重周氏之學。至於張載，則與二程論學時，每有求教之意味。二程對張氏雖常推重，然其學自與張氏之說無傳承關係。在工夫問題上，明道曾直指張氏之病痛[20]。但朱熹則以其自身之宇宙論興趣最近濂溪，遂極力推尊周氏。謂周氏「不繇師傳，默契道體」[21]，又謂：「當時見而知之有二程者，遂擴大而推明之」[22]；於是將周氏視為宗師，而繫二程於其下。至於橫渠，朱氏亦引之與孔孟二程並列[23]。朱門後學遂有「濂、洛、關、閩」之說矣。此說自清初即成為普遍流行之觀念。今依哲學史標準論之，則周張自代表一階段，二程另代表一階段，朱則代表周張程諸家學說之綜合；然無論就此二階段或此綜合系統言，皆未能確立「主體性」觀念，換言之，皆未歸至孔孟之心性論，因此，皆未能達成此一儒學運動之基本目的也。

與朱氏同時之陸九淵，始立「心即理」之說，此是宋明儒學運動中首次肯定「主體性」。陸氏自謂直承孟子，實亦無忝。但陸氏立說無系統，於「心性論觀念」與「形上學觀念」、「宇宙論觀念」之層級區別，亦未能詳為

---

[19] 此點不僅在今日視之為然。呂希哲當時已言之。讀者可參閱全祖望在《宋元學案》，卷十一，〈濂溪學案〉中所作案語

[20] 參閱《宋元學案》，卷十三，〈明道學案〉所載〈定性書〉，或《二程文集》所載原文

[21] 《朱文公文集》，卷七十八，〈江州重建濂溪先生書堂記〉

[22] 同上

[23] 朱氏曾有「今且須看孔孟程張四家文字」之語。《語類》及《輯略》均可案也

論定。故就宋代而論，陸氏所代表之方向，勢力甚小。然就理論標準看，則陸氏代表者乃第三階段——即立「主體性」而歸向「心性論中心之哲學」之階段，與孔孟本旨已漸逼近矣。

陸氏雖開啟此一階段，但此階段之代表學說，則須留待明代之王守仁。王氏立「致良知」之說，建立一心性論系統。孟子思想之要旨，悉收於此系統中；嚴格言之，以歸向孔孟為方向之儒學運動，至王氏方正式完成。此即後世所謂「陽明之學」或「姚江之學」也。

陽明之學說，種種得失長短，均見後文，此處不多作引述。須特別指出者，是陽明學說之本旨是一事，流弊又另是一事。依一系說之觀點論，陽明承象山而代表宋明儒學之第三階段，亦即最逼近孔孟本旨之階段，因此，亦可說是此一運動之高峰所在。至於陽明之學與孔孟之學說，究竟是否又有某種差異，則是另一問題，亦俟後文詳論。在理論形態上，陽明之學屬於心性論，與周張程朱迥不相同，而於孟子特近，則應無可疑也。

總而言之，依一系說之觀點論之，宋明儒學運動可視為一整體，其基本方向是歸向孔孟之心性論，而排斥漢儒及佛教；其發展則有三階段，周張、程朱、陸王恰可分別代表此三階段。若就各階段之中心觀念言，則第一階段以「天」為主要觀念，混有形上學與宇宙論兩種成分；第二階段以「性」或「理」為主要觀念，淘洗宇宙論成分而保留形上學成分；第三階段則以「心」或「知」為主要觀念，所肯定者乃最高之「主體性」，故成為心性論型態之哲學系統。其中朱熹地位特殊，乃綜合前二階段之思想家；然在此發展過程中，仍應劃歸第二階段。

至此，一系說之大意已足表明。但以上所論均以歷史標準為重；倘就理論標準言，則尚應再作以下之陳述。

首先，就理論標準看宋明儒學思想各家之處位，意即由各家思想系統之理論效力之高低，以分別評定其地位；然後作一統觀，以顯示此一運動在理論意義上之真面目。

上段就歷史標準言，故以「歸向孔孟」之「基本目的」為共同標準，因要求歸向孔孟之學，乃宋明儒學運動者所公認之目的；換言之，此種要求或目的，乃一歷史事實。順此歷史事實之共同性，而得一共同性之歷史標準。如此，則並未涉及理論之是非得失問題。究竟孔孟之學本身之理論效力如何？各家之說，其與孔孟異者，在理論效力上是否低於孔孟之學或反勝於孔孟之學？此類問題即非徒舉一歷史標準所能處理，而應攝歸另一理論標準以求解答。此點既明，學者即可知本段之意義所在。

欲提一評定各家之理論標準，必須由其所面對之哲學問題著手。宋明儒學所面對之種種哲學問題，或為系統內所有者，或為系統外者，牽涉至繁，後文另有析論。現在闡明「一系說」時，對此點只作一概略說明，以免與後文重疊。然其義理固前後通貫，非有二說也。

宋明儒學所面對之哲學問題，可由其所否定之佛教思想說起。佛教思想，自釋迦自說義經部派小乘而至大乘各宗，義蘊殊繁。傳至中國，又出現天台、華嚴及禪宗。立說各有所重㉔。其旨趣同異，皆頗涉精微之理。然此固非宋代儒者所熟知。宋代佛教，承唐末之衰局，勢殊不振。最流行者僅屬禪宗一家而已。故宋儒論佛教，大抵皆意指禪宗而言；於空、有、真常三支本旨及理論皆不甚詳。其反對佛教之主張，亦只落在一廣泛觀念上，對各宗內部之理論，固無確定關聯。此一廣泛觀念，即佛教之「否定世界」是。佛教自釋迦以來，皆視當前世界為虛妄所生。因此，說千萬法門，本旨不外捨離世界以求主體之超離自由。以佛教詞語表之，即「脫生死海，證大涅槃」是也。此種捨離世界之觀點，今即可稱為「否定世界」之態度。此所謂「否定」原重在價值意義一面，但至唯識妙有之教義興起後，遂有一現象論補充之；其「否定」遂兼有認知意義之論據。

宋儒之反佛教，則只以價值意義之「捨離精神」為對象。換言之，佛教持「否定世界」之態度，宋儒則提

㉔ 參閱拙著《新編中國哲學史》(二)

出「肯定世界」之態度。此一肯定自亦是重在價值意義。

佛教否定世界而倡「捨離精神」時，以萬有本身為一障累，此與印度之吠檀多哲學相通（佛教教義與吠檀多自另有不同處。則非此處所涉及者）；然與中國儒學之倡「化成精神」則正相反。觀此，宋儒雖不詳知佛教之內部理論，其以「肯定世界」之立場，反對佛教「否定世界」之立場，固確不失儒學之大方向，亦可說符合孔孟立說之本旨。

但欲建立一肯定世界之理論，又與徒立一信念不同。立此理論必經對世界提出一全面之看法，更以確定之陳述論證支持之。宋儒非只講「信」之宗教人物，故必從事此種理論之建構。而其建構結果，亦即是宋儒之價值理論矣。

如純就哲學問題著眼，則肯定世界時，第一問題即是：所肯定之世界取何種意義？

此處又有兩種可能。其一是肯定存有意義之世界——此即落在對「自然世界」作價值肯定上；其二是肯定創生意義之世界——此即落在對「文化世界」作價值肯定上。此一分劃乃學者了解儒學派別之大線索之一。亦是本書依理論標準觀察宋明儒學全貌時，立說之基本關鍵。若就純哲學問題一層說，此處所涉者亦是一極重要之哲學問題。

然則，宋儒倡肯定世界之觀點，以排拒佛教之否定世界時，其肯定究取何意義？解答此問題，本須嚴格剖析周濂溪以下各家之價值理論；但此非本節所能詳及者。茲僅略說大意。

自濂溪至於晦翁，如前所論，其說頗有演變，然就肯定世界一問題言，則有一共同點。此即：不就主體觀念建立肯定，而就存有觀念建立肯定是也。如此建立肯定時，簡言之，即對「價值」作一「存有論意義之解釋」(Ontological Interpretation)。然後據之以斷定「世界」之為「有價值」。

具體言之，此種肯定又可分兩型。其一即以《易傳》所謂「天地之大德曰生」為代表；其二則可以〈中庸〉之「盡性」一觀念為代表。周張及明道之說，顯然屬於前者；伊川朱熹之說則偏於後者。為行文方便，前者可稱為「天道觀」，後者則可稱為「本性觀」。

持「天道觀」以肯定世界時，其說大致先斷定有一形上共同原理，實際運行於萬有中，而為存有界之總方向，即就此方向建立價值觀念。因此，所謂「天道」，必有兩點特徵：

第一、「天道」必有實質意義之內容，不能僅為形式意義之概念，否則即不能實際運行於萬有中。

第二、「天道」雖是一形上之實有，但此實有必須兼為價值之根源；否則，若「天道」在價值上有「中立性」，則據「天道」以肯定世界即不可能。

以《易傳》中「大德曰生」之「天道觀念」為例。此一生生不息之原理，即以說明萬有之總方向，故非一形式概念。而此一為「天道」所表之總方向，又必須視為「善」或「價值」之根源。換言之，順此方向為「善」，逆此方向為「惡」。

但「天道」既實際運行於萬有中，則萬有似即應承受「天道」之決定，何以有不順「天道」之方向之可能？解答此問題，便須另設一觀念，以建立所謂道德生活中之二元性(Ethical Duality)。此種二元性乃談價值問題時之必要條件；倘不建立此種二元性，則「惡」之可能不能說明，道德生活及一切價值判斷亦將無從安立。宋儒對此問題即取《禮記・樂記》中所提出之「天理」與「人欲」一對觀念，以建立二元性㉕。其大意蓋以為人有「情緒」，而「情緒」之活動可以合乎天道之方向或不合乎此方向，故必在情緒上有所節制，然後方能合乎「天

㉕ 〈樂記〉中「人生而靜」一節，有「滅天理而窮人欲者也」一語，乃最早以「天理」與「人欲」對舉之資料。在宋儒學說中，則此一對觀念成為共同用語，不屬一家，故不作徵引

理」或「天道」。如此，則在對「惡」之解釋上，只立一形式概念，因「情緒」本身並非另是一「惡」之存有，只在「有節」或「無節」上說「善惡」之別。萬有之中，並無一種存有是「惡」也㉖。

但如此設立二元性後，基本問題仍未解決，蓋「天道」倘實際決定萬有，則何以人之情緒獨能悖乎「天道」，仍是一待解決之問題，此處即隱隱通至「自由意志」或「主體自由」等問題。持「天道觀」者，於此並無確定解說。

然「天道觀」另有真困難，尚過於此點。此困難即在由「天道」以肯定「世界」時出現。

「天道」之內容既是「生」之原理，則據此以肯定世界時，必須以世界實際上循此生生之理運行為論據，同時此處又是一價值肯定，即以世界本身為實現此價值之歷程，故又必須將此運行方向定為一最高價值標準。且此價值標準又必須與道德實踐直通，成為道德生活及判斷之基礎。

但就此三層看，皆有明確之困難。

首先，實際世界中「生」與「生之破壞」常相依而立。某一存有之「生」，常同時依另一存有之「生」之「破壞」為條件。此就人類及動物之生活看，尤為顯然。譬如，人及動物皆須得食而生，而所食者主要仍為有生之物；則食者得生時，即以被食者之生被破壞為條件；如此，則此處顯有一「背反」問題㉗。蓋若「生」與「生之破壞」相依而呈現，則吾人說世界「生生不息」，同時亦可說世界不斷有「生之破壞」也。

其次，若就立價值標準說，世界之「生」或「生生不息」被視為一有價值意義之方向，則由上述之背反問

㉖ 學者能解此義，則對明道所謂：「惡亦不可不謂之性」，或濂溪之所以用「靜」及「無欲」定善惡之關鍵，皆不難明其本旨

㉗ 即康德所說之“Antinomy”

題，可推出如此之價值標準下，每一「善」皆與「惡」不離；每一「價值」實現時，其否定亦實現。最後，就道德實踐言，問題尤為嚴重；因在道德生活中，必有排拒反道德之要求。今若由一含「背反」之價值標準以建立道德生活之基礎，則此種道德生活中，將不見有「善」而「不惡」之行為成立。而與「惡」相依之「善」，本身亦成為一種相對性概念。例如，殺魚以養人，倘視為「善行」，則此「善」即只在全「人」之「生」一意義上成立，亦即僅有相對性之安立。對「魚」而言，乃其「生」之「破壞」，成一「惡」矣。

此種種困難，皆由「背反問題」而來，而「背反」問題之產生，則又由於在實際世界或現象世界中，強求一形上原理。換言之，即落在自然世界上求「世界之肯定」時所招致之理論困難。然則，若離開現象世界，而只就一超經驗之「理」著眼時，情況又如何？此即引至「本性觀」。

持「本性觀」以肯定世界時，可以不在自然世界之萬象中求形上原理，亦不在此求價值標準；蓋「本性」本非一經驗對象，亦不在實際世界或自然世界中。如伊川之說，萬物各有其性，亦各有其理。即以「萬物實現其理」作為一價值標準；於是「本性」（即「理」）加「充足實現」一觀念，即成為一切價值判斷之基礎。而「道德生活」及「文化」之意義，亦均可由此決定；蓋「道德生活」即事事如理之生活，而所謂「文化」者，即統指此要求「如理」之活動也。

此說自以「性即理」一命題為中心㉘。而「性」與「理」即取殊別義，與只言一「共同之性」之說不同。而其基本分別，則在於如此建立價值理論及「世界之肯定」時，不落在當前之實際世界上。因「理」與「事」可分為兩領域。「理」可在事中實現，可不在事中實現。倘「理」未實現，仍不礙此「理」之存有。但因「事」

㉘ 案伊川亦有「共同之性」之觀念，前文已述及。此處但取其學說中論「殊別之性」一部分，因此一部分方表現其立說之特色

與「理」不視為本來合一者，故實際世界中「善惡」之糾結混亂，皆可不妨「理」之分明確定。似可避免「天道觀」之困難，因「天道」乃視為實際上決定事物世界者，「本性」則只是一規範，一理想狀態，不須視為「已有」之事實。如此，肯定世界時，亦不須謂世界實際上受一「天道」支配，只須視世界為萬理實現自身之「場」。此「場」本身可以黑暗汙濁，仍不礙理之應實現於此中，且能實現於此中。此種思路，重點全在超經驗、超事象之「理」上，故伊川之學不重宇宙論，而成為純粹形上學。就理論效力而言，「本性觀」固勝於「天道觀」。因無經驗事實之牽累。

然「本性觀」亦另有其困難。此困難可就「性」（或「理」）本身之「存有地位」(ontic status) 說，亦可就「實現」一層說。

茲先就「實現」論之。所謂「實現」，自即指「理」在「事」中「實現」而言；因「理」與「本性」視為一事，故此「實現」亦即是具體事物之本性之「實現」。換言之，每一種事物均有其「理」或「本性」，但當前之存在狀態不必皆循其理，因此使其存在狀態循其本有之理，即所謂「理在事中實現」。

如此，具體之存在領域，雖可是混亂陰暗者，只要「理」之「實現」本身無困難，則「理在事中實現」之歷程，即可得一肯定，此亦即「世界之肯定」——包括歷史文化之解釋。

然言「本性」之「實現」時，若只就一一性或理，與其相應之事觀之，則似無困難。若就眾多之本性彼此間之關係觀之，則有極嚴重之困難在。此困難可稱為「本性實現中之衝突問題」。

此問題原為一切「本性論」(Doctrine of Essence) 之共同問題；若溯其淵源流變，所涉甚繁；茲只就宋儒學說言之，則此種困難可用一淺喻說明。

譬如，有生之物，雖本性各殊；但既是有生之物，則「全生」必不能不為其「理」或「性」所在。但恃肉食而生者——如虎，欲全其生，則必食他獸。而此被食之獸——如羊，則即在虎能全其生時，自己必不能全其生。換言之，「虎」之「本性」究竟如何實現？吾人對「虎」之食「羊」究以取何種態度為「循理」？此則難有妥善解答。

伊川明道對此問題均未作正面解答，然就其語錄看，則一鱗半爪，亦有許多暗示。譬如，謂禽獸「不能推」㉙，其意蓋謂人有「公心」或「仁心」，故能推己及物，自盡其性亦盡萬物之性，禽獸則無此自覺。然此一「推」觀念，只能說明人與禽獸之殊異；不能解答上舉之難題。蓋說虎之食羊，乃因虎無仁心之自覺（不能「推」）故，此自無困難；但虎如有此「推」之能力，又應如何？是否即不食肉而自殺？虎如自殺，是否是「循理」？是「實現其本性」？此則顯有困難；蓋虎食羊，則羊不能全其生；虎不食羊（及其他有生之物），則虎即不能全其生。此處之難局，乃由虎之「本性」如何實現而來；非可用「自覺」與「不自覺」一對觀念解釋也。

此處所涉之哲學問題，後文更當詳論。本節欲指出者只是：以「本性之實現」為價值基礎時，面對本性實現間彼此之衝突，即將發覺價值標準難於定立。而此困難若不能克服，則「世界之肯定」亦難圓滿建立。

其次，再觀「性」（或「理」）本身之「存有地位」問題。

所謂「存有地位」，即指「存有」之各種不同意義而言。當人用「有」字時，所謂「有」，每具不同之語義。譬如說：「室內有人」，此「有」自指空間中之經驗對象而言；如說：「十與十五之間，至少有一質數」，則此「有」不涉及空間對象，而只涉及某種形式結構之形式性質。於此「人」之「有」，與「質數」之「有」，即各指不同之「存有地位」。此外，「有」之語義倘具多種可能，不必一一備舉。總之，言「有」時，其為何種意義之「有」，常是一重要問題。

㉙ 參閱《河南程氏遺書》，卷二下

然則所謂「性」或「理」之「存有」，究具何種「存有地位」？此在論「本性觀」時，實為首要問題。如上文所說，「性」或「理」本身並非一「事物」，因此，自不能是當前經驗世界之一部分，並非在時間空間中被決定者（即不是"Tempro-Spatially determined"）。因此，說「性」或「理」之「存有」，即不能是在時空架構中佔有特定地位之意義；換言之，即不是作為「經驗對象」而「存有」。

「經驗對象義」是吾人說「有」時，最常見之意義。其次則有「構型義」之「存有」。

此一意義之「有」，乃經驗科學語言中所常用者。譬如，吾人說有「電子」；此所謂「有」，並非「經驗對象義」。電子本身並非可被經驗者。吾人只因面對一組「事象」(Events)，而欲對此類「事象」予以融貫明確之解釋，故先設某假說，再由此導出一種「構型」(Model)，此各「事象」是經驗對象，但解釋「事象」之「構型」則由某假說之設立，再經簡化而得來，本身並非一經驗對象。如「電子」、「原子」等，皆屬此類。基本上乃思想之「建構」(Construction)，非一「事物」。

此可稱為「科學構型義」之「有」。許多理論科學中之詞語，皆只涉及此種「存有地位」。

某一「構型」，本身固非經驗對象，但仍以一定事象群為基礎；此種種事象本身皆具經驗對象之存有地位，因此，「構型」之成立與否；須視其所關事象而定。如此，吾人對「構型」所立之各命題或陳述，仍皆是受經驗決定者。故吾人倘欲建立某種不受經驗決定之陳述，則不能是對「構型」之陳述。蓋「經驗對象義」之「有」，若稱為具「直接經驗性」(directly empirical)，則「科學構型義」之「有」，具「間接經驗性」(indirectly empirical)，二者仍皆屬經驗認知層面。

至此，可知「性」或「理」之「有」，亦不能作為「構型」意義之「有」；因言「性」或「理」時，並不能承認經驗事象資料之改變，能影響對「性」或「理」本身之陳述。否則，持「本性觀」者所要求之形上知識即預先被排斥矣。

此外，吾人說「有」時，又可能取「形式規律義」，如邏輯數學語言中所常見者。譬如上文所舉「質數」之例即是。此外，如在傳統邏輯中言「同一律」之「有」，亦屬此類。

在此一意義下說「有」，所涉及者既非經驗對象，亦非解釋經驗之構型，而只是運用符號或語言之思考中某種確定性或必然性，因此，此一意義之「有」，只是形式規律上之決定。因其不含經驗內容，故謂之「形式」；因其涉及確定性或必然性，故謂之「規律」。

但持「本性觀」以肯定世界時，其所謂「本性」固非經驗之存有，卻仍須具一定內容。換言之「本性」或「理」，並非一純形式意義之概念。即此可知，「本性」或「理」之「存有地位」，亦不能取「形式規律義」以解釋之；否則，以「本性」或「理」為基礎，只能得出一形式系統，亦不能得出形上知識或形上學也。

於此，吾人乃不得不轉至第四種「有」之意義。

此一意義距常識頗遠。如用哲學詞語說之，則可說與德國康德所持之「先驗綜合」(Synthetic Apriori) 相通。以簡明語言表之，則可說：吾人用「有」或「存有」時，尚有另一意義，即專指一自主自動之能力之活動方式講。此種「方式」亦可稱為「形式」，但與邏輯數學意義之「形式」不同，乃具有一定內容者。而此內容又非源自任何對象者，而屬於此能力之活動方式本身。稍知康德哲學者，當不難看出此種意義之「有」，正與康德所謂「先驗綜合」相應。

茲回到「本性觀」自身之要求，以澄清此問題。

持「本性觀」以肯定世界時，其基本斷定乃「有超事象領域之理，而此理實現於事象領域中」。此實現過程視為世界歷程，於是乃得建立一切價值判斷之基礎；故此「理」之「有」，乃須首先肯定者；又因此「理」即與事象之「本性」合一（所謂「性即理」），故說「理」之「有」，亦即說「性」之「有」。

於是此一基本斷定，乃包含兩點要求：

其一、由於「理」（即「本性」）本身非事象，故必須為超經驗者。

其二、由於「理」，無論就共同意義或殊別意義說，既與「本性」合一，則必有一定內容，故此「理」又不能視為全無內容之形式。

欲滿足此兩種要求，則「理」既不能直接作為經驗對象看，亦不能間接依經驗而成立，且不能不具內容，於是，「理」似只能歸於一主體活動，作為其活動之方式；而說此「理」之「有」或「存有」，即必須繫於一主體之自主性而言之。否則，兩種要求不能同時滿足。

至此可知，由於「本性觀」自身之理論要求，「本性」或「理」之「存有地位」，只能取第四種意義，即「主體活動義」；倘捨此而他求，則其安立即有內在困難。

然若以「主體」或「主體性」為原始觀念，依此以建立「理」或「性」之「存有意義」，則即是「心即理」之說，而非伊川朱熹一脈之說。程朱一支之儒者，固不願接受也。

總之，「本性觀」雖較「天道觀」為簡淨明白，不受宇宙論因素之干擾，但其理論效力不足自立。所具之兩類困難——即「實現問題」與「存有地位問題」——皆必須轉賴一「心」或「主體」之觀念以求解決，則不難看出，就理論標準方面言之，「本性觀」之理論效力，低於「心性論」。由此，吾人亦可明顯判定陸王一系之學，代表宋明儒學之較高發展。即「一系說」所持者。

合上諸節，一系說之大旨如下：

第一、就歷史標準而論，宋儒學說最早以恢復孔孟之學為目的，此目的直至明代亦無改變；故與孔孟學說之距離遠近，本身即為一共同標準。依此歷史意義之共同標準，各家之說，可得一公平評判而各定其地位。

第二、就理論標準而言，宋明諸大家之理論，不外三型：即「天道觀」、「本性觀」與「心性論」；此三型平鋪觀之，或可作為「三系說」之依據；但就理論效力而言，則前二者皆不足自立，必歸於第三型，因此，理論效力之高低，亦成為一共同標準，可據以統攝諸家之言而定其地位。

第三、將此二種標準合而觀之，在時間次序上，最早出之周張之說，距孔孟原旨最遠，理論效力亦最弱；伊川所代表之學說，擺脫宇宙論而較近孔孟，然亦未能歸於心性；其理論效力遂受兩種內在困難所限；至陸王則經長期之醞釀而出現第三階段之新儒學，最近孔孟亦最具理論效力。則合而觀之，自宋至明之儒學思想，可視為一整體之運動，以歸向孔孟原旨為目的，以層層加強理論效力為演進之主脈；運動本身可分階段，但畢竟仍是一運動。且在時間次序上，愈在後者，適能較滿足原始目的之要求，較能達成理論之穩固，恰與歷史標準及理論標準相配。則吾人無良好理由將此一運動之整體性破壞，而強分數系。此所以應持「一系說」也。

×　×　×　×　×

以上略論「宋明儒學之分派問題」。一系說固主張重視此一運動之整體性，但並非忽視各家立說之差異，不過將此種差異通過發展觀點解釋安頓而已。然則，宋明儒者既懷共同之目的，何以有如此鉅大之思想差異？此尚應更作進一步之說明。於此，吾人乃應一論宋明諸儒立說時所依據之經籍或傳統觀念問題。此即下節之主題。

貳　宋明儒學所依據之經籍

宋代儒學原以擺脫漢儒傳統、歸向先秦孔孟之教為特色之一，已如上節所述。但此僅可就其自覺要求說。

若就確定之了解看，則自宋儒至於明儒，是否嚴格了解先秦儒學與秦漢以下之儒學間差別所在，尚屬可疑。此點即涉及宋明儒者立說時所據之經籍問題。

先秦儒學之代表文獻，嚴格言之，唯《論語》、《孟子》及《荀子》三書。至於世所謂「五經」，則《詩》、《書》為孔孟及其他儒者所重視，常作引述，但已不可視為儒學之文獻；《春秋》為孔子所編訂，然其書縱不視為「斷爛朝報」，亦決非一理論性之文獻。《易經》之基本資料——卦爻組織及卦爻辭——皆遠在孔子之前；而所謂《十翼》則又來源龐雜，多出於孔子之後。《周禮》更屬來源不明之作。《儀禮》雖可作為考周制之資料，亦與儒學理論無關。《禮記》中頗多理論成分，然其書乃雜輯而成，非先秦作品。總之，皆不能作為治先秦孔孟之學者之依據㉚。

然自秦以統制思想為政策，而破壞古文化後，各家學統即進入崩離混亂之階段。漢代之所謂「儒者」，大抵皆屬治經之「經生」。而戰國至秦漢間，偽書本已層出不窮。漢儒雖以解經訓故為重，實則受偽書之影響最大。對於孔孟本旨漸不能知。同時，陰陽五行之說，緯書圖讖之言，又已侵入儒學。於是，就思想架構而論，漢儒皆持某種「宇宙論中心之哲學」。就其對儒學典籍之態度而論，則漢儒大抵皆取某「經」為依據。《論語》、《孟子》反視為補充資料。孔子此時本已被「神化」或「宗教化」，於是一切本不屬於孔子學說之宇宙論、形上學甚至讖緯觀念，無不託於孔子。此中最顯著之問題，即《易經》地位之奇高；蓋自漢以後，言儒學者幾無不取《易經》為儒學之主要經籍，而來源不明之《易傳》，遂成為儒學之哲學理論之依據矣。

此種情況直至唐宋，方稍有改變。韓愈李翺皆以反佛老為立場，然其興趣偏重於倫理學觀念及形上學觀念，而宇宙論興趣較低，因此，其立說遂不以《易》為重。韓愈頗推崇孟子，以為承繼「道統」，然此「道統」乃雜

㉚ 參閱拙著《新編中國哲學史》(二)

取戰國秦漢時期所形成之古代歷史意象為據。李翱特重《禮記》中之〈中庸〉，而《禮記》則本屬漢人編輯之書。故韓李自謂以復興儒學為宗旨，然其心目中之儒學，實仍不脫漢儒之影響，距孔孟學說之本來面目甚為遙遠。

五代至宋初，道教之影響又侵入易學，於是有所謂「圖書」一派，大抵據〈河圖〉、〈洛書〉以言象數。又與漢儒不同，然所言之「理」，更非孔孟之學[31]。以圖書講易學，在宋代極盛。北宋劉牧之〈易數鉤隱圖〉[32]，大抵承陳摶之說[33]。而劉牧卒於治平元年，年五十四[34]，則長於周濂溪六歲。可知北宋初年此類易學之趨勢。周氏之〈太極圖說〉，亦在此種易學影響下形成，但其觀念不同。故周氏以後，除邵雍外，言《易》者雖仍常用圖書，其立場又轉而以《易傳》之形上學為基礎。

北宋儒者之治學，其初亦皆以解經為主[35]；雖對道德文化問題已漸加重視，然尚無建立理論系統者。哲學理論之正式建立，始於周濂溪，故論宋明之儒學，莫不以周氏為首出之代表者。然自周氏起，諸大儒所依據之經籍，皆大有問題。茲舉各重要人物，略述之於下節。

周惇頤之主要著作，僅有《通書》及〈太極圖說〉。〈太極圖說〉乃取圖書一派之易學資料，而另予一理論解釋，故根本上自以《易傳》為依據。《通書》亦本為解《易》之作品；不過立論時稍取《禮記．中庸》之觀念

---

[31] 易學在漢代原受陰陽五行說之影響，至魏王弼注《易》，乃捨象數而專講一形上學理論。五代至宋又再變而有圖數之說。此種演變清儒及近代學人考論甚多。拙著《新編中國哲學史》㈡，及本書後章亦有論述

[32] 《道藏．洞真部．靈圖類．雲字號》

[33] 案《宋史》，卷二百二，〈藝文志〉，載有陳摶之〈易龍圖〉，劉圖即宗其說

[34] 《臨川集》，卷九十七，〈荊湖北路轉運判官尚書屯田郎中劉君墓誌銘〉

[35] 如胡瑗之治《易》，孫復之講《春秋》，皆人所熟知。范仲淹學於戚同文隱君，固以研《易》為主。歐陽修亦考《易》注《詩》，皆不離解經也

以補成其說。合而觀之，周氏所依據之經籍，可說不外《易傳》與〈中庸〉，而《論語》、《孟子》反不為周氏所重。此一講儒學之態度，不僅使周氏自身之理論，與孔孟學說發生歧異，且散布影響，直貫宋明數百年之儒學研究。言哲學史者對此種大關鍵，不可不先有了解也。

張載治學較雜，其初固由讀〈中庸〉下手，然平生講學，重點亦在於《易》之經傳。〈西銘〉、《正蒙》之外，即以《易說》為重要著作。而〈西銘〉開始即言「乾坤」，《正蒙》之理論系統，亦顯然依據《易傳》中之形上學及宇宙論觀念（此點後文另有析述）。故周張之興趣氣質雖頗不同，然其所依據之經籍，固無大異。橫渠書中亦常涉及《論》、《孟》，然其理論不以心性為第一序觀念，而以天道為第一序觀念，則是依《易傳》之立場以談《論》、《孟》，非依據《論》、《孟》以講儒學。

二程立說，純以「性」為基本觀念，原與周張不同。然其所據之經籍，亦不以《論》、《孟》為主。程氏論《易》，頗與周張不同，蓋程氏之學，如上文所論，乃一形上學系統，而非混合形上學與宇宙論者；故伊川《易傳》，純以道德及文化觀點講《易》，而不重視宇宙論問題。但二程所最重視之經籍，實乃《禮記》之〈中庸〉與〈大學〉；此外則取《易傳》中之形上觀念。《論》、《孟》之講論，在程氏兄弟自遠較周張為多。然就其所建立之理論系統看，可斷言所據非《論》、《孟》。即其論「性」之觀念，亦與孟子之言「性」，大有不同；蓋二程講儒學時，仍是以《易》及《禮記》為主要依據也。

程門後學，趨向雖頗有不同，但就所依據之經籍論之，則可說無重大變改。朱熹綜合北宋諸家，又遍注儒學經籍；自表面言之，朱氏似非不重視《論》、《孟》者；然觀朱氏自身所建立之理論系統，則其基石不在主體意義之「心」與「性」，而在存有意義之「理」與「氣」；是所謂程門之傳。可知朱氏之學雖廣博異常，然講儒學時仍承周氏以來之影響；且將《易經》、《禮記》之思想，與孔孟之學混而為一，使後之學者根本不知此中有大問題在。〈大學〉及〈中庸〉並《論》、《孟》而編成「四書」，即此種混合工作之具體表現也。

陸九淵之立說，自謂直承孟子；而對《禮記》理論（如〈樂記〉之說）頗有譏議；蓋陸氏始有真以孔孟之學說為根據而講儒學之意向，然亦未能釐清此中種種問題。明代王守仁立「良知說」，在理論系統上，實已成一「心性論」，可謂擺脫宋代諸人之限制。然王氏之興趣僅在哲學理論本身，其對經籍之態度，仍不脫宋代以來之習慣。王氏雖不以程朱之講〈大學〉為然，但本身仍以〈大學〉為儒學基本經籍之一；蓋王氏對孔孟之學與秦漢以後之儒學之理論差異，固灼然有真見解，然未重視經籍本身之分類問題，遂仍不能破除朱熹之混合也。

總而言之，宋代儒者雖以重振孔子學說為目的，但因不能嚴辨經籍之偽託問題，又不察「心性論」之理論特性，故自周惇頤氏立說，即取《易傳》以代表孔子思想，而不知《易》之《十翼》，皆與孔孟無關。至《禮記》各篇時代來源尤為難定；宋儒則不加深考，徒以〈大學〉出於曾子，〈中庸〉出於子思之傳說為據，便取此二篇作為先秦儒學代表文獻；於是，以歸向孔孟之學為號召之宋代儒學運動，自始即以偽託之書作為依據。其影響至朱熹而益烈；蓋朱熹編「四書」，即有意將《論語》、《孟子》等原始儒學資料，與後出之〈大學〉、〈中庸〉混為一體，於是，孔孟之學本身真面目已不分明。雖明代儒者在理論上能較近孔孟原意，然在此種影響下，對經籍問題皆不能嚴辨真偽先後之別。此是中國哲學史及儒學史上一大公案，學者必不可忽之者也。

由於宋儒自始即以偽託之書作為依據而講儒學，而自宋以下，迄無人清理此一大問題，積之日久，言儒學者對孔孟本旨與《易傳》、〈中庸〉以下之說間之差異，益不能明。於是遂有種種議論，必欲強孔孟與後世之說合；蓋不如此即不能不重新考慮宋儒學說之地位，而此種考慮又為熱愛傳統者所不喜。由是再進一步，欲維持孔孟至宋明儒間之「道統承傳」之意象，對於宋明儒所依之經籍，又不得不極力維護；偽託之書，亦不能嚴予辨析考訂。此又是中國哲學及儒學研究內部之扭曲或病態。尤為治中國哲學史者所不能不面對之問題。

此類議論中，有兩點應特別予以澄清者，茲略作說明，以結束本節。

第一、學者有明知孔孟之說與《易傳》、〈中庸〉不同，而欲以「發展」觀點，解消其差異，以維持「道統承傳」之意象者。其說大意謂，《易傳》、〈中庸〉之「天道觀」，直至宋儒之說，乃孔孟之學之「發展」，換言之，孔孟之學至「天道觀」中方能完成。此說如成立，似可一面承認孔孟之說與後世之說之不同，另一面又仍可維持一「道統」意象。

譬如，視孔孟之心性論為「主體性」之建立，而視「天道觀」為「客觀化」，遂謂，由孔孟至《易傳》、〈中庸〉及宋儒，乃表示「主體性之客觀化」之理論歷程；如此似可視全程為一「發展」。

但嚴格言之，所謂「主體性」之「客觀化」，必須確定以「主體性」為第一序觀念，然後以「主體性」為基礎而建立「客觀化」之種種觀念；倘若離「主體性」而另立「存有意義」之觀念，作為第一序，回頭再收攝「主體性」觀念，則此非「主體性」之「客觀化」，而是另一「存有理論」(Ontological Theory)。孔孟之說，本屬「心性論」，以「主體性」為第一序，自甚明白。〈中庸〉、《易傳》及宋儒之說，則並非先以「主體性」為基礎以展開而建立「客觀化」觀念。故孔孟之學與《易傳》、〈中庸〉之「天道觀」之差異，並非「未客觀化之主體性」與「客觀化之主體性」間之差異，而是代表「主體性」之「心性論」與強調「存有原則」之「天道觀」間之差異。此不可以「發展」說之。

如必欲持此發展說，則必須訴於理論效力問題，換言之，即努力證立「天道觀」之理論效力高於「心性論」之理論效力。至此，即可轉至第二問題。

第二、發展之說，欲憑理論效力之標準而自立時，其工作在於斷定「心性論」必應發展至「天道觀」。此處所謂「必應」，細分之，又有兩種可能意義。其一是強調理論之「必須性」，即企圖證立：「心性論」如不發展至「天道觀」，則即有理論困難，而此種困難必可在「天道觀」中解決。其二是強調「應然」意義，亦即企圖證立：「心性論」發展至「天道觀」乃可有更高「價值」。

但此兩種說法，本身皆極難成立。

先就理論困難說。「心性論」中畢竟有何困難，必須訴諸「天道觀」以求解決；此點至今未見有人提出堅強論證。最多只有一種意義不甚明確之說法。其大意謂：「心性論」必須能建立「存有意義」之「理」，而就「心性論」內部言，則不足達成此一目的，故必須進至「天道觀」，方能完成此一理論要求。

嚴格言之，此說實未能證立「心性論」內部有何理論困難；蓋所謂「存有」及「理」，意義皆欠明確，且對於「心性論」本身之意義亦未嚴格界定。

今試界定「心性論」為「以主體性為中心之哲學」，則以上之說能否成立，即甚易解答。

首先，所謂「存有」取何意義，即涉及前文所指出之「存有地位」(Ontic Status)之問題。「存有」可指「獨立意義之存有」或「依於主體性之存有」。所謂「存有」之「理」，倘取前一意義，則非「心性論」所要求或所須建立者；因「心性論」原以自覺自主之主體性為中心，不須認定獨立於主體性之存有。倘取後一意義，則此種「存有」既依主體性而安立，則其安立過程自只能由主體性一面闡釋之。進而言之，縱使某一型之「心性論」對於「存有」之「理」之闡釋有所不足，仍只能回向主體性以求充實，而不須另訴於一「天道觀」。

自另一方面言之，「天道觀」所肯定之「存有意義」之「理」，其「存有地位」亦不外此兩大類。倘屬前者，則此種不依主體性而安立之「理」，必引致一切外在形上學之困難。倘屬後者，則此種「天道觀」當繫屬於「心性論」之下，不能解決「心性論」本身之困難（倘確有某種「困難」）。

總之，如說「心性論」之「困難」，在於不能建立「存有意義」之「理」，則此種「理」或為心性論所不需要者，或為「天道觀」所不能為力者。學者無由據此以斷定：「心性論」必須發展為「天道觀」。

其次，就價值意義講。倘說：「心性論」應該發展為「天道觀」，或「心性論」如此發展後方有更高價值，則此處問題在於所涉之價值標準。

持此說者，雖亦未有明確論證，但其主旨不外將價值意識投射於存有界而視為「存有之規律」；換言之，其所預認之價值標準，乃一「廣度意義」之標準；亦即認為：「心性論」只能就自覺活動一層建立價值判斷，而不能在「存有規律」上建立價值判斷，故其廣度不及「天道觀」也。但此處所涉問題至為嚴重，茲分層略論之。

首先須指出者是：「價值謂詞」——如好壞、善惡、應該及不應該等——與「存有謂詞」本不同類。倘強欲將此兩種謂詞合一，則結果必使「實然」與「應然」混淆。譬如，立一價值原理，然後即視之為存有之原理，則其理論後果必使一切關於存有之陳述與價值陳述合而為一。如此，則必須認定存有狀態永遠符合價值原則。在此認定下，即必須將一切罪惡及錯誤，皆設法釋為次級或第二序者。此處已有極大理論困難。

其次，退而言之，倘吾人姑且接受此種立場，則一切涉及價值之道德問題、文化問題等，又成為何種情況？

試以常識語言說之，則吾人可問：當存有原則與價值原則合一時，是否即認定一切所謂「好」或「善」終將自己實現？倘是如此，則一切自覺努力是否亦皆已被此原則決定而不能不符合此原則？抑或是自覺努力可能符合亦可能不符合此原則？如不能不符合此原則，則一切努力是否皆屬已被決定者？如可能不符合，則此原則是否仍可說是決定一切存有？凡此種種問題，皆指向一根本問題，此即：當吾人說一同時有價值意義及存有意義之原則（即如「天道」）時，此原則本身之存有地位為何？此點如不能澄清，則一切道德文化問題均將成為不可解者。

「天道」之基本特性，原在於表存有與價值之合一。但嚴格言之，此種「合一原則」既不顯現於當前之世界中，亦不表思想上之必然性；所謂「合一」，即落在「善」在「存有」中實現說。但此「實現」，既非實然，亦非「必然」；至多仍只為一意志之要求，或理想信仰所寄之方向。作為一方向看，「天道」之「存有地位」即只能取「主體活動義」，換言之，所謂「天道」只是主體自己自立自定之方向，並無離主體而獨立之實有性；因若不如此安立，則「天道」之說即處處成為不可解。然若如此安立，則「天道」又無「心性」外之地位可說。則「天道觀」如何能較「心性論」具更高價值？

此處尚可再加數語以說明此中關鍵。舉例言之，如以「生」為「天道」，則此為價值與存有合一之原則；故在此原則下，必須認定：「生」之原則表價值，同時亦實現於存有中。於是，「生生不息」，一方面是存有界之陳述，一方面亦是價值陳述。然如上文所言，在「實然」之世界中，「生」常與「生之破壞」相偕而立。由此，萬物各正性命或各遂其生、各盡其性等說，均不能視為「實然如此」。然則，此一原則是否表示一種思想上之「必然」？吾人就「生」與「生之破壞」間之背反關係看，可知此處無「必然」可說。蓋吾人在「生」之陳述方面，每一點上均可取一相反於「生」之原則之陳述，仍可組成一同樣效力之系統。例如：每陳述動物之「生」時，即可就被動物所破壞之其他生命一面之「生之破壞」作一陳述。此處雙方皆無「必然」。

至此，顯然「天道」本身之「存有地位」，即只能歸於「應然」。而所謂「應然」，不能不植根於主體性或主宰自覺中。換言之，「天道」仍只能是一理想方向，或一信仰；如康德所謂之「設準」[36]。則此種「天道」觀念，仍只能是「心性論」下所定立之觀念；既無獨立地位，何能達成「心性論」所不能達成之「價值」。

---

36 康德對此問題，事實上在第三批判中方予以確定處理。「設準」(Postulate) 一詞，原是第二批判提出者，但取廣義言之，則第三批判中所說之 "Natural Purpose" 之類，皆可視為「設準」，因皆依於主體活動而成立也

或者有人可說：接受以上之論析，仍可肯定「天道觀」之地位，因吾人可說：由主體性建立「天道」觀念，乃「心性論」之最高型態——或最圓滿之型態；換言之，即包含有「天道」一段理論之「心性論」，方是最圓滿之「心性論」。此說涉及兩問題。

其一，倘「天道」只是由「心性」推繹而出之觀念，則在理論上，「天道」本身即無所謂「實有性」；如此則不能有所謂「天道觀」，因不能離「心性」而獨立也。更重要者，是「心性論」畢竟有何理論必要須立一「天道」？「天道」若只依「心性」而成立，則此無「實有性」之「天道」，即成為一「空名」，除產生許多理論糾結外，並無正面功用；因言「天道」者所認定之種種屬於「天道」觀念之功用，皆可收歸「心性」本身，即無理論根據多立一觀念。

總之，若「心性論」須建立一對「存有」之價值肯定，則此肯定只能是心性論本身之一部分，而不能另歸入一「天道觀」也。

其二，若就歷史標準言之，則一切講「天道觀」之文件，自《易傳》、〈中庸〉至於宋儒諸說，並非視「天道」為次級觀念而繫歸於「心性」者；反之，言「天道」者無不以此「天道」為最高級之觀念，而以「心性」為次級觀念；換言之，《易傳》、〈中庸〉之本旨，並非發展「心性論」以解釋「存有」之價值問題，宋儒承此說者亦不是如此講「天道」。故今日學者倘謂，「心性論」發展出「天道」觀念，乃成為「圓滿狀態」，則此自是另一說。講哲學史時不可以為此說即《易傳》、〈中庸〉之說，亦不可認為宋儒講「天道」是從此角度立說。蓋此類文件所顯示之理論立場，實乃以「天道觀」統「心性問題」，非以「心性論」立場安頓「天道問題」也。

倘必欲持此說以解釋「天道」觀念成立之根據，則至多只能用於陸王之學。陸王皆堅持「心外無理」，則「天道」及「天理」等觀念，自皆可視為次級或第二序者。但若如此說，則結論正當如本書所言，以陸王為宋明儒學最高發展之代表，而不能以〈中庸〉、《易傳》本身為標準。

即以陸王之學而言，陽明後學中如李材（見羅），猶強調「釋氏本心，聖人本天」之語㊲，以為伊川此說至當；蓋見羅之意仍以為儒學應以「天」為第一序觀念，而不解以「心性」統「天道」之義，亦即以為《易傳》、〈中庸〉之「天道觀」為儒學本來面目所在，而不知孔孟本持「心性論」。陽明立說之後，尚是如此；則據《易傳》、〈中庸〉以講儒學之影響，不可不謂至鉅。而以如此之依據立說，必與孔孟本旨違異，亦不待辯矣。

×　×　×　×　×

總上所論，可知宋儒自始即由其所據之經籍非孔孟之說，故所講之儒學非孔孟之本旨。發展至朱熹，而反以此種兼有形上學及宇宙論成分之系統，回頭籠罩《論》、《孟》之義，遂構成儒學史上一大迷亂。陸王始有歸向「心性論」之努力，然既未能用力澄清經籍依據問題，故此種迷亂歷久不衰。本書在列舉諸家而析論其學說之前，對此種關鍵問題先作以上之清理，欲使學者先明此中分際，不致再陷入此種迷亂而不覺，以便能較接近哲學史之真相。至於各細節問題之析論，皆見後章。

參　宋明儒學興起時之歷史環境

「歷史環境」僅為思想學說之外緣條件，本非哲學史之主題所在。但在「發生意義」上，思想學說之「發生過程」（Genetic Process），每與歷史環境有關。宋明儒所處之歷史環境，對學風及知識分子一般心態之影響，頗有應加注意之處。本節舉其大者，略加展示，以提醒學者之注意。至於詳細考索，則非本書之範圍，因所涉

㊲ 參閱《明儒學案》，卷三十一，〈止修學案〉

史料至繁，須以專書處理。

先就宋代而言，宋代之政治環境對其學風有極大影響。此處只取兩點論之：

第一、宋代開國，承五代紛爭之局；國內殘破，不下於六朝之末。然宋皇室自太祖、太宗以下，頗能以包容寬大為政治原則，因之，其影響於制度者乃為諫權之高張，其影響於社會者，為民生之重視。於是，知識分子自宋初即表現莊嚴之責任感；蓋一方面政治上有諫權可因皇室之包容而發揮力量，另一方面在社會上亦為群眾希望所寄；自前者言，知識分子乃敢於對時代問題負責任；自後者言，知識分子既為眾望所寄，亦樂於負責任。此種責任感乃宋代知識分子心態之主要特色，不唯與五代士風相較，判若天淵；即與唐代相比，亦屬遠異。唐代知識分子，投牒自試，以圖出身。不中則寄食僧寺，取徑終南；中式則上書權門，苦求官祿。蓋此輩將仕進之事純視為謀生之途，對國政民生之利病，並無主張，且多未用心。宋代知識分子則以具責任感之故，未登仕籍，已憂天下，既入政府，則有所主張。才識雖或高或低，議論雖有得有失，然其心態是以天下事為己任，非以官職為謀生之道。故就一般意義言之，知識分子之責任感，在唐代即為極罕見之事，在宋代則為尋常之事也。

此種「心態」投射於學術思想一面，遂使宋代學風特重創建，對於道德文化之軌範，禮樂刑政之措施，無不欲作積極性之努力。其立言行事，固常以已有之文化成績為基礎，但其治學之基本精神，則是欲在此種基礎上作積極之建立，非步趨墨守一類態度。此是宋代學風特色之一。

第二、宋立國於中國至衰之際，外族壓力極強。宋太祖兄弟雖歷兩代而削平群雄，但太宗征遼而敗，真宗時更有澶淵之盟，其後終致為金及蒙古所滅。總觀宋代對外關係，可說一直在外族侵略壓力下勉求生存。金人滅北宋以後，此種壓力固已成明顯事實；即在北宋未亡時，國人亦早已覺察此種壓力之可怕；由此，遠自宋初，知識分子即有一種憂患感，此亦影響此一時代知識分子之心態。

憂患感使知識分子不能不面對當前世界之壓力，而興起某種「救亡」之要求。同時，「救亡」之要求既由危亡之威脅而來，則導致危亡之因素又不得不一一追問。當知識分子在不同程度上承認國家有危亡之慮時，自然即引生種種反省及檢討之傾向。於是，宋代知識分子大抵皆欲從事一種改革以救亡。就立場而論，自有正反之不同。持維護傳統之立場者，則亟思掃除「弊端」，昌大傳統；有反對傳統之傾向者，則即可能如王安石之謂「天命不足畏」、「祖宗不足法」。然基本上皆有一「救亡」之要求，而此要求又皆基於「憂患感」而生出也。

了解此一外緣因素，即可幫助吾人了解宋代學風為何終以救世為主流。個別知識分子之趨向禪宗或道教者，為數固亦不少；然宋代學風極少受此類人物影響，故魏晉清談之習，不能出現於北宋南宋。蓋此一時代之學人，基本要求非作「逃遁」，而是作「承擔」也。

至於明代，則情況又不同。朱氏開國，皇室乃出於「農民暴動」之領袖；以古代用語表之，則可說為「教匪出身」；雖因其所反抗而推翻者，乃蒙古異族之統治，故知識分子大體上擁護此一新皇朝，但在皇室統治者方面，則對知識分子有深刻之心理距離。朱元璋本人喜用暴力鎮壓手段以維護皇權，固不僅對知識分子如此，然專就皇室與知識分子之關係而論，吾人可說，朱明皇室在漢族歷代政權中，是最仇視知識分子者。明代之政治制度，極力提高皇權，更極力踐踏知識分子。胡惟庸案後，不唯「相權」全廢，即唐宋以來之三省制度亦不復存。皇帝之權全無限制。另一面，在宋代極盛之「諫權」，至明代亦大大衰落；蓋明皇室既無優容知識分子之意向，「諫權」在客觀上成為皇帝經常打擊之對象。「廷杖」及「廠衛」之事，人皆能言之，不待復贅。最可注意者是：皇室既仇視排斥知識分子，知識分子對興亡大計遂漸有置身局外之感，而不似宋代士人有真實關切之情。

此種政治上之特殊傾向，對知識分子之社群所發生之主要影響，即為一種被迫害之普遍感覺。知識分子在此時期中，與群眾之距離本已甚遠；即以出身農家之士人而論，其社會影響力亦皆不來自在下之群眾而只能依於在上之朝廷或政府；今皇室對知識分子之仇視排斥，既已成為明代政治之某種傳統，則知識分子皆有一種自危之感。此種感覺落在不同個人身上，自有不同之表現。如性格柔弱者，則大抵表現為舞文弄墨，間發議論，以取名於無事之日；一旦有事，則隨波逐流，任人宰割。若性格剛強而不守繩墨者，則表現為權奇詭詐，欲以智計愚弄當世；又若剛強正直之流，則只能懷一種悲劇心情，以守道自許，一旦遭受壓力，即準備自我毀滅。總之，在被迫害感之陰影下，明代知識分子，不論氣質性格為剛為柔，為正為邪，大抵皆無扭轉乾坤之信心及承擔感。最上者不過能以「一死」自守其原則，下者即俯首權力之下，隨人擺布而已。

就學風而論，由於承擔感之缺乏，明代知識分子除極少特例之外，大抵皆有脫離客觀世界而論學之傾向。如王陽明本可算為特例之一，但陽明之學重在心性論之重建，而不重視主體性在客觀世界中之展開。就純哲學意義講，致良知說之建立主體性，自具極高價值；但其說對認知心及認知活動毫無安頓。而認知心實即主體性之客觀化之通路，此路既不通，則客觀化一段，遂成為王學中所闕者。換言之，其學說本身固亦有脫離客觀世界之色彩也（至陽明本人能立事功，則是另一屬於才性之問題，未可與其學說混為一談）。明儒中自以陽明成就最高，其說亦最近孔孟原旨；然對孔孟化成天下之精神亦尚不能全盤承接，他人更不待言。

此種學風在明末時，方稍有改變，顧黃王三家皆重「經世」，即對此種學風之反應或抗拒；然其時明亡而滿族入主中國，政治環境愈變愈劣，學風之改造固為時太晚矣。

以上略說宋明政治環境對學風之影響。如上文所申明，此種影響原屬「外緣條件」，並不能對哲學史上之思想演進變化，提供任何充足性或必要性之解釋。但專從「發生過程」一面看，此種「外緣條件」亦應多少為學者所了解，故本書雖不重在「外緣條件」之討論，仍作本節之說明。

以下當回至內部問題。

肆　宋明儒學所面對之哲學難題

以上各節，已總說宋明儒學所關之各重要問題。最後當純就「哲學理論」之範圍，討論一有統攝意義之問題，以結束本章。但在提出此一理論問題以前，應先對本章前述各要點作一整理，以清眉目。

此可分為以下數點：

第一、宋明儒學中雖有不同理論出現，但合而觀之，其基本方向或目的，皆是欲重新宣說先秦孔孟之學，故仍可視為一整體。

第二、宋儒雖皆以歸向孔孟為宗旨，但宋儒對孔孟學說之了解，乃有一最大疏誤。此即：不深辨「心性論」之特性，而與形上學及宇宙論混為一團；於是，北宋儒者自極早時期起，即致力於形上學或宇宙論系統（或二者混合之系統）之構造，而欲將孔孟所言之「心性問題」，安置於此種系統中；由此，宋明儒學之理論，自始即與孔孟立說之本旨有一根本距離。

第三、此種距離，就理論意義說，不能視為一種發展或進步；因如此建立之系統，不論為「天道觀」一型或「本性論」一型，內部之困難皆極為嚴重；其理論效力實不如以「主體性」為主之「心性論」。

第四、就歷史意義說，宋儒之所以在立說時，開始即與孔孟有違，與其所依據之經籍有關。宋儒皆重視《易傳》與《禮記》中之〈中庸〉、〈大學〉，而不知此類文件所包含之思想與孔孟本旨之差異。此種疏誤，直至明代仍不能清除。

第五、若就宋明儒學之整體觀之，則其發展歷程卻又有步步逼近孔孟學說之趨勢，此可以周張、程朱及陸王之學說比觀而顯出。但此種逼近僅是由理論之需要而來。至於經籍依據問題，則即在王陽明亦未能正式清理。故誤據後出之說以解孔孟，可說是宋明儒學之通病。

以上各點乃了解宋明儒學與先秦儒學之同異時，所必應切實留意者，否則對中國哲學史上此一大關鍵即無法掌握。但吾人具此了解後，並非即可對宋明儒學之地位及價值作一否定。蓋澄清哲學史上學說變異之問題是一事，能否對某類學說作一理論之判定又是一事。宋明儒學與先秦儒學（以孔孟為代表）之不同，已如上論。但此中各學說所共同面對之哲學問題為何？則是應另加論析者。本章即就此一層面對宋明儒學再作一總攝性之說明。

此仍應從「肯定世界」一問題說起。前文已言及「肯定世界」乃宋明儒者之基本態度，亦是此一儒學運動抗拒佛教時主要理論立場所在。學者如就此一基本肯定著眼，則可知宋明儒學與孔孟之儒學，雖在理論形態上有上文所論之差異，在價值意識上則仍屬一脈相承；由此，亦可知舊說以為宋明儒學混有佛教教義，亦非確切之論；蓋宋明儒學仍屬於「儒學」，而「儒學」與「佛教」之差異，則在於「肯定世界」與「否定世界」兩種基本態度，其他皆非主要判別標準也。

「肯定世界」之態度，本身雖不難了解；但此種態度所涉及之理論問題，則並非容易處理者。宋明儒學各家所共同面對之哲學難題亦即在此。

為說明此種困難問題，茲先由「肯定世界」一觀念本身著手剖析，以逐步展示其中之理論關鍵。

所謂「肯定世界」，其確切意義即是建立一種斷定，認為吾人當前面對之「世界」，乃可以成為「合理」者；

換言之，即斷定：「理」有在此世界中「實現」之可能。故所謂「肯定世界」，即是斷定或肯認當前世界中「理之實現之可能」。

此語若不作深究，似乎人人皆可接受；蓋無論人對此世界作何主張，似乎必先有此肯認；因無論任何主張，總可解釋為要求某種「理」之「實現」，既有此種要求，自必已預認其要求者為「可能」。順此而言，似乎此種肯認乃一切價值判斷（或「主張」）之普遍基礎，不涉及難解之理論問題。

然若稍作嚴格考察，則此處所涉及之問題並非如此易解。首先，所謂「理之實現可能」，乃就「理」與「世界」之關係說。亦即上文所謂：認為「世界」乃「可以成為合理者」；如此，則建立此種斷定時，實涉及對於「世界」之解釋；而此種解釋本身表一特殊態度，並非思想意識中普遍不離者。

此處倘以佛教思想及中國道家思想與「肯定世界」之思想對照，則問題即易於明朗。

佛教教義演變雖繁，對「世界」之態度或解釋則一直無根本變化。自小乘至大乘諸家，皆視「世界」為無明所生之障累。換言之，「世界」是虛妄，是陰暗（所謂「無明」）；因此，若欲在虛妄陰暗處要求實現某種理，則本身又是一迷執。由此，佛教所講之覺悟、超昇等義，乃只就一「真我」說，而不就一「世界」說㊳。換言之，在佛教基本觀點下，此「世界」即是「不可成為合理者」；因之，「世界」乃「捨離」之對象，自我只在捨離處完成價值，而不能在「世界」中完成價值。如此，可知佛教所持乃「否定世界之態度」。

其次就道家而言。老莊之學就某一層面看，似並非與佛教類似者，因老莊所言之「道」，根本上乃支配此世界之原則或規律，亦未嘗以為此「道」為「虛妄」。但若深追其對「世界」之態度，則可知道家並非肯定「理之

㊳ 此處所用之「真我」，乃一般性之哲學用語，非佛教詞語，然與佛教所言之「般若」、「涅槃」、「真常心」等觀念有一定之對應性。此亦與佛教「無我」之說不衝突。關於此點，可參閱拙著《新編中國哲學史》㈡，論佛教教義諸節

實現可能」者。蓋依老莊之說，此世界無往而非「道」之顯現，因此，無論此世界成為何種情況，皆無作價值選擇之餘地。如此，人在此世界中亦無所謂「應作」或「值得作」之事。故老莊之價值判斷落在自我之超離性之自由上，而不落在對世界之任何作為上。老子所謂「無為」，莊子所謂「逍遙」，皆是此義。換言之，老莊雖不似佛教立教者之以世界為虛妄陰暗，卻以為世界中並無可求實現或應求實現之「理」。如此，世界雖不成為「捨離」之對象，卻成為「觀賞」之對象。佛道立說雖自有殊異，然有基本相同處，此即：認為在此世界中並無值得努力之事。此即與「肯定世界」之儒學態度，判然不可混同矣。

「肯定世界」之態度，衍生一文化生活之肯定；蓋既肯定「世界可以成為合理」，又肯定要求合理之努力乃應有者，則即必在某一意義上要求一定之建立秩序工作，此即所謂「化成世界」之態度，亦即要求建立某種「文化生活」。反觀佛道兩家之根本教義，則皆不建立此種要求。

「肯定世界」之意義，在如此對照下，已不難明。進一步應問：此種「肯定」如何在理論上建立？此又可分別析論之。

建立「肯定世界」之態度，其理論途徑可分三種：

第一、「存有論」之肯定。

第二、「形上學」之肯定。

第三、「心性論」之肯定。

以上三者依次可生出所謂：㈠ Ontological Theory，㈡ Metaphysical Theory，㈢ Subjectivistic Theory。

以下依次作一析論。

依「存有論」立場肯定世界時，其主要特徵在於斷定當前之實際世界即由一最高之「理」決定其存有；換言之，此當前世界乃由此「理」而生出，亦循此「理」而演變運行；因之，「事」與「理」互不相離。

此種「理」觀念大致上即相當於中國哲學史中之「天道」觀念。以此種「天道」觀念為基礎而建立對世界之肯定，即為第一型之理論。

此處有數點應加注意：

(1)此種理論由於須依此「理」或「天道」解釋「世界」之生成，故必涉及某種宇宙論之陳述。

(2)由於以世界之生成演變為已受此「理」所決定者，「理」之「實現」似被預認；蓋有此世界時，此「理」即已實現。如此，此種觀點與先秦道家之說有極為近似之處，蓋道家即以為世界乃已循其「道」而生成運行。其「道」之內容雖與宋儒所言之「天道」不同，但此種以「理」為已實現於「世界」中之態度，則固相似。由此一層面著眼，亦可知舊日論者所謂道家對宋儒之影響，可在何處落實。

(3)但持「天道」以肯定世界，終非道家之超離態度。道家由於肯定世界本循「道」(或「理」)而運行，遂不肯定在此世界中任何正面努力；儒者肯定世界，則必須肯定此種正面之努力。道家可倡無為及自然之說，歸於逍遙之境趣，儒者則必建極立制，以求化成世界之功。如此，在儒者立說方面乃多出某種理論困難，為道家所不必面對者。

(4)此種「存有論之肯定」，應作為「真知」而建立，抑或作為一種「信仰」而建立，必須確切決定。

有以上之解釋後，吾人乃可逐步討論此種理論之困難。

首先，「存有論」之立場，既是視「理」(或「天道」)乃世界本來依循之規律，又不能不肯定此世界中人有應作之努力，於是，第一步困難即是：如何解釋「人之活動」與「理」之關係。因「人」若視為「世界」之一部分，則「人」之一切活動亦皆應是已受「理」或「道」決定者，如此，則「人」之「活動」一面，亦不能有作任何努力之餘地，如此，則一切價值選擇或價值判斷皆無從說起。

在此一關節上，道家立論之方式，是給予人之意識活動某種「未定性」；換言之，萬有皆已受「道」之決定，但人之意識則仍可以「明」或「不明」㊴——即與「道」相應或不相應。此處之「未定性」即為說明老莊哲學之價值觀念之總樞紐。此種「未定性」倘說為一種「自由」，則真是笛卡爾所說之「錯誤之自由」，蓋此種「未定性」之主要作用，只在於使人能有錯誤之追求，而老莊所肯定之價值，亦正在於取消此種追求也。

道家此種立說方式，雖有顯明困難（即「何以人之意識獨能不受『道』之完全決定」），但此困難只在逆溯處顯現，若順此說下推，尚能對人生態度及世界觀作某種具有一致性之斷定。以與持「存有論」立場而肯定世界之儒家學說相比，道家此處之難題較少，因後者除須面對道家之難題外，尚另多出一涉及「世界之肯定」之難題。

宋儒持存有論之肯定時，其要求不僅在於視「世界」為已受理之決定者，尚須建立此世界中一切正面活動之意義。故第一步須面對道家之困難，即如何將人之自覺活動解釋為「可能違理」者；第二步則尚須表明當前之世界「實是」與其所立之「理」或「天道」相應，再建立如何使自覺活動「如理」而不「違理」之「道德實踐標準」。

關於第一步，宋儒不外據「理」與「欲」之二分立說；此種說法實是預認人之意識或自覺活動在「世界」之外，與其所立之「天道決定萬有」之觀念有內在衝突；此點在下文分論各家時再作展示。此處應特別說明者，是第二步之難題。

宋儒所立之「天道」，其內容與道家之「道」不同；道家之「道」只以正反互轉之變化規律為內容，並不涉

㊴ 此「明」字乃老莊學說中常見者，如「知常曰明」、「莫若以明」等例皆是

及一究竟意義之方向。宋儒之「天道」則為萬有所共依之「理」（此是「理」或「性」之另一用法，與殊別之「理」或「性」有異，前已論之，此處不再解釋）；而其內容則源自《易傳》之「生」觀念，換言之，即以不斷創生為內容。

依此，則「世界」本由此「創生之理」而生成，亦依此而變化運行。到此為止，尚只是對「規律」之陳述。若就嚴格意義言之，此中固已涉及一「背反問題」，蓋當「生」不斷進行時，亦必有相應之「消滅」過程同時呈現。但更嚴重之問題，則在建立「道德實踐標準」而作對「規範」之陳述時出現。

此問題可用淺明說法表示。設想吾人現若已接受此種「天道」之肯定，即承認「世界」乃依一不斷創生之理而運行者；又承認人之意識或自覺活動乃具有「錯誤之自由」者，因而可能違反此「理」，更依「天理」與「人欲」之對分，以說明此種可能，如此，下一步必立出一道德實踐意義之行為標準。此標準自以「去人欲」而「存天理」為中心，亦即自覺地依循此「創生」之「理」。此處即可通至宋儒一部分學說中對「仁」之解釋。以「仁」作為一「德」而與以創生為內容之「天道」相應；故人能實踐「仁德」，即可視為與天合德。總之，由此所建立之道德實踐標準即應以遵循「生」之原則為決定條件，落在具體生活上，即應是「盡己之性」、「盡物之性」；而此處所「盡」之「性」仍以「生」觀念為心。人必以使萬物各全其生之理為道德標準。

但此際有一根本問題即無法避免。此問題是：世界中萬物之「生」實質上如何進行？有何條件？顯然，除植物外，一切生命之延續皆倚仗其他生命之破壞。倘根本不破壞任何生命，則亦無生命可以延續存在。此是一真正難題。只要此難題存在，則以「生」為原則之道德實踐即有無從說起之苦。蓋若生命之保全及延續，倘同時皆涵有生命之破壞及毀滅，則在此標準下之「善」與「惡」常同時出現，道德實踐之每一步驟均將引出一負面之活動矣。

此問題原不僅為「天道觀」所有，但對此種存有論意義之理論言，困難卻特為嚴重。此又可作進一步之解釋。

試想：持「天道」觀念看世界時，世界既已被看成本來符合最高之「理」者，則一切「違理」之可能，即不能不推到第二序之某種因素上（如「人欲」之類），但現在其困難並不在第二序上，因為「生命」與「生命之破壞」相依而行，並非人之意識或「人欲」問題。人即使全無「人欲」之影響，亦無法改變此一生命界之內在矛盾。而此種矛盾本身既表世界中生命現象之實際性質，則正屬於「存有」一面。但「天道」倘決定「存有」，而又以「生」為內容，則何以解釋此種「存有之內在矛盾」，遂不能不說是一最大困難。

面對此困難而言，解答之道似不外兩可能：其一是承認「天道」中本即有「矛盾」，如此則「天道」本身成一「背反」，全部「天道觀」即成為無意義（至少在道德實踐上喪失意義）。其二是判定此種呈現於生命界中之矛盾，並不屬於「天道」，如此則世界之生成運行，即應不是全依「天道」或全受其決定者。取後一可能，即轉出一種形上學理論。

在通常用語上，「存有論」(Ontology) 本亦被視為所謂「形上學」(Metaphysics) 之一部。本章所取，則是一特殊用法。所謂「存有論」之立場，專指以萬有實際上皆已受「理」之決定為特色；而所謂「形上學」之立場，則指在萬有之外肯定「理」而不重視理之「已實現於萬有」一義而言。此點順便說明，以免學者誤會。

形上學之立場，即接近於「本性論」（上文已述其要旨）。「本性論」與「天道觀」之不同，在於「本性」雖為實有，但並不必然是「已實現者」。又「本性」與「理」看作可以互換之詞語（即所謂「性即理」），於是，「理」作為實有而肯定時，並不同時肯定當前之世界已受「理」之決定。在此理論中，一切價值問題均化為一「理」之「實現」問題；而此「實現」並不假定為「已有」，而只作為「應有」。於是在「理」之外，須立另一實有以解釋世界，此即宋儒所謂「氣」。「理」與「氣」合而為萬有之決定條件；此處所謂「氣」與亞里斯多德所謂「質料」相近而又有不同處。「質料」本身無特性可說，「氣」則可以有一定性質。「理」在「氣」中實現，即為價值實現之歷程。萬有之「違理」處即皆可以從「氣」解釋。就此一層面看，似可避免「天道觀」之困難。

若就個別哲學家而言，宋儒中持「本性論」者，多半同時亦保留一部分「天道觀」，但此是另一問題。茲純就理論本身著眼，則此二型理論自屬不同。

由此，持「本性論」以肯定「世界」時，不必堅持世界本來合於「理」，只須肯定「理」本身及其在「氣」中之實現歷程即可。「氣」中縱有種種陰暗，皆可不礙「理」之為「理」，而道德實踐問題，亦可收到人之意識行為中「理」與「氣」之關係上說。此所以程朱一支最重視「義理之性」與「氣質之性」之分判也。

但此說首須加以注意者，則在於「實現」之說明。蓋「理」之「實現」於「氣」中，其動力何在，乃此一類型之理論所必須處理之問題。此動力自不能來自「氣」，因倘來自「氣」，則此「實現」又將成為「已完成者」，即與「天道觀」無別。動力亦不能來自「理」、「氣」外之第三實有，因若如此，則「理」、「氣」均將降為第二序之觀念，非「本性論」所能容許。於是，「動力問題」似只能求解答於「理」本身。換言之，即認定「理」能實現其自身。

在此一認定下，「理之實現」遂成為理自身之屬性之一；有「理」即有其「實現」。凡「理」之未實現處，皆將歸於「氣」之阻礙。

但「氣」之阻礙「理之實現」，又不能視為一「永恆之限制」，因若說是永恆不改之限制，則同於說「理」之「未實現」處，乃永不能實現者；如此，道德實踐之努力遂無著落。觀此可知，「氣」雖阻礙「理之實現」，卻又必須視為可克服者；由此，即在此種「可實現」而又「未實現」之「理」上，建立道德實踐之領域。

但此處將「可實現」與「未實現」二義並舉時，顯然須預認某一「未定項」，以決定「未實現」之意義。然則此「未定項」寄於何處？此則是真正難題。

由於「理」與「氣」本身均為實有，故二者本身不能含有「未定項」。倘將「理之實現」作為一經驗性之現象看，則此「未定項」或可落在時間上說，但「理之實現」本身自非一時空中之現象，吾人以「理」為「形上之實有」時，不能從此「理」之實現開始於時間中某一點，亦即不能由時間來解釋何以有「未實現」之「理」，如此，說有「可實現」而又「未實現」之「理」時，究竟應將此中之「未定項」安頓於何處，以便能解釋此一「未實現」之意義，乃從「理」、「氣」等觀念所無法解答之問題。「形上之實有」不能含有「未定項」。

自然，若專落在「道德實踐」上，則此「未定項」仍可歸於人之自覺活動上，而視為一意志方向問題——此仍是「天理」與「人欲」之對分法；如此，「未定項」似可得一安頓，因此種「未定性」即可完全收歸意志之「自主性」上講。但就「形上實有義」之「理」及「氣」而言，則此兩種「實有」皆無「主體性」，因之亦無法說有「自主性」，則在理氣一層面上，「未定項」無法安頓。

此中難題，倘仍回到生命界之內在矛盾之實例上講，則更易明白。

「本性」或「理」倘取殊別意義言（即：「A」之「性」，「B」之「性」……），則在其實現中，有「本性之互相衝突」一問題，如前節所論；此亦表現於生命界。今就共同意義之「本性」或「理」說，則吾人須問：倘以「生」為共同之理（或本性），則生命之互相破壞以保全自身應如何解釋？

依「本性論」之基本理路說，其答覆自應是將此種「違理」之「事象」看作「理」之「未實現」；但此處所遭遇之困難，與「天道觀」實不相上下。蓋此處之「未實現」，只能從「氣」中求解釋；換言之，即須判定「氣」有造成此種內在矛盾之力量；伊川答門人問「虎」時所舉「能推」與「不能推」之說，意即謂「虎」為「氣」

所限制，故不能實現此「共同之理」也（此種論辯詳見後文述伊川理論各節）。但如此立論，主要是說：「氣」能阻礙「理」之實現，但如前所說，欲肯定道德文化時，又必須認定此阻礙是可克服者。然則此處「可克服」一義如何成立？

試想：「理」本身作為一形上實有，既以「生」為「內容」，又具有「實現自身」之動力，則與「氣」相對而言，「理」本身必實現於「氣」中；今「氣」中有完全違此理處，即表示「理」在此處未能克服此一「氣」之限制。倘說此種「限制」是「可克服」者，則其「克服」之實現，是依於理本身之力量，抑或須依於「理」以外之另一力量？若依理本身之力量，則有何理由說「理」不能「已克服」此限制，而須待未來之發展？蓋此處不可以時間解釋；若說，「理」現在未能克服此種限制，至某時間方能克服，則即是將「理之實現」看作一時間條件下之經驗活動。而此種陳述皆將變為經驗陳述，而喪失其形上陳述之特性（且作為經驗陳述看，則必須有經驗知識支持，此更非「本性論」中任何陳述所有；若真當作經驗陳述，則更易被否定）。既不能以時間之不足來解釋，則此處「理」之「未實現」，似即表示「理」不能克服此處「氣」之阻礙。由此再推言之，一切「未克服」之限制，皆將不見其何以能說為「可克服」者。

但「氣」之限制之為「可克服」乃「本性論」之價值理論中必不能缺之認定，否則，價值問題將完全不可說。尤其在「肯定世界」之要求下，斷不能以「氣」之限制為永恆之限制。如此，「本性論」遂陷入進退為難之境。

欲解決此困難，必須在「理」、「氣」兩觀念外，另設定一能決定「理之實現」之力量；然如此設定時，即如前所說，將使「理」、「氣」皆降為第二序之觀念，因對「世界之肯定」講，「理」與「氣」皆無決定性，而決定性屬於此另一力量矣。此即可通至第三種理論——心性論之肯定。

「心性論」之特性，在於認定一「最高主體」，以其「最高自由」或「究竟意義之主宰性」為內容。立此主體，則可依其「最高自由」奠定一切價值問題之標準，並表明其何以為可能。

順上文之線索而言，「理」設以「生」為內容，「氣」則不能不說有破壞「生」之屬性（不然，世界中何以有「生命依其他生命之破壞而延續自身」之事實，即無法解釋）。此種在世界中顯現之「生命界之內在矛盾」可歸於「氣」解釋，但此種矛盾不能視為「理」本身能克服者；因若能克服，應早已克服。由此再進一步，「理」本身既不能一定克服「氣」之限制，則「世界之肯定」若依於「理之實現」而成立，則必須對「理」之「能實現」求一說明。此種說明，若不立「主體」觀念，則不可能。立「主體」觀念，則此說明即可順「主體」之「主體性」而建立。

此種建立可以極艱難之哲學語言表述，亦可通過簡單語言表其大意。

此處之解說，主要關鍵只在於「理」之「未實現」與「能實現」如何能同時成立。由上文各節反覆析論，可知：

第一、如將「理」看為「世界」本來已遵循之規律，則一方面道德文化之努力皆不能獲得意義，另一方面，存有中之違理成分亦無法處理。前一問題要點在於「努力」之意義必依賴一種「未定項」而成立。後一問題要點則在於：若世界萬有本皆由此「理」生出，則「違理」之成分（如「生命界之內在矛盾」）即將亦屬於「理」之本身，如此，即生出「背反問題」。此是持「存有論」或「天道觀」以「肯定世界」時之難題。

第二、倘將「理」與「世界」分開，則即有「理」、「氣」對分之說出現。如此雖似可避免前一說之困難，但「理」既與「氣」分立，而又須在「氣」中實現其自身，則此一「實現」觀念本身即引起理論困難。就「存有」中之違理成分而言，此種「違理成分」須歸於「氣」，但如此之「氣」何以能說是「可被理所克服」而又「尚未被克服」，則不能由「理」、「氣」本身說明。於是，在「理氣對分」之理論下，「氣」中之「違理成分」似即將成為一「永恆限制」。倘承認此「永恆限制」，則「未定項」亦無處安頓，由此，道德文化之努力亦不能獲得真實意義。

換言之，「理」之存有倘作為一形上之實有而肯定，則「理」與「世界」分而不合；倘「理」與「世界」視為「本來合一」，則「違理」之世界內容，亦將與「理」合而不分，遂成為「背反」。此是「天道」之說與「本性」之說兩面之困難。欲克服此困難，必須在一「主宰性」之觀念下安頓「未定項」。

倘立一「主體」，涵有「最高自由」及「主宰性」，則「理」可視作「主體」正面活動之規律，而「世界」可視為「主體」反面活動之產物；此「正面」與「反面」之可能，即直接由「最高自由」推出。既有「正」、「反」兩種可能，則「未定項」即可得安頓。其次，世界中之「違理」成分，亦成為一當然之事，蓋「世界」本依反面活動而有，則「世界」不是「本來合於理」；而「主體」既可作「正面活動」，則未合於「理」者又可由主體之活動變為合「理」。於是，道德文化之努力即亦可獲得真實意義。

此處或不免有人懷疑是取佛教立場，因佛教本已視「世界」為「無明所生」——即「反面活動之產物」；但取以上之「主體」觀念時，對「世界」之態度仍可與佛教相反。蓋只須肯定「主體」對反面活動之產物，必須施以轉化，使歸於正面，則此處即是一「對世界之肯定」，即可建立在此世界中道德文化活動之基礎，不必取佛教之捨離態度，以「否定世界」也。

此一立場即為嚴格意義之「心性論」。孔孟之原始教義，本取此一立場。至是否在理論上嚴格完備，則是另一問題。宋儒欲託於「存有理論」(Ontological Theory) 或形上學理論 (Metaphysical Theory) 以建立一「道德形上學」之系統，而不知此類系統必涉及不可克服之困難；明儒中如王陽明，大體上能回至「心性論」立場，但其說亦頗有不嚴不透之處，他人更不待言。故吾人就哲學史立場言，可說：此處之哲學難題乃宋明儒者一直不能不面對之難題。掌握此種理論線索，亦可助學者了解此一哲學思想運動之內層實相。

最後，尚有應加說明者，是吾人所屢屢強調之「生命界之內在矛盾」問題，在主體觀念或「心性論理論」(Subjectivistic Theory) 下，又如何處理。

「生命界」中充滿互相破壞之現象，實乃「生命」本身之建構使然。對「主體」而言，即可說是其反面活動中所含有之內在性質。故「主體」在其正面活動中，必要求排除此種矛盾；但主體在世界中之正面活動，原必受世界之限制（如時空之限制），故在道德文化之實踐意義上，主體當在一定範圍中排除此種矛盾；至於此種矛盾不能根本消除，則正與「世界」之不能完美為一事。吾人並未認定「世界」自身是依「生」之「理」生成及演變者，則即無「背反問題」。吾人又依「最高自由」以安置一「未定項」，則一切正面之實踐努力，亦非本身不可能之問題。至於所謂「一定範圍」之意義，則即可通過「理分」觀念解釋，而此亦正是孔孟立說之原旨也。

以下各章分別論述宋明各家之說。關於「總說」部分，即至此為止。

第三章　初期理論之代表人物

宋明儒學以二程為中心，故所謂「初期」即指二程以前而言。在此時期中，講學或從事著述者，人數甚多。但就能建立理論之儒者說，則有三人可作代表，即周惇頤、張載及邵雍是。本章分述三人之學說。

壹　周惇頤

一、生平及著作

《宋史・道學列傳》云：

周敦頤，字茂叔，道州營道人；原名敦實，避英宗舊諱，改焉。❶……

……抃（趙抃）再鎮蜀，將奏用之，未及而卒，年五十七。……

❶ 案「敦」字應作「惇」。此據開明書店鑄版二十五史本，作「敦」。觀〈墓誌銘〉可知應以「惇」為正。故本書下文皆從「惇」字

博學力行，著〈太極圖〉，明天理之根源，究萬物之終始。……又著《通書》四十篇，發明太極之蘊。序者謂其言約而道大，文質而義精，得孔孟之本源，大有功於學者也。

掾南安時，程珦通判軍事，視其氣貌非常人，與語，知其為學知道，因與為友，使二子顥頤往受業焉。敦頤每令尋孔顏樂處所樂何事，二程之學源流乎此矣。

以上傳文未說明生卒何年。潘興嗣所著〈墓誌銘〉則記載較詳。潘銘云：

吾友周茂叔，諱惇頤，其先營道人。曾祖諱從遠，祖諱智強，皆不仕。考諱輔成，任賀州桂嶺縣令，贈諫議大夫。君幼孤，依舅氏龍圖閣學士鄭向；以君有遠器，愛之如子。龍圖公名子皆用「惇」字，因以「惇」名君。❷

……

趙公抃復奏起君，而君疾已篤。熙甯六年六月七日，卒於九江郡之私第，享年五十七。❸

由此卒年逆推，可知周氏生於宋真宗天禧元年。度正作《年譜》，所載與此亦合，以公元推之，周氏之生卒年代即為公元一〇一七－一〇七三。

案本傳所記，大半與其從政生活有關，因與哲學思想無大關係，故從略。就著作而論，傳中記其「著〈太極圖〉」及「又著《通書》四十篇」云云。案「著〈太極圖〉」之說有誤。所著者為〈太極圖說〉，非圖之本身。潘銘則謂：

❷ 觀此可見周氏之名必應從「惇」字

❸ 《周濂溪集》，卷十，潘興嗣〈濂溪先生墓誌銘〉

……尤善談名理，深於易學；作〈太極圖易說〉、《易通》數十篇，詩十卷。❹

此所謂〈太極圖易說〉，即所傳之〈太極圖說〉；蓋據圖說《易》，乃談《易經》之一派，故稱〈太極圖易說〉，非著一〈太極圖〉又著〈易說〉也。〈太極圖〉本身非周氏所造（見後），周氏作「說」，則是其重要作品。〈太極圖易說〉即〈太極圖說〉，《易通》即後所傳之《通書》，二者皆為解《易經》之作；周氏所學之要點，由此可見。

本書下節析論周氏思想時，自以此二作品為主要資料。但周氏之詩文，尚有可留意者。後節當酌量引證，以作補充資料。

關於濂溪之生平，最可注意者為其生活情調，此點在後文另節論之。此外則無甚可注意之處，蓋濂溪本人並非如張程以下諸儒者之有意開宗立派，其生活並非一從事儒學運動者之生活也。以下當先據周氏著作，一述其思想之大旨，然後再略論周氏其人其學與儒道之關係，蓋此中頗有未決之爭論，應加評析也。

二、濂溪學說之要旨

濂溪之學，就其依據而言，主要為《易傳》，故所著〈太極圖說〉及《通書》二者，亦皆是解《易》之作。但濂溪之解《易》，與章句訓詁之工作不同。其目的在於建立一含有形上學及宇宙論雙重成分之理論。此理論之骨幹即表現於〈太極圖說〉中，而許多問題之發揮論斷又見於《通書》。茲先述〈太極圖說〉之大旨，再論《通書》之要點。

㈠〈太極圖說〉

❹《周濂溪集》，卷十，潘興嗣〈濂溪先生墓誌銘〉

〈太極圖〉本身自然源出於道教，朱熹以為周氏所作，甚誤。但周氏之「說」，則立意與道教不同；關於此圖之來源及特性，以及周氏與道教之關係等，皆在後節詳論，此處只整理周氏之「說」中所含有之理論系統。先錄原文於後：

> 無極而太極。太極動而生陽；動極而靜，靜而生陰；靜極復動。一動一靜，互為其根。分陰分陽，兩儀立焉。陽變陰合，而生水火木金土；五氣順布，四時行焉。五行一陰陽也。陰陽一太極也。太極本無極也。五行之生也，各一其性。無極之真，二五之精，妙合而凝。乾道成男，坤道成女。二氣交感，化生萬物。萬物生生，而變化無窮焉。
>
> 惟人也，得其秀而最靈。形既生矣，神發知矣。五性感動而善惡分，萬事出矣。聖人定之以中正仁義，而主靜，立人極焉。故聖人與天地合其德，日月合其明，四時合其序，鬼神合其吉凶。君子脩之吉，小人悖之凶。
>
> 故曰：立天之道，曰陰與陽；立地之道，曰柔與剛；立人之道，曰仁與義。又曰：原始反終，故知死生之說。大哉易也，斯其至矣。❺

此係周氏之「圖說」，乃附於「圖」者，其圖則如下：

無極而太極
陽動
陰靜
火
水
土
木
金
乾道成男
坤道成女
萬物化生

❺《周濂溪集》，卷一。他本皆同

案「圖」分為五層，「圖說」亦分為五節。然彼此並非各各相應者。茲先釋「圖」之五層。

圖中第一層為「無極」。第二層為含陰陽之「太極」，其中黑色表「陰」，白色表「陽」。第三層則以五小圈表五行，但其下又另有一小圈，表五行之「妙合」。第四層以一圈表乾坤之二氣。第五層則以一圈表「萬物化生」。

此處有以下兩點，應加注意：

第一、如上文所述及，周氏之學固以《易・繫辭》為主要依據；此圖以「太極」為名，亦由《易・繫辭》而來。然細觀此圖，可知其背後之觀念，又與〈繫辭〉不同。最主要之差別，是〈繫辭〉本文中並無五行觀念。

案〈繫辭〉云：

是故易有太極，是生兩儀；兩儀生四象，四象生八卦，八卦定吉凶，吉凶生大業。❻

此處「太極」一詞，無甚問題；「兩儀」則虞翻、王肅均以「天地」或「乾坤」釋之，此亦無大問題❼。唯「四象」之說，則頗多歧義，虞翻以「四象」為「四時」，而後文「易有四象，所以示也」一語中之「四象」，顯非「四時」之義，於是諸說甚雜。如侯果謂：

四象，謂上文神物也，變化也，垂象也，圖書也。四者治人之洪範，易有此象以示人也。❽

此說至為勉強。且〈繫辭〉此處本文云：

易有四象，所以示也；繫辭焉，所以告也；定之以吉凶，所以斷也。❾

❻《易・繫辭》上

❼孫星衍《周易集解》，卷八

❽原見唐李鼎祚《周易集解》。亦見孫書，卷八

❾《易・繫辭》上

分明說易有「四象」，有「辭」，又有「吉凶」；三者連而言之，與上文「變化」、「圖書」等不相關。故侯說不足取。鄭康成則謂：

> 布六於北方以象水，布八於東方以象木，布九於西方以象金，布七於南方以象火。[10]

此外又有以「實象」、「假象」、「義象」、「用象」為「四象」者[11]，尤為支離，且斷不能與「四象生八卦」一語相應。案上引鄭說，雖言及五行，不合〈繫辭〉，但以「六八九七」四數為「四象」，應是〈繫辭〉之本意，蓋〈繫辭〉本身所述之占法，正是以揲變所得之數以定爻及卦。此「四數」實能生「八卦」也。

〈繫辭〉之意蓋謂「太極」為一渾全之觀念，由此先分陰陽（即天地或乾坤），再得「四象」，以定「八卦」；有「八卦」即可以定「吉凶」，此是講占卜之事。由於〈繫辭〉言「太極」一段，並無提出一確定宇宙論建構之意，故並不言由「陰陽」生出「五行」，而只說由「四象」生出「八卦」。顯然周氏之圖所顯示之宇宙論，並非〈繫辭〉中所有。圖中第三層並不出於〈繫辭〉。〈繫辭〉中雖據〈河圖〉之十數而有天數地數之說，「天一，地二……」一段，漢儒以下遂以五行五方解之，但〈繫辭〉中終未說及「水火木金土」。且即以五方而論，〈繫辭〉所涉及之〈河圖〉方位中，一六為水居北，二七為火居南；則水火乃相對之二方，亦不能如周氏圖中之以水火並列。蓋周氏此圖乃以道教觀念為基礎者（後文另有討論），與〈河圖〉之方位仍非一事也。

第二、周氏圖中第四層標以「乾道成男，坤道成女」二語，下接第五層之「萬物化生」，則可知四層之圓圈，乃由五行至萬物間之過渡關鍵，而此關鍵既用〈繫辭〉中「成男」、「成女」二語標指其特性，則以下所衍生之萬物，似亦當限於有「男女」性質之生命界而言。故此圖所表之宇宙論理論，本身能否包含無生命之「萬物」，

---

[10] 孫星衍《周易集解》，卷八，所引《漢上叢說》。王應麟輯《周易鄭注》中，則未見此段

[11] 亦見孫書所引莊氏疏

尚成問題。此點亦與此圖之來源有關，皆俟後文論周氏與儒道之關係時再析述之。

其後，再觀周氏之〈圖說〉。

〈圖說〉亦分五段。第一段提出以下之觀念次序：

無極 — 太極 — 陰陽 — 五行

前段順說，最後三句則逆溯而言之。主旨總是說明此一次序。

第二段則由「五行」說至「萬物」，其中樞紐觀念仍是「男」、「女」及「二氣交感」。

第三段則專在萬物中選出「人」為「秀而最靈」，可知周氏之「人」實是與萬物「同層」之「存有」。但說「五性感動而善惡分」，則是以宇宙論詞語解釋價值論詞語。

第四段提出價值標準，有「聖人」及「人極」之觀念。

第五段則總結全文，引〈說卦〉中「天道」、「地道」、「人道」之語，以表明其理論有形上學（天）、宇宙論（地）及價值論（人）三層，而皆貫以同一原則。最後仍引〈繫辭〉二語，以結束全文。

以上乃周氏〈圖說〉之大要。至此，可作以下之析論。

第一、周氏此說中首標「無極」一詞，而並未詳作解釋，因此「無極」與「太極」之關係，頓成一重要問題。

朱熹解之曰：

> 上天之載，無聲無臭，而實造化之樞紐，品彙之根柢也，故曰無極而太極。非太極之外，復有無極也。⑫

此處最重要之論點，在於「非太極之外，復有無極」一語，蓋依朱說，則所說「無極」一詞，只在標示一「無」，

⑫ 朱熹〈太極圖說解〉（附於〈太極圖說〉後）

而此「無」即以「無聲無臭」或以「無方所」、「無形狀」釋之⑬，而「太極」則以萬物之「根」釋之；換言之，朱說實謂「無極」與「太極」分別標示「本體」之兩面；「無極」表「超越義」（即本體「超越」現象界），而太極則表「創生義」（即本體又「創生」現象界）。如此，則「無極而太極」一語，實並舉「超越性」與「創生性」，而此二詞在語義上皆不能等於「存有」或「本體」，反是對「存有」或「本體」之兩面描述而已。此點觀朱子答陸九韶書之言，則益為明確。朱書云：

即如〈太極〉篇首一句，最為長者所深排，然殊不知不言無極，則太極同於一物，而不足為萬化根本；不言太極，則無極淪於空寂，而不能為萬化根本。⑭

此一說法，倘不以上述之解析為根據，則似乎難解；蓋上下兩句，似同時說「太極」與「無極」皆為「萬化根本」，則學者不免懷疑何以此二詞皆表「萬化根本」矣。今知朱說之意，乃以「無極」與「太極」為「本體」之兩面描述，則可知所謂「萬化根本」者應是此「本體」，而「本體」可稱之為「無極」，以表其「超越性」，又可稱之為「太極」，以表其「創生性」；此即所謂「非太極之外，復有無極」也。

「本體」具「超越性」與「創生性」，故云「無極而太極」；而此「本體」又即朱子所謂之「理」。於是，作為「本體」之「理」，既超越現象又創生現象，即「無極而太極」。此在朱熹之哲學語言中，遂不見有困難；而且超越性與創生性皆不可忽視，則「無極」與「太極」二詞遂皆不可闕。此是朱說之確切意義。

但此處應留意者，是周氏原說語意，是否與朱說相合。

首先，若依朱說，以「無極」與「太極」為「本體」之二面，則二者應無先後可說。但周氏〈圖說〉則云：

---

⑬《朱子文集》，卷三十六，〈答陸九淵〉第一書

⑭《朱子文集》，卷三十六，〈答梭山書〉

五行一陰陽也，陰陽一太極也，太極本無極也。[15]

此處「五行」、「陰陽」、「太極」、「無極」顯有先後之分，尤其著一「本」字，則分明以為「太極」本於「無極」——或「本是無極」。既有先後之分，則〈圖說〉首句中之「而」字，亦顯非表平行關係之連接詞，反而應與下文「動而生陽」以下三「而」字為同類之用法。此點下文當再討論。此處須特別指出者，是「無極」若是「太極」所本，而二者有先後之分，則濂溪本旨應是強調本體之第一特性為「無極」，與下文論人生價值問題時所說之「主靜」一脈相通；並非只表一「無聲無臭」之「超越性」。

濂溪所以重視「無」觀念，自與其思想中之道家成分有關；但此處分寸尚須詳辨，下文論周氏與儒道之關係時再作解說。

第二、〈圖說〉由「太極」說至「陰陽」，是以「動靜」一對觀念為樞紐。所謂「太極動而生陽，動極而靜，靜而生陰」，三句中之「而」字皆表先後次序；蓋必「動」方能「生陽」，必「動極」方能轉「靜」，必「靜」方能生陰。此可見〈圖說〉中「而」字之用法。首句中「無極而太極」中之「而」字，亦應如此解，非如朱說之表「平行關係」。

就周氏本文看，明說「太極」本身能有「動靜」，但「太極」若只是「理」，則「理」本身不應有「動靜」可說，故朱熹即以「天命之流行」解之，而謂：

太極之有動靜，是天命之流行也。[16]

朱意殆謂，「太極」作為一「理」，在其運行處可說「動靜」，故曾說：

[15] 《周濂溪集》，卷一，〈太極圖說〉

[16] 朱熹〈太極圖說解〉

謂太極含動靜則可，以本體而言也；謂太極有動靜則可，以流行而言也。若謂太極便是動靜，則是形而上下者不分，而易有太極之言亦贅矣。[17]

此處所用「含」、「有」、「便是」等語，頗欠嚴格；但其意實不難明。蓋朱子以為「陰陽只是一氣」[18]，故就宇宙過程說，動靜應實是「氣」之事，但「氣」之「動靜」又以「理」為據，故可說「太極含動靜」，意即謂動靜乃「理」所本有；又可說「太極有動靜」，意即謂「理」可以流行或運行；但不能說「太極便是動靜」，因能說「是動靜」者乃「氣」而非「理」，即所謂形上形下之分也。

朱熹理論，後文另有專章。此處須說明者，是朱熹此種解說，又非周文本意。周氏〈圖說〉中之「氣」字，乃就五行而言，所謂「五氣順布」，即水火木金土之運行。此因周氏所說「太極動而生陽……」一段，乃混合形上學觀念之「宇宙論陳述」(Cosmological Statements)，並非如朱子劃分之細。朱熹推崇〈太極圖說〉，乃因朱氏本身對由形上學至宇宙論之系統建構最感興趣，而〈圖說〉適有此兩種成分，故相契合。其實周說與朱說固大有不同。

周氏實以為「太極」自身即有動靜，乃生出陰陽，而由陰陽再生出五行萬物。

至於「陰陽」何以能生「五行」，則周氏之說只有「陽變陰合」四字，並無確切解釋。朱熹則以〈繫辭〉中「天一，地二……」一段解之，其實此即所謂〈河圖〉之數。〈河圖〉出於緯書，其後道教人士最喜據此以說《易》。周氏〈圖說〉中此種觀念，即屬於以圖解《易》之傳統，乃無可爭議者。朱說亦循此一傳統而作解釋，茲不詳論。

[17] 《朱子文集》，卷四十五，〈答楊子直〉

[18] 《朱子文集》，〈答楊元範〉

第三、周說既以「無極」、「太極」、「陰陽」、「五行」構成一宇宙發生之系列，而又云：「五行之生也，各一其性」；此則是由「普遍」至「特殊」之理論關鍵。蓋就太極及陰陽言之，皆萬有所共依之原理，而萬有之殊異，即由五行之「各一其性」釋之，即朱熹所謂「五行異質」之意。

由於「五行」之各有其「性」，遂可推至萬物之化生變化，但此處周說加入「男女」一對觀念——即所謂「乾道成男，坤道成女」；以生物意義之「男女」，作為「乾坤」（即「陰陽」）之具體化，可知周心目中之宇宙論，又實限於生命界；對於宇宙中無生命之部分則不能適用也。

此處尚有須加注意者，是周說此段中言：「無極之真，二五之精，妙合而凝」；而不言「太極」。案此段原論萬物之所以生，倘「無極」一詞真如朱氏所說，只表「無形象方所」（即超越現象）一義，則此處正面寫萬物之創生，自應以「太極」（即「創生性」）為重，何故獨言「無極」？此一問題，朱熹在語錄中亦有答覆，其言曰：

無極之真，已該得太極在其中，真字便是太極。⑲

此說仍只是敷衍問題，而非面對問題；蓋若周氏本意是說「太極」之理與「二五」（二氣五行）合而生萬物，則無理由明標一「無極」，卻又以「真」字暗指「太極」；且「太極」與「無極」若只是本體之兩面（如朱說），則此「真」字亦無道理，因此處並無「真」或「妄」可言。其實周氏此語，正表示在周說中「無極」方為「萬有」之「本」，即「有」生於「無」之義。周說本與朱說不同⑳。

---

⑲ 《周濂溪集》，卷一，〈太極圖說解〉後附錄

⑳ 案朱氏詩亦有「若識無中含有象」之句，可見朱氏論康節圖象之說時，未嘗不知以圖解《易》之一派思想，接受道家「有生於無」之觀念。但朱氏解周說時，總有意避開此點。此種問題在論朱氏之學時另有說明

第四、周氏〈圖說〉所代表之思想系統中，最嚴重之問題仍在於其價值理論，即〈圖說〉中第三、第四兩節。

案周說既以「五行」為五種不同之「性」，又以「男女」二氣之交感釋萬物之化生，此皆是一宇宙論意義之描述，所涉及者只是「是如此」之問題，而非「應如此」之問題。而其下由「人」觀念之提出，忽轉至「五性感動而善惡分」一語，乃涉及價值問題。此處理論關鍵何在？首須詳辨。

若謂「人」在「氣」一面，「得其秀而最靈」，則此仍是一描述；此種「秀而最靈」之氣，不過為「氣」化生萬物之許多狀態中之一狀態，何以由此能引出「善惡」觀念？乃周說之第一點困難。

此處之問題，仍可通過前章所提出之「未定項」觀念展示之。倘只作形上學及宇宙論之描述，則無論所說內容為何，所說者總只是規律、性質、關係等等。此中無「選擇」或「努力」可說，因此，亦不見有任何「未定項」。蓋說「人」得何種「氣」，有何種能力，都只是「實然」問題。而由太極以下，所描述之規律，倘有確定性，則人與萬物，皆由如此之規律而被決定為如此如此之存在。依此以論，吾人可說：由五氣之配合不同，而有「人」與「萬物」間以及「人」與「人」彼此間之存在性差異；但不能說，如此如此之「人」應否改變其存在情況。因此，「五性感動」而決定之「善惡」，只能有描述意義，而不能有規範意義。換言之，「人」由其所稟之「氣」不同，可有所謂「昏明厚薄之殊」；但如此說時，仍只涉及「人」之存在之「實然」；就「人」與「物」之差別言，亦是如此。此中不見有「選擇」可言，由之，所謂「善惡」即不能有「道德意義」。

朱熹釋此段，則大體宗伊川「義理」與「氣質」之分劃，而就題發揮，其重點又在於說明「人」與其他生物之不同，但處處假定一「未定項」而不加論證。朱云：

> 蓋人物之生，莫不有太極之道焉。然陰陽五行，氣質交運，而人之所稟，獨得其秀，故其心為最靈，而

有以不失其性之全；所謂天地之心，而人之極也。[21]

此是說，人物皆秉「太極之理」，但人所得之「氣」獨「秀」，因而遂有「心」，能實現其所秉之「理」。此即朱熹以「氣」說「心」之基本立場。其意謂：「人」得此最靈之「氣」，故有實現「理」之能力。但依此而論，則人似不能「不實現理」，故朱必再加另一說明，以釋「善惡分」之可能。其言曰：

然形生於陰，神發於陽。五常之性，感物而動。而陽善陰惡，又以類分。而五性之殊，散為萬事。蓋二氣五行，化生萬物，其在人者又如此。自非聖人全體太極有以定之，則欲動情勝，利害相攻；人極不立，而違禽獸不遠矣。[22]

此段極力說明：「人」可由氣質之影響而為「欲」、「情」所支配，以至於不能實現所秉之「理」，由此以解釋周氏所說之價值標準（即原文中之「人極」）。其關鍵則在於「感物而動」一語。蓋朱說之根源仍是《禮記》中〈樂記〉篇所論，及程門論「性」之說。

但如此解釋，實未觸及根本問題。此處之根本問題，即是：如何由描述存有及規律之詞語，能轉至規範性之詞語。換言之，描述宇宙萬有如何如何生出時，所說者皆只是一種「決定」關係；何以能轉至一「未定項」，方是最嚴重之問題。以周說及朱氏之解而論，說人與萬物皆秉一理，再說人與萬物之「氣」不同，而「人」所得之「氣」為「最靈」，因而「理」在「人」中最易於實現等等，皆是描述而已。其下說到「欲」、「情」等，若仍是描述意義，則不外是再進一步描述「人」所以不能完全實現理之原因；到此為止，無「未定項」可以成立。而朱說欲忽然在此建立一規範意義之「人極」，則是從一意義範圍跳至另一意義範圍，前後理論脈絡不能通貫。

---

[21] 朱熹〈太極圖說解〉

[22] 同上

用簡明語言說，如「太極」為萬有之根本，則萬有皆為「太極」所決定；陰陽五行亦然，其「變合」亦然，則無論下推至何層次，皆不應有「選擇」可說，由此亦無「標準」可說，只是一套「實然」而已。故依周氏本來說法，則「五性感動」亦不能生出「善惡」問題；至多只能說：由五氣而生萬物，萬物各有不同。此「不同」仍只是一描述語，不能含有「應該」或「不應該」之意義。若依朱說，則「太極」是「理」，而由陰陽至萬物，乃是「氣」之領域；於是可說：由萬物所稟之「氣」不同，故「理」在萬物中之「實現」有難有易；此處似乎可以生出一價值判斷。但嚴格說，則仍缺一段；蓋「氣」若有種種殊異，則仍是一「實然」問題；欲以「氣」之易於實現「理」或不易如此作為價值標準，則又須先定一「理本身應該在氣中實現」之斷定，而此斷定須假定有「目的性」一觀念——然後可安置一「未定項」，但依朱說，則「理」本身是「天地之性」，而萬有皆不是外於此「天地之性」者；於是，倘說「理」有「實現自身」之目的性，則此目的性即當貫串於萬有中；萬有皆被「理」決定，即不能阻礙「理」之「實現」。倘又不然，而說「理」可以實現，可以不實現，則此處確可安置一「未定項」——由此可推出道德價值之一套詞語，但如此說時，「理」本身便不再是「萬有之根本」，因陰陽五行之氣又可以不服從「理」，則〈太極圖說〉中之一套宇宙論結構，又與此不合矣。

總之，若取〈太極圖說〉為據，則只有一套描述詞語，不能生出道德價值之詞語。若取二程之說，立一「本性論」系統，則似可生出一套道德價值詞語，但又必須將「理」與「氣」分開，非濂溪立說之本意。

〈太極圖說〉所表之周氏思想之困難，至此可以顯出。

第五、再就周氏所立之價值標準內容說，則周氏謂：

> 聖人定之以中正仁義，而主靜，立人極焉。㉓

㉓《周濂溪集》，卷一，〈太極圖說〉

此處特重「中正」二字，以與「仁義」並列，正周氏論價值問題及德性問題時之特殊論調，與孔孟立說皆不同。

《通書》亦有同樣論調，謂：

> 聖人之道，仁義中正而已矣。㉔

案「中正」二字連用，以表價值標準，顯然出於《易經》觀念。不僅在〈乾・文言〉中有「剛健中正」之語㉕以贊「乾」，而且以「中」及「正」定爻之吉凶，本是《易》爻辭所依循之基本原則之一，亦無可疑。且周氏下文即連「吉凶」說，其旨尤為易見。但朱熹解此段則勉強以「中正」配「禮智」，以與孟子之四端牽合，可謂全失本意。且「中」、「正」二字之詞義，亦非如「禮智」之表德目。朱說殊無道理。然此等強合強比之處，正可見朱熹立說之特殊作風，學者亦不可不留意。

周說之論「價值」處，承《易經》而來，固已與孔孟之學不同；更可注意者乃「主靜」一語。此觀念可與《通書》中「聖學」一段參照㉖。蓋周氏本人在理論上，強調「無」及「靜」，二者皆近道家之說。若就歷史源流考之，則道家之形上學觀念，在《易傳》中已與儒學觀念混合，《禮記》中〈樂記〉所謂「人生而靜」，亦是此一混合狀態之思想下之產物。周氏雖被後人認作宋代最早立說之「儒者」，但其所據之前人成績，原偏重在此類混合思想，則其論價值標準或「人極」時有「主靜」之論，亦不足怪。

總觀以上各點，可對〈太極圖說〉之思想之特色，得一概要了解。簡言之，即此一思想混合形上學及宇宙論成分，而又將價值論問題置於此混合系統下處理之。其系統確有三層，即原說中引〈說卦〉言「天」、「地」、

㉔《周濂溪集》，卷五，《通書・道》，第六

㉕案〈乾・文言〉有：「大哉乾乎，剛健中正，純粹精也」之語

㉖《通書・聖學》，第二十

「人」之義也。至其形上學觀念，以「無」為本，價值論觀念，以「靜」為主，皆與古代南方傳統之道家有關，但因此類道家思想，早注入《易傳》、《禮記》等文件中，學者尚不可據此直接斷定周氏與道家之關係（此點後文另有考論）。

其次當觀《通書》。

㈡《通書》

周濂溪之《通書》，即潘銘所謂《易通》。其初流傳之本頗有不同。如紹興十四年（一一四四）祁寬所作跋文云：

……《通書》，即其所著也。始出於程門侯師聖，傳之荊門高元舉、朱子發。寬初得於高，後得於朱；又後得和靖尹先生所藏，亦云得之程氏，今之傳者是也。逮卜居九江，得舊本於其家，比前所見，無〈太極圖〉。或云，圖乃手授二程，故程本附之卷末也。[27]

案此跋作於朱熹十五歲時，可知朱熹整理校解之前，《通書》已有兩本，即「程本」與「九江本」是也。「程本」載〈太極圖〉於書末，「九江本」則無〈太極圖〉。此外則別有胡宏所定之本，將章目刪去，而別加「周子曰」，則是胡氏以己意為之者，非通行之本。至朱熹所定之本，則前後共有四次：

其一為「長沙本」。朱作〈周子太極通書後序〉，云：

長沙本最後出，乃熹所編定。[28]

案此後序作於乾道五年（一一六九），蓋編定「長沙本」在是年以前，應為朱定之本中最早者。

---

[27] 《周濂溪集》，卷七，〈諸儒通書論序〉

[28] 《朱子文集》，卷七十五

其二即為乾道五年己丑所定之本，亦即上引〈後序〉所附之本，此稱「建安本」，其特點是將〈太極圖〉置於《通書》之前。張栻庚寅年作〈通書後跋〉㉙，所跋者即此本。

其三為淳熙六年己亥（一一七九）所定之「南康本」，蓋朱於前一年八月除知南康軍，是年三月至南康上任也㉚。此本與「建安本」相較，頗有更定之處。

其四則為淳熙十四年丁未所定之注釋本，即最後之定本。今所用即此本。

此書共分四十章。起於論「誠」，終於論〈蒙〉、〈艮〉二卦。全書無明朗層次組織，蓋是據《易傳》及〈中庸〉而解《易》之作品。各章均隨意取一二論題發揮，短者不過數語，長者亦不過百餘言。其次序先後亦不見有何原則。然此書所表述之思想，頗多可注意之處；許多哲學問題，在〈圖說〉中未論及者，在此均有論斷。就此而論，亦可說《通書》為了解濂溪思想之基本資料。

以下即分項一述《通書》思想之要點。

1.「誠」與「幾」

《通書》首先揭出一「誠」觀念。案《易．繫辭》中無「誠」觀念，〈文言〉中雖有「閑邪以存其誠」一語，此「誠」字亦無樞紐觀念之地位；故就《易傳》而論，「誠」並非一重要觀念。「誠」成為重要觀念，始自《禮記》中之〈中庸〉篇。周氏《通書》以「誠」為中心觀念，則其為受〈中庸〉之影響，自無可疑。

「誠」觀念在〈中庸〉原文中，有「本體義」及「工夫義」㉛，故為具雙重身分之詞語。今在周氏《通書》

㉙《周濂溪集》，卷七，〈諸儒通書論序〉

㉚王懋竑撰《朱子年譜》，卷之二，上

㉛此點可參閱拙著《新編中國哲學史》(二)

中，「誠」字之用法亦是有此種雙重身分。周書首謂：

誠者，聖人之本。[32]

此是兼就工夫與本體兩義說：蓋一方面聖人所表之最高工夫境界，即是「誠」；另一面，「誠」作為一形上之理，乃為「聖人之本」。此處較偏重形上一面，故下文即就此一面發揮云：

大哉乾元，萬物資始，誠之源也。[33]

又云：

乾道變化，各正性命，誠斯立焉。純粹至善者也。[34]

此二語，均是肯定「誠」為形上之原理，而其內容即「萬物資始」與「各正性命」，換言之，即所謂「創生」之觀念。而兩語皆引〈乾・文言〉，即見周氏以此「誠」為「乾道」或「天道」之內容。但細析語意，則「誠」之「源」與「誠斯立焉」，又稍有層次之別。蓋「誠」即「本性之充足實現」之義。就萬有之根源說，由創生之理而生萬有，故在此有「本性實現」一意義出現，故謂「誠之源」。就萬有已出現說，則「各正性命」處，即「本性之實現」，故謂「誠斯立焉」。

其下，再加「純粹至善」一語，表明「誠」乃一切價值判斷之基礎；蓋以「天道」之方向為最高價值，即周氏之立場也。

其次，再論「誠」之工夫義一面。周書云：

[32] 《通書・誠上》，第一
[33] 同上
[34] 同上

聖，誠而已矣。誠，五常之本，百行之源也。[35]

此謂一切德性皆以「誠」為基礎，又以「誠」之實現為最高境界。如此斷定後，自須解釋錯誤及罪惡之可能，於是云：

五常百行，非誠，非也；邪暗塞也。[36]

此以「邪暗」之「塞」而使「誠」不能達成，為「惡」之基本意義；但如何而有「邪暗」之「塞」，尚未解釋。周氏則提出「幾」觀念，與「愼動」之說。周書云：

誠無為，幾善惡。[37]

又云：

寂然不動者，誠也；感而遂通者，神也；動而未形有無之間者，幾也。[38]

此處之「幾」字，仍自《易・繫辭》來。〈繫辭〉云：

夫易，聖人之所以極深而研機也。唯深也，故能通天下之志；唯機也，故能成天下之務；唯神也，故不疾而速，不行而至。[39]

案此節下「釋文」引鄭注云：「機，當作幾。幾，微也。」周氏所言之「幾」，顯即由此而來。然嚴格言之，周

[35] 《通書・誠下》，第二

[36] 同上

[37] 《通書・誠幾德》，第三

[38] 《通書・聖》，第四

[39] 《易・繫辭》上

氏之用法，又與〈繫辭〉原文不同。〈繫辭〉原文重在「研機」，「機」即指細微難察之處而言，純是就對象一面說；「研機」故能「成天下之務」，「天下」即指對象世界也。周氏所說之「幾」，則指自覺心或意志狀態而言，故以「幾」說明「善惡問題」之發生。

「幾」與「誠」相比而說，以「誠」為「無為」，而以「幾」釋「善惡」，倘不落在「心」或「意志」上，則其語即成為不可解。朱熹釋之云：

> 幾者，動之微；善惡之所由分也。蓋動於人心之微，則天理固當發現，而人欲亦已萌乎其間矣。[40]

此處「人心之微」一詞乃理論關鍵所在；蓋在周氏理論系統中，不明標出「心」或「意志」，卻又暗暗預認此類觀念。朱氏輕輕加入一「心」字，遂將其預認之觀念點出。

依此，則所謂「誠」，在此處既與「幾」相比而言，則亦只能落在「心」上說。所謂「誠無為」者，應屬「心」依本然之理之狀態，而所謂「幾善惡」者，即謂「心」在「動」時，可能依理或不依理也。

然則，何以有此二種可能？此又回到所謂「未定項」之問題。依「天道觀」之基本斷定而論，似本無「未定項」可說；然即在周氏本人立說時，仍不能不預認某種「未定項」，以使其價值論成為可能。此是一真正哲學問題，周氏並未提供解答，且根本亦未面對此嚴重問題。朱熹則又以「理」、「欲」之二分說之，亦不管此種二分法如何能有效安頓一「未定項」。

茲再順周氏之意說，則天道之「誠」是本然之理，但在心動時則又可能不依此理；如此則善惡問題全在「動」處說；「心」之「動」，若依其本然之理，則實現一切價值。此處可用各種正面詞語描述之。但「心」之「動」非必然依理，故此處可以有「不善」或「惡」出現。

---

[40] 《周濂溪集》，卷五，〈誠幾德〉章後所附朱氏之注語

所謂：「寂然不動者，誠也；感而遂通者，神也。」是就「心」依其本然之理之狀態說；「動而未形有無之間者，幾也」，則兼就依理或不依理二種可能說。就依理一面而論，能自然如此，即是聖人境界，若須用力為之，則是賢者境界，故言「誠」與「幾」之後，即謂：

性焉安焉之謂聖，復焉執焉之謂賢。[41]

而朱熹釋「聖」一語云：

……此不待學問強勉，而誠無不立，幾無不明，德無不備者也。[42]

釋「賢」一語，則云：

此思誠研幾以成其德，而有以守者也。[43]

如此，則工夫全在「動」處，故周書有〈慎動〉一篇，其言云：

動而正曰道，用而和曰德。[44]

此處以「用」配「動」，而又分別配與「道」與「德」二觀念上，此種分「道德」為二層之說法，顯然與老子舊說有關。然其論旨則與老子不同。所謂「道」，此處只就「動而正」說，非「動」前之本體或本然之理；蓋此「道」字乃表「方向」之義，言「動而正」則是依理之方向。「用」則順「動」之功能而言，動正則用和。故「德」又指個別「心」動而得正時之特性說，即朱熹注〈誠幾德〉章時所言：

[41] 《通書・誠幾德》，第三
[42] 《通書・聖》，第四
[43] 同上
[44] 《通書・慎動》，第五

道之得於心者，謂之德。㊺

如此釋「道德」，則一切一切邪惡皆由「動」之「不正」或「失正」釋之，故云：

邪動，辱也；甚焉，害也。故君子慎動。㊻

此為周書中之基本道德價值理論。此中有須注意者，是周氏所用詞語，處處有道家氣息。如「道德」之分說，上已提及。其實即以「誠無為」一語言，形容理之本然，而用「無為」一詞，亦顯然受老子影響。此蓋與周氏治學之基本態度有關，後文論周氏與儒道之關係時，當再作析述。

總觀上說，可知周氏論道德問題，乃先設定一本然之理，再設定一有某種「自主性」或「自由」之「心」，於是，「心」依本然之理而動，即得正、得和，即成就道德；心若不依理，即反道德而為邪惡。此中固有如何安置此一「未定項」之嚴重問題，然周氏本人固未注意及之。只就此本然之理說，則周氏之「善」乃理之本來方向，惡乃旁出之方向，故趙致道即據此作圖，以駁胡五峰「同體異用」之說㊼。朱熹亦以為是。然嚴格言之，則此處問題若不通過一「主體性」觀念以清理，則終是糾結百出，周與朱均未深了此義也。

2. 論「性」

濂溪在〈太極圖說〉中未提出「心性」觀念，但說五行「各一其性」，又有「五性感動而善惡分」之語；此「性」字既就「五行」說，顯是後來張程諸人所言之「氣質之性」。換言之，周氏所說之「性」，並非「主體性」或「自覺性」，而是「才性」；亦即指各個別生命在具體存在時之特殊內容講，並非普遍意義之「本性」。《通書》

㊺《周濂溪集》，卷五，〈誠幾德〉章後所附朱氏之注語

㊻《通書・慎動》，第五

㊼《周濂溪集》，卷五，所附趙朱之問答

論及「性」時，立場亦同。《通書》云：

性者，剛柔善惡中而已矣。❹❽

又云：

剛善剛惡，柔亦如之；中焉止矣。❹❾

此處周氏固是言「才性」或「氣質之性」，但其分劃方法則甚為罕見。首先以「剛柔善惡」作為四類，又另加一「中」；於是「才性」之分別中，遂有「善」以外之「中」及「中」以外之「善」。此點甚為難解。周氏原文分明以「中」為最高標準，其言云：

剛善，為義，為直，為斷，為嚴毅，為幹固；惡，為猛，為隘，為彊梁。柔善，為慈，為順，為巽；惡，為懦弱，為無斷，為邪佞。惟中也者，和也，中節也，天下之達道，聖人之事也。故聖人立教，俾人自易其惡，自至其中而已矣。❺⓪

案此段文字，理論層次殊欠分明。茲略為整理如下：

第一、周氏以為「善」與「惡」皆有「剛柔」之分，故說「剛善」、「剛惡」及「柔善」、「柔惡」。但如此說時，則此四觀念有一種交叉關係，而個別生命或個人之「性」，應只能是「剛善」、「剛惡」……等等，而不能只言其為「剛」或「柔」、「善」或「惡」；蓋依周氏之說法，凡「善」者不為「剛善」，便是「柔善」。「惡」者亦然。即不能有「善」而非「剛」非「柔」者，或「惡」而非「剛」非「柔」者。就「剛柔」看，亦必與「善惡」

❹❽《通書・師》，第七

❹❾《通書・理性命》，第二十二

❺⓪《通書・師》，第七

二線相交，故此四觀念非平行關係，而是兩對平行線相交之情況。作圖示意如下：

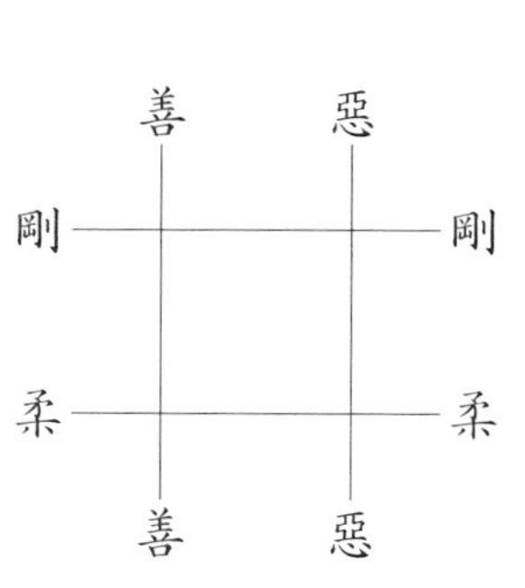

而個別生命之氣質，應即在此四交點上。如此雖亦有四類，然非「善、惡、剛、柔」四類，乃由此四交點所表之四類。此四線不能全為平行者，否則即無交點可說，周氏之言為不可解矣。

第二、此外，周氏又標一「中」字，以為「聖人之事」。此點在理論上最有困難；蓋首先所謂「聖人之事」究指「聖人」之「境界」抑或「聖人」之「氣質」？若就聖人所造之「境界」言，則說「聖人之事」在語言上無困難，但如此則所謂「中」，不可與「剛柔善惡」並列，則以「中」為「性」即不可說。若說「中」是「聖人」所秉之「氣質」或「性」，則何以說「聖人之事」，又成困難。「事」字不能訓為「氣質」或「秉賦」也。此是周氏用字之困難。

其次，順周氏本來之意看，「中」應即「聖人之性」，「事」字可視為誤用。但如此說時，「中」係相關於何種對峙觀念而言？對「剛柔」言乎？對「善惡」言乎？倘只對「剛柔」言，則其理易解，蓋「中」即表不「過剛」亦不「過柔」之意，然如此則「中」與「善惡」之關係不明。倘「中」兼對「善惡」言，則將有「不善不惡」之「中」，則何以又為「聖人之事」（性）？此則於理難通。

朱熹之注釋，極力曲為之說；先謂「中」乃「得性之正」[51]，又謂「易其惡，則剛柔皆善……至其中，則其或為嚴毅，或為慈順也。」[52]朱熹如此說，仍不能澄清「中」與「善」之關係。倘說「剛柔」得「中」則「皆善」，如此則「中」乃「善」之解釋詞語，不能與上文「剛、柔、善、惡、中」之說相應。倘「性」或「氣質」依周說列為五種，則應是：

剛善

剛惡

柔善

柔惡

剛柔皆善（中）。

此或是周氏列五種「性」之本意。但具「剛善」氣質者，固不必同時具「柔善」之氣質，然「剛善」者亦不能同時為「柔惡」——因「嚴毅」者不應同時為「邪佞」；就「柔善」說，情況亦同。則具「剛善」而不是「柔善」之個人，在「柔」一面又將是「不善不惡」（因「剛善」排斥「柔惡」，如「嚴毅」不能同時為「邪佞」，而「剛善」若具「柔善」，則與「中」無別）。具「柔善」者，在「剛」一面亦將是「不善不惡」。此皆在理論上有困難。

再將二剛二柔論之，則「剛善」者可以有「剛惡」，「柔善」者可以有「柔惡」；此處或可引入「中」觀念，即：使「剛善」者不流於「剛惡」，「柔善」者不流於「柔惡」，則是「中」之「剛柔皆善」。但此解又非周氏之

[51] 《通書．師》，第七，所附朱氏注語

[52] 同上

意。蓋周氏謂：

故聖人立教，俾人自易其惡，自至其中而已矣。[53]

如此，則「惡」不與「善」對，反而與「中」對；而教化成德之目的，不是「易其惡」而至於「善」，反是「至其中」。此自難解。

以上就周氏立論之欠分明說。若推度其意，則周氏大約以為：「中」是最高標準，而「不得中」又有「過剛」與「過柔」兩種；然「中」與「善惡」二觀念，究是何種關係，終未能確切界定。若以剛柔之各得其中為「善」——如朱熹所說，則在邏輯意義上，「中」觀念斷不能與「善惡」平列而為五性之一矣。

第三、周氏此段文字中，有「中也者，和也」一語，其下乃將「中庸」釋「和」之言，繫於其釋「中」之語之下。此點朱熹亦無善解，只謂：「別人也不敢恁地說」[54]。實則，此語正表示周氏雖借用〈中庸〉，而實不甚尊重〈中庸〉之說，亦未深究「中」與「和」二詞之分別。朱熹亦知其「與〈中庸〉不合」[55]但避而不論而已。

總之，濂溪論「性」之語，明白顯出其說中無「心性」理論。所論「性」，落在個別生命上，皆指「才性」或「氣質」；而此觀念之根源又在於「五行各一其性」之想法，由此，可知周氏論「性」，只是在其宇宙論架構中作推繹之語，蓋既認為萬物由五行而生，則五行不同之「性」，即當表現為萬物之種種不同之「才性」，此處毫無「主體性」觀念可說也。至其所舉之「中」及「剛柔」、「善惡」等觀念，彼此關係亦殊不嚴明。無論如何

[53] 《通書・師》，第七

[54] 《周濂溪集》，卷五，〈附錄〉；《語類》中「林夔孫」條

[55] 《通書・師》，第七，所附朱氏注語

解法，均有困難。尤其「易其惡」、「至其中」之說，使「中」與「善惡」之理論關係混亂難明。客觀言之，大抵周氏所說之「善惡」，只有常識意義，故其論「剛柔善惡」之交互關聯時，在常識上似不難解，但稍加解析，即處處難通。朱熹強為之說，無補於事。

3. 論「學」

周氏之基本旨趣原在其形上學及宇宙論部分，對於「自覺心」一面之問題，了解不甚精切，此在上文觀其論「性」之語時已可見一斑。茲再看周氏對於成德問題之說法。此即《通書》中論及「學」觀念之理論。

《通書》論學聖之道云：

聖可學乎？曰，可。曰，有要乎？曰，有。請聞焉。曰，一為要。一者，無欲也。無欲則靜虛動直。靜虛則明，明則通；動直則公，公則溥。明通公溥，庶矣乎。[56]

此是具體言成德或成聖之工夫途徑。在論「性」時，原有以「中」為「聖人之才性」之意；此處又離開「才性」說話。學為聖人，只有一原則，即是「無欲」，其下再就「動」、「靜」兩面說「無欲」之工夫成果，而以「明通公溥」四字表之。表面看，似無難解處。但若稍求嚴格，則首先須問：此所謂「無欲」落在何處講？純以「太極——陰陽——五行——萬物」之存有過程而論，一切皆存有之決定，何處能有「有欲」或「無欲」之問題？蓋周氏所言之「萬物」原指「生命界」而言。生命之一切構造機能，皆不能不是已由此存有系列決定者。如此，則生命之「需求」或「欲」，亦在此系列中決定。然則，「有欲」、「無欲」順此以觀，皆只有描述意義，而不能有規範意義，何以能就此種觀念說「工夫」及「學」？

面對此一根本問題，即可知說「無欲」為一種工夫境界時，必須預認一「可有欲」、「可無欲」之「未定項」；

[56] 《通書・聖學》，第二十

此即「心性」意義之「心」。周氏說此種話時，未嘗不預認「心」觀念，但在其系統中卻未安置「心」。於是「工夫問題」如何安頓於周氏之系統中，本身已是困難，而周氏輕輕說過，未加辨析也。

其次，順周氏之語意講，則人之能否成德，關鍵只在於人是否受「欲」之支配；不受「欲」之支配，即可達成「明通」及「公溥」兩面之德性。但此處只說工夫成果，並無工夫次第。蓋不能謂往「無欲」處用功或下手也。此處可見周氏之論工夫，亦遠不如日後二程之學。朱熹雖極力推崇周說，此處亦不能不說「這話頭高，卒急難湊泊。」57

周氏不能立工夫次第之說，固已如此。然專就境界言，則其說實與日後宋儒所談之「理欲」問題一脈相通。尤其強調「公」與「明」與日後宋儒論存養工夫之說，大有關係。

此外尚有〈志學〉篇，不過謂人當有希聖希賢之志而已，但有「聖希天」之語，足見其「天道觀」之立場。此點可引至下節之討論。

4. 論「天人關係」

漢儒之說，最重「天人關係」；董仲舒乃最重要之代表人。周氏立說，依宋儒看，乃與漢儒根本不同方向者。然若就其對「天人關係」之基本看法著眼，則周氏顯然亦認為聖人之德以「天道」為根據。而此中之嚴重困難，亦遂進入周氏之系統矣。《通書》云：

> 天以陽生萬物，以陰成萬物。生，仁也；成，義也。故聖人在上，以仁育萬物，以義正萬民。天道行而萬物順，聖德脩而萬民化。58

57 《周濂溪集》，卷五，〈附錄〉

58 《通書・順化》，第十一

此處分明以「天道」之有「仁」、「義」，作為聖人之「仁」、「義」之根據。此實與漢儒觀念無大分別。而「天道行而萬物順」一語，更為此一類型理論之基本斷定，且即嚴重問題所在。

前文在總說中，曾反覆論及「生命界之內在矛盾」問題。此處可落在周氏理論上顯出其明確意義。倘萬物（生物）之生，皆由「天道」，則「天道行」時，萬物如何「順」法？由於生物本身性質之限定，吾人可知生命界中充滿破壞其他生命以維持己身生命之現象。此類現象與「欲」無關，因即使全無私欲，人亦不能不破壞動植物之生命以維持人之生命。其他動物亦然。然則此種「存有」之真實性質，究是屬於「天道」乎，抑不屬於「天道」乎？倘屬於「天道」，則此種「天道」下所決定之生命界，乃一永遠互相破壞之世界——此種「天道」愈「行」，萬物即愈是互害——恰與〈中庸〉之「萬物並育而不相害」相反。倘說生命界此種內在矛盾，並非出於「天道」，則此生命界即應不由「天道」決定，換言之，世界即並非依「天道」生成者。以上二可能，均使「天道觀」之「價值理論」不能成立。

此理原可在不同層次上說，前文論之已繁。此處只就周書之觀念點出，提醒學者留意，不再贅論。

總之，周氏心目中之「德性」，乃以存有意義之「天道」為據，基本上仍是與「宇宙論中心之哲學」相似；至其形上學成分，常為漢儒理論所未具，則是另一事也。

倘以「天」之「陰陽」為第一序觀念，以解釋「仁義」，則「仁義」等德性觀念皆成為第二序。此正見周氏與孔孟之不同；程朱諸人，為宗派門戶之見所拘，而不面對此點。但在今日觀之，固無可爭論矣。

5. 論禮樂

《通書》中有〈禮樂〉一章，別有論「樂」之語，分為三章。其言雖皆甚簡，然亦可表示周氏對「禮樂」之根本看法。

案禮樂二者間之關係，在《禮記》之〈樂記〉篇中，早有頗為明確之理論。其大旨以禮樂為相輔而立者。周氏則較此更進一步，認為「樂」根本依附於「禮」而成立。其言曰：

禮，理也；樂，和也。陰陽理而後和。君君，臣臣，父父，子子，兄兄，弟弟，夫夫，婦婦；萬物各得其理然後和。故禮先而樂後。[59]

案此就根本概念而言。以「理」表「禮」之功能，以「和」表「樂」之功能，然後通過「理」以界定「和」，則即是謂：「樂」所尋求之「和」必須依於「禮」之「理」之實現而後成立；換言之，「樂」概念即必須通過「禮」概念方為可了解者。故謂「禮先而樂後」。此處之「先後」可作理論序列意義看，不必即指時間序列。

其專論「樂」之語，仍承此而發，但涉及「樂」之內容等具體問題。其言曰：

古者聖王制禮法，修教化，三綱正，九疇敘；百姓大和，萬物咸若；及作樂以宣八風之氣，以平天下之情。故樂聲淡而不傷，和而不淫；入其耳，感其心，莫不淡且和焉。淡則欲心平，和則躁心釋。[60]

案此段開端仍是由「禮」說到「樂」，但偏重具體之時間次序；其下論「樂」，則以「淡和」為一種價值標準，認為「樂」之內容應該如此；其所以「應該如此」，顯然又根據以「樂」為教化之工具一觀點。此固仍與〈樂記〉之立場相同，唯立說則較狹。

其下則論文化衰落時，「樂」亦發生反教化之作用。即指違反「和淡」一標準而言。原文云：

後世禮法不修，政刑苛紊，縱欲敗度，下民困苦；謂古樂不足聽也，代變新聲，妖淫愁怨，導欲增悲，不能自止；故有賊君棄父，輕生敗倫，不可禁者矣。[61]

---

[59] 《通書・禮樂》，第十三

[60] 《通書・樂上》，第十七

此處以「導欲增悲」為此種失正之「樂」之特性或內容，意雖與「和淡」相對而言，但其確實理據則不顯明；即如「愁怨」之「樂」，應為亂世生活之後果，今又視為造成「賊君棄父，輕生敗倫」之因素，則未見有何道理。

然周氏大意甚明，不過視「樂」為教化之工具而已。故云：

> 樂者，古以平心，今以助欲；古以宣化，今以長怨。不復古禮，不變今樂，而欲至治者遠矣。[62]

其他二篇亦與此論相類。如謂：

> 樂者，本乎政者也。政善心安，則天下之心和，故聖人作樂以宣暢其和心。[63]

此所謂「政」，即指前文所說之「禮」及「治」而言；總之，是說：「樂」乃政治教化之工具，其價值標準即在於是有益於政治教化；又強調某種「政」生出某種「樂」。但此段下文忽有一特殊說法，極力誇大「樂」之作用，其言云：

> ……達於天地，天地之氣感而大和焉。天地和則萬物順，故神祇格，鳥獸馴。[64]

此則反過來說「樂」之力量及作用。案此段承上文「故聖人作樂……」而言，意謂：此種宣暢「和心」之「樂」，能感天地萬物；依此則「樂」在文化生活中又有極大主動力量，又似不僅依於一定之政治教化而後成立，反可以改變世界矣。此處理論分寸，極不明確。至於〈樂下〉篇所謂：

> 樂聲淡則聽心平，樂辭善則歌者慕，故風移而俗易矣。妖聲艷辭之化也，亦然。[65]

---

61 《通書・樂上》，第十七

62 同上

63 《通書・樂中》，第十八

64 同上

則不過謂「樂」能影響「風俗」而已。較上文之感天地萬物，遠為易解也。

總而言之，周氏論「樂」，全未留意藝術活動之內在價值，而只以德性教化及政治等標準，作為「樂」之估價標準。其說涉及具體問題處，皆有太簡之病，茲不具論。專就此基本立場而言，則周氏之說，全宗〈樂記〉立場。而與他說相較時，又可知至少在此問題上，周氏與道家有甚大差別。此點學者亦不可不知也。

6. 論「勢」

除以上各主要論點外，《通書》中尚有一可注意之理論，即關於「勢」之理論。

案「勢」觀念本為法家韓非所重視，韓非以此觀念反儒墨之重視「賢」或「才」。周氏論「勢」，則著眼點在於論政治之成敗。此點亦可算一特色。原文云：

> 天下，勢而已矣。勢，輕重也。極重不可反，識其重而亟反之，可也。[66]

此所謂「天下」，即指當前之世界而言。謂天下成為何種情況，由所謂「勢」決定。而所謂「勢」即指力量之「輕重」而言。知某種「勢」形成時即「不可反」，故須了解力量輕重之問題而早作求「反」之努力。

其下又謂：

> 反之，力也。識不早，力不易也。力而不競，天也。不識不力，人也。[67]

此所謂「力」，是「努力」之意；言「反」某勢，乃一種自覺之努力；但若不能早「識」勢之輕重，則即不易努力。(案此處「力不易」一語，在語法上甚為特殊，然亦未見有其他可能解釋。)

[65]《通書・樂下》，第十九
[66]《通書・勢》，第二十七
[67] 同上

末謂：若努力而不能勝「勢」，則是人所無可如何者，此是「天也」一語之意。在本書中，「天」字如此用法，只見此一處，然正最近似孟子之用法。若不識勢之輕重而不努力，則是人自身應負責者。

綜觀其意，蓋是專就「成敗」問題說。「勢」可以決定成敗；至於人力能否勝「勢」，如何勝「勢」，則周氏並無明確理論，只謂人應有認識及努力而已。

《通書》大旨，至此已述其要點如上。以下當一論周氏與儒道之關係，然後即可對周氏其人其學作一總評。

× × × × ×

三、濂溪與儒道之關係

周濂溪與「道家」及「道教」有何種思想上及傳授上之關係，自宋以來，即有許多爭論。但周氏與「儒學」之關係，則一向認為不成問題；蓋自朱熹以後，所謂「濂洛關閩」成為新儒學之正統代表人物，極少有人對其地位有所議論。本節則以周氏與「儒道」兩方之關係為論題，應稍加解釋。

本節所討論之周氏與儒學之關係，重在對於周氏與二程間理論及歷史關係作一衡斷，蓋二程幼時曾在周氏門下，固是事實，然朱熹等人所強調之「二程出於周氏」之說，究竟在何種程度上可以成立，乃一不可忽視之問題。此問題不僅涉及周氏在儒學史中之地位，且涉及學者對整個宋明儒學之了解。此外，逆溯而言，周氏雖為後世儒者所宗，然其說與先秦儒學及漢代儒學之關係如何，亦尚須詳為析理。此亦為中國哲學史研究之一大關目；蓋周氏對後世之影響既大，則其本人之觀念及人生態度，與先秦孔孟之學同異如何，即有關於其後儒學之方向。此中分寸不明，則許多樞紐問題，皆無由決定矣。

至周氏與道家關係問題，則人皆知由〈太極圖〉引出，但此中牽涉之其他問題亦頗不少。本節將分別考論之。

(一)〈太極圖〉問題

案周氏作說所據之〈太極圖〉，畢竟何來，乃討論周氏與道教關係之首要問題。最早謂此圖出於陳摶者，為朱震。朱有《漢上易解》(即《漢上易集傳》)，雜取漢魏以下解《易》之說，而論「圖書」一派，則謂〈先天圖〉及〈太極圖〉皆出自陳摶。《宋史・朱震傳》云：

震經學深醇，有《漢上易解》；云：陳摶以〈先天圖〉授种放，放傳穆脩，穆脩傳李之才，之才傳邵雍。放以〈河圖〉、〈洛書〉傳李溉，溉傳許堅，許堅傳范諤昌，諤昌傳劉牧。穆脩以〈太極圖〉傳周惇頤，惇頤傳程顥、程頤。是時，張載講學於二程邵雍之間，故雍著《皇極經世書》，牧陳天地五十有五之數，惇頤作《通書》，程頤著《易傳》，載造〈太和〉、〈參〉兩篇。[68]

案此文即據朱震上所著《漢上易解》時之表文。朱未說明其依據，僅視為傳授方面之事實而述之。其意謂周張邵程以及劉牧之解《易》，皆據陳希夷之傳[69]。

此說當時似無人反駁。唯胡宏謂：

周子名惇頤，字茂叔，春陵人；推其道學所自，或曰，傳〈太極圖〉於穆脩也；脩傳〈先天圖〉於种放，种放傳於陳摶。此殆其學之一師與？非其至者也。[70]

---

[68] 《宋史》，卷四百三十五，〈儒林列傳〉五

[69] 案依朱震此說，則周之《通書》，程之《易傳》與劉牧之〈易數鉤隱圖〉皆可視為同類之作。其實此數人解《易》之說，固相去甚遠

[70] 胡宏〈通書序略〉

胡氏亦只作疑似之詞，未嘗力駁朱震之說。以〈太極圖〉為周氏自作，則始於朱熹。但朱熹對此問題之態度，前後頗有變改。茲依次列出朱熹有關此問題之論著於下：

第一、乾道五年己丑（朱熹四十歲），有：〈周子太極通書後序〉。

第二、淳熙四年丁酉（四十八歲），有：〈江州重建濂溪先生書堂記〉。

第三、淳熙五年戊戌（四十九歲），有：〈袁州州學三先生祠記〉。

第四、淳熙六年己亥（五十歲），有：〈再定太極通書後序〉（作於南康）。

第五、淳熙十四年丁未（五十八歲），有：〈周子通書後記〉。

案己丑年之〈後序〉中，朱熹據潘銘而力主〈太極圖〉乃周氏所自作。其言曰：

……故潘清逸誌先生之墓，敘所著書，特以作〈太極圖〉為稱首。[71]

又云：

熹又嘗讀朱內翰震〈進易說表〉，謂此圖之傳，自陳摶种放穆脩而來。而五峰胡公仁仲作〈通書序〉，又謂先生非止為种穆之學者，此特其學之一師耳，非其至者也。夫以先生之學之妙，不出此圖，以為得之於人，則決非种穆所及；以為非其至者，則先生之學，又何以加於此圖哉？是以嘗竊疑之。及得誌文考之，然後知其果先生之所自作，而非有所受於人者。[72]

依此，朱熹認為〈太極圖〉乃周氏自作，其理由不外兩點。一則是潘銘有「作太極圖易說易通數十篇」一語；二則是朱熹認為此圖所代表之理論，「非种穆所及」，不應傳自种放、穆脩一流人。然就第一理由說，潘銘之文

---

[71] 《朱文公文集》，卷七十五

[72] 同上

當讀為：「作〈太極圖易說〉，《易通》數十篇」，蓋周氏既未別有《易說》一作品，且《通書》本即是解《易》之作，亦不應另又有一《易說》。「易說」二字當連上讀，蓋當時以圖書說《易》之風氣極盛，〈太極圖說〉既本是以圖說《易》，自可稱〈太極圖易說〉也。朱熹亦謂「《易說》獨不可見」[73]。其實濂溪身後，〈圖說〉及《通書》二者皆傳於世；倘潘氏作銘時果見有此三作品，則不應其中之一忽然失傳也。知周氏並無《易說》其書，而〈太極圖易說〉即〈太極圖說〉，則朱熹之論實由誤解而來。且倘銘文如朱熹讀法，則潘銘所言周氏作品中，反缺〈太極圖說〉一種。蓋周氏所著者為〈圖說〉，其理論亦見於「說」中，倘只謂有「圖」，則遺卻周氏最重要之作品，又將如何解釋？

總之，潘銘原只謂周作〈太極圖易說〉，本非謂周作一「圖」，又另作一本《易說》。朱據此以證圖之為周氏自作，實不能成立也。

其次，就第二理由說，若所謂周氏之「學」指〈太極圖說〉而言，則朱震之說亦只談及「圖」之來源，並非謂〈圖說〉出自种穆。若必謂〈太極圖〉本身代表周氏之學，「決非种穆所及」，則其語不可解；蓋此圖如無「說」，則可作種種不同解釋，原不能代表周氏之理論，亦無所謂「非种穆所及」也。

朱熹此種想法，初頗堅持；在〈江州重建濂溪先生書堂記〉中，仍謂：

……不繇師傳，默契道體，建圖屬書，根極領要。[74]

明說「建圖」，且強調「不繇師傳」，皆針對朱震之說而言，然未提出新論據。案此記作於己丑後第八年，其說固無改變。次年在〈袁州州學三先生祠記〉中，又云：

[73] 《朱文公文集》，卷七十五

[74] 《朱文公文集》，卷七十八

> 濂溪周公先生，奮乎百世之下，乃始深探聖賢之奧，疏觀造化之原，而獨心得之。立象著書，闡發幽秘。[75]

所謂「立象」，即指「建圖」而言，仍持舊說。

此態度至淳熙六年，方有改變。在南康作〈再定太極通書後序〉中，乃歷述「再定」之理由，蓋因多見《通書》別本及其他資料，故欲「別加是正」。其涉及〈太極圖〉之傳授時，則云：

> 又讀張忠定公語，而知所論希夷种穆之傳，亦有未盡其曲折者。[76]

此雖含糊言之，然其下小注云：

> 按張忠定公嘗從希夷學，而其論公事之有陰陽，頗與〈圖說〉意合。竊疑是說之傳，固有端緒；至於先生，然後得之於心，而天地萬物之理，鉅細幽明，高下精粗，無所不貫。於是始為此圖，以發其秘耳。[77]

此處朱熹已不否認周氏〈太極圖說〉之理論或思想實與陳摶一派有關，但仍以為周氏「始為此圖」。此處最可注意者是：朱熹始終不能將「圖」與「圖說」分別看，此點下文再作討論。

最後，在淳熙十四年（丁未）作〈周子通書後記〉時，方云：

> 夫子姓周氏，名惇頤，字茂叔；自少即以學行有聞於世，而莫知其師傳之所自。[78]

此是朱熹對此問題之最後態度，然其說正同於無說。實毫無結論也。

案朱熹所以始終不能面對〈太極圖〉問題，蓋與自身所採之立場有關。朱熹因有建立形上學與宇宙論之綜

---

[75] 《朱文公文集》，卷七十八

[76] 《朱文公文集》，卷七十六

[77] 同上

[78] 《朱文公文集》，卷八十一

合系統之興趣，故特崇濂溪之〈圖說〉；其初根本未深究圖之來源問題，後所聞較多，亦知此圖不能謂不出於道教，又不願明白承認，恐影響此圖在儒學中之地位，故最後仍游移其辭，以「莫知其師傳之所自」一語了之。朱陸之爭，亦以此〈圖說〉發端；但陸象山雖力攻周氏「無極」觀念，對「圖」與「圖說」亦未嘗分別，對圖之來源則只取朱震之說。朱震表文中之語，未說明其依據，故陸氏之言，亦只是就理論上否定「無極」觀念，並未能確斷此圖何來也。

清初毛奇齡極力欲證明〈太極圖〉及〈圖說〉皆出於佛道之傳，故在〈答馮山公書〉中，謂：

舊說太極圖，但據一時所見，……明知是圖本于二氏，然僅僅以希夷壽涯當之。昨見黃山中洲和尚有太極本于禪宗說。其所為〈太極圖〉，即唐僧圭峰之十重圖也。[79]

其下又云：

此在陳摶授圖以前已行世者，是摶所為圖，一本于《道藏・真元品》，一本于圭峰《禪源詮集》，而總出于《參同契》，……。[80]

案毛奇齡有〈太極圖說遺議〉[81]。在〈遺議〉中，毛謂〈太極圖〉由陳摶而來，而陳摶之〈無極圖〉（即華山石壁之圖）又由魏伯陽《參同契》所附之〈水火匡廓圖〉及〈三五至精圖〉而來；以此證此圖與道家之關係，又引宗密〈原人論〉，認為與周說合。今觀此書，則毛又引宗密之〈禪源諸詮集都序〉中之圖，以為是〈太極圖〉之來源矣。書中又提及《道藏・真元品》，蓋即指《道藏・太玄部》中〈上方大洞真元妙經品〉。然此經後另附

---

[79] 《西河文集》，卷五，〈復馮山公論太極圖說，古文尚書冤詞書〉

[80] 同上

[81] 案此文未收入《西河文集》；見《西河合集》及《西河文選》。《文選》中乃晚年改定之本，尤堪注意

有〈上方大洞真元妙經圖〉，方是毛所謂與〈太極圖〉類似之〈太極先天之圖〉。此又是毛文中另一錯誤，其詳見下文。

案毛奇齡此種說法，近人頗有從之者，而未深究其得失。如日人武內義雄著《中國思想史》，即全用其說[82]。而范壽康氏著《朱子及其哲學》一書，又全用武內義雄之文[83]。此二書皆直謂：〈太極圖〉乃由〈水火匡廓圖〉及〈三五至精圖〉合成。其實皆據毛奇齡一文而已。茲當據毛氏原文，一辨此說之得失所在。

案毛文先云：

是圖出于搏，而當時為釋氏者亦爭傳之。要其本則實從魏伯陽《參同契》中所稱〈水火匡廓〉，〈三五至精〉兩圖，而合之為一圖者也。[84]

觀此處語氣，毛氏顯謂《參同契》中有此二圖。後文則云：

……乃當時《參同》箋註，有〈水火匡廓〉、〈三五至精〉、〈斗運子午〉、〈將指天罡〉、〈昏見晨見〉、〈九宮八卦〉、〈八卦納甲〉、〈含元播精〉、〈三五歸一〉諸圖，共九圖，而或並或刪。至朱子註《參同》，則合九十章為三篇，而盡刪其圖。然而《參同》舊圖，其尚存者，則猶分〈水火〉、〈三五〉兩圖，未嘗合也。[85]

此於各圖皆鑿鑿言之，但又以為乃《參同契》本書與其箋注，在時代方面可相差若干世紀也。毛氏所謂箋注，未指明出於何人何時，然考《道藏．太玄部》所收，則有「陰真人注」、

[82] 武內義雄《中國思想史》，第二十三章，岩波全書本，頁二三一—二三二

[83] 范壽康《朱子及其哲學》，第二章，開明書店本，頁二〇—二二

[84] 《西河文選》，卷十，〈太極圖說遺議〉

[85] 同上

「無名氏注」，及朱熹注本（案即《參同契考異》）；皆無毛氏所說之二圖。至於唐末彭曉作《周易參同契分章通真義》三卷，其後附有〈周易參同契鼎器歌明鏡圖〉一卷，此當為《參同》箋注中最早有圖者。然彭曉之〈明鏡圖〉，即所謂〈八環圖〉，乃由八層之同心圓組成，純言丹訣之事；其大概內容如下：

第一環：四象八卦，天地門戶等。

第二環：二十八宿。

第三環：三十圖缺之象。

第四環：五十點黑，五十點白，百刻之數。

第五環：十二卦。明逐月爻象進退。

第六環：十二辰。

第七環：顯周天之大數。

第八環：列陰陽五行萬象，入鼎中，輔助金水龍虎，離女坎男女媾，共生真砂真汞，而成還丹[86]。

觀此，可知彭圖與周氏之〈太極圖〉，形既不似，取義亦殊。宋末俞琰（即全陽子，字玉吾），著《參同契發揮》，乃頗附圖解，然其中仍無〈水火匡廓〉及〈三五至精〉之圖；且俞書在元初問世，去周氏作〈圖說〉之時已遠，此中雖頗有與周說合者，如以「〇」表道，及以黑白各半之圈表「動靜」等，然只能視為與周圖受同一圖書傳統之影響，不可謂此種作圖法先於周氏也。總之，毛氏所謂《參同》箋注中所有之二圖，今觀各家箋注，均不見之。毛畢竟何據，乃無法確考矣。此二圖本身既不可考，則毛氏「合圖」之說，更不可考。毛氏以為合圖始於唐道士。毛云：

---

86 此圖及以上之說明，均見《道藏・太玄部・容字下》

及考《道藏》，見唐開元間，有道士作〈真元品〉者，實合其圖于〈上方大洞真元妙經品〉中，名為先天合一之圖。[87]

案《道藏・洞玄部・國字號》中有〈上方大洞真元妙經品〉，其後又附有〈上方大洞真元妙經圖〉。有〈太極先天之圖〉，與周氏〈太極圖〉幾乎全同。茲錄其圖於下：

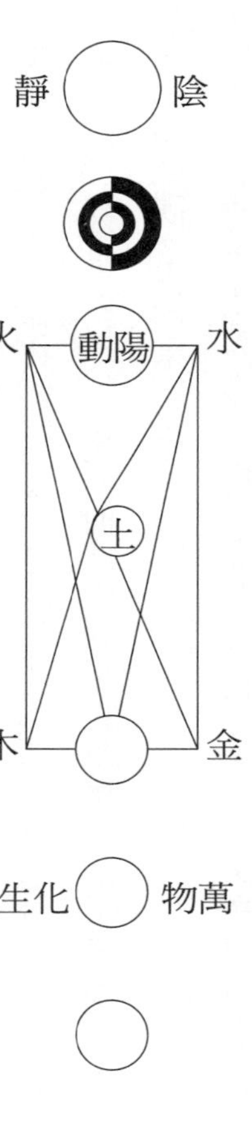

以此圖與周氏之〈太極圖〉相較，第二圈之黑白有異，但未知是否傳鈔欠確，蓋此種畫黑畫白處最易發生錯誤，茲不詳究。但此外尚有明顯差異之處，即：

第一、此圖以順數第一圈為「陰靜」，而在第三層水火之間別作一小圈以表「陽動」。〈太極圖〉則在第二圈兩旁標「陰靜陽動」四字，水火之間只作一半圓連結二三兩層。

第二、由下逆數第二圈，在此圖表「萬物化生」，在〈太極圖〉則標以「乾道成男，坤道成女」。最下一圈，在此圖無別標識，在〈太極圖〉則標以「萬物化生」。

第三、〈太極圖〉中最上第一圈無所標識，即表周說所謂「無極而太極」。此似反與此圖最下一圈相應。

此種種差異之確切理論意義，未易驟下斷語。但可知者是，周圖以「萬物化生」為終，蓋圖意本欲表示宇

[87] 《西河文選》，卷十，〈太極圖說遺議〉

宙中生命之發生過程，故至萬物之「生」即止；而此圖在「萬物化生」之下，別作一圈，殆有「復歸於無極」之意，則其背後之觀念純屬道家思想色彩，則無可疑也。

毛氏謂此圖為唐開元間道士所作，又認為是由〈水火匡廓圖〉及〈三五至精圖〉合成；二圖及合圖之說均不可考，已如上所述。至此圖之時代，則毛氏之說不過據此「經品」前之唐玄宗序文；實則，此「經品」既號為「經」，又不入「本文類」，而入於「靈圖類」，已屬可疑，序文之真偽亦尚待考定。未必果出於開元時也。總之，毛說之主要依據既不可考定，則大段議論，皆難作為定論。武內義雄及范壽康氏之書，純宗毛氏之〈遺議〉，而不考毛說本身之依據，反將使初學者以為二圖果屬可考，合圖之說果屬有據矣。

毛氏除提出以上所說之論點外，尚另有論點判斷周圖與佛教之關係，其主要依據在圭峰宗密之〈十重圖〉及〈原人論〉。此點亦應稍作清理。

案宗密彙集禪家之文字句偈，題為《禪源諸詮集》，而自作〈都序〉，即所謂〈禪源諸詮集都序〉是也[88]。毛在〈答馮山公書〉中，謂陳摶之圖，「……一本于圭峰《禪源詮集》」，此已有誤，蓋〈十重圖〉見於〈都序〉中，「序」與「集」本身又自不同也。而武內義雄在其書中，取毛氏之說，而誤稱為〈禪源所詮集都序〉，范書不知何故，亦同此誤。實則宗密云：

《禪源諸詮集》者，寫錄諸家所述，詮表禪門根源道理文字句偈，集為一藏，以貽後代，故都題此名也。[89]

可知所謂「諸詮」，即詮表禪源道理之「文字句偈」，即「諸家」之「詮」；若云「所詮」，即成為被動語氣，而「禪源所詮」一詞不可解矣。二書之誤，使人驚詫，故順釋數語於此。

---

[88] 見《中華大藏經》，第二輯(144)，卷上之一

[89] 《中華大藏經》，第二輯，卷上之一，〈禪源諸詮集都序〉

宗密治華嚴宗之學，原屬「真常之教」一支；其所作〈十重圖〉即依《大乘起信論》中「一心開二門」之旨，表「覺」與「不覺」。所謂「十重」，乃指迷悟而言。「迷」有十重，屬於「不覺」；「悟」亦有十重，屬於「覺」。其圖甚長，不須全錄；就毛氏所指為與希夷濂溪之圖有關部分說，只是表「阿梨耶識」與「覺」及「不覺」之關係一部分。其圖如下：

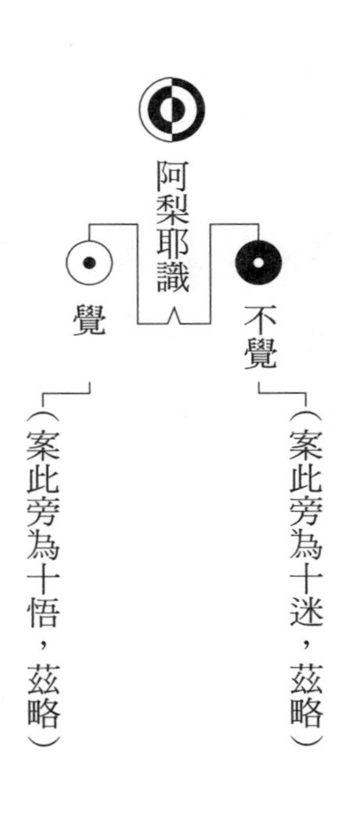

圖前，宗密自釋云：

朱為此○號，記淨法十重之次；墨為此●號，記染法十重之次。[90]

依此，可知此圖本意乃表一心之迷悟染淨；阿梨耶識中有「無漏」及「有漏」二重種子，故以黑白相間表之；「不覺」之迷染為「黑」，但佛性不滅，故中有小白點；「覺」之悟淨為「白」，但悟者一念可迷，故中留小黑點。凡此皆佛教真常一支之基本觀念，所指者皆在此「心」或「主體」，與宇宙論無關，與丹訣更無關也。毛氏自謂據中洲和尚之說，實則此僧據此以言「太極本于禪宗」，已是極膚淺之比附語，蓋此圖除用黑白二色作圓外，與陳周之圖全不相干。且用黑半白半之圖，亦是人人可作之事，無關乎儒佛道之特色或精神。毛氏遽從此僧之

[90] 《中華大藏經》，第二輯(144)，卷上之一，〈禪源諸詮集都序〉

說，亦不可解。

其次，毛氏又引及〈原人論〉，案宗密〈原人論〉本以破儒道之說為主，其所論及之「元氣」等問題，皆舉敵論之說而言。在宗密意，一切宇宙論意義或形上學意義之「原理」或「體」，皆是阿梨耶所變生，故一一破除之。此中所舉儒者之說，縱有與周說相類處，亦不能證周說本於宗密，蓋宗密所說者，本非宗密自己之理論也。此點不待辨析，故從略。

總之，毛氏論〈太極圖〉，以為出於二氏之學，其主要根據在《參同契》之二圖及宗密之〈十重圖〉；今詳究其源，則二圖不知所據，〈十重圖〉則只稍有形似之處，不可作為〈太極圖〉之根源。故毛說雖似甚辯，實則極欠嚴格。

毛氏之外，黃晦木又有專論〈太極圖〉源出於道家之文。此處亦應順便清理。案《宋元學案》中，黃百家錄黃晦木之〈太極圖辯〉，附於〈濂溪學案〉後，其言云：

周子〈太極圖〉，創自河上公，乃方士修鍊之術也。[91]

案此說乃道教方士所習言者，然河上公之著作，只有《道德經註》；此外皆後人所託，黃氏匆遽作此斷語，已見其失慎。其下復謂：

攷河上公本圖名〈無極圖〉，魏伯陽得之以著《參同契》；鍾離權得之以授呂洞賓；洞賓後與陳圖南同隱華山，而以授陳。陳刻之華山石壁。陳又得〈先天圖〉于麻衣道者；皆以授种放；放以授穆修與僧壽涯；修以〈先天圖〉授李挺之；挺之以授邵天叟；天叟以授子堯夫。修以〈無極圖〉授周子，周子又得先天地之偈于壽涯。[92]

[91]《宋元學案》，卷十二，〈濂溪學案〉下，附錄黃晦木之〈太極圖辯〉

案依黃氏此說，則此圖本名〈無極圖〉，乃出自河上公者，經魏伯陽等道教人物，遞傳至陳摶，即華山石壁之圖，亦即穆修傳周濂溪之圖。〈先天圖〉則另是一事。

黃說未舉出所據何書，今略考之，則此說實有嚴重問題。試舉其要如下：

第一、魏伯陽《參同契》有文無圖。後世箋注者所作之圖，既不能謂出於魏伯陽，更不能上溯至河上公。

第二、陳摶華山石壁之圖，後世言者頗多，自應不虛。但此圖與周圖全同，而與《道藏》中〈太極先天之圖〉小異，應是從後者變出，無法證其出於鍾離權及呂洞賓。

第三、最嚴重者乃此圖之解釋問題。黃以為此圖為道教內丹丹訣。其言云：

> 其圖自下而上，以明逆則成丹之法。……其最下圈，名為元牝之門。……稍上一圈，名為鍊精化氣，鍊氣化神。鍊有形之精，化為微芒之氣；鍊依希呼吸之氣，化為出有入無之神，使貫徹于五臟六腑，而為中層之左木火，右金水，中土相聯絡之一圈，名為五氣朝元。……又其上之中分黑白，兩相間雜之一圈，名為取坎填離，乃成聖胎。又使復還於無始，而為最上之一圈，名為鍊神還虛，復歸無極。而功用至矣。[93]

案黃氏對圖之五層，皆有解釋，大抵即述華山石壁圖之說法。依此可知，陳圖確為內丹丹訣；然則此圖最早出於何時代，既不能直接斷定，即應由「內丹」觀念興起之時代斷之。此應據道教文件，不可徒聽方士傳說。

案「內丹」之說，始自隋唐。晉葛洪著《抱朴子》論「金丹」，即指「丹砂」而言；其所述「黃帝九鼎神丹」等等，皆用水銀、雄黃之類，加以各種石，總之，皆屬「外丹」。故自謂：

> 此固假求於外物，以自堅固。[94]

---

[92] 《宋元學案》，卷十二，〈濂溪學案〉下，附錄黃晦木之〈太極圖辯〉

[93] 同上

此種傳統可上溯至燕齊方士。與後此煉「精氣神」之「內丹」全不相同。《抱朴子》兼言「房中術」以為「服藥」之助[95]；此在廣義上或可說是某種「內丹」，然仍非日後道教所言之狹義之「內丹」。梁陶弘景之「九轉神丹」及南北朝其他道士所煉之「丹」，皆為「外丹」[96]，此處不及列舉。而「內丹」之名，最早出自隋時之蘇元朗。《羅浮山志》記元朗事云：

元朗不知何許人也，嘗學道於句曲，得司命真秘，遂成地仙。……隋開皇中，來居羅浮……弟子從游者聞朱真人服芝得仙，競論靈芝。……元朗笑曰：靈芝在汝八景中，盍向黃房求諸。……乃著〈旨道篇〉示之。自此，道徒始知內丹矣。[97]

案蘇元朗，即「青霞子」或作「蘇元明」（宋人避始祖「玄朗」諱故也），其著作在《郡齋讀書志》，《通志》之〈藝文略〉及《崇文總目》均有著錄。蓋隋道士詭託為神仙者。元朗作〈旨道篇〉，方創「內丹」之說，故知「內丹」一觀念，不能早於隋代。

然蘇元朗雖創此說，「內丹」之說仍未大行；且元朗本人亦兼談「外丹」，觀《通志》在〈藝文略．道家外丹〉類下著錄其所作《寶藝論》可知。蓋是時多數道士仍只知「外丹」，故蘇亦從眾；不過另創「內丹」之說而已。後世「內丹」說大行後，則凡言「內丹」者皆鄙視「外丹」，認為邪道矣。

[94]《抱朴子．金丹篇》

[95]《抱朴子．至理篇》

[96] 參閱《梁書．陶弘景傳》、《魏書．釋老志》

[97] 此是《圖書集成》引《羅浮山志》之文；案此志乃舊志，非明人陳璉所撰者。參閱《圖書集成．神異典》，卷二百四十，〈神仙部〉

「內丹」之說，至唐方大盛。宋曾慥著《道樞》，引唐劉知古之〈日月玄樞論〉云：

> 劉子曰：道之所秘者，莫若還丹。還丹可驗者，莫若龍虎。龍虎之所自出者，莫若《參同契》焉。[98]

案曾書此文見於〈日月玄樞篇〉，即錄〈日月玄樞論〉之文；自此論後，言「內丹」者遂皆上託於《參同契》，而以魏伯陽為「內丹」之祖。此實亦始於蘇元朗也[99]。

然魏伯陽時代本無「內丹」之說，葛洪論及魏伯陽時，亦只謂：

> 其說如解釋《周易》，其實假借爻象，以論作丹之意。[100]

而葛洪所謂「作丹」，皆指「外丹」無疑。再考《參同契》本文，雖後人注解，自彭曉以下，皆強用「內丹」派觀念解說，其實有確指「外丹」之語，無法曲解者。如云：

> 巨勝尚延年，還丹可入口，金性不敗朽，故為萬物寶。術士服食之，壽命得長久。[101]

又如：

> 臨爐定銖兩，五分水有餘。[102]

且云：

---

[98] 曾慥《道樞》，卷二十六，〈日月玄樞篇〉

[99] 案《羅浮山志》又記蘇元朗之利用《龍虎經》及《參同契》以倡內丹說云：「……又以《古文龍虎經》，《周易參同契》，《金碧潛通秘訣》三書，文繁義隱，乃篡為《龍虎金液還丹通元論》，歸神丹於心煉。」觀此可知元朗撰論，即以內丹說依附《參同契》矣

[100] 葛洪《神仙傳》，卷二

[101] 《參同契》，上篇，第十一章

[102] 《參同契》，第十五章

候視加謹慎，審察調寒溫，周旋十二節，節盡更須親。氣索命將絕，體死亡魄魂。色轉更為紫，赫然成還丹。[103]

此所謂「入口」、「服食」、「臨爐」等等，決不能曲解為「內丹」，至若「色轉更為紫」，尤其明指「外丹」。此外如〈鼎器歌〉所云尺寸，皆只能是指煉丹之器而言，無法強解為「內丹」派所謂之比喻。案以《參同契》為說「內丹」者，乃後世之人。魏伯陽本書原只是講「外丹」，即所謂「服食」之術也。

至此，「內丹」觀念出現及依附《參同契》之時代，皆可略定，則黃晦木之說，實有根本錯誤。蓋陳希夷華山石壁之圖，既論煉精、煉氣、煉神之事，則必屬「內丹」之丹訣；此點亦黃氏所深信者。然此圖既是「內丹」之丹訣，則決不能出自魏伯陽，更不能出自河上公。隋唐以前，根本無「內丹」之說，則一切「內丹」之丹訣圖解，必出唐代以後。黃氏所說之傳授淵源，大抵據後世道士之傳說，與其所持之解說，即互不相容。其不能成立，不待再辯矣。

至此，已將毛、黃二說略加清理；然周氏之〈太極圖〉畢竟來源如何？周氏〈圖說〉與〈圖〉之關係應如何處理？均尚成問題。茲作一簡單結語，如下各點：

第一、若謂〈太極圖〉為〈水火匡廓圖〉及〈三五至精圖〉合成，則必先確有此二圖，並能考定出於何時代，然後其說方能供討論。今則除毛文後附有此二圖外，根本不知二圖出於何書何時，故此說成為無法討論之問題。

---

[103] 《參同契》，第十五章

此圖，毛在〈遺議〉末附錄。題為〈水火匡廓圖〉，一名〈先天圖〉。

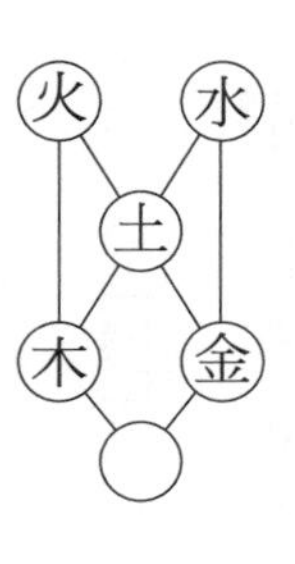

此圖同附〈遺議〉末，題為〈三五至精圖〉。

學者倘另發現此二圖出於宋以前之確據，則毛說即可重新討論。倘發現此二圖出於周氏以後毛氏以前之資料中，則或可推知毛說之根據，但不能證立毛說也。

第二、就〈太極圖〉與《參同契》之關係言。若〈太極圖〉即如周氏〈圖說〉中所論，乃表「萬物」之生成過程者，則與魏伯陽《參同契》自不相關，因《參同契》明是丹訣，非關宇宙過程也。若謂：〈太極圖〉本是道家丹訣之圖解，則此種「丹訣」屬「內丹」一派，而《參同契》之時代尚無「內丹」觀念（假定確為魏伯陽所作）；則此圖亦不應與魏伯陽有關。《參同契》之丹訣自是「外丹」一派。後世道士有「內丹說」，始依附其書；然書之本旨無關「內丹」也。

由此可知，〈太極圖〉若果為道教內丹丹訣之圖解，則不能出自《參同契》。黃晦木之言甚誤，而毛奇齡對「內丹」說始自何時，亦未深考也。

第三、若就《道藏》中〈太極先天之圖〉而論，則此圖附於〈經品〉之後，〈經品〉之序文未知是否確出於唐玄宗。蓋道教諸經之時代向成問題，偽託之事尤為習見，故其時代殊難考定。然道教之圖，多半皆與修煉有關，罕見有表形上學及宇宙論觀念者。此圖先標「陰靜」一圈，後又有「萬物化生」一圈，則是偏重於宇宙過程之說明，與道教傳統不甚合。案周氏〈太極圖〉行世後，道教人士如衛琪，即在《玉清無極總真文昌大洞仙經注》中，作〈無極圖〉以表宇宙過程[104]，然此正是宋以後道士受宋儒形上學及宇宙論之影響後之作品。衛琪本人亦屢以周氏〈太極圖〉與己作相比，蓋不諱言受周氏之影響[105]。以常理言之，周氏本取道教丹訣之圖而以之表示一套形上學及宇宙論之觀念，其後遂影響道教人士亦用圖解釋宇宙過程，此最為可能。若周氏以前，則道教諸圖本皆作修煉之用；而謂忽有一解釋宇宙過程之〈太極先天之圖〉，則頗違情理。但以上仍屬推測，〈太極先天之圖〉之確定時代，仍不能斷定；但至少可說，出於周氏〈太極圖〉後之可能較大也。

第四、周氏〈太極圖〉出自陳摶，此在朱熹以前，為宋人常有之說；而周氏本人亦盛稱希夷之「丹訣」。如集中〈題酆都觀〉絕句三章，其第二章以「讀英真君丹訣」為小題，云：

始觀「丹訣」信希夷，蓋得陰陽造化機。子自母生能致主，精神合後更知微。[106]

則周氏自謂曾見希夷所傳之丹訣，且極力推崇。其後二句更是「內丹派」道士之口吻。陳摶石壁之圖，既與周圖合，則除非另有相反之重要證據，不能不謂周氏之圖，應出於陳摶表丹訣之圖。至朱震之言，則更與此相合；朱熹以前，無人駁之。朱熹雖一度力爭，實未舉任何確證；晚年反游移其說，蓋亦知周氏「作圖」之說不可持矣。

第五、周氏之「圖」出於陳摶，乃目前所能考定之範圍中成立之可能性最大之說法。然此非謂周氏之理論

[104] 此注及圖見《道藏・洞真部・玉訣類・冬字上》

[105] 朱彝尊在〈太極圖授受考〉中，除用黃晦木說外；又引陳子昂詩，明「三五至精」之觀念，在唐代已盛行，頗有見地。但此外曾引衛琪之圖，似以為出濂溪之前，則未詳讀衛注原文之故也。朱文見《曝書亭集》，卷五十八

[106] 《周濂溪集》，卷八

全出於道教，蓋「圖」是一事，「圖說」又是另一事。周氏之〈太極圖說〉，本身以《易傳》及漢儒思想為根源（以「五行」解釋「萬物」，即漢儒之思想。此點實無可爭議）。其所用之「圖」，雖原為道教丹訣圖，周氏並非提出一丹訣理論，且亦非據丹訣而提出宇宙過程之解釋。反之，周氏之〈圖說〉，基本理論立場，與原圖之意大異。此點則黃晦木之言得之。黃云：

> 周子得此圖，而顛倒其序，更易其名，附于大易，以為儒者之秘傳。蓋方士之訣，在逆而成丹，故從下而上；周子之意，以順而生人，故從上而下。[107]

此節唯言周氏以此圖「附于大易」一語有病，蓋丹訣早附於《參同契》（蘇元朗已然），而《參同契》本「附于大易」也。然其餘所言上下逆順之別，則可作定論。即觀周圖之終於「萬物化生」，即可知其意旨所在。且「萬物化生」一語，原出自《易傳》，周氏本《易傳》之宇宙論以釋圖，自與內丹之說全異。

綜上五點，對〈太極圖〉問題，乃可達致一初步結論。此即：周氏之「圖」應出自道教丹訣，且極可能出自希夷；但周氏立說，則是據《易傳》觀念而提出一半形上學半宇宙論之系統，通過「圖說」方式表示之。而周氏所用之「圖」，係屬於「內丹派」之丹訣，又與《參同契》原書無關。此一問題所以議論紛然，主要由於朱熹強調周氏自作此圖而起。其實，能將「圖」與「圖說」分觀，則周子思想之研究，當以〈圖說〉為重；至於借用道教之圖，則固不礙〈圖說〉之表周氏特有之理論也。

最後，尚有應加說明者，即周氏〈圖說〉中之思想，雖不能視為受「道教」影響，然實受「道家」影響。「道家」與「道教」不同，凡稍解中國道教之演變者，皆能知之。道教至葛洪時，仍輕視老莊，觀《抱朴子・釋滯篇》可知。「道教」本與古之「神僊家」及方士屬於一傳統，與老莊本不相干。漢桓帝時，神仙家開始附於

[107] 《宋元學案》，卷十二，〈濂溪學案〉下，附錄黃晦木之〈太極圖辯〉

老子，然道教人士仍未忘自身之傳統。唐代以後，因皇室之提倡，道教方共尊老子為教主。此中演變雖繁，實亦不難知。然近年頗見混同其說者，故略辨數語。

欲析觀周氏思想與「道家」之關係，即進入下節之討論。

(二)濂溪思想中之道家成分

若就理論系統著眼，則周氏〈圖說〉及《通書》中之理論系統，自與《道德經》中所見之老子理論系統及《南華‧內篇》中所見之莊子理論系統，均大不相同。此不待深辯，但若就個別觀念及論點看，則另是一事。濂溪思想雖成一頗為特殊之系統，但所含觀念論點確有極近於道家路數之處。茲舉其較重要者如下：

第一、濂溪〈圖說〉中之「無極」觀念，並非如朱熹所解釋只表「超越對象」一義。蓋依朱說，則如前所論，「無極」即成為一描述語（相當於「超越性」一詞所指），而〈圖說〉本文既明謂「陰陽一太極也，太極本無極也」，則「無極」、「太極」、「陰陽」及下之「五行」各占一層次；「無極」即不能只是一描述語，而應是表「體」之詞語。依朱說則「無極」與「太極」分別表「道體」之兩面，即皆成為描述語，然〈圖說〉本文則明說陰陽五行，皆由「太極」生出，而「太極」又「本」於「無極」。「無極」作為描述語，則此處理路即大亂矣。且下有「無極之真」與「二五之精」作平行語提出，若「無極」只是「無形象」及「無方所」之意，則「無極之真」一語亦不成文理。必「無極」及「二五」均實指某種存有，方可說「真」與「精」也。

「無極」視為「體」，則顯然在濂溪之形上理論中，「無」觀念居最高地位；此正見老子學說之色彩。

第二、濂溪《通書》中論「誠」，以「乾元」、「乾道」說之。「乾」即「天」，可知濂溪之「誠」即其所謂「天道」。然在〈誠下〉篇中，則謂「誠無為」。換言之，即以「無為」形容天道。此一論點又顯然與老子思想接近，而與孔孟之說則相距甚遠。老子之「道」為形上規律，支配萬有，故能說「道常無為而無不為」。若孔孟之價值觀念，則下學上達，擴充四端，處處皆強調自覺心之上昇前進，無處可安頓一「無為」觀念。濂溪用「無為」一詞，即可知其「天道觀」中之形上規律，正與老子之「道」相應，而與孔孟學說中任何觀念皆不相應也。

第三、〈圖說〉中論「立人極」為聖人之事，又以「中正仁義」為「人極」之內容，此確是儒家思想方向；但獨標「主靜」二字，又為孔孟學說所無。老子有「歸根曰靜」之語，而就理論本身講，老子原以為萬有本皆由道生出，由道支配，故將一切負面價值判斷收在人為之「失道」上，由此，可以強調「靜」。孔孟本無此種形上觀點，自不能說「靜」是立價值標準之樞紐。今濂溪特標「主靜」之說，則其道家色彩亦甚明顯。

此皆就較重要處說，若零星小節，可不具論。此處尚須補充者，是上所論之「道家」之影響，純依理論標準而言。此種種觀念屬於道家之理論，而濂溪之說近之，故據此以言濂溪思想受道家影響。若依歷史標準說，則濂溪未必直接受老子影響，而應是通過《易傳》、〈中庸〉等已受道家影響之儒學資料，而間接染上道家色彩。此點後節另論之。

合上兩節而觀之，可知〈太極圖〉雖出於道教，濂溪依圖立說時，並未取道教之特殊理論。但濂溪思想中常有道家思想之成分。此點在宋儒嚴門戶之辨後，可能視為嚴重問題（故朱熹極力強作解釋以駁陸象山而保護周說），但在濂溪時代，則此問題並不嚴重。此可由濂溪之生活態度獲得旁證；蓋濂溪本人並未以闢二氏之說自任，其學說雖屬於抗拒佛教之新儒學傳統，但其人並非以衛道之領袖姿態出現於社會中也。至此又可轉至下節。

㈢濂溪之生活態度

與濂溪生平有關之資料不多，然就可見者論之，濂溪之生活態度，與二程已不同，更與朱熹大異。

首先，濂溪平生主要之興趣，在於遊覽山川。集中各詩，大半皆屬此類作品。而其心情，則時有慕神仙高隱之意。

如〈同遊羅巖〉詩云：

聞有山巖即去尋，亦躋雲外入松陰；雖然未是洞中境，且異人間名利心。[108]

到官處處須尋勝，惟此合陽無勝尋。赤水有山仙甚古，躋攀聊足到官心。[109]

此已見慕「洞中」而薄「人間」之意。又如〈書仙臺觀壁〉云：

以「尋勝」為意趣所向，又以訪求「仙蹟」為樂，皆甚明顯。

又〈同石守游〉七律一首云：

朝市誰知世外游，杉松影裡入吟幽。爭名逐利千繩縛，度水登山萬事休。野鳥不驚如得伴，白雲無語似相留。傍人莫笑凭闌久，為戀林居作退謀。[110]

「度水登山」，便是至樂，萬事可以不問；慕「世外」而輕「朝市」，樂與野鳥白雲相對，皆表現其嬾於世務之意。末句則直說有歸隱之想矣。

朱熹亦謂濂溪「有山林之志」，然濂溪除此種「山林之志」外，尚常表現對「神僊」之欽慕，則朱氏未言及之。如〈題酆都觀〉三絕，其第二首特別與希夷丹訣有關，已在前節引用；茲再錄其第一首：

山盤江上虬龍活，殿倚雲中洞府深；欽想真風杳何在，偃松喬柏共蕭森。[111]

所謂「欽想真風」，即指觀中「神仙」而言。

[108] 《周濂溪集》，卷八
[109] 同上
[110] 同上
[111] 同上

此外如〈題惠州羅浮山〉絕句，有云：「關上羅浮閒送目，浩然心意復吾真」[112]；〈思歸舊隱〉五律中有句云：「閒方為達士，忙只是勞生」。此皆又與儒家之生活情趣大異，而全屬道家情趣。

濂溪傳世之詩不多，而其中過半數皆表現此種心境情趣；此已可證其人之生活態度，不僅有道家情調，且有道教情調。此蓋亦與周氏常與道教人士往來有關。

其實縱不看周氏之詩，只就後世所傳明道之語，亦已可見周氏生活情調之與伊川不同。

明道謂：「某自再見茂叔後，吟風弄月以歸，有吾與點也之意。」[113]此謂受周氏之影響，遂得曠達之樂，則周氏生活情調之充滿閒適之趣，可以想見。試以此與「程門立雪」之故事相比，濂溪生活情調與伊川之不同，即甚顯著；而此不同正是道家情調與儒者之不同也。

濂溪所以並無後世儒者之危苦意味，即因濂溪在理論上雖有一屬於儒學之系統，但其生活非一聖賢型儒者之生活，而是一種名士或高士之生活。而此種生活情調，正道家人士與道教人士所具之情調。學者固不能只據濂溪此種生活情調而視濂溪理論為全出於道家，但亦不能對此一面之史實全不承認，或故作曲解，而違求真之意。

至此，吾人對濂溪與道家及道教之關係，已可得一概要了解。簡言之：濂溪所用之〈太極圖〉出自道教，但〈圖說〉之理論則與道教之修煉無干，只略含有道家思想色彩。至於其人之生活態度或情調，則近於道家甚至道教人士，而與孔孟生活中之充滿莊嚴感、責任感者不同，亦異於伊川以後一般宋儒之生活情調。此中分寸，不可攪亂；各如其實以了解之，則亦不必聚訟紛紛矣。

[112] 《周濂溪集》，卷八

[113] 《河南程氏遺書》，卷三，〈二先生語〉三，謝顯道記憶平日語

最後，當論濂溪在儒學史中之立場及地位，以結束此一部分之討論。

㈣濂溪在儒學史中之立場及地位

自朱熹盛倡周氏〈圖說〉及《通書》之後，宋明諸儒，無論其學說之傾向如何，大抵皆承認周氏在所謂「道學」傳統中，有宗師地位；「濂、洛、關、閩」之稱，固人人皆知，鮮有重為評議者。今統觀周氏其學其人，則至少有以下三項問題應作一衡斷：

第一、濂溪之學，雖在後世被視為繼孔孟之傳，實際上其所承之哲學觀念是否合於孔孟？

第二、濂溪與二程之父程珦為友，因而二程幼年曾受業於濂溪，此固是事實；然朱熹據此即謂二程之學出於周氏，頗與二程自身所說不合。此點亦當作一衡斷。換言之，此問題是：二程在何種限度中受濂溪之影響？

第三、新儒學理論在朱熹手中完成一大綜合，在此綜合系統中，濂溪之學自占重要地位；則濂溪之學在理論立場上對後世儒學之影響如何？此亦是應另作衡斷之問題，蓋縱使周氏立說，上異於孔孟，下不同於二程，仍可能是影響極大者；因前兩點同異問題，未必為後人所深解也。

茲依次作一簡略討論。

第一、濂溪之學，雖受有道家影響，且有取於道教圖書，然在基本立場上，與道家及道教之精神方向皆不同。此就其價值論觀點著眼，即可明顯看出。濂溪〈圖說〉中已歸於「人極」之建立，《通書》中更由天道說至道德心，再由道德心推擴而言「禮樂」；此既不同於老子之蔑視仁義禮，亦不同於莊子之獨主「逍遙」；蓋周氏之精神方向，仍充滿「化成世界」之要求，與老莊之以超離意義之自由為重，迥不相同。至於道教之價值標準，則專在於奪造化之功，成神僊之業，自與化成世界之精神方向相去更遠。就此限度而言，周氏之學說，在大方向上仍屬於「儒學」。

但周氏此種「儒學」，與孔孟學說之內部理論差異如何，則是另一問題。周氏之學主要宗《易傳》，旁取〈中庸〉。而此二書之理論，皆與孔孟之說大異。此點在「總說」中已反覆言之，茲但指出以下兩點即可。

第一、就歷史標準說，《易》之《十翼》，皆不能為孔子所作，此在今日已成為談儒家典籍者之常識。至於《禮記》中之〈中庸〉，則尤當為秦漢之際後出之書，亦無大問題。周氏所以自以為承孔子，而宋儒又普遍接受其說者，乃因宋代考證之學尚不甚發達，雖有歐陽修之疑《十翼》，而一般儒生仍循漢以來之偽說，以為《易・繫辭》真孔子所作。此種錯誤，至清初毛奇齡猶未能免[114]，更無論周氏本人，或朱熹等儒者矣。知《易傳》及〈中庸〉，即非孔子所作，則周氏所取之《易傳》及〈中庸〉之理論，即非直承孔子，已不難明。

第二、就理論標準言之，周氏所取之《易傳》及〈中庸〉之理論，在形態上皆為形上學系統；以「天道」為最高實體，輔之以「性」觀念。此與孔孟之持「心性論」立場相比，有「客體性」與「主體性」之差別。此乃哲學理論之大界限，無法輕易抹煞者。周氏之學結果成為一「天道觀」。此與孔子思想之專重人之自覺，固是涇渭分明；即就孟子而論，孟子雖亦提及「天道」，但其宗旨所在，仍是主體意義之「心性」觀念，亦與周氏據《易傳》而建立之理論，大異其趣也。

就此觀之，周氏之學異於孔孟之說，已不待論。再進而言之，周氏以「五行」解釋「萬物」，承自漢儒。孔孟書中固不言「五行」也[115]。周氏又以「無極」、「太極」等觀念，講萬有之根本，此則大半依《易傳》而稍受道家影響，孔孟固根本無此類興趣，未嘗論及此種問題也。總之，周氏之學，所依據之經籍，本非孔孟之言，

[114] 如毛奇齡作〈河圖洛書原舛篇〉（見《西河文選》，卷十），雖頗辨前人之誤，仍以為〈繫辭〉乃孔子所作也

[115] 荀子在〈非十二子〉篇中，評子思孟子，有「謂之曰五行」一語；此點頗為後世所疑。然考此所謂「五行」，應據《呂氏春秋・孝行覽》之文釋之，乃五種德行之意。孟子之書現存，並無「金、木、水、火、土」之五行觀念也

故其異於孔孟，亦屬當然之事。

此處再進一步看，周氏所依據之經籍，原是諸家思想混合後之產物。試以〈中庸〉而論，〈中庸〉之作者雖不能是子思，但必屬於儒者——此觀書中屢引孔子之言可知；然其理論已有先秦南方傳統之道家形上學觀念，蓋此時道家之思想本已侵入儒學，故儒者乃有此種著作。又以《易傳》而論，《易傳》盛言「陰陽」，此又孔孟所未道者。《易傳》亦屢引孔子之言，可知亦是儒者所作，但此種「陰陽」觀念，分明從「陰陽家」來；《易傳》既以此種觀念為主，即表示「陰陽家」之說，亦侵入儒學而已。

總之，自戰國至於秦漢，中國先秦南北文化傳統已趨混合，而燕齊方士、楚越巫術，亦皆與儒道傳統交滲，於是有種種混合思想之文件出現。漢代儒者即專取此類混合觀念。於是，陰陽五行之說、讖緯圖書之言，大盛於此時代。儒道之本來面目，反日益朦朧。此乃中國思想史或哲學史上一大關目。周氏在宋代立說，通過此類混合作品，而建立系統，則其說之不合於孔孟，已不足怪；至周氏自身以及其後學（如朱熹）之所以不能認清此點，亦仍是為偽託習慣所誤耳。

濂溪以下之宋儒，多自謂反漢儒，其實所反者主要在於章句之學，其次則在於讖緯之類；若就此一傳統中各人物所持之「陰陽」及「五行」觀念看，則濂溪本人即未擺脫漢儒之影響，朱熹則尤甚矣。

第二、至濂溪與二程之關係，則應分「早年之影響」與「成熟期之學說」言之。伊川早年作〈顏子所好何學論〉，即全取周氏〈圖說〉中之理論[116]，此表示伊川早年確受周氏之影響。而明道亦自稱「受學於周茂叔」。伊川所撰〈行狀〉，則云：

先生為學自十五六時，聞汝南周茂叔論道，遂厭科學之業，慨然有求道之志。[117]

[116] 參閱《宋史》，卷四百二十七，〈道學列傳・程頤傳〉

此表示明道之有哲學興趣（即「求道之志」），亦實由於周氏之影響。此亦屬於「早年之影響」也。

然二程早年雖受周氏之影響，二人日後建立之理論系統，卻與周氏之系統頗為不同。此點在「總說」中已述及一二；後章論二程之學時，當更作展示。其實除理論內部之差異外，二程日後立說並不宗周氏之說，就外表之跡看亦甚顯明。自宋至明清，論及此點之意見甚多，茲舉數點於下。

呂希哲與二程同時，曾謂：「二程初從濂溪遊，後青出於藍」[118]。呂本中亦謂：「二程始從茂叔，後更光大」[119]。呂氏祖孫所言皆如此。而汪應辰亦以為二程之學不出於周子[120]，蓋宋代儒者原多知此點，唯朱熹極力推崇濂溪，力求二程出於周氏之說，張栻又應和之，故後世乃有不明此中真象者。試觀《二程語錄》，從不談〈太極圖〉；伊川尤輕視宇宙論。則強謂二程之學宗濂溪，在事跡上已多不合，固不待深研其學說始知也。至於二程每稱濂溪必曰「茂叔」，自非以師禮待之，則前人已屢屢語及。且即就伊川之〈明道先生行狀〉觀之，雖承認明道幼年受周氏影響，然其下文即謂：

……未知其安；泛濫於諸家，出入於老釋者幾十年，返求諸六經而後得之。[121]

則亦明謂明道之學乃自己體悟所得，不出於周氏也。故全祖望補修《宋元學案》，而於〈序錄〉云：

濂溪之門，二程子少嘗遊焉；其後伊洛所得，實不由于濂溪。……予謂，濂溪誠入聖人之室，而二程子

---

117 《二程文集》，卷十一，〈明道先生行狀〉
118 《宋元學案》，卷十二，〈濂溪學案〉，附錄
119 同上
120 汪玉山與朱熹書中語。同上
121 《二程文集》，卷十一，〈明道先生行狀〉

未嘗傳其學。[122]

此則是平允之言。濂溪理論之得失是一事，與二程之關係另是一事。朱熹張栻強為之說，徒失真而已。

總之，二程早年雖受濂溪影響；其後所建立之學說，乃一「本性論」系統，與濂溪之「天道觀」有異，且二程之不宗周氏以立說，在事跡上證據亦甚顯明。

然濂溪之學雖不由二程而傳，卻通過朱熹散布影響。此則可通至下文之第三問題。

第三、所謂濂溪對後世儒者之影響，實即指濂溪所代表之「天道觀」，或其混合形上學及宇宙論之系統，在後世儒學中之流傳而言。在朱熹以前，濂溪之學並未大行於世。朱熹整理周張二程之說，而組成一綜合系統後，所謂儒學理論，在一般儒生心目中，即以此綜合系統為代表。此一綜合系統之內容，當留在後文論朱熹之學時，以專章析論之。此處只說明兩點：

第一點是：濂溪所承之儒學，乃《易傳》及〈中庸〉所代表之理論。此一理論以形上學為主要成分，與先秦孔孟之心性論固不同，即與漢代流行之宇宙論亦有不同。蓋《易傳》及〈中庸〉皆以形上意義之「天道」為重，雖各有宇宙論成分，然其宇宙論只是補助形上理論者，與董仲舒輩之以宇宙論為主而配以人格性之「天」，乃兩種不同之系統。濂溪之說，有時亦受此種宇宙論影響——譬如以「五行」解釋萬物即是其實例。但濂溪學說之中心，在於強調《易傳》與〈中庸〉之形上觀念；其系統是以此種形上學為中心而配之以一宇宙論；故其說終與漢儒哲學思想有異。此亦是濂溪能通過朱熹而成為宋明儒學之宗主之理由。

第二點是：濂溪之學說，進入朱熹之綜合系統後，其形上觀念遂籠罩大部分宋以後之儒學理論。二程之學固與濂溪不同，但同樣被收入朱熹之系統，於是除宋之陸九淵外只有明代之王守仁，方能擺脫此種影響。王陽

[122] 《宋元學案》，卷首，〈宋元儒學案序錄〉

明建立之「良知說」，可算能回向孔孟心性論之哲學系統，與由周至朱所形成之混合系統不同[123]。學者倘知周氏之混合系統，乃根據《易傳》及〈中庸〉之混合儒、道及陰陽家思想而來，則應知王陽明之說，遠較周朱之說為純粹。然陽明自身只注意理論標準問題，對於歷史標準方面，致力甚少，故在陽明學說中，其所用之經籍資料甚至詞彙等，仍常不能擺脫周氏以下之影響。至陽明後學，如李材（見羅）之流，則仍力持「天道觀」，以為「儒者之學，斷須本天」[124]，蓋仍不知「心性論」與「天道觀」之究竟分別，亦不解孔孟本旨與後世演變間之同異問題。濂溪所留之影響，不可謂不大矣。

總之，就儒學史標源而言，濂溪代表以《易傳》、〈中庸〉為依據之儒學理論中最早之系統；此一方向乃宋明儒學中極具勢力者。雖就系統內部說，二程朱熹均與周氏不同，但在大方向上，則除陸王一系外，幾全受濂溪思想之影響。昔人每謂周氏為「承先啟後」之大家。學者今倘知〈中庸〉、《易傳》並非孔孟之學，則「承先」二字，周氏未必能當之，然就「啟後」而言，周說實開啟此一思想路向，當之無愧也。

關於周濂溪之論述，至此為止。未及詳說之枝節問題，則散見後節。

---

[123] 就朱熹學說與周張二程等人學說之關係言，朱氏所建立者為一「綜合系統」，因朱氏實綜合諸家之說。若就周氏學說或朱氏本人之學說內容言，則二者皆是混合形上學與宇宙論成分之理論，故可稱為「混合系統」。說「綜合系統」時，著眼在歷史標準；說「混合系統」時，著眼在理論標準。此種分際，學者亦不可不留意明辨。參閱本書第二章〈宋明儒學總說〉

[124] 《明儒學案》，卷三十一，〈止修學案〉，答涂清甫語

貳　邵　雍

一、生平及著作

《宋史・道學列傳》云：

邵雍，字堯夫，其先范陽人。……雍年三十，游河南，葬其親伊水上，遂為河南人。雍少時，自雄其才，慷慨欲樹功名，於書無所不讀。……

北海李之才攝共城令，聞雍好學，嘗造其廬，謂曰：子亦聞物理性命之學乎？雍對曰：幸受教。乃事之才，受〈河圖〉、〈洛書〉，宓犧八卦六十四卦圖像。之才之傳，遠有端緒。而雍探賾索隱，妙悟神契，洞徹蘊奧，汪洋浩博，多其所自得者。……

熙寧十年卒，年六十七。……元祐中，賜謚康節。……河南程顥，初侍其父識雍，論議終日，退而歎曰：堯夫內聖外王之學也。雍知慮絕人，遇事能前知。程頤嘗曰：其心虛明，自能知之。……

所著書曰《皇極經世》、《觀物》內外篇、〈漁樵問對〉；詩曰《伊川擊壤集》。[125]

《宋元學案》卷九，〈百源學案〉所述，大致與傳文同；唯增入邵氏臨終前與司馬光、張載及程伊川之問答。

邵氏平生事跡，實亦甚簡單。中年遊於四方，復歸於洛；其後即長住洛陽。其生活屬高士型。葉水心謂是「山人隱士」一流，其言是也。

[125] 《宋史》，卷四百二十七

康節卒於熙寧十年，年六十七，則當生於真宗大中祥符四年，以公元推之，其生卒年應為公元一〇一一—一〇七七；尚長於周濂溪六歲，但卒時則後於濂溪逝世者四年，可謂周氏之同輩。

邵氏之學，實出於陳希夷，而以〈先天圖〉為主，後節再論之。此處須稍加說明者，是邵氏與二程之關係。邵氏年長於周氏，較明道則長二十一歲；其為二程前輩，自無可疑。上引《宋史》傳文中，特錄二程讚譽邵氏之言，使人讀之，易覺其學相近；實則二程雖與邵氏交往甚密，在學說思想上，則距離極大。邵氏臨終，囑其子請明道為志其墓。於是明道遂作〈邵堯夫先生墓誌銘〉，文中已表示對邵氏治學態度之看法。其文云：

> ……昔七十子學於仲尼，其傳可見者，惟曾子所以告子思而子思所以授孟子者耳。其餘門人，各以其材之所宜為學；雖同尊聖人，所因而入者，門戶則眾矣。[126]

其下述邵氏之學傳自穆李，又讚其有「自得者」（案此即《宋史》傳文所據），然後云：

> ……然而名其學者，豈所謂門戶之眾，各有所因而入者歟？[127]

墓誌銘照例對死者不能深加批評，故明道此文有評論意時則力求含蓄；但語氣雖極溫婉，其意則甚顯明。蓋在二程心目中，邵氏所治象數之學，實非「正道」，而屬「旁門」；所謂「門戶之眾」，即指正道之外有許多旁通之路；而所謂「各有所因而入者」，即謂康節不能走正道，或所學非正道也。

此外，二程對邵氏之學之態度，尚可在二程及門弟子之議論中見之。如明道謂：

> 堯夫之坦夷無思慮紛擾之患，亦只自天資自美爾，皆非學之功也。[128]

---

126 《二程文集》，卷四，〈邵堯夫先生墓誌銘〉

127 同上

128 《河南程氏遺書》，卷二上

案此段先談司馬光之忠孝誠實由於天資，下接論邵氏語，故有「皆」字。明道此語，即明不以邵氏之學為重。又如：

堯夫之學，先從理上推意，言象數，言天下之理須出於四者。……要之亦難以治天下國家。其為人則直是無禮不恭，惟是侮玩。[129]

案此當是伊川語，蓋伊川一向不以邵氏之「不恭」為然。在語及康節臨終時事，亦云：

邵堯夫臨終時，只是諧謔須臾而去；以聖人觀之，則亦未是，蓋猶有意也。[130]

又謂：

邵堯夫猶空中樓閣。[131]

案此固是說邵氏立說，有四通八達之妙，然亦指其虛誕而言。明道又曾直說康節不解「儒術」，云：

嘗觀堯夫詩意，纔做得識道理。卻於儒術未見所得。[132]

凡此種種評語，皆可知二程始終認為康節之學非正道所在。伊川不取宇宙論之說，故對邵氏之用象數推出之宇宙論理論，尤為輕視。如：

邵堯夫謂程子曰：子雖聰明，然天下事亦眾矣，子能盡知耶？子曰：天下之事，某所不知者固多；然堯夫所謂不知者何事？是時適雷起。堯夫曰：子知雷起處乎？子曰：某知之，堯夫不知也。堯夫愕然曰：

[129]《河南程氏遺書》，卷二上
[130]《河南程氏遺書》，卷十八
[131]《河南程氏遺書》，卷七
[132]《河南程氏遺書》，卷十

何謂也？子曰：既知之，安用數推也；以其不知，故待推而後和。堯夫曰：子以為起於何處？子曰：起於起處。堯夫瞿然稱善。[133]

案此一故事，《宋元學案．百源學案．附錄》中亦引述之，但文字稍異。如「堯夫瞿然稱善」作「先生咥然」，或所據之本不同。但不論邵氏對伊川此說之反應如何，在伊川一面說，伊川之意實謂此處經驗世界之現象問題，非形上學家所應用心；從形上學立場看，知經驗事物各有其經驗之理，即已足夠。求經驗知識本非形上學之事。故伊川以一形式陳述答邵氏，固同時否定邵氏宇宙論之價值矣。

至於明道謂，康節欲以其「數學」傳授二程，而二程不暇學此云云[134]。伊川謂與邵氏同里巷居三十餘年，世間事無所不問，惟未嘗一字及數云云[135]。亦皆足表示二程未嘗重視邵氏之「數學」。此所以謝良佐嘗謂二程「不貴其術」[136]。蓋康節之學主要為一極特殊之宇宙論，而以〈河圖〉、〈洛書〉之說為依據，與二程之純粹形上學理論相距極遠。且此種術數之學所代表之精神方向，尤與儒學之精神方向大有衝突。此中分寸所在，下節述邵氏之學時可論及。

至推崇邵氏之說，則又始於朱熹。朱氏著《易學啟蒙》，極力稱道所謂「先天之學」，且認為承孔子而來。如朱熹在答袁樞（機仲）論《易》書中，即力主邵說，且云：

……然此非熹之說，乃康節之說；非康節之說，乃希夷之說；非希夷之說，乃孔子之說。但當日諸儒既

---

[133] 《河南程氏遺書》，卷二十一上

[134] 參閱《宋元學案》，卷十，〈百源學案〉，附錄

[135] 同上

[136] 同上

失其傳，而方外之流陰相付受，以為丹竈之術；至於希夷康節，乃反之於易，而後其說始得復明於世。[137]

朱熹此說，雖是為自家所著之《易學啟蒙》辯護，但將希夷康節以圖書解《易》之說，竟視為承自孔子，可謂鹵莽之論。朱氏之根據亦不過是《易・繫辭》（認為出於孔子），乃竟將學術思想之源流一齊打亂，真可謂失其常度。但既有此種論調出於大儒如朱氏者之筆下，康節之學，自又在俗儒眼中成為不可輕議者矣。至於二程之學與邵氏迥殊，朱熹亦非不知，但亦曲為之說。如謂：

程邵之學固不同，然二程所以推尊康節者至矣。[138]

其實學者若觀上引各項資料，即可知朱熹之言與事實不符。朱熹所言，非二程之立場也。

以下即述康節學說之大要。

二、康節學說之要旨

朱震謂希夷〈先天圖〉，經种穆及李子才而傳於康節；明道作〈墓誌銘〉亦如此說。康節之學蓋即以此〈先天圖〉為中心；至〈觀物篇〉則雖涉及種種形上學、宇宙論甚至價值問題，實皆屬零星論點，不成一系統。茲分項述之。

(一)〈先天圖〉

所謂〈先天圖〉，即說明八卦及六十四重卦之組成次序者。但又可分廣狹二義。狹義之〈先天圖〉即指〈先天八卦方位圖〉，以與〈說卦〉中之方位理論區分。廣義之〈先天圖〉則可包括「次序圖」、「方位圖」、「橫圖」、

[137] 《朱文公文集》，卷三十八，〈答袁機仲〉

[138] 參閱《宋元學案》，卷十，〈百源學案〉，附錄

「圓圖」、「方圖」等。其實各圖之組成原則皆同，乃極簡單之奇偶組會而已。

朱熹作《易學啟蒙》，即列有上舉各圖。馮友蘭以為與〈觀物篇〉之說不合，故取蔡沈之〈經世衍易圖〉，以為得邵氏之意[139]。其實此中差別只在一二名詞問題；基本上，其組成方法則無異也。茲略作敘述。

首先，卦及重卦之組成，自以奇偶兩符號為原始符號；即「⚊」及「⚋」兩者。今試以奇偶號分別配之，則由兩符號可得四組合；再依此程序配之，可得八種組合。倘依先奇後偶之次序排列，則其組合次序如下：

八卦次序圖(一)

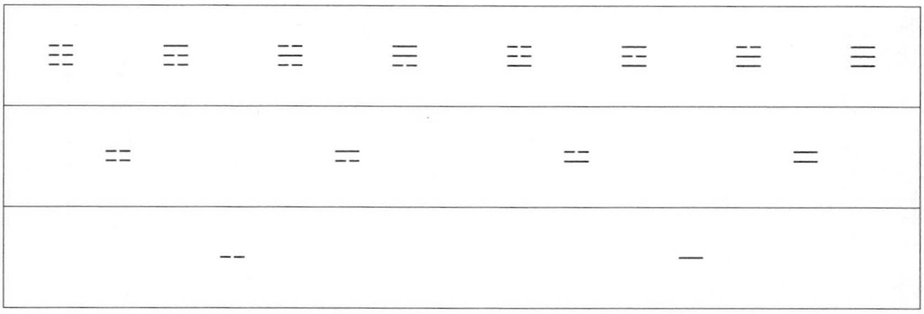

☷	☶	☵	☴	☳	☲	☱	☰
⚏		⚎		⚍		⚌	
⚋				⚊			

朱熹即以最初一層之奇偶為「陽」與「陰」。第二層之「⚌」為「太陽」，「⚍」為「少陰」，「⚎」為「少陽」，「⚏」為「太陰」。「陽」與「陰」即為「兩儀」，「太陽」等四種組合即為「四象」。由此再以奇偶號分配，遂得第三層之八種組合，即「八卦」也。

依此程序，則八卦之次序為：「乾一，兌二，離三，震四，巽五，坎六，艮七，坤八」。此即所謂「先天之卦序」，與〈說卦〉中之「乾、坎、艮、震、巽、離、坤、兌」之次序不同。

邵氏〈觀物內篇〉所論，其組成次序實亦無異，但多「動靜」及「剛柔」二對詞語；其言曰：

> 天生於動者也，地生於靜者也。一動一靜交，而天地之道盡之矣。動之

[139] 馮友蘭《中國哲學史》，第二編，第十一章

始，則陽生焉；動之極，則陰生焉。一陰一陽交，而天之用盡之矣。靜之始，則柔生焉；靜之極，則剛生焉。一剛一柔交，而地之用盡之矣。動之大者，謂之太陽；動之小者，謂之少陽。靜之大者，謂之太陰；靜之小者，謂之少陰。

太陽為日，太陰為月，少陽為星，少陰為辰；日月星辰交，而天之體盡之矣。太柔為水，太剛為火，少柔為土，少剛為石；水火土石交，而地之體盡之矣。[140]

案「謂之少陰」下，應另有說明「太剛」、「太柔」、「少剛」、「少柔」四語。或傳本有闕，但其意仍不難知。蓋此段上文云：

天之大，陰陽盡之矣；地之大，剛柔盡之矣。[141]

總之是據〈說卦〉中「立天之道，曰陰與陽；立地之道，曰柔與剛」二語而來。再以「動靜」一對觀念籠罩之。於是，最基本之奇偶號，不名為「陰陽」，而名為「動靜」；第二層則分用陰陽剛柔四名，以表四種組合。第三層則生出「太陽」、「太陰」、「少陽」、「少陰」、「少剛」、「少柔」、「太剛」、「太柔」等八種組合，結果亦是「八卦」。圖示如下：

八卦次序圖(二)

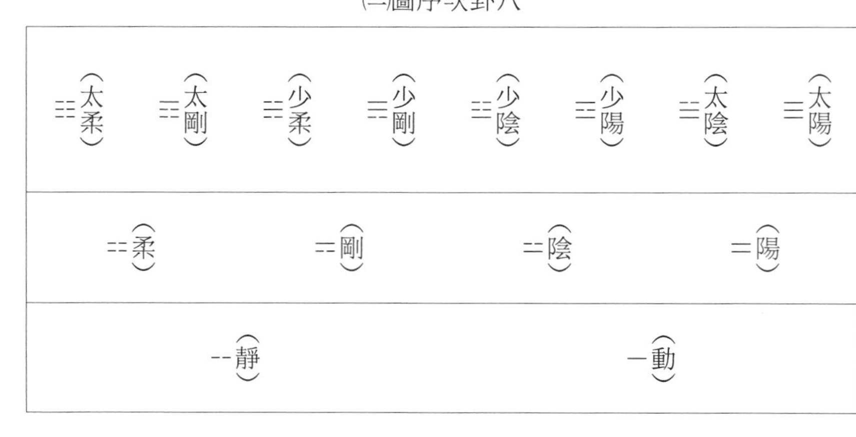

此與朱熹之圖相較，組成之原則全同，不同處只在有「動靜」及「剛

---

[140] 《道藏・太玄部》，《皇極經世》十二卷，卷十一上，〈觀物內篇〉

[141] 同上

柔」之名，而八卦本身遂稱為「太陽……」等等，非如朱圖以「太陽」等詞稱第二層之組合矣。

上圖第三層如從中切斷，又將兩半各折成一半圓；而依「太」、「少」之序再聯成一圓，即成所謂「先天八卦方位圖」。

八卦方位圖

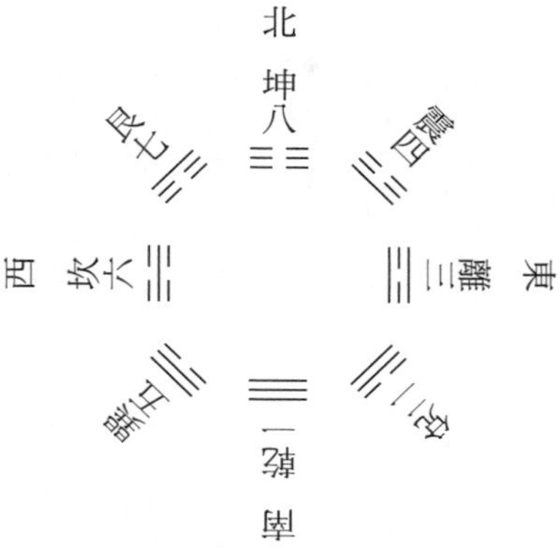

南 乾一 ☰
兌二 ☱
東 離三 ☲
震四 ☳
北 坤八 ☷
艮七 ☶
西 坎六 ☵
巽五 ☴

八卦既組成，即可再依同樣原則，續配奇偶，以得六十四重卦。〈觀物外篇〉云：

> 太極既分，兩儀立矣。陽下交於陰，陰上交於陽，四象生矣。陽交於陰，陰交於陽，而生天之四象；剛交於柔，柔交於剛，而成地之四象；於是，八卦成矣。八卦相錯，然後萬物生焉。是故一分為二，二分為四，四分為八，八分為十六，十六分為三十二，三十二分為六十四。故曰：分陰分陽，迭用柔剛，易六位而成章也。[142]

此處邵氏引〈說卦〉之語，以釋六十四重卦之組成。但其用字頗欠嚴整，譬如說「四象」時又不列「剛柔」，只說陰陽之上下交，而其下又分別以「陰陽」說「天之四象」，「剛柔」說「地之四象」；殊嫌紊亂，但其意易明。總之，以奇偶分配，遂自「一分為二」而推至「三十二分為六十四」，遂列出六十四重卦矣。如此作成之圖，乃為六十四重卦之「橫圖」。

倘將六十四重卦之橫圖，從中切開，各作半圓；依一順一逆之方式聯成一圓，即得所謂「六十四卦方位圖」——或「圓圖」。倘將橫圖，依乾一、兌二……之次序，每八重卦作為一層而自下至上重疊之，即得「方圖」。

[142] 《道藏・太玄部》，《皇極經世》十二卷，卷十二，〈觀物外篇〉

學者但有「橫圖」，即不難作出「圓圖」及「方圖」，本書不一一作出。

邵氏認為「圓圖」即表寒溫盛衰之循環；朱熹則以為圓圖象天，方圖象地。其實此所謂先天諸圖，不過依據極簡單之符號排列法作成。此種符號組合，本身只有形式意義；若欲使此種組合之圖有「實際指涉」(real reference)，則須另加一套論證。邵氏自己並未提出此類論證，則〈先天圖〉不過可作為說《易》之一道，本身不成為一哲學理論。

即就解《易》而言，其所謂「一分為二……」之程序，乃由「二」推至六十四，即明道所謂「加一倍法」，亦似與《易經》重卦之作法不同。蓋《易經》先定八卦，再以八卦互重而得六十四重卦；由一、二至四、八，可用「加一倍法」；但由八至六十四，則是八與八交乘而成；換言之，八卦既立，即以卦作單位而得六十四重卦；非再用「加一倍法」，歷四爻組合、五爻組合以得六爻組合。此點即在《易・繫辭》及〈說卦〉中，亦甚明白；〈繫辭〉謂：

八卦成列，象在其中矣。因而重之，爻在其中矣。[143]

所謂「因而重之」，即言以八卦交乘（即互重）；可知是以「卦」為單位，非以「爻」為單位。〈說卦〉所謂之「卦」則指「重卦」，故云：

兼三才而兩之，故易六畫而成卦。[144]

〈序卦〉所謂之「卦」，亦是指「重卦」，蓋二文晚出，已從後世之習慣。由此觀點看，則乾、坎……等，皆只能視為組成「六畫之卦」之成素，只有「六畫之卦」方成一單位矣。

[143] 《易・繫辭》下

[144] 《易・說卦》

就數字符號之組合看，邵氏之說較為簡整，但亦無甚深奧處。朱熹盛誇之，使人難解[145]。〈先天圖〉之說不過如此。以下再觀邵氏其他理論。

(二)〈先天圖〉之展開及運用

邵氏既主〈先天圖〉以說明六十四重卦之成立及次序，又由此作〈卦氣圖〉，以各卦配一年之節氣。但六十四重卦，總爻數為三百八十四，與一年日數不能合，故又取出「乾、坤、坎、離」四卦，置之於圖中央，餘六十重卦，正得三百六十爻，合於一年之三百六十日。其次序則由復至剝，蓋以冬至為歲首也。由是可推出一套占法。此圖及占法均與哲學思想無干，故從略。

由先天圓圖再展開，而應用於世界歷程之說明，則有所謂「元會運世」之說。《皇極經世》中有〈經世掛一圖〉，又有〈經世既濟陽圖〉、〈經世既濟陰圖〉等，皆屬占卜之事。又有〈聲音圖〉，則涉及音律問題。皆無甚理論意義。其中較有理論意義之一點，即由元會運世之說所推出之世界觀及史觀。茲就此稍作說明。

三十年為一「世」，十二世為一「運」，三十運為一「會」，十二會為一「元」；其計算法不過以「十二」及「三十」交替相乘而已。倘就「年」往下推，則一年分十二月，一月分三十日，一日分十二時，一時分為三十分，一分再分為十二秒[146]，仍是十二與三十相乘也。

邵氏以一「元」作為天地（或世界）終始所需之時間；此即：30×12×30×12=129,600；故十二萬九千六百年乃為世界由始至終之週期年數。一元分十二會，每會以一卦當之，共取十二辟卦，即各表一會。因以〈復卦〉起計，故其次序應為：

---

[145] 參閱《朱文公文集》，卷三十八，答袁機仲各書

[146] 此與現代語所謂「分」、「秒」不同

(1)復　(2)臨　(3)泰　(4)大壯　(5)夬　(6)乾
(7)姤　(8)遯　(9)否　(10)觀　(11)剝　(12)坤

邵氏以第一會為「開天」之時，第二會為「闢地」之時，第三會為「生人」之時。所謂「天開於子，地闢於丑，人生於寅」是也。因「會」以地支計之，故第一會為「子」，其下順列，至第十二會為「亥」。至第六會，即「巳」會，〈乾卦〉用事，乃世界最盛時期。邵氏以之當上古文明之世，而以唐堯之時代為此會之第三十運中第九世。其後即入第七會，乃〈姤卦〉用事矣。因一會長達一萬零八百年，故依邵氏之說，公元二十世紀自仍在此第七會中。最後至十一會，一切衰落（〈剝卦〉用事），至第十二會，則天地亦壞，一元已終，乃〈坤卦〉用事時也。

一元既終，另一元又復始，如此生滅相繼，是邵氏之「世界觀」。此說雖與經驗知識不合（以經驗知識言，此一當前之世界斷不止有十二萬九千六百年之歷史），仍不算十分驚人之論，蓋說天地萬物，有成有壞，本是一常理。但落在「史觀」上則不同。世界壞後再生，已非歷史問題。就人類歷史而論，只能在一世界中講。依邵氏之論，則此世界乃一由盛而衰之世界；則人類歷史除早期有「盛世」外，其後雖有起伏，總是愈來愈壞。此可謂極度悲觀之「史觀」，與近世流行之「進步」觀念恰相反矣。

以上但說大意。總之，邵氏由〈先天〉諸圖所推出之各種理論，只可看作術數之事；若作為知識看，則處處難以成立；其史觀乃一「命定論」，亦與邵氏其他觀念不符。以下論之。

(三)其他理論

在〈觀物內篇〉中，邵氏談及各種理論問題，茲取其較重要者略作敘述。

第一、邵氏以八卦配「日、月、星、辰、水、火、土、石」；蓋前四者屬於「天」，後四者屬於「地」；由此提出一以八卦為基礎之宇宙論架構，與以「五行」解釋萬物者不同。其後，又再有種種配合，皆極為勉強（如以「《易》、《書》、《詩》、《春秋》」配「少剛」、「少柔」、「太剛」、「太柔」），茲不具論。其說明「生物」之發生，則以「無生物」為先於「生物」者。康節云：

> 日為暑，月為寒，星為晝，辰為夜；暑寒晝夜交，而天之變盡之矣。水為雨，火為風，土為露，石為雷；雨風雷露交，而地之化盡之矣。暑變物之性，寒變物之情，晝變物之形，夜變物之體；性情形體交，而動植之感盡之矣。雨化物之走，風化物之飛，露化物之草，雷化物之木；走飛草木交而動植之應盡之矣。[147]

又云：

> 性情形體者，本乎天者也；走飛草木者，本乎地者也。本乎天者，分陰分陽之謂也。本乎地者，分柔分剛之謂也。[148]

如此，邵氏認為由天地之「變化」而生萬物；動植物之「走、飛、草、木」四類，皆由「地」之化而生出；至「性情形體」則由「天」之變生出。此種說法，嚴格言之，多不可解；然大旨以為「生物」由「無生物」衍生而出，則甚顯然，與周氏之以「五行」生出一切生物之說，大不同矣。

動植物既如此生出，則其變化之範圍，應可由天地變化之範圍決定。邵氏以數說之，於是有所謂「動植通數」。其言云：

> 日月星辰之變數一萬七千二十四，謂之動數；水火土石之化數一萬七千二十四，謂之植數；再倡和日月星辰水火土石之變化通數二萬八千九百八十一萬六千五百七十六，謂之動植通數。[149]

[147] 《道藏・太玄部》，《皇極經世》十二卷，卷十一上，〈觀物內篇〉

[148] 同上

此即動植物之種種變化，不能超過此數也。而此數實即"17024"之平方數而已。

第二、邵氏如此論「萬物」，但論「人」又稍有不同。曾謂：

人之所以靈于萬物者，謂其目能收萬物之色，耳能收萬物之聲，鼻能收萬物之氣，口能收萬物之味。[150]

如此，邵氏所強調者乃人之認知能力。人本萬物之一，但有認知能力，故與他物不同。其下云：

然則，人亦物也，聖亦人也。[151]

又云：

……是知人也者，物之至者也；聖也者，人之至者也。人之至者，謂其能以一心觀萬心，一身觀萬身，一世觀萬世者焉。[152]

此謂萬物之中，以人為最高；而人之中以聖人為最高。人因有認知能力故高於萬物；聖人又因能超越自身有限之存在，以觀無窮之理，故高於他人。但康節對「道、理、性、命」等詞語，又另有一解釋。其言曰：

所以謂之理者，物之理也；所以謂之性者，天之性也；所以謂之命者，處理性者也；所以能處理性者，非道而何？是知道為天地之本，天地為萬物之本。以天地觀萬物，則萬物為物；以道觀天地，則天地亦為萬物。[153]

---

[149] 同上

[150] 《道藏・太玄部》，《皇極經世》十二卷，卷十一上，〈觀物內篇〉

[151] 同上

[152] 同上

[153] 同上

依此段看，康節所謂「理」乃指事物特殊之理，所謂「性」乃指共同之理；以「處理性」三字釋「命」，其意不甚明顯，當指「理」與「性」之間之關係而言；蓋個別存有各有其理，而又與共同之理有一定關係，此一定關係即為「命」。最後方提出「道」字，謂「命」又依於「道」而成立。而「道」既為天地之本，則乃形上之實有，故不在天地中，且為「天地之本」。此處透露出康節在其宇宙論架構外，又另有一形上實有之觀念。由此轉至「人」則謂：

> 道之道盡于天矣，天之道盡于地矣，地之道盡于物矣，天地萬物之道盡于人矣。人能知天地萬物之道，所以盡于人者，然後能盡民也。[154]

此處用語極欠嚴整，如謂天地萬物及道自身皆各有其「道」，則此「道」字又應即是「理」字；且天地分言其「道」，亦嫌粗疏。但大旨則表現一「實現」觀念，所謂「盡」即指「實現」；「道」在「天」中實現，「天」在「地」中實現，「地」在「物」中實現；而「天地萬物」又均在「人」中實現。「人」之所以有如此地位，仍由於其能「知」天地萬物之「道」。康節之強調人之認知，可以無疑。

人之所以能「盡」天地萬物之「道」，即在於人能以心觀理；在此遂說明「觀物」一詞之意義云：

> 夫所以謂之觀物者，非以目觀之也。非觀之以目，而觀之以心也；非觀之以心，而觀之以理也。……聖人之所以能一萬物之情者，謂其能反觀也。所以謂之反觀者，不以我觀物也。不以我觀物者，以物觀物之謂也。[155]

此謂人之智慧在於能就個別存在各觀其理，而不以己身之有限存在自為局限。人有此種能力，故一心可以籠罩

[154] 《道藏・太玄部》，《皇極經世》十二卷，卷十一上，〈觀物內篇〉

[155] 《道藏・太玄部》，《皇極經世》十二卷，卷十一下

天地萬物矣。此中關鍵只在於人不以自身為「物」，故云：

不我物，則能物物。[156]

換言之，自我不使自身限於一經驗存在之層面，即能超越形軀一層而顯其認知主體之大用。此點在康節之〈漁樵問答〉中[157]，有更明確之表示：

漁者曰：以我徇物，則我亦物矣；以物徇我，則物亦我也。……由是明天地亦萬物也，萬物亦我也，我亦萬物也；何物不我？何我不物？如是則可以宰天地，可以司鬼神，而況于人乎？況于物乎？[158]

案此方是邵氏學說中最有理論意義之論點。蓋邵氏之「世界觀」原斷定世界之演變全屬「命定」，則其自身治學之意義何在，必須有一交代。今謂人之可貴在於能觀天地萬物之理，而此一能力即是認知主體之主宰性。人倘不能顯現此種主宰性，則是「以我徇物」，蓋自身失其「主體性」，即同於「一對象」（物）矣。反之，顯現此主體性，則能統攝一切對象，如此之「我」，即可宰天地、司鬼神，而超越於萬物之上，轉而支配萬物。明道曾謂：

堯夫之學，先從理上推意，言象數，言天下之理須出於四者。推到理處，曰：我得此大者，則萬物由我，無有不定，然未必有術，……。[159]

此中「萬物由我」一語，雖非康節之言，當是康節與明道講論時所留印象，與上引文中之「宰天地、司鬼神」

[156] 《道藏‧太玄部》，《皇極經世》十二卷，卷十一上，〈觀物內篇〉

[157] 〈漁樵問答〉或謂乃康節之子邵伯溫所作。然縱使如此，其言當仍代表康節之思想。邵伯溫並未有一獨立理論，其著述皆發揮康節之說而已

[158] 《宋元學案》，卷九，〈漁樵問答〉，節錄

[159] 《河南程氏遺書》，卷二上

正相應。大抵此方是邵氏之重要哲學觀點；然其學說對此論點無正面支持作用。康節雖曾言「心為太極」[160]，又云：「先天之學，心也」[161]，但總嫌未對「心性」有明確理論，則此種強調主體性之論點雖可注意，仍只能視為零星見解；蓋邵氏並非精思之學人，其出語每不足以嚴格表現其思想。吾人雖知邵氏確有此論點，不能謂其另有一套完整之主體理論也。

三、結語

最後，可用以下數語，結束對邵氏學說之討論。

案邵氏立說，本非以儒學典籍為據，其解《易》亦是通過圖書傳統而自作推繹。故就〈先天圖〉及《皇極經世》中之種種理論看，邵氏所致力者乃象數及術數而已。又因邵氏頗受道教及道家之影響，故論聖人境界時極近道家，而其宇宙論又充滿道教氣息。朱熹極尊邵氏之學，而以為出自孔子；此由於誤認《易．繫辭》為孔子作之故，今日已不待辯矣。至於圖書解《易》，例以〈河圖〉、〈洛書〉及〈繫辭〉為據。實則〈河圖〉、〈洛書〉之內容乃簡單數字排列，其來源則出自戰國至秦漢間之緯書。俞琰謂《尚書．顧命》所言「河圖」與「天球」並列於東序，則可知「河圖」只是一玉器，「洛書」則洛水之白石而已[162]。此說雖尚須補充，但大意近之矣。所謂「五十五」或「四十五」之數，原不出於儒家典籍，蓋本是陰陽五行說侵入《易經》研究後之產物，非孔孟所知也。朱熹答袁樞之問，以〈顧命〉及《論語》為證，則俞說足以駁之。至劉牧以下，眾說不同，更無論矣。

[160] 《道藏．太玄部》，《皇極經世》十二卷，卷十二，〈觀物外篇〉

[161] 同上

[162] 俞琰《俞氏易集說．繫辭傳》上

知〈河圖〉及〈洛書〉不應為解《易》之依據，則可知康節之學決非儒學。但因朱熹倡之，世人從之；故本書略予析論，以交代此一公案。其說固與「新儒學」無一定關係也。

參　張　載

一、生平及著作

《宋史・道學列傳》云：

張載，字子厚，長安人。少喜談兵，至欲結交取洮西之地。年二十一，以書謁范仲淹，一見知其遠器，乃警之曰：儒者自有名教可樂，何事於兵？因勸讀〈中庸〉。載讀其書，猶以為未足，又訪諸釋老，累年，究極其說，知無所得，反而求之六經。

嘗坐虎皮，講《易》京師，聽從者甚眾。一夕，二程至，與論《易》；次日語人曰：比見二程，深明《易》道，吾所弗及，汝輩可師之；撤坐輟講。與二程語道學之要，渙然自信，曰：吾道自足，何事旁求，於是盡棄異學，淳如也。……

敝衣蔬食，與諸生講學；每告以知禮成性變化氣質之道，學必如聖人而後已；以為知人而不知天，求為賢人而不求為聖人，此秦漢以來學者大蔽也；故其學尊禮貴德，樂天安命，以《易》為宗，以〈中庸〉為體，以孔孟為法。黜怪妄，辨鬼神。……

……與有司議禮不合，復以疾歸；中道疾甚，沐浴更衣而寢，旦而卒。

載學古力行，為關中士人宗師。世稱為橫渠先生。著書號《正蒙》，又作〈西銘〉，……。……學者至今尊其書。[163]

案《宋史》此傳大致據呂大臨所作〈行狀〉[164]，而疏略特甚。如記其病卒，而不著年月，是疏略之一；記張氏著作，只提《正蒙》及〈西銘〉，於張氏之《理窟》、《易說》及《文集》等，均不及一字，是疏略之二也。

茲案呂大臨〈行狀〉云：

熙甯二年冬，被召入對，除崇文院校書；明年，移疾。十年春，復召還館，……。是年冬，渴告西歸；十有二月乙亥，行次臨潼，卒于館舍，享年五十有八。[165]

據此則張氏卒於神宗熙寧十年（丁巳），即公元一〇七七年，逆推其生年應在真宗天禧四年，則張氏之生卒年代應為公元一〇二〇—一〇七八。因農曆十二月則太陽曆已入第二年矣。

至張氏之著作，雖以《正蒙》與兩〈銘〉為最重要，然《理窟》及《易說》亦頗多重要論點。此外，《文集》及《語錄》亦應為述其學者所留意，蓋張氏講學多年，門人甚眾，自有《語錄》可用，與周濂溪不同。

張氏雖曾從政，生平講學時較多，蓋已有自立門戶之意味；此亦與周氏之情況有異。

至於二程與張氏之關係，則二程為張氏之表姪；然在學術方面，則張氏自謂不及二程，反常向二程請益。上述傳文中所記張氏見二程即不講《易經》，亦其一證也。

以下即略述張氏之學說。

[163] 《宋史》，卷四百二十七，〈道學列傳〉

[164] 《張子全書》，卷十五

[165] 《張子全書》，卷十五，〈行狀〉

二、橫渠學說之要旨

案〈序錄〉云：

橫渠先生勇于造道，其門戶雖微有殊於伊洛，而大本則一也。[166]

全祖望此語，固可見全氏亦知張程之學有殊，然謂「大本則一」，則分寸欠明。蓋就排除佛道而堅守儒學之基本立場言，張與二程固無大異，然若就理論內部言，則張氏之系統仍是形上學與宇宙論混合之系統，而非二程之純粹形上學系統。故就本書之分類標準言，張氏與周氏應劃歸同一階段，而代表宋明儒學之「初期理論」；另一面，二程之說則代表「中期」理論；蓋是否能擺脫宇宙論，是初中期之劃分標準；而是否能透顯主體性，則為中期與後期之劃分標準。橫渠之學，仍以「天」為主要觀念，與二程立說以「性即理」為中心，自有殊異也。

茲先論〈西銘〉要旨，再述《正蒙》之理論，然後以其他資料補充之，以展示張氏之學。

(一)〈西銘〉大旨

所謂〈西銘〉，原與〈東銘〉相對而言。橫渠講學，嘗於學堂雙牖各書格言，東面為「砭愚」，西面為「訂頑」；伊川改之為〈東銘〉及〈西銘〉。〈東銘〉重在講實踐工夫，論「戲言」、「戲動」及「過言」、「過動」等[167]。然自二程以來，均重視〈西銘〉，蓋〈西銘〉論萬物一體及理一分殊之義，理論成分較高也。〈西銘〉先論天地萬物與人同為一體，云：

乾稱父，坤稱母；予茲藐焉，乃混然中處。天地之塞吾其體，天地之帥吾其性。民吾同胞，物吾與也。[168]

---

[166] 《宋元學案》，卷首，〈宋元儒學案序錄〉

[167] 〈東銘〉亦載於《宋元學案》，卷十七。學者可參閱

此以「天地」為萬物之本，「人」視為天地所生，故以「乾坤」稱「父母」。「稱」應作去聲讀，即俗語所謂「相稱」之「稱」，意謂「乾」相當於「父」，「坤」相當於「母」；蓋仍是天地或陰陽生萬物之意也。如此，人以天地之「資料」為體，而以天地之「活動方向」為性；「塞」即「充塞」之意，指質料言；「帥」指活動之方向言。故前一句，朱熹即以「天地之氣」釋之（其實張氏之「氣」觀念與此大異，見後文釋《正蒙》各節）；後一句即〈中庸〉所謂「天命之謂性」是也。

人既皆由「天地」而生出，且萬物亦然；故以天地比父母，則一切人皆如同胞，而萬物雖與人不同，仍同以天地為本，故視為儕侶；此是「民吾同胞，物吾與也」二句之意。

案張氏此數語，原只表示一種態度，謂「作如是觀」而已；並未提出任何理據，故尚不能算一完整理論。但此種態度可作為一套人生主張之根據；且其背後所假定之理據，即直通〈中庸〉之「盡性」觀念，故在宋儒著作中自有其重要性。

〈西銘〉以下數段，仍不外發揮此義。人既以天地萬物與己身視為一體，則即可超越個別形軀之私意，而解消人我之爭及人物之爭；不計得失，不憂生死；故〈西銘〉最後謂：

富貴福澤，將厚吾之生也；貧賤憂戚，庸玉女於成也。[169]

又云：

存，吾順事；沒，吾寧也。[170]

---

[168] 《張子全書》，卷之一，〈西銘〉

[169] 《張子全書》，卷之一，〈西銘〉

[170] 同上

蓋視天地為父母，一切得失，歸於天命，唯以盡己之分為人生大事，即〈西銘〉所持之人生態度也。

案〈西銘〉所代表之觀點，因其文甚簡，其語不備，故後學頗有疑之者。如〈楊時上伊川書〉，即謂：「〈西銘〉之書，其幾於過乎。」[171]其所謂「過」，即謂張氏此作過分強調一體，而對於理分之殊別未能詳說，使人誤解其意，即與墨子兼愛無差別矣。伊川覆函，則極言「〈西銘〉明理一而分殊，墨氏則二本而無分。」[172]且謂：「橫渠立言，誠有過者，乃在《正蒙》。」[173]蓋伊川不滿橫渠者在其混合形上學與宇宙論之系統，而對〈西銘〉所代表之人生態度，則完全贊同。楊時第二書則雖接受伊川之說，仍謂〈西銘〉於「理一分殊」之義未能明說，所謂「其辭無親親之殺」是也[174]。今觀〈西銘〉原文，則確有此病；蓋橫渠立言一向粗疏；此銘強調萬物一體，遂不及交代「分殊」一面；伊川雖能為張氏辯，不能為此銘辯。張氏之人生態度，應如伊川所說，並非不重「分殊」者，然此銘未論「分殊」之義，則是事實。朱熹乾道壬辰所作跋語，引楊時《語錄》以證楊氏晚年不以〈西銘〉為非；其實，《語錄》所說，仍是伊川之說。總之，就「理」言，〈西銘〉之「萬物一體」觀念必須配以「分殊」觀念，張氏實際主張亦如此；然若就一銘之文而言，則此銘畢竟未詳論「兩面」也。

依此，學者可知〈西銘〉得失所在。

至〈西銘〉背後之理論，自仍屬於《易傳》及〈中庸〉之觀念。〈西銘〉雖亦是《正蒙》之一部分，但張氏在《正蒙》中所構造之系統，又另有特色。此系統與二程之學固不同，即與濂溪學說相較，亦頗有異。下節述

---

[171] 《張子全書》，卷之一，錄〈楊氏上程子書〉

[172] 《二程文集》，卷九，伊川〈答楊時問西銘書〉

[173] 同上

[174] 見楊氏上程子第二書

之。

(二)《正蒙》之理論及其他

橫渠為學旨趣，蓋本以建立形上學理論為主，但對形上學與宇宙論之理論界限，把握不定，故其學說結果仍是一混合系統。如其所用「氣」觀念，即嫌分寸不明，為程門所譏議。但其旨趣所在則無可疑。橫渠以「知人而不知天」，為「秦漢以來學者之大病」；其所謂「天」，即指形上學之理論而言。橫渠蓋以為形上學乃先秦儒學之中心，案之史實，則適相反。孔孟之學乃「心性論」，非「形上學」，而儒學中最早之形上學理論，見於《易傳》及〈中庸〉，皆非孔孟之言，又係晚出之說。橫渠殊未深考，乃據《易傳》、〈中庸〉以立說，反自以為歸於先秦儒學，實為大病；然此固宋儒言道統者之通病，不獨橫渠一人為然也。

故就歷史標準說，《正蒙》一書所包含之思想，與孔孟之心性之學相去甚遠，不得視為孔孟道傳所在。但就理論標準講，則橫渠之形上學觀念，能擺脫道家之影響，則在儒學重建之過程中，自有其價值。以下分論書中要旨，以展示其主要論點，並以其他資料補充之。

1. 太和，太虛，氣

《正蒙》首篇即以「太和」為名，而論「太虛」與「氣」，由此衍生其他觀念。故此三觀念應為橫渠系統中之原始觀念。《正蒙》云：

> 太和所謂道，中涵浮沉升降，動靜相感之性，是生絪縕相盪，勝負屈伸之始。[175]

又云：

> 不如野馬絪縕，不足謂之太和。語道者知此，謂之知道，學易者見此，謂之見易。[176]

[175] 《正蒙・太和篇》

此處明標「易」字，可知張氏之學所宗在《易》。而所謂「太和」，是指萬有之生成變化之總體而言。但「和」字本非名詞（或實字），則所謂「太和」本身不能相當於「本體」，只能作為「本體」之描述語，於是另有「太虛」與「氣」之觀念。

橫渠蓋以「太虛」與「氣」二詞為最高實有之兩義，而非在「氣」外另立一「太虛」。故云：

太虛無形，氣之本體；其聚其散，變化之客形爾。至靜無感，性之淵源；有識有知，物交之客感爾。[177]

此段乃論及「本體」與「現象」，所謂「客」皆指表象而言[178]。「太虛無形」與「至靜無感」相對而說；「本體」即「氣」，本身無形，但由聚散而變化為萬物，遂呈現為有形——此是「客形」。「本體」即「性」之根源，本身無感，但在現象交互關係中，遂呈現為有識有知——此是「客感」。此意朱熹不以為然；朱云：

客感客形，與無感無形，未免分截作兩段事。[179]

其實橫渠此論，未為無理。蓋欲區別「實有」與「表象」，則不能不對「表象」另有界說。且現象界中之種種表象關係，常可為一平面之交互條件之決定，未必與「本體」有關；分作兩段，固有理論上之必要。譬如：萬物在視覺經驗中所以呈現為如此如此之顏色，蓋由視覺器官組織與對象間之交互關係決定；皆是「客」，而不應從「本體」解釋。此點張氏所見似尚較朱氏精密也。

張氏如此論「太虛」與「氣」，則「氣」既為萬物之根源，又為有形上意味之實有。故萬物由「氣」而生，

---

[176] 同上
[177] 《正蒙・太和篇》
[178] 案張氏用「客」字，在他處意義或稍不同，在本章則皆指「表象」(Appearance)
[179] 〈太和篇〉所附朱熹語

復歸於「氣」；萬物無常，而「氣」則常存；故云：

太虛不能無氣；氣不能不聚而為萬物；萬物不能不散而為太虛。循是出入，是皆不得已而然也。[180]

此即張氏對世界之描寫；萬物悉由「氣」之「聚」而成，由「氣」之「散」而滅。「氣」雖以「無形」故可稱為「太虛」，然本身不能歸於「無」，因此，「氣」不能由「無」或「虛」生出；「虛」字只描述「氣」本身之「無形」而已。於此見張子立說不取道家「有生於無」之論。張氏曾謂：

若謂虛能生氣，則虛無窮，氣有限，體用殊絕；入老氏有生於無，自然之論。不識所謂有無混一之常。若謂萬象為太虛中所見之物，則物與虛不相資；形自形，性自性；形性天人，不相待而有；陷於浮屠以山河大地為見病之說。[181]

此兼佛老而言，但從哲學史角度看，則宋代儒者立說不同於佛教，不足為奇；因反佛教原是儒家之一貫立場；能擺脫道家影響，則大可注意；蓋《易傳》思想，已多少接受古中國南方之形上學觀念。宋儒本《易傳》以立說，而能自覺到「有生於無」之論為不可接受者，則應以橫渠為最早。

橫渠既以「氣」之聚散釋萬物之生滅變化，則對象界之一切呈現，皆以「氣」之聚說之，而「氣」之散則只表示具體對象之滅，而非歸於一「無」，故謂：「方其聚也，安得不謂之客；方其散也，安得遽謂之無。」[182]依張氏之說，無所謂究竟意義之「無」；通常所謂「無」者，只能用於現象之描述。

但橫渠之「太虛」，雖與道家之「無」不同，本身意義則欠明確。所謂「虛」當指「無形」之階段，但張氏

---

[180] 《正蒙・太和篇》

[181] 同上

[182] 同上

又謂「太虛為清」，如此則所謂「太虛」者又似乎不包含「實」與「濁」等等，如此則何能是萬有之總根源？故程朱對此點均有異議[183]。不過此問題尚只是語言層面之問題。張氏所用之語言欠妥，推其意則不難知。蓋張氏以為「濁」與「實」皆屬「有形」或有限制後之事，故以為萬有之源本身乃無限制、無形、虛而清者。此種說法雖有理論上之困難（即前章總說中所提出之「未定項」問題），但此種困難乃談「天道觀」者所共有之困難，不唯濂溪理論中有之，朱熹日後綜合「天道觀」與「本性論」所成之系統中亦不能解決此一困難也。

張氏既以「太虛」與「氣」作為原始觀念，進一步遂由此推出：「天」、「道」、「性」、「心」等觀念，而云：

由太虛有天之名，由氣化有道之名，合虛與氣有性之名，合性與知覺有心之名。[184]

此四語若單獨看，本不難解；蓋以無形之本體為「天」，以本體之運行為「道」，以特殊之存有出現之理為「性」，又以萬有中之能知覺者為「心」；似皆甚明白。但若就張氏自己之用語方式看，則「合虛與氣」一語，便不可通；因張氏之「氣」與「太虛」原不可分，何能言「合」乎？朱熹解此段，則以「理」配「太虛」，以「氣」配朱氏自己系統中所說之「氣」，故謂：「合虛與氣，有性之名；有這氣，道理便隨在裡面；無此氣，則道理無安頓處。」[185]其實若依朱氏對「氣」字之用法看，則「理」與「氣」合而成萬物，自可以由此言物之「性」或物之「理」；但即非張氏所謂之「氣」，因朱氏之「氣」純就「形而下」而言，非張氏言「氣」之本意也。

總之，此四觀念之解釋，與張氏自身之「氣」觀念頗有乖忤之處。

然張氏又另用「游氣」一詞；其言云：

[183] 〈太和篇〉所附程朱語

[184] 《正蒙・太和篇》

[185] 〈太和篇〉所附朱熹語

游氣紛擾，合而成質者，生人物之萬殊；其陰陽兩端，循環不已者，立天地之大義。[186]

如此，又是以「游氣」說明特殊存在之出現。而「游氣」一詞並未界定其確義。朱熹解以「氣之發散生物底氣」；又謂「游亦流行之意」，「紛擾」者「參錯不齊」云[187]，皆是以譬喻交代，實則張氏本文不明確。推其意實類於濂溪所謂「二氣交感，化生萬物」之類。故朱熹亦說：「陰陽即氣也。豈陰陽之外，復有游氣耶？」[188]蓋雖曲為之解，終亦不能不覺張氏用語甚亂也。

2. 神與化

橫渠又另有「神」與「化」二觀念。其言云：

一物兩體，氣也。一故神、兩故化。此天之所以參也。[189]

此所謂「一物兩體」，當仍是太極與兩儀之意；張氏原以「太虛」為「氣」之「體」[190]，故此段所論者雖是陰陽之理，又強調陰陽仍是「一物」，而加以「氣也」二字。朱熹解此段，只發揮「一故神、兩故化」二語，而對前面六字則避而不談，蓋其用語在朱子眼中大有病在也。所謂「一故神」，自注云：「兩在故不測」，蓋指一理之運行可有正反兩方向而言；「兩故化」則自注云「推行于一」，蓋指雖有兩方向，仍是一理也。至於「天之所以參」，則指「一太極」與「兩儀」而言[191]。此段以前，云：

---

[186] 《正蒙・太和篇》

[187] 〈太和篇〉所附朱熹語

[188] 同上

[189] 《正蒙・參兩篇》

[190] 《正蒙・太和篇》

[191] 此處俗本或有斷句錯誤者，以「一太極」屬上，非是

地所以兩，分剛柔男女而效之法也。天所以參，一太極兩儀而象之性也。[192]

其意固甚明白。但未討論此處之象數問題，而只提出「神」與「化」二觀念。同書另有〈神化篇〉，再作進一步之解釋。其言云：

神，天德；化，天道。德，其體；道，其用。一於氣而已。[193]

「神」與「化」明指「天」之體用而言，但又說「一於氣」，可知張氏之「氣」之用法，確與朱熹大異。又謂：

氣有陰陽；推行有漸為化；合一不測為神。[194]

案張氏所謂之「神化」，乃由〈繫辭〉中「窮神知化，德之盛也」二語而來[195]，但以「氣」之「推行有漸」及「合一不測」釋之；此當與《易傳》本文之意相去甚遠，但其說表示一溝通形上學與價值論之觀點，蓋以「神化」為「天」之「道」與「德」，而以能「窮神知化」為人之「合乎天德」也。故云：

天之化也，運諸氣；人之化也，順夫時。……〈中庸〉曰：至誠為能化。孟子曰：大而化之。皆以其德合陰陽，與天地同流，而無不通也。[196]

又云：

神化者，天之良能，非人能。故大而位天德，然後能窮神知化。[197]

[192]《正蒙・參兩篇》
[193]《正蒙・神化篇》
[194] 同上
[195]《易・繫辭》下
[196]《正蒙・神化篇》
[197] 同上

其下文云：

無我而後大。大成性而後聖。聖位天德。[198]

總之，「神」與「化」二觀念為天之體用，而「窮神知化」則是張氏所了解之聖人境界也。此處有「大成性而後聖」一語，蓋謂能以「大」(「無我」)為「性」則成聖。由此，吾人可轉至張氏對於「性」觀念之理論。

3. 性與心

張氏非持「本性論」者，其說仍偏重於「天道觀」，故其論「性」之說，皆附於〈誠明篇〉中，未有專章。然張氏對於「性」之理論，影響甚大，蓋「性」觀念之二分，始於張氏。張氏所謂之「性」，乃指共同義之「性」言，故其言曰：

性者，萬物之一源，非有我之得私也。[199]

此蓋即指萬物所同得於「天道」者，而非殊別義之事物本性。朱熹於此段注云：

所謂性者，人物之所同得；非惟己有是，人亦有是；非惟人有是，物亦有是。[200]

案朱熹論「性」，有時確取「本性」(Essence)之意義（見後文朱熹節）；但此處順張氏原文說，則「人物之所同得」確是張氏說「性」之意義；就此意義看，則「性」即「天道」在萬物中之顯現，故基本上如此意義之「性」與「天道」實為一事，故張子謂：

[198] 《正蒙・神化篇》

[199] 《正蒙・誠明篇》

[200] 〈誠明篇〉所附朱熹語

> 性與天道合一，存乎誠。[201]

案此段本論種種「合一」，茲專就「性」與「天道」之合一講，則物能實現其得自天之「性」，即「性」與「天道」合一，故以「誠」說；「誠」即實現之意。此說自來自〈中庸〉。張氏據〈中庸〉論「明」與「誠」之旨而說「性」，故即以「誠明」名篇也。

「性」之實現為「誠」，而所以能「實現」，則依恃「窮理」之活動；另一面，如能「盡性」，亦必能「窮理」，故張氏又云：

> 自明誠，由窮理而盡性也；自誠明，由盡性而窮理也。[202]

案一言「窮理」便涉及主體活動；故如此言「性」必涉及「心」問題。但張氏對主體性觀念體會不多，故未能一貫言之。但張氏自亦不能不面對此問題，故云：

> 心能盡性，人能弘道也；性不知檢其心，非道弘人也。[203]

此處顯觸及一理論界限問題。蓋「人能弘道，非道弘人」乃「心性論」之斷定，背後有一主體性觀念；而張子之「性」原即「天道」在萬殊層面上之顯現，而「天道」本身應有決定萬有之力量，原與「心性論」之基本立場不同。今接受「人能弘道」二語，則在理論上必須肯定主宰力在「人」而不在「道」，此即悖於「天道觀」之立場，蓋已越出界限，走入「心性論」矣。但張氏不知「天道觀」與「心性論」之差別，故匆匆說過。

倘萬物各秉「天道」而為其「性」，而「性」之方向即價值之實現——如「盡性」觀念所示者，則一方面有

[201] 《正蒙・誠明篇》
[202] 同上
[203] 同上

「義命」關係之問題，另一方面有「善惡」之可能問題。孔子取「心性論」立場，故持「義命分立」之觀點；孟子以「莫之致而致」、「莫之為而為」釋「天」與「命」，大致亦同孔子本旨；今在「天道觀」之原則下，則「天命」、「天道」、「性」等觀念均成為有主宰地位者；於是，張氏不能不主張「義」與「命」有合一之關係而云：

> 義命合一，存乎理。204

所謂「存乎理」者，意謂在理上「義命」合一；其實，此「理」乃「天道觀」所設定之「理」，無必然性也。張氏所以只能在「理」處說「義命合一」，蓋亦知實際世界中難言「義命合一」；蓋若「義命」在「事實」意義上合一，則萬物萬象即皆不能不合乎「義」矣。此問題即通往「善惡」之可能如何解釋之問題。

依「天道觀」言，萬有之基本趨向皆受「天道」之決定，故均向乎「善」，其「惡」則以第二序觀念解釋之。如濂溪在「五性感動」處說，即是一例。此中有「未定項」問題不能解決，已如總說中所論；且又有生命界之內在衝突問題，亦見總說，不再贅述。現只順張氏之理論說。張氏自亦知實際世界中充滿「非義」及「不善」之事，但欲維持其「天道觀」，仍在第二序觀念中求解釋。於是有「氣質之性」一觀念提出。先云：

> 性於人無不善；繫其善反不善反而已。205

此謂「性」作為「天道」之在人者，故「無不善」（因本以「天道」之方向為「善」）；但有「不善」者，則由於「不善反」；所謂「不善反」指人不能省悟而歸於其「性」而言。然則人何以會「善反」或「不善反」？嚴格言之，此處即顯出「未定項問題」，乃全局之真樞紐，然張氏不能正視此問題，故不能窮究「善反」或「不善反」處所涉及之能力問題，而只能找出一種條件以解釋人之所以會「不善反」，於是云：

---

204 《正蒙・誠明篇》

205 同上

> 形而後有氣質之性。善反之，則天地之性存焉。故氣質之性，君子有弗性者焉。[206]

此處張氏之語言照例粗疏，但其旨不難明；蓋謂人既有形而成為一具體存在，則必有其具體化之條件；此種條件稱為「氣質」。而「氣質」本身又有另一種「性」，此即「氣質之性」。人如能不受「氣質之性」所限制而歸於秉自「天道」之「性」，則是「善反」；於是即可在具體存在層面上顯現「天地之性」。故「氣質之性」只表示作為具體存在所有之殊別性，而不表得自「天」之共同性，故說「君子有弗性者焉」。如此，所謂「氣質之性」，實與東漢魏晉以來所言之「才性」觀念相當。換言之，人之「氣質」與其形體之存在相連而成立；人因氣質之不同，或易於實現「天道」，或不易；故具體之人須從事「反」之工夫，以顯現其「天地之性」，越出「氣質之性」之限制。故張氏又云：

> 天本參和不偏；養其氣，反之本而不偏，則盡性而天矣。性未成，則善惡混。[207]

案此段原是釋《易傳》中「成之者，性也」一語[208]，故以「成」字與「性」字連說；其實，嚴格言之，「性」不應謂「成」或「未成」。《易傳》本文，乃就「道」言；「成之者」，乃指完成「道」而言，即是說，在完成「道」處見「性」之意義；此論點於理能否成立，是另一問題；在語法上，所謂「成之者，性也」，不能是說「性」本身「成」或「未成」，則無可爭論（至《易傳》中「成性存存」一語，則是另一語法）。張氏隨意發揮，已違文義。至就張氏本人之理論用語說，「性」只能說「盡」或「不盡」，亦不能說「成」或「未成」；然張氏此處所說之「性未成」，實即指氣質之阻礙未能克服說，仍是「性未盡」之意而已。張氏用語立說之欠嚴格，以及改前

---

[206] 《正蒙・誠明篇》
[207] 同上
[208] 《易・繫辭》上

人文義以發揮己說，於此可得一最佳實例。然此病又屬宋儒之通病也。

「善惡混」三字，最應注意。就「性」而言，無不善矣；何故「性未成，則善惡混」，自是有外來之「惡」參入；此外來之「惡」即來自「氣質」，而「氣質」又是與「形」俱生者。於是宋儒理欲之說，已在張氏此說中定立矣。

再進一步論之，則「氣質」何以能有「惡」，仍無善解。蓋萬物皆由「天道」決定其生成變化，人之形體應不能例外；何故忽有違乎天道之成分出現？此則逼近「惡」之確切解釋之問題。張氏於此，並未能提供明確解答也。

橫渠之「性」本指共同性或天道之在人在物者，但既有「氣質之性」提出，於是「性」觀念乃被二分。另一面以「心」為能「盡性」者，於是「心」觀念應為工夫之樞紐；蓋只有在「心」處，可安頓一「未定項」。故由「性」與「心」之理論，即可轉至橫渠論「學」及「知」之理論。

4. 學與知

橫渠論「學」，自指「成德之學」言；然偶亦有其他意義，其主旨終不外此。而就「成德之學」論，其總樞紐又須落在變化氣質上，故謂：

如氣質惡者，學即能移。……但學至於成性，則氣無由勝。[209]

蓋如上各節所論，張氏論善惡問題，只以心能夠越過氣質之限制而「盡性」（天地之性）為基本解釋，則人之求「善」之一切努力，皆當以克服氣質限制為主也。克服「氣質之性」，目的在於歸至「天地之性」，但依張子「心能盡性」而「性不能檢其心」[210]之說看，此種活動畢竟只能是「心」之活動。由此，張氏遂在不知不覺中越過

[209]《張子全書》，卷之五，《理窟・氣質篇》

「天道觀」與「心性論」之界限，故在論「學」及成德問題時，張氏之立場每每忽有接近「心性論」之傾向。此點學者大宜留意；蓋此處透露出「心性論」之理論力量，亦相應於哲學上一大問題也。

成德之學，與只求事物知識或智力遊戲不同，故張氏謂：

人不知學，其任智自以為人莫及；以理觀之，其用智乃癡耳。棊酒書畫，其術固均無益也。[211]

此即謂「學」非遊戲；任智者作種種智力遊戲，以為人所不及，實則如棊酒書畫之事而已。至於「學」非求事物知識，則張氏所論尤多；主要說法乃將「知」分為「見聞之知」與「德性之知」。其言云：

世人之心，止於聞見之狹；聖人盡性，不以見聞梏其心。……見聞之知，乃物交而知，非德性所知。德性所知，不萌於見聞。[212]

意即謂：德性之知不由經驗知識生出。如此之成德之學，原在意志方向上落實，但此處又必有一自覺，故非自覺之心理傾向，或無理性基礎之信仰，亦皆不是「學」。故云：

篤信不好學，不越為善人信士而已。[213]

案孔子謂「篤信，好學」乃平行言之，皆讚譽之詞；今張氏如此講法，卻是抑低「篤信」以講「好學」之重要。雖與孔子原語不同，正可見張氏自己所強調之論點。

依此，「成德之學」一非智力遊戲之事，二非求經驗知識，三非心理傾向或無理性基礎之信仰，蓋為「道德

---

[210]《正蒙・誠明篇》
[211]《張子全書》，卷之六，《理窟・義理篇》
[212]《正蒙・大心篇》
[213]《正蒙・中正篇》

理性」之自覺也，故張氏乃不能不重自悟之義。張氏云：

> 學貴心悟，守舊無功。[214]

又云：

> 為學大益，在自能變化氣質；不爾，卒無所發明，不得見聖人之奧。[215]

所謂「心悟」，所謂「發明」，皆就理性之覺醒朗照而言；故張氏平時固最強調讀「經」之重要，謂：「然而得仲尼地位，亦少《詩》《禮》不得。」[216]但既以自悟為主，則知道德理性之顯用，不唯不源自經驗知識，亦不必依賴經籍。張子遂曰：

> 凡經義，不過取證明而已；故雖有不識字者，何害為善？[217]

觀此語幾與日後陸象山之說無大差別，似與張氏其他理論頗不能合。其實，扣緊此處之分寸言之，學者當知，張氏雖建立一混合形上學與宇宙論之理論系統，但在論及「成德」或「工夫」問題時，即不能不轉向「心性論」一方接近；因離開某一意義之「主體性」觀念，則「成德」所關之一套問題皆無從說起。此種理論關聯，張氏可能未嘗明顯自覺到，但不自覺中已移動其理論立足點矣。由於在「成德」問題上不得不轉向「心性論」，故張氏雖原據《易傳》、〈中庸〉建立系統，而論及「聖人」則推《論語》、《孟子》二書。其言云：

> 要見聖人，無如《論》、《孟》為要。《論》、《孟》二書，於學者大足。只是須涵泳。[218]

---

[214] 《張子全書》，卷之六，《理窟・義理篇》

[215] 同上

[216] 同上

[217] 同上

此與《正蒙》之專尊《易經》、《易傳》，適成對照。學者可據此以議橫渠立言欠一貫性，然亦可由此著眼看出背後之哲學問題也。

以上皆就基本問題著眼；在枝節問題方面，張子之意見亦有應略為述及者。張子以為人之為學，不宜作為外在事業之手段，其言云：

既學而先有以功業為意者，於學便相害。既有意，必穿鑿創意作起事也。[219]

此論學者應以「成德」本身為目的，功業則只能視為外在之表現；倘反以求外在功業為目的，而以「成德之學」作為手段，則必有害於學，所謂「德未成而先以功業為事」是也[220]。張氏自不是反對功業，只是就「成德」說，則不能以「成德」作為功業之手段。進一步言之，即在講論著作一面，亦只能以「求是」為主，不應一味求創新；理若是如此如此，則強求創新，則反將違理而不得其「是」，故云：

有言經義須人人說得別，此不然。天下義理只容有一箇是，無兩箇是。[221]

「別」即「不同」之意。講解經義，目的在闡明一理，故理之真只有一；倘他人已說此理，自己亦不能強求「不同」而故意違真也。

至於成德之具體工夫，張氏所說不甚詳備；只強調「公心」及「寡欲」。其言云：

心既虛，則公平；公平，則是非較然易見。當為不當為之事，自知。[222]

---

[218] 同上
[219] 《張子全書》，卷之六，《理窟・學大原》上
[220] 同上
[221] 《張子全書》，卷之六，《理窟・義理篇》

此即「公」能生「明」之意；但此處乃就「公心」能見德性之理範說，觀其語結在「當為」與「不當為」處可知。又云：

人當平物我，合內外。如是以身鑒物，便偏見；以天理中鑒，則人與己皆見。猶持鏡在此，但可見彼，於己莫能見也。以鏡居中則盡照；只為天理常在，身與物均見，則自不私。己亦是一物；人常脫去己身，則自明。[223]

此進一步解釋「公心」之重要。「公心」乃價值判斷之基礎。價值判斷以定是非善惡，猶鏡以鑑物；若鏡本身偏於一方，則所鑑者即偏而不全。價值判斷如以私意行之，亦偏而不正。「公心」譬如鏡之中懸，則可鑑其全。換言之，此即所謂「人己等視」之意，故強調「己亦是一物」也。

就「寡欲」一面說，張氏以為多欲則害於「學」，故云：

仁之難成久矣。人人失其所好，蓋人人有利欲之心，與學正相背馳；故學者要寡欲。[224]

案此即後世所謂「天理」與「人欲」之問題。「公心」能見「天理」及實現「天理」於行為中；「利欲之心」則與此相背。故此兩觀念實是同一問題之兩端而已。

總之，張氏論「學」，以道德理性之覺醒及實踐工夫為主；基本上是一意志方向問題，故謂：

學者不論天資美惡，亦不專在勤苦；但觀其趣嚮著心處如何。[225]

---

[222]《張子全書》，卷之六，《理窟・學大原》上

[223]《張子全書》，卷之七，《理窟・學大原》下

[224]《張子全書》，卷之六，《理窟・義理篇》

[225]《張子全書》，卷之七，《理窟・學大原》下

「其趣嚮著心處」之判斷標準，即在能否「寡欲」，能否立「公心」也。

最後，張氏強調之「公心」，自即是程門所說「仁即公」之義。但就如何達成公心或仁德講，張氏之說雖不備，然實與程門不同；蓋張氏喜言「虛」與「靜」，仍受周濂溪之影響，不似伊川能專就「格物窮理」、「用敬」、「致知」等義言工夫也。張氏云：

> 虛則生仁。[226]

又云：

> 天地以虛為德。至善者，虛也。[227]

此與上文所引「心既虛，則公平」參看，可知張氏以為人應求心之「虛」以達成仁德。

另一面又強調「靜」。其言云：

> 始學者，亦要靜以入德；至成德，亦只是靜。[228]

語錄中亦以「靜」為「善之本」[229]。若就字面看，則直似老氏之言；然張氏所謂「虛」自與其「太虛」觀念有關，所謂「靜」則與濂溪有關。總之，若從伊川之理論看，則橫渠立言之過，恐不獨在《正蒙》，而實在其論工夫過程之浮而不實也。

最後，當略說橫渠在世界觀及文化觀方面之見解及立場，以結束對張氏學說之論述。

---

[226] 《張子全書》，卷十二，〈語錄〉

[227] 同上

[228] 《張子全書》，卷之七，《理窟・學大原》下

[229] 《張子全書》，卷十二，〈語錄〉

5. 世界觀與文化觀

論及張氏之「世界觀」及「文化觀」，即涉及最基本之儒學價值論問題，換言之，儒學所堅持之「肯定世界之態度」，即須在此處顯現。如前所述，張氏之學說，成分頗雜。基本上所建立之系統，乃承《易傳》及〈中庸〉之形上學理論，而在講德性及成德之工夫時，又有時傾向於「心性論」；此外，又有許多「宇宙論」成分。但落在「肯定世界」一問題上，則張氏之態度甚為明朗。

先就「世界觀」論之。

欲說明張氏「世界觀」之特色，當先回到「神化」一對觀念。張氏謂「一故神、兩故化」，前已述及。此處須說明者，是此一對觀念在張氏理論中之作用，乃在於消融一切「對立」。蓋「一」與「兩」原即指「統一」與「對立」而言，而張氏言「一故神」，即以「兩在故不測」釋之；言「兩故化」時，即以「推行于一」釋之；於是「一」與「兩」互不相離，相倚而立；由此再推，則一切「對立者」皆可通為「一」矣。故張氏云：

> 有無虛實通為一物者，性也。不能為，非盡性也。……然則，有無皆性也。[230]

此即顯然說一切對立或對分，皆在究竟意義上通而為「一」。此一觀點落在「存有問題」上，即所謂：

> 知太虛即氣，則無無。……諸子淺妄，有有無之分，非窮理之學者。[231]

若落在「世界觀」上，則「生死」、「有無」等等，皆視為一體之二面；此種統一性即見萬有之一本，而萬象紛殊，亦皆歸為一本。於是，世界萬象之生成變滅，皆為理之必然。故謂：「天所自不能已者，謂命」[232]；即是

---

[230] 《正蒙・乾稱篇》

[231] 《正蒙・太和篇》

[232] 《正蒙・誠明篇》

說：世界過程為理之必然。此觀點自仍以《易經》為根據，但與《易傳》中所謂：「生生之謂易」[233]或「天地之大德曰生」[234]，又有不同。蓋言「生」者，皆是以「生」為「天道」之內容；而在張氏，則生死亦通為一，可說生與死皆「天道」也。

自魏王弼以道家形上學觀念談易理，後世說《易》總不免受老子之影響。橫渠獨倡「無無」之說，針對老子「有生於無」之論，是其一大特色。落在世界觀上，即成為萬物出於「氣」與「太虛」，又歸於「氣」與「太虛」之世界圖像；又以「不得已而然」[235]說之。於是，張氏之「肯定世界」之論點，乃成為一依「必然義」而作之肯定；蓋不是說「應有此世界」，而只說「必然有此世界」也。此種世界之肯定雖與孔孟學說之方向有殊（依孔孟學說以肯定世界，當取「應然義」），然張氏自己之立場，則甚顯明也。

其次，由於有如此之「對世界之肯定」，故張氏認為此世界中之文化亦是必有者；此從張氏抨擊佛教之語可以看出端倪。張氏云：

……其語到實際，則以人生為幻妄，有為為疣贅，以世界為蔭濁，遂厭而不有，遺而弗存。就使得之，乃誠而惡明者也。儒者則因明致誠，因誠致明，故天人合一。致學而可以成聖，得天而未始遺人。[236]

此段涉及佛教處，未必精確，但大旨不差。蓋佛教以「捨離」為精神方向，所謂「度」（波羅蜜多），所謂「彼岸」皆是不可爭之義。張氏謂其「以世界為蔭濁……」云云，即指此「捨離世界」之精神。持「捨離」之精神

[233] 《易・繫辭》上
[234] 《易・繫辭》下
[235] 參閱〈太和篇〉中「太虛不能無氣……」一段
[236] 《正蒙・乾稱篇》

方向，即不能肯定文化之意義，必視文化活動為幻妄之虛象，故張氏以為是只知「誠」而不知「明」。張氏所謂「明」，即指「人道」而言，與「誠」之為「天道」相對照。張氏謂儒者「得天而不遺人」，即指能肯定世界及文化講。另一面，佛教既不肯定世界，自亦不能肯定文化；在張氏眼中，此種「捨離」乃由於不知「道」之全體而來；蓋依張氏理論，世界由必然之理而生，文化亦由必然之理而生；「天道」與「人道」皆屬必然，故不能肯定「人道」（文化），即是見道不明也。

張氏對佛教之影響，亦深表疾惡。其言云：

> 自其說熾傳中國，儒者未容窺聖學門牆，已為引取。淪胥其間，指為大道。其俗達之天下，致善惡智愚，男女臧獲，人人著信。使英才間氣，生則溺耳目恬習之事，長則師世儒宗尚之言；遂冥然被驅，因謂聖人可不脩而至，大道可不學而知；故未識聖人心，已謂不必求其迹；未見君子志，已謂不必事其文。此人倫所以不察，庶物所以不明，治所以忽，德所以亂。[237]

此即謂佛教之影響成為風氣，遂使文化衰落。其述及佛教諸語，頗似費解；但學者如知北宋時一般人所了解之佛教，大抵皆指禪宗，則即不難知張氏何以如此說法矣。

張氏於道教之人生態度亦常有抨擊，如云：

> 彼語寂滅者，往而不反；徇生執有者，物而不化。二者雖有間矣，以言乎失道，則均焉。[238]

案此亦只指道教之求長生而言。張氏未深辨「道家」與「道教」之異，亦猶以「禪宗」代表佛教也。

至此，可結束對橫渠學說之敘述。

---

[237]《正蒙・乾稱篇》

[238]《正蒙・太和篇》

三、餘　語

在析述橫渠學說之大旨後，尚有應加補充者如下：

第一、橫渠雖亦宗《易傳》以立說，但對圖書一派說法，並不重視；故其《易說》，亦與希夷濂溪一支無關。語及象數之處，橫渠《易說》甚為粗疏。以與其思想無大關係，故本書不備論。

第二、橫渠於訓詁考證之事，全未用心；故不僅對《易經》之形成時代全無所知，其解經亦常有錯誤。觀其〈語錄〉可知。蓋張氏已開重「義理」而輕「章句」之風矣。

第三、橫渠自身言「性」，固是偏重共同義講，然既區分「天地之性」與「氣質之性」，即可說已開啟以「性」觀念作為價值判斷基礎之思路。此思路之正式代表乃二程兄弟。二程立說，精密自遠勝橫渠；然橫渠因自身苦心極力以求，故常觸及重要問題，則不可否認也。

橫渠與二程同時而略長；橫渠逝世後三十年，伊川方逝世，故程門之學盛於橫渠身後。就本書之劃分說，橫渠即宋明儒學初期代表人物中最後一人。二程之說，已進入中期階段矣。

第四章　中期理論之建立及演變

濂溪、橫渠及康節之學，屬於宋明儒學之初期。迨二程立說，宋儒思想遂進入另一階段。蓋以「本性論」為中心之形上學，實建立於二程之手。二程弟子殊多，尤以伊川之門為盛，然其述師說亦每有趨嚮之不同。其後，朱熹則原宗伊川，而又綜合濂溪以下各家之言，以建構一綜合系統。朱說既立，遂結束此一階段。故本章論宋明儒學之中期理論，即始於二程，終於朱熹。

朱熹生平廣注群書，且依己意以整理古籍；更屢次疏注編集周張二程之作，處處皆與其建立綜合系統之要求相應。然與朱氏同時之儒者，亦嘗與朱氏有所爭議；其間所涉哲學思想問題，如朱陸所爭者固人所共知，即如朱氏與胡張一支之辯議，與陳亮葉適之異同，亦皆有理論意義。且與敵論比觀，朱氏之思想宗旨益顯。故本章在述朱熹之學後，特以朱氏之敵論為題，而別立一節。此中自以象山所爭關係最大，然陸氏之學直歸「心性論」，本身則屬於「後期思想」之模型，是以本章在析述朱氏敵論時，即以象山與朱氏之爭殿後，以便轉入第五章。

以上略說本章之內容。下文即述二程朱熹之學說。

壹　程顥之學

一、生平及著作

《宋史・道學列傳》云：

程顥，字伯淳；世居中山，後從開封徙河南。……顥舉進士，調鄠上元主簿。……為晉城令。……在縣三歲，民愛之如父母。熙甯初，用呂公著薦，為太子中允，監察御史裡行。神宗素知其名，數召見。……前後進說甚多，大要以正心窒慾，求賢育材為言。……

……安石本與之善，及是遂不合；猶敬其忠信，不深怒；但出提點京西刑獄；顥固辭，致僉書鎮寧軍判官。……除判武學，李定劾其新法之初首為異論，罷，歸故官；又坐獄逸囚，責監汝州鹽稅。哲宗立，召為宗正丞，未行而卒。年五十四。顥資性過人，充養有道，和粹之氣，盎於面背；門人交友從之數十年，亦未嘗見其忿厲之容。……自十五六時，與弟頤聞汝南周惇頤論學，遂厭科學之習，慨然有求道之志；泛濫於諸家，出入於老釋者幾十年，返求諸六經而後得之。秦漢以來，未有臻斯理者。教人自致知至於知止，誠意至於平天下，洒掃應對至於窮理盡性，循循有序。……顥之死，士大夫識與不識，莫不哀傷焉。文彥博採眾論，題其墓曰：明道先生。❶

❶ 《宋史》，卷四百二十七，〈道學列傳〉

案此傳文只云「哲宗立名為宗正丞，未行而卒」，未確說卒年。然傳文本伊川作〈明道先生行狀〉。〈行狀〉則曰：

……未行，以疾終。元豐八年六月十五日也。❷

案元豐八年三月，神宗死而哲宗繼立，正公元一〇八六年，逆推五十四歲，應出生於一〇三三年，即宋仁宗明道二年。但朱熹〈伊川年譜注〉謂明道生於仁宗明道元年，則其生卒年代應為公元一〇三二－一〇八六。茲從年譜注。然依此計之，明道卒時，應稱「五十五歲」。

至著作方面，則明道平生實無理論專著。所傳於世之學說，大半皆據程門弟子之語錄，間亦有書札可作依據。故在此一方面，明道之學說資料可說極為簡單。

至其學說之淵源，則少年雖受周惇頤影響，其立說並不以周氏著作為據；伊川撰〈行狀〉雖云：「求諸六經而後得之」，實則其理論亦非出自六經；朱熹以為二程之學皆自周氏出，實不確也（此點可參閱前章論濂溪與二程之關係一節）。

若就其理論內容說，則明道之說確有接近「天道觀」處；然其「本性論」之傾向，畢竟是特色所在。下節即分項述其學說之大要。

二、明道學說之要旨

明道既無著作，述其學說只能就《語錄》中擇取要點論之。此外則〈答張橫渠〉一書，即稱為〈定性書〉者可作補充。因程氏兄弟乃首揭「性即理」一命題者，故以「性」與「理」之析論為首，他項繼之。至〈定性書〉則所謂「性」明是「心」之意，故另列一節。

❷《二程文集》，卷十，〈明道先生行狀〉

又案《二程語錄》，在乾道四年（戊子）由朱熹編成，號為《河南程氏遺書》，分二十五篇。其中唯第十一至第十四篇，標明為「明道先生語」，即蘇昞與劉絢所錄者也。此外，第一至第十，皆標為「二先生語」，蓋雜記二程之言。然其中資料多不難判知為何人所說；因明道之講說頗有異於伊川者，知其本旨則不難辨某語出於明道或伊川也。

㈠「性」與「理」及善惡之意義

案「性即理」一命題，為程門之學精要所在；此點儒者向無異辭。但細析之，則此語本出自伊川；而據此以建立理論系統，亦是伊川之事。在明道則只說「性」與「道」是一事；不過伊川、明道在此處用字本不甚嚴格。伊川亦嘗言「道」與「性」為一，蓋如此說時，其本旨均與「性即理」之肯定相同。故學者對「性即理」或「道即性」為二程所共持之理論，不必致疑。然專就明道而言，則明道之說「性」或「理」，均常有不同意義。此點應先作整理。

在總說中，曾屢論「性」一詞之兩種用法。其一指共同意義之「性」，即相應於「天道」；其二指殊別意義之「性」，即指各種存有之特具之性，相當於希臘亞里斯多德所言之「本性」(Essence)。就共同意義言「性」，則萬有皆顯現其受共同形上原理之決定；就殊別意義言「性」，則萬有各依其類，而具內在之特性。二者在哲學理論上所觸及之問題大不相同。此學者當應留意者。

合二程而言之，則二程首先有「本性論」之傾向；分別言之，則明道仍偏重「天道觀」，而「本性論」之充足發展仍屬伊川之學。明道逝世較早，其身後二十年間，伊川之學漸漸完成；明道倘亦如伊川之壽，是否亦將如伊川之歸於「本性論」，則無法推測。但至少伊川眼中，全不覺明道立說與己有根本不同，則可知伊川之強調「本性」觀念，固不以為與明道有異也。茲先就明道於《語錄》中之資料，一觀明道對「性」之種種說法。

明道告韓持國云：

道即性也；若道外尋性，性外尋道，便不是。❸

案此原針對禪學而言，不承認所謂虛妄之性，故強調「性」即「道」。但此處之「性」，究指共同義或殊別義，則尚不分明。另一段謂「善惡」皆是「性」，則立場較為明顯。其言云：

生之謂性。性即氣，氣即性。生之謂也。人生氣稟，理有善惡。然不是性中元有此兩物相對而生也。有自幼而善，有自幼而惡，是氣稟有然也。善固性也，然惡亦不可不謂之性也。蓋生之謂性，人生而靜以上不容說。才說性時，便已不是性也。❹

案此段在語言層面上看，則困難甚多。譬如，既說「性即氣，氣即性」，又說由「氣稟」而有自幼而「善」或「惡」，則「善」或「惡」顯是「氣」中所有，「氣即性」則應即說「善惡」是「性」中所有矣，卻又說不是「性中元有此兩物相對而生」，前後語意頗嫌不明。但若不堅持語言之嚴格標準，則明道之意亦不難知。蓋所謂「性即氣，氣即性」，意謂「性」與「氣」不相離；明道此語所說之「性」，乃就已顯現之萬有而論。萬有既已顯現，則即已有「氣稟」。就具體之存有講，方可說「性」；而此時「性」已不能離「氣」。但明道在另一面，胸中又預存《禮記》之〈樂記〉中所說：「人生而靜，天之性也」一語，故謂「才說性時，便已不是性也」；蓋「說性」時，即是面對具體之存有時，此時性氣已不相離矣。如純是「性」，則當在萬有顯現以前（此「以前」指理論次序非時間次序），便是「人生而靜」以上，則又「不容說」矣。

由此，可知明道之立場。明道蓋認為「性」本身在萬有之前，即所謂「天之性」；但此非吾人所能說之「性」，

---

❸ 《河南程氏遺書》，卷一

❹ 同上

能說之「性」，皆是與「氣」相混者。此處可見明道已有將「性」看作形上實有之意；此「性」與形下之「氣」合而生萬有。在如此之萬有中乃有善惡可言。而此所謂「善惡」，乃由「性」外之「氣」之影響；性與氣合，若能保持「性」之本來方向，則是善；若失去其本來方向，即是「惡」。故云：

凡人說性，只是說：繼之者善也。孟子言人性善是也。夫所謂繼之者善也者，猶水流而就下也。皆水也，有流而至海，終無所污，此何煩人力之為也；有流而未遠，固已漸濁；有出而甚遠，方有所濁；有濁之多者，有濁之少者；清濁雖不同，然不可以濁者不為水也。❺

案此段又以「清濁」喻「性」之兩種狀態；蓋「性」能不受氣之影響，則保持本來方向而為「善」——猶水之保持本身之清，皆是「繼之者，善也」之意。若「性」受氣之影響而不能保持本來方向，則為「惡」——猶水之變濁。水變濁，仍是水；故清濁為水之兩種狀態，猶「善惡」為性之兩種狀態；由此角度說「善固性也，惡亦不可不謂之性也」。蓋所取者非根源意義，而是狀態意義。若就根源意義說，則「善惡」不是性中「元有此兩物」；蓋所謂「惡」者只是喪失本來方向之意，故非另一相對而生之物。譬如形式推理之進行，或正確或不正確；其不正確者只是不能滿足正確推理之條件，並非在「正確推理」外另有一「不正確推理」也。故明道云：

天下善惡皆天理，謂之惡者非本惡；但或過或不及便如此。❻

「或過或不及」即是不合「性」之本來方向之意。因只表示「欠缺」或「不合」，故「惡」不是與「善」對立而生之另一物。此即明道之本意。

但總觀上段所論，明道肯定形上意義之「性」，雖可無疑；究竟明道所講之「性」取共同義抑或殊別義，則

❺《河南程氏遺書》，卷一
❻《河南程氏遺書》，卷二上

尚未明朗，此點應再作進一步之探索。案明道曾云：

天地之大德曰生。天地絪縕，萬物化醇。生之謂性。❼

其下又注云：「告子此言是，而謂犬之性猶牛之性，牛之性猶人之性，則非也。」據此，可知明道所謂「生之謂性」，即就「天地之大德曰生」講。此未必是告子本意，但明道確如此解法。《語錄》中另一段，與此段相比照，可知亦是明道之語。此段云：

告子云生之謂性，則可。凡天地所生之物，須是謂之性。皆謂之性則可，於中卻須分別牛之性，馬之性。是他便只道一般。如釋氏說，蠢動含靈，皆有佛性；如此則不可。天命之謂性，率性之謂道者，天降是於下，萬物流形，各正性命者，是所謂性也。循其性而不失，是所謂道也。此亦通人物而言。循性者，馬則為馬之性，又不做牛底性；牛則為牛之性，又不為馬底性。此所謂率性也。❽

此段文字間有不明處，可能乃記述時之脫誤。但更重要者是此段所含之複雜論點。

首先，明道以為「生之謂性」並非一定錯誤；因「天地所生之物」，皆可謂之「性」。此意與上節參看，可知是就共同意義之「性」說。蓋即「天地之大德曰生」一語所涉者。「天地之大德」即萬物萬象之總原則或總方向，此以「生」為內容，而亦可謂之「性」。此「性」自是萬有所共之「性」也。

其次，明道提出此一論點後，又急作補充，謂雖肯定「共同之性」，但仍不能忽視「殊別之性」，於是有「牛」、「馬」之「性」不同等語。此種解說與孟告辯論之原意似不相應，但明道在此所提出之補充論點，本身則有重要意義。蓋如只肯定共同義之「性」，則即與「天道觀」無別；一肯定殊別義之「性」，即使「本性」觀念凸顯。

❼《河南程氏遺書》，卷十一

❽《河南程氏遺書》，卷二上

所謂「馬則為馬之性」，「牛則為牛之性」，即是說「馬」、「牛」各有其「本性」，而使馬牛互為殊異也。「殊別之性」又與「氣」不同。所謂「氣」指形體層面講；每一個別之中，馬或人，皆具形體，因之皆有一定「氣稟」；但說「牛」等之「本性」（殊別義），則不關形體。於是，此種理論層面之不同，可以下圖表之：

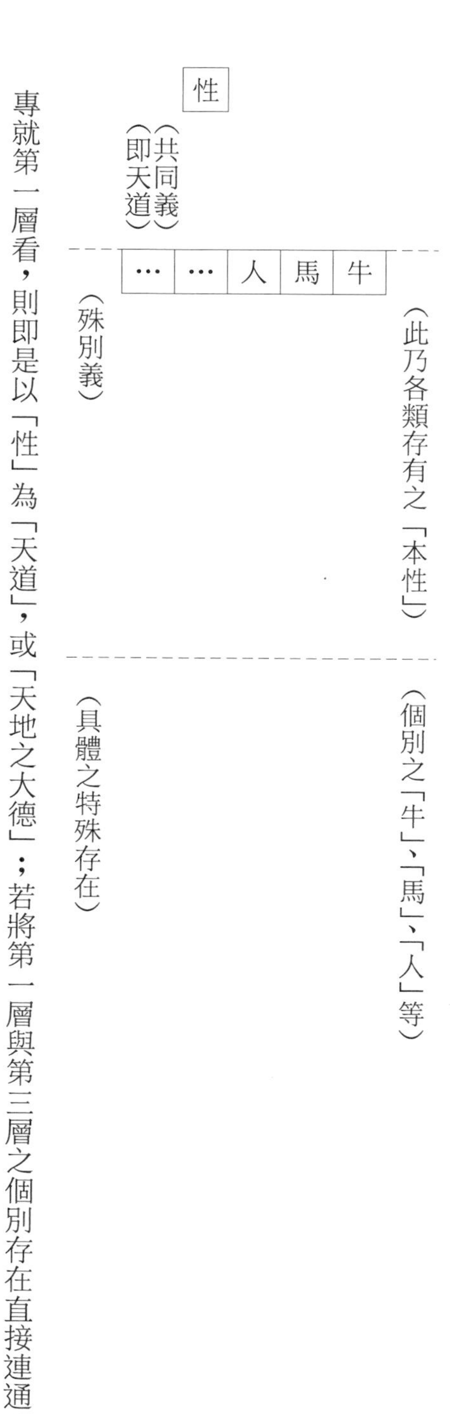

專就第一層看，則即是以「性」為「天道」，或「天地之大德」；若將第一層與第三層之個別存在直接連通，則可說在每一個別對象中均表現「性」或「天道」；如此即只有「共同義」之「性」，而無「殊別義」之「性」。如此結構之理論，必有宇宙論成分，因下落之第三層，即當前之宇宙現象界也。倘肯定第二層之「本性」，則此種「殊別義」之「性」，本身並非一個別事物或對象，亦非時空中之存在；只能視為一種形上意義之「存有」（"Being"，與「存在」之為"Existence"不同）。而在此種「存有」之層面上建立之理論，因可不依賴第三層面，故即可成為一形上學系統，而不必含有宇宙論成分。

明道論「性」，原時時偏重「天道觀」，但既肯定「殊別義」之「性」——即類之「本性」，則其思想固已與周張不同。

茲再從明道對「理」之說法，看明道之形上學觀念。明道常用「天理」一詞，與其所謂「理」實未作明顯分別。明道云：

天理云者，這一個道理更有甚窮已；不為堯存，不為桀亡。……是佗之無少欠，百理俱備。❾

此處說「這一個道理」，下又云「百理俱備」；蓋下指「本性」而言，上則統指兩層面之「性」而言。又云：

天理云者，百理俱備，元無少欠；故反身而誠，只是言得；已上更不可道甚道。❿

此則似以「天理」為「百理」之總稱；又云：「已上更不可道甚道」，則「天理」亦當包含第一層面之「天道」或「天德」矣。又云：

盡天理，便是易。⓫

「易」本論萬有之生成變化，今以「盡天理」說之，即是說萬有運行之所規律皆是「天理」。

以上雖見「二先生語」中，但其語氣自是明道所說。明道語中則有以下各條應加引述：

天地萬物之理，無獨必有對。⓬

此自是指殊別意義之「理」，非共同意義之「天道」也。又云：

夫天之生物也，有長有短，有大有小；君子得其大矣，安可使小者亦大乎。天理如此，豈可逆哉。⓭

---

❾《河南程氏遺書》，卷二上

❿ 同上

⓫ 同上

⓬《河南程氏遺書》，卷十一

此謂萬物之「本性」不可變，而認為是「天理如此」。則此「天理」又可指萬物之實各有其「本性」言。

又云：

> 天者，理也。神者，妙萬物而為言者也。帝者，以主宰事而名。⓮

此指出「天」與「帝」之不同。「帝」取人格義，「天」則取形上意義，故以「理」釋之。又云：

> 聖人致公心，盡天地萬物之理，各當其分。佛氏總為一己之私，是安得同乎？聖人循理，故平直而易行。異端造作，大小大費力，非自然也，故失之遠。⓯

案此以儒佛相較而言。謂「盡天地萬物之理，各當其分」，又謂「聖人循理」，則此「循理」亦即「盡天地萬物之理」之意。此處之「理」自指萬有所具之殊別之理。

以此種種說法，與前論「性」處對照；可知明道心目中固有殊別義之「性」，亦有殊別義之「理」；而所謂「天理」者乃一總稱，亦可統指兩層不同意義之「性」。如此，明道之「理」，與其所謂「性」，實處處相應；雖未明言「性即理」，其意趣實與日後伊川之肯定，極為相近。可知二程之說雖有差別，但差別不在於「性即理」一斷定或命題也。

再回到「善惡」之問題。前文已言明道以「善惡」為「性」之兩種狀態；其實此處之「性」字倘代以「心」字，則即無理論困難；明道每每在用「性」字時，實際上則是說「心」（此點在下節論〈定性書〉時再為疏解）。如說：「心」循理則是「善」，逆理則是「惡」，則即與「聖人循理」之說貫通無礙。而所謂「循理」，又即與順

⓭《河南程氏遺書》，卷二上
⓮《河南程氏遺書》，卷十二
⓯《河南程氏遺書》，卷十四

「性」之本來方向同義，與「率性之謂道」仍為一事。如此，就「性」或「理」皆可界定「善惡」，至伊川提出「性即理」一斷定，則此分說者皆合而為一矣。

㈡論「仁」

《二程語錄》中有明道論「仁」一段，後世稱之為〈識仁篇〉。本節述明道對「仁」之理論，即以此為始點。而以其他資料補充之。此段云：

> 學者須先識仁。仁者，渾然與物同體。義、禮、知、信，皆仁也。識得此理，以誠敬存之而已；不須防檢，不須窮索。若心懈，則有防；心苟不懈，何防之有？理有未得，故須窮索；存久自明，安待窮索？此道與物無對，大不足以名之。天地之用，皆我之用。孟子言萬物皆備於我，須反身而誠，乃為大樂；若反身未誠，則猶是二物有對；以己合彼，終未有之。又安得樂？〈訂頑〉意思，乃備言此體。以此意存之，更有何事？必有事焉而勿正、心勿忘、勿助長；未嘗致纖毫之力。此其存之之道。若存得，便合有得。蓋良知良能，元不喪失；以昔日習心未除，卻須存習此心，久則可奪舊習。此理至約，唯患不能守，既能體之而樂，亦不患不能守也。⑯

案此段乃明道對德性問題及成德之工夫主要理論。先就德性本身說，則萬德以「仁」為本，故說：「義、禮、知、信，皆仁也。」而「仁」本身之意義，則以「渾然與物同體」解之。此點最為重要，蓋所謂「仁」，乃指大公心而言，故明道又曾謂：

> 仁者以天地萬物為一體；莫非己也；認得為己，何所不至？……仁至難言，故止曰：己欲立而立人，己欲達而達人；能近取譬，可謂仁之方也已。欲令如此觀仁，可以得仁之體。⑰

---

⑯ 《河南程氏遺書》，卷二上

「渾然與物同體」即「以天地萬物為一體」也。觀此段語氣，應屬解《論語》之言，對「己欲立而立人，己欲達而達人」之本旨可謂最能說透。蓋以「仁」為公心，即孔子論「仁」之主要意思所在。明道強調「一體」一語，以遣去人己之隔；蓋所謂「公心」，即「人己等視」之意。明道又強調「仁之體」，即指「仁本身」言；「仁」之具體表現即為「仁之用」，非「仁之體」；故明道又恐學者誤解《論語》言「孝弟」之語，特為之釋曰：

「孝弟也者，其為仁之本與。」言為仁之本，非仁之本也。⑱

《論語》有「孝弟也者，其為仁之本與」一語，蓋言孝弟為仁心最基本之表現；明道特指出「為仁之本」與「仁之本」不同，蓋「為仁」即落在「仁心」之具體表現上說，是「用」非「體」也。

能以與物同體立心，則此心即達成仁德，故成德工夫之大本，亦即在此。能立大公心，則自能在一切活動中各求循理，於是其他德性隨之而成為可能。故明道以為只有識得此立公心之理為主要工夫；既能識此理，所餘工夫不過是不喪失此種公心而已，故說「誠敬存之」，說「患不能守」。

此意如再推進一步，則可說此種「以天地萬物為一體」之自覺，即是超越意義之主體性之顯現，故可通至孟子「萬物皆備於我」之說。又橫渠〈西銘〉原強調萬物同以乾坤為父母之義；在橫渠或本有發揮其宇宙論之意，但明道則只從德性一面看，認為〈西銘〉所說能顯現「仁之體」。除〈識仁篇〉述及〈訂頑〉外，又曾在他處說此意。如云：

〈訂頑〉一篇，意極完備，乃仁之體也。學者其體此意，令有諸己。⑲

---

⑰《河南程氏遺書》，卷二上

⑱《河南程氏遺書》，卷十一

⑲《河南程氏遺書》，卷二上

又另一段云：

伯淳言，〈西銘〉某得此意，只是須得佗子厚有如此筆力。佗人無緣做得。孟子以後未有人及此。[20]

此皆推崇〈西銘〉，亦即強調此種大公心之重要也。明道且由此以評佛教之不免「私念」，蓋佛教以離生死海為說，即與個別生命之感受有關；故明道云：

人能放這一箇身，公共放在天地萬物中一般看，則有甚妨礙？雖萬身曾何傷？乃知釋氏苦根塵者，皆是自私者也。[21]

此語評佛教亦未必精當，然借此可以見明道之意趣。且放此身在天地萬物中一般看，即是大公心或「仁心」之確切描述也。至於誠敬，則指另一層工夫。人能立公心自能處處循理而完成其他德性，但人能否不失公心，又涉及另一層工夫問題，故明道以「誠敬」說此種不陷溺忘失之工夫云：

學要在敬也，誠也；中間便有個仁。[22]

此謂能誠敬則能保存仁心也。此文中「便」字或作「更」，如說「更有個仁」，則是三者並舉，於理亦可通；但觀原文下接之語，仍當作「便」字。此似有語病；但學者如已熟解明道「識仁」之說，則自可知此等語不是說「仁」由「誠敬」生出。

又〈識仁〉一段有「不須防檢，不須窮索」一語，後世儒者自朱熹起頗多議論，因此種觀點與伊川一系之工夫理論似有衝突。但細察其語意，可知此是接上文「識得此理」而言，蓋已立公心，則只消不失不迷，則自

---

[20] 《河南程氏遺書》，卷二上

[21] 同上

[22] 《河南程氏遺書》，卷十四

可循理成德，不須再作防檢窮索工夫，此是明道之意。至於如何能「識得此理」，則明道實未說及。伊川之工夫理論，偏重在「識得此理」以前，亦不可說與明道此二語不相容。然工夫理論偏重處既不同，自可見二程兄弟之學固有差別耳。

論「仁」之說至此為止。下節當論〈定性書〉及所涉問題。

(三)〈定性書〉及聖賢境界

上篇論「識仁」，雖已涉及聖人之立公心，但仍偏重工夫說。至於明道答橫渠之〈定性書〉，則因橫渠來書原就「累於外物」而言，故答書中乃特重聖人境界之描述。茲先錄其原文於後，再加析論。

此書原題為〈答橫渠張子厚先生書〉，見《二程文集》。其文云：

承教，諭以定性未能不動，猶累於外物。此賢者慮之熟矣，尚何俟小子之言。然嘗思之矣，敢貢其說於左右。所謂定者，動亦定，靜亦定；無將迎，無內外。苟以外物為外，牽己而從之，是以己性為有內外也。且以性為隨物於外，則當其在外時，何者為在內？是有意於絕外誘，而不知性之無內外也。既以內外為二本，則又烏可遽語定哉？夫天地之常，以其心普萬物而無心；聖人之常，以其情順萬物而無情。故君子之學，莫若廓然而大公，物來而順應。《易》曰：「貞吉，悔亡，憧憧往來，朋從爾思。」苟規規於外誘之除，將見滅於東而生於西也。非惟日之不足，顧其端無窮，不可得而除也。人之情各有所蔽，故不能適道；大率患在於自私而用智。自私則不能以有為為應迹，用智則不能以明覺為自然。今以惡外物之心，而求照無物之地，是反鑑而索照也。《易》曰：「艮其背，不獲其身，行其庭不見其人。」孟氏亦曰：「所惡於智者，為其鑿也。」與其非外而是內，不若內外之兩忘也。兩忘則澂（或作「澄」）然無事矣。無事則定，定則明，明則尚何應物之為累哉。聖人之喜，以物之當喜；聖人之怒，以物之當怒；

是聖人之喜怒，不繫於心而繫於物也。是則聖人豈不應於物哉？烏得以從外者為非，而更求在內者為是也？今以自私用智之喜怒，而視聖人喜怒之正，為如何哉？夫人之情易發而難制者，惟怒為甚；第能於怒時遽忘其怒，而觀理之是非，亦可見外誘之不足惡，而於道亦思過半矣。心之精微，口不能宣；加之素拙於文辭，又吏事匆匆，未能精慮。當否？佇報。然舉大要亦當近之矣。道近求遠，古人所非。唯聰明裁之。㉓

案明道此書，講解者或分為六段（如劉蕺山說），或分為四層（如胡柏泉說）㉔。其實，主要論點只在揭示「聖人」之「心」，即所謂聖人境界。橫渠來書以「累於外物」為患，故明道即就心應物而不累於物之理答之。其說要點不外四者：

第一、先釋「定」，謂所謂「定」，非與「動」相對之「靜」，而兼動靜言；蓋心合於理，即是「定」；動靜皆合於理，即所謂「動亦定，靜亦定」也。由此說「性」無內外，實指「心」無內外也。

第二、以「廓然而大公，物來而順應」直寫聖人之心。「大公」與「順應」亦皆在「合於理」上落實。故心不是要避開外物，而是要應之以理——是所謂「順應」；而欲能使心常合於理以順應萬物，則心必須超越個別形軀而成為「公心」。明道所謂「自私」，即指心不能超越言，以與大公之心對映也。

第三、所謂內外兩忘，即指此超越形軀之公心之統攝萬有講。在統攝處即無內外可分；蓋此處顯現者乃「絕對主體性」，非與對象並立之「經驗主體性」也。如此之「公心」，即聖人之心，《語錄》中所謂：「聖人致公心，盡天地萬物之理，各當其分」是也㉕。明道於此，更以「喜怒」為例作具體解釋。聖人之心，循理而應物，應

㉓ 《二程文集》，卷二，明道先生文〈答橫渠張子厚先生書〉

㉔ 皆見《宋元學案》，卷十三，〈明道學案〉，附錄

物處即盡天地萬物之理處；故聖人之喜怒，亦皆是循理而發——所謂「當喜」、「當怒」即是。此是以具體之例說明「物來而順應」之意，並非多出一說也。

第四、就「公心」與「循理之心」言，原是一體兩面。但就工夫而論，正須在求循理處用力，以養成大公之心。明道因之最後點出「第能於怒時遽忘其怒，而觀理之是非」為未達公心而須用力時之具體工夫。

以上即全書之要旨。若以批評眼光看，則書中之「性」字與「心」字頗患迷亂。謂「以性為隨物於外」云云，恐橫渠亦不能有此想，蓋「性」無所謂「隨物於外」；橫渠患「累於外物」，自是說「心」為外物所累耳。且觀後文所謂「大公」、「順應」，皆只能就自覺意義之「心」說，不能就形上意義之「性」說。且論及聖人時，既說到「以其情順萬事而無情」，則就「心」說方可通，因「心統性情」正是橫渠所說。明道此語不過就「攝情歸性（理）」而言，換言之，聖人之情意活動皆能循理，故說「無情」——即不為「情」所支配。「心」原可循性（理）而顯其情，故可就「以其情順萬事」以說「心」之境界；倘就「性」說，則不應忽出一「情」字矣。且後文復就「喜怒」為說，「喜怒」只能是「心」之喜怒，性豈能喜能怒乎？

總之，〈定性書〉中所論實是「定心」之問題，亦即「心」之「循理應物」之說。「性」字宜皆作「心」字看。此可視為明道用語不甚嚴格之例，朱熹亦曾有此論也。

其次，尚有一點可討論者，即所謂「繫於心」、「繫於物」之問題。明道謂「聖人之喜怒不繫於心，而繫於物」，蓋指聖人喜怒皆循理而發，非出自私意之情緒講。如此，應說「不繫於情，而繫於理」。說「不繫於心」固是指「私心」言，然大公循理亦是「心」之事。或公或私，喜怒總是由心發。「繫於物」一語，亦未見精當也。〈定性書〉雖或有欠嚴格之處，但此一文件透露明道對聖人境界之基本看法，則無可疑；正如明道自己所

㉕ 此段見《遺書》，第十四，前節已引

說：「舉大要亦當近之矣」。故此書之重要性，固無可爭議。

觀明道對聖人境界之講法時，可發現一重要事實。此即：在明道學說中，聖人之為聖人，殊不在於對宇宙論或陰陽五行之構想立說，而在於立大公心。此與橫渠強調聖人須「窮神知化」，大為不同。蓋明道立說，雖重天道，但並不重視將「天道」與事物直連之宇宙論工作。此所以不重邵氏之學，亦不談〈太極圖說〉，而只強調「識仁」、「定性」。觀此，可知明道畢竟與周、邵、張諸人不屬同一階段。「形上學階段」與「混合形上學與宇宙論階段」之分劃亦可多一佐證矣。

(四)「理」與「事」之分合問題

所謂「理與事之分合問題」，即通常所謂「形上」與「形下」之分劃問題，蓋就人類哲學思想發展之歷史看，早期思想例不能分別經驗事物之理與超經驗限定之理；因此所謂「理」，與「事」常混淆不別。而「形上學」之思辯，始於能意識到離「事」自存之「理」；故「理」與「事」分，即「實有」(Reality)與「表象」(Appearance)之分，在哲學史上乃一思想演進之大關鍵。但度過此關後，進一步之思想亦可能企圖重新求已分者之合，於此，遂有種種學說，各執一義；其解答必待自覺心有更徹底之全面反省，方能達成。此亦是極重要之哲學問題，為各支哲學所共有，非僅中國哲學為然。

以宋儒而言，自濂溪起，即專宗《易傳》與〈中庸〉；此兩種資料所含者皆為一接受古中國南方形上思想影響後之複雜儒學思想，非如孔孟「心性論」之純粹。故宋儒自始即有形上學興趣。但自漢以下，宇宙論勢力甚強，時與形上理論糾纏為一。故《易傳》本身固已有某種宇宙論觀念㉖，宗《易傳》之宋儒更多不能擺脫此類影響。濂溪、橫渠皆以為所講者乃形上學，其實混有雜亂之宇宙論成分，但不嚴加析解，則易於放過而已。

㉖ 參閱《易・繫辭》上

以二程言，明道之形上學觀念，尚不及伊川清楚，故其立說有時近「天道觀」，有時近「本性論」。然就基本了解言，則明道對「理」與「事」之分合，確有一定意見。

「形而上者謂之道，形而下者謂之器」，原出《易傳》㉗；此亦可說是中文中分別「形上」與「形下」二領域最早之說法。二程觀理事之關係，大抵亦皆就此種詞語立說。

馮友蘭氏以為明道不重「形上」與「形下」之分別㉘；此說雖非無據，頗嫌朦朧；蓋明道並非不講「形上」與「形下」之分別，但在分別之外，又另有求合之意；雖因明道所留資料不多，故欠完整解釋，然觀《程氏遺書》，仍可見其梗概。

明道評橫渠之說，即認為橫渠於「道」與「器」之分劃未明，其言曰：

形而上者謂之道，形而下者謂之器。若如或者以清虛一大為天道，則乃以器言，而非道也。㉙

此處只謂「或者」（「某人」之意），未明指橫渠之名，但另一處云：

橫渠教人，只是謂世學膠固，故說一個清虛一大。㉚

觀此可知，上引語所說「以清虛一大為天道」之「或者」，即指橫渠也。明道不以橫渠之說為然，即因「清」、「虛」、「一」、「大」等詞，皆是對一定屬性之描寫，因此只能用於已受限定之存在上，故曰：「乃以器言」，即是說，橫渠以為是「形上」者，乃誤以「形下」之描述語說之，是不明「道」與「器」之分，亦即不明「形上」

㉗ 見《易・繫辭》上

㉘ 參閱馮友蘭《中國哲學史》，第二編，第十二章，(二)，第(3)節

㉙ 《河南程氏遺書》，卷十一

㉚ 《河南程氏遺書》，卷二上

與「形下」之分。明道既以此種分別不明處為橫渠之病，則明道自己自非不分別「形上」與「形下」也。

明道另一段論《易・繫辭》之語，則云：

〈繫辭〉曰：形而上者謂之道，形而下者謂之器。……又曰：一陰一陽之謂道。陰陽亦形而下者也；而曰道者，惟此語截得上下最分明。元來只此是道，要在人默而識之也。㉛

明道以「陰陽」為「形而下」，蓋因說「陰」說「陽」，皆表一種限定。此正與另一處評橫渠以「清」為「神」為不當之語相類。其言云：

氣外無神，神外無氣；或者謂清者神，則濁者非神乎？㉜

此亦是說「清濁」皆表限定義，故又混「器」與「道」也。然而明道在另一角度下，又以為「道」與「器」亦可合觀。其言云：

徹上徹下，不過如此。形而上為道，形而下為器。須著如此說。器亦道，道亦器；但得道在，不繫今與後，己與人。㉝

案此則強調「徹上徹下」之義；此段本自「終日乾乾」說起，而謂「天道」在不同方向可用不同詞語說之。故歸結到「徹上徹下，不過如此」。然可注意者是：「器亦道，道亦器」二語。明道先說「形而上」及「形而下」之分，乃應如此說者，下即接此二語，其意應稍加解釋。

明道所以謂「器亦道，道亦器」，並非謂「形上」與「形下」之分不當，反之，已謂：「須著如此說」。然

㉛ 《河南程氏遺書》，卷十一

㉜ 同上

㉝ 同上

明道心目中，「形上」與「形下」——或「理」與「事」——兩領域，仍是連為一體者。其所以如此，乃因明道始終認為當前之事物世界乃「理」或「道」之顯現，而不承認事物世界之陰暗面。此亦是「天道觀」之基本觀點，即在伊川亦未能全免。明道尤深信此觀點為正。若取明道其他言論參證之，此種觀點幾乎處處透露。例如，明道釋《詩經》中「天生蒸民，有物有則」二語云：

《詩》曰：「天生蒸民，有物有則，民之秉彝，好是懿德。」故有物必有則，民之秉彝也；故好是懿德。萬物皆有理，順之則易，逆之則難。各循其理，何勞於己力哉。[34]

若純從訓詁立場講，則《詩經》此處所謂「物」，當與《周禮》中「三物」之用法相類，不應是「萬物」之「物」，蓋此是就「蒸民」而言，「物」與「則」應屬同類詞義；不能在說「蒸民」時，忽說「萬物」也。然此種訓詁問題，非明道所留意。明道不過借題發揮，即以「有物有則」當作有物即有理講，其下直說到「秉彝」與「懿德」。《詩經》原意是以制度規範（所謂「物」與「則」）為一定之共同標準，故即以此種生活態度說「懿德」，並未涉及世界之「存有性質」(Ontological Properties)；今明道以「物」為此世界之萬物，於是下面說「秉彝」及「懿德」，皆涉及對世界之「存有性質」之某種決定。蓋如世界本來與理合一，或本來循理而生成，則「天道」直接落在「世界」中而顯現，如此自可說：「何勞於己力」。而既持如此觀點，則「道」與「器」之分，只是在立論時需要如此分說；在實有一面講，「器」皆由「道」生出。即「天道觀」之本旨所在也。

此種理論之明顯困難，在於不能解釋世界之陰暗面，其中最顯明而不可爭者是所謂「生命界之內在衝突」問題。此義在總說中已反覆論之。此處不贅。明道之未能解決此一難題，亦不待言。此處所應說明者，是明道所以有「器亦道，道亦器」之言，乃以其「徹上徹下」之「天道」為基據。此並不礙明道立說亦分「形上」與

[34] 《河南程氏遺書》，卷十一

「形下」。馮友蘭氏之評，未為精當也。

(五)對佛道之批評

明道反佛教及道家之理論，在立場上說，自無二致。但就言論所偏重說，則明道偏重於批評佛教，而認為道家無大影響；曾謂：

> 今異教之害，道家之說則更沒可闢。唯釋氏之說，衍蔓迷溺至深。今日是釋氏盛，而道家蕭索。[35]

又云：

> 如道家之說，其害終小。惟佛學今則人人談之；瀰漫滔天，其害無涯。[36]

由此，明道言論中屢見駁佛教之語，而罕論及老莊之學；至於道教一面，則尤少論及。

明道評佛教之語雖不少，其論點則不外二說；其一批評其精神境界，其二批評其對世界之態度。由於明道所了解之佛教教義，主要指禪宗之說，故對於空有各宗之內部理論，明道亦未留意。另一面，禪宗雖為中國佛教中最後之一支，對於以前各宗之理論向不重視，故從禪宗教義中原不能看出佛教之各宗理論系統。於是，明道批評佛教時，並未以某種佛教理論為對象，只是在基本方向一層上指出佛教之缺點。此非嚴格意義之理論批評，只是立場或方向之批評。就評估由印度至中國之佛教理論言，明道此種批評自屬不足。但就顯示儒學之精神方向言，明道此種言論仍有其重要性；蓋可助學者知儒佛方向之分別也。

明道評論佛教精神境界時，主要論點落在佛教強調生死苦樂，乃一種精神上之陷溺。其言云：

> 佛學只是以生死恐動人。可怪二千年來無一人覺此；是被他恐動也。聖賢以生死為本分事，無可懼，故

---

[35]《河南程氏遺書》，卷二上

[36]《河南程氏遺書》，卷一

> 不論死生；佛之學為怕死生，故只管說不休。下俗之人固多懼，易以利動。㊲

此謂佛教自始即強調「生死海」之說，故是「怕死生」，而其傳教亦強調「生死海」中之苦，故是以此恐嚇（所謂「恐動」）世人。此就印度宗教哲學之以「離苦」為基源問題看，明道之說亦不誤；至於禪宗則似不直接從「生死」或「苦」立說，明道則認為其本意仍不外此，故又曰：

> 至如禪學者，雖自曰異此；然要之只是此個意思，皆利之心也。㊳

李籲記此段語，並及其與明道之問答；李籲謂佛學不知是本「以公心求之」而後有「利心」之弊，抑或此原起於「利心」。明道答之云：

> 本是利心上得來，故學者亦以利心信之。㊴

所謂「利心」，即指個別生命或特殊自我之某種獲得講。佛教大乘種種教義，雖皆不以特殊自我為立說中心，但其教義自始即依印度傳統言「苦」，言「解脫」，則無可爭；明道即以此為據，說佛教教義起自「利心」。

其次，明道又有強調民族文化之意，謂學佛者乃學異族之宗教，故有「尺布裹頭」之說；且駁所謂「心」與「迹」之論云：

> ……禪者曰：此迹也，何不論其心？曰：心迹一也。豈有迹非而心是者也？正如兩腳方行，指其心曰：我本不欲行，他兩腳自行，豈有此理？蓋上下本末內外，都是一理也，方是道。㊵

㊲《河南程氏遺書》，卷一

㊳同上

同上

同上

蓋明道認為人之投向外族之宗教，本身即是對自己民族文化之背棄；禪者辯云：此種問題只是「迹」一面，應重視其主張或方向（即所謂「心」），明道則答以「心迹一也」；凡自己之行為，皆由自己之心負責，不能說「迹」不關「心」事也。

明道以佛教之說起於利心或私心，遂謂其精神境界本不可取，故又以「上達」、「下學」等語說之。世論每謂佛教不能成就文化，乃「下學」之不足，而「上達」之境界仍屬可取。明道則並此亦否認之。其言云：

釋氏本怖死生，為利，豈是公道？唯務上達，而無下學，然則其上達處，豈有是也？[41]

於此，極力辨儒佛在精神境界上亦不同，而云：

佛氏不識陰陽、晝夜、死生、古今；安得謂形而上者與聖人同乎？[42]

又云：

聖人致公心，盡天地萬物之理，各當其分；佛氏總為一己之私，是安得同乎？[43]

明道此種言論，原針對當時人議論而發；蓋以為儒佛境界相近，是流行之俗說也。但明道如此以公私辨儒佛之異，遂自然轉至對世界之態度之問題。蓋如專就求「覺悟」而言，每一個別生命自求覺悟，則不能謂之為「私」；儒學之求成德成聖，亦是個別生命之超升；此處難言有「公私」之別。「公私」之說，如欲落實，仍須落在「對世界之肯定」上說。蓋儒學言成己成物，佛教亦言自度度他；所求者皆屬一種超升或覺悟，此處儒佛之分別不能確立。但如落在對世界之態度上說，則佛教之「度」，本屬捨離此岸而登彼岸之意——所謂「波羅蜜多」是也。

---

[41]《河南程氏遺書》，卷十三

[42]《河南程氏遺書》，卷十四

[43] 同上

如此，則永無成就「此岸」之意，於是此世界中一切活動皆不得任何肯定，自不能肯定「文化」之意義。儒學則以化成世界為方向，所致力者正是「此岸」中之價值之實現。此處區別甚為分明。明道對此點亦頗強調，曾云：

……要之決無取其術。大槩且是絕倫類，世上不容有此理。又其言待要出世，出那裡去？又其迹須要出家，然則家者，不過君臣，父子，夫婦，兄弟；處此等事，皆以為寄寓，故其為忠孝仁義者，皆以為不得已爾。又要得脫此綱，至愚迷者也。畢竟學之者，不過至似佛；佛者，一點胡爾。佗本是箇自私獨善，枯槁山林，自適而已。……今彼言世綱者，只為些秉彝，又殄滅不得；故當忠孝仁義之際，皆處於不得已。直欲和這些秉彝都消殺得盡，然後以為至道也；然而畢竟消殺不得。如人之有耳目口鼻，既有此氣，則須有此識；所見者色，所聞者聲，所含者味；人之有喜怒哀樂者，亦其性之自然。今強曰，必盡絕為得天真，是所謂喪天真也。……佗有一箇覺之理，可以敬以直內矣，然無義以方外；其直內者，要之，其本亦不是。[44]

案明道此段語，所涉問題頗雜；但重點則在抨擊佛教不能肯定文化，不能肯定此世界中之「理」。所謂「絕倫類」，所謂以「忠孝仁義」為「不得已」，所謂「消殺」世界中之「秉彝」，皆是就其「否定世界之態度」說。此外則用「性之自然」一語，說「物各有理」之意，謂佛教「無義以方外」，亦由此推出。蓋明道對世界之態度，取儒學「化成世界」之方向；而此化成之義，又以物物皆有理（有「本性」）可以實現為理據。且明道又接近「天道觀」，直以為世界乃理或道之直接顯現，故極力反對佛教以世界為幻妄、為障累之說。此可視為儒佛之爭中一基本問題。明道之評論雖不嚴不備，但表現其自身對世界之肯定態度則無可疑。本節非評佛教，原只通過明道評

[44]《河南程氏遺書》，卷二上

佛教之言論以進一步了解明道之精神方向，則上列各節已滿足此一要求。對於明道學說之敘述，亦於此結束。

三、附　語

以上就重要問題分述明道之學說。尚有應加補充者，附識於此。

明道立說治學，原不是經師一路，故其講解經籍，大抵皆據文以發揮自己之理論。其說未必合於古籍原文之意，學者亦不必以此標準求之。但明道之運用經籍，有可注意者，即對〈大學〉之重視。蓋〈中庸〉一書，自濂溪以前，即為宋儒所尊崇。周張立說更是以《易傳》與〈中庸〉合為一套理論。對〈大學〉則尚未視為主要經籍。二程開始特重〈大學〉之文。伊川所言「窮理致知」，全依〈大學〉說，此點下節再述之。專就明道而論，亦屢有肯定〈大學〉之地位之言論。如云：

〈大學〉乃孔氏遺書，須從此學則不差。㊺

又云：

〈大學〉在明明德，先明此道；在新民者，使人用此道以自新；在止於至善者，見知所止。㊻

此即朱熹日後所謂之「三綱領」也。又云：

〈大學〉之道，在明明德，明此理也。在止於至善，反己守約是也。㊼

凡此種種說法，皆見明道已開始以〈大學〉為儒學之主要文件。朱熹日後之編「四書」，可謂肇始於此。

㊺《河南程氏遺書》，卷二上

㊻ 同上

㊼《河南程氏遺書》，卷十二

其次，明道講《易》，亦強調「生生之謂易」及「天地之大德曰生」之說；但其論價值標準之語，則顯示明道所謂「是非」，並非專以合於此以「生」為內容之「道」為最高標準。蓋明道已與伊川持相同見解，認為「是非」之標準在事物本有之「理」上，故只說「循理」。但如此說「理」，即指事物之「本性」言，與共同意義之「性」或「理」（即「天道」）不同。此二者在明道眼中可以直通，但其中困難，則明道全未論及。

又明道已就氣質或氣稟說「善惡」，但此原只能通過一「心」觀念講；蓋說氣質之影響時，只在「心」受此種影響處落實，否則「善惡」之義即難確定成立。但明道對「心」並未作深切討論；此點亦大可注意，蓋有關於宋儒理論演進之內層脈絡也。

朱熹常謂明道說話「渾淪」，又以為「太高」，其實皆非客觀評論。客觀言之，明道未嘗建立一明確體系，而其思想中常有許多同時成立之肯定，而又未予以系統化之組織；故觀明道之言論，分別看時，處處皆不難解；合而論之，便常有難通之處。未必是由於「太高」也。

以下再述伊川之說。

貳　程頤之學

一、生平及著作

《宋史・道學列傳》云：

程頤，字正叔。年十八，上書闕下，欲天子黜世俗之論以王道為心。游太學，見胡瑗問諸生以顏子所好何學，頤因答曰：學以至聖人之道也。……瑗得其文，大驚異之，即延見，處以學職。呂希哲首以師禮事頤。治平元豐間，大臣屢薦，皆不起。哲宗初，司馬光呂公著共疏其行義，……詔以為西京國子監教授。力辭，尋召為秘書省校書郎；既入見，擢崇政殿說書。……蘇軾不悅於頤；頤門人賈易朱光庭不能平，合攻軾。胡宗愈顧臨詆頤不宜用，孔文仲極論之，遂出管勾西京國子監。久之，加直秘閣，再上表辭。董敦逸復摘其有怨望語，去官。紹聖中，削籍，竄涪州。李清臣尹洛，即日迫遣之；欲入別叔母，亦不許；明日贐以銀百兩，頤不受。徽宗即位，徙峽州，俄復其官，又奪於崇寧。卒年七十五。……著易春秋傳，以傳於世。……平生誨人不倦，故學者出其門最多，淵源所漸，皆為名士。[48]

案朱熹著〈伊川先生年譜〉，云：「大觀元年九月庚午，卒於家，年七十有五。」[49]其年壽與傳文合，但傳文未記卒於何年。而大觀元年為公元一一〇七年（丁亥），逆推至明道二年（癸酉）為七十五；然《伊洛淵源錄》所載年譜，則謂卒於大觀二年，恐誤。茲據《遺書》所附年譜，定其生卒年為公元一〇三三－一一〇七。蓋伊川少於明道一歲。

伊川著作，有《易傳》、《經解》等，其語錄亦遠較明道語錄為多，又另有楊時所編《粹言》，皆收入《二程全書》。今觀伊川之學說，當以《語錄》及《粹言》為主，其他資料作為補充。

二、伊川學說之要旨

在分述伊川學說之要點以前，有應特加說明者，即伊川少年時之思想言論，與中年以後立說時期確有不同。

---

[48] 《宋史》，卷四百二十七，〈道學列傳〉

[49] 《河南程氏遺書》，附錄，〈伊川先生年譜〉

今在哲學史中述伊川之學，自是以其立說以後之思想為據，然少年之思想言論，亦應先略作一說明，以遣除有關之誤解。伊川少年之作品有二：其一為〈顏子所好何學論〉，其二為皇祐二年〈上仁宗皇帝書〉。尤以前者為重要。

案〈顏子所好何學論〉，乃應胡瑗所出試題而作；其文所言，皆直承濂溪〈太極圖說〉。茲錄其文如下：

聖人之門，其徒三千，獨稱顏子為好學。夫《詩》、《書》六藝，三千子非不習而通也；然則顏子所獨好者，何學也？學以至聖人之道也。聖人可學而至歟？曰：然。學之道為何？曰：天地儲精，得五行之秀者為人。其本也真而靜；其未發也，五性具焉，曰仁義禮智信。形既生矣，外物觸其形而動於中矣。其中動而七情出焉，曰喜怒哀樂愛惡欲。情既熾而益蕩，其性鑿矣。是故學者約其心使合於中，正其心，養其性，故曰性其情。愚者則不知制之，縱其情而至於邪僻，梏其性而亡之，故曰情其性。凡學之道，正其心，養其性而已。中正而誠，則聖矣。君子之學，必先明諸心，知所養然後力行以求至，所謂自明而誠也。故學必盡其心，盡其心則知其性，知其性，反而誠之，聖人也。（下略）[50]

此段文字最可注意者有兩點：

第一、伊川以「學以至聖人之道」，釋顏子所好之「學」，而與《詩》、《書》六藝之學分開，此即明標「成德之學」，異於記誦等求知識之學，乃宋代儒學之大肯定之一。伊川日後持此立場不改。

第二、論性情一段，由天地五行說起。其承自濂溪〈太極圖說〉之跡，極為顯明。所謂「得五行之秀」，即〈圖說〉所謂「秀而最靈」；「形既生矣」乃〈圖說〉中語，「五性」亦然。此是伊川確曾讀〈太極圖說〉之證據。後世或以為二程終日不言〈太極圖說〉，遂疑無受〈圖說〉於濂溪之事[51]，觀此文可知其說不能成立。蓋二

[50] 《二程文集》，卷七

程日後自立系統，與濂溪趣向不同，故講學時不談〈太極圖說〉。然立說時之思想是一事，立說前曾否受濂溪〈圖說〉之影響，則另是一事。觀伊川此文，可知至少在伊川游太學時，尚服膺〈圖說〉中之理論也。

但伊川即在此文中，亦已表現其獨立之思想。如論「五性」則以仁義禮智信當之，此非濂溪所言之「五行」之「性」，而又以「七情」配「五性」，於是乃以「性情」二字，分別判出一心昇降之兩方向。此亦濂溪所未能確言者。且濂溪論「聖」及「聖學」時，只說「誠神幾」，或「一」與「無欲」，並無工夫樞紐可言；伊川則由「性」與「情」之主從關係說工夫大綱。「性其情」、「情其性」表一心之兩方向，見聖凡之殊，條理分明。此固唐人之舊說，然亦濂溪未言者也。

就以上兩點看，可說伊川少年確受濂溪影響，但伊川為學旨趣自少年即不在「宇宙論」一面，故雖襲〈圖說〉語，而自家自別有用心處。學者勿放過此種文件，即易見周氏與二程學說之實際關係如何矣。

其次，〈上仁宗皇帝書〉原以「仁政」及「王道」之觀念為主，在理論方面，無特殊可注意之處。但此書中所表現之縱橫游說氣息，亦與日後伊川之人生態度頗有不同。茲取一二點略作說明，亦可以有助學者對伊川其人之了解。

書中先「自陳所學」，然後以其學「議天下之事」；而其言云：

臣所學者，天下大中之道也。聖人性之為聖人，賢者由之為賢者，堯舜用之為堯舜，仲尼述之為仲尼。52

此數語口氣之誇肆，只有戰國辯士之語可相比擬。若與日後朱熹所描述之聖賢氣象相比，則相去殊遠。

書中又云：

51 此說宋人已有之。清初朱彝尊著〈太極圖授受考〉，尤強調此點

52 《二程文集》，卷五

如臣者，生逢明聖之主，而天下有危亂之虞，義豈可苟善其身，而不以一言悟陛下哉？[53]

書末復謂：

昔漢武帝笑齊宣不行孟子之說，自致不王，而不用仲舒之策。隋文笑漢武不用仲舒之策，不至於道，而不聽王通之言。二主之昏，料陛下亦嘗笑之矣。臣雖不敢望三子之賢，然臣之所學，三子之道也。陛下勿使後之視今猶今之視昔，則天下不勝幸甚。[54]

抑揚馳騁，筆端充滿游說雄辯氣息，此又非僅讀伊川日後語錄之人所能想見者矣。

就此書看，伊川少年時用世之心甚切，且有縱橫家氣息。中年以後，所學造境不同，乃有以自化其霸氣。此雖不直接涉及其學說內容，亦與學者之了解伊川個人性格大有關係；因一向無人注意及此，故在本節略說數語。

以下即分項論述伊川學說之要點。

(一)性即理

前節論明道之學時，曾指出明道言「性」偏於「天道觀」之立場，然已涉兩層意義之「性」。此點在伊川稍有不同。伊川雖亦兼說「共同義」及「殊別義」之性，但較重視後者；因之，其所立之系統含有一「本性論」。而此中樞紐又在於「性即理」之說。本節即以此一命題為起點，以觀伊川論「性」論「理」之大旨。

伊川答唐棣問云：

性即理也。所謂理性是也。天下之理，原其所自，未有不善。[55]

[53] 《二程文集》，卷四

[54] 同上

此所謂「性」，尚未點明取何義。然以「性」與「理」為一，已是一大肯定。又在解孟子「性善」之義時說：

孟子言人性善，是也。雖荀揚亦不知性。孟子所以獨出諸儒者，以能明性也。性無不善。而有不善者，才也。性即是理。理則自堯舜至於塗人，一也。[56]

「性」即「理」，故無有不善。而人之彼此相異，只由於「才」，故就「性」或「理」言，堯舜至於塗人皆無殊異。此處粗略觀之，似只強調一普遍性之「性」，但其實所說乃人類所共有之「性」而已。此自亦是孟子原意所在。伊川又循孟子之意以發揮云：

君子所以異於禽獸者，以有仁義之性也。苟縱其心而不知反，則亦禽獸而已。[57]

此就《孟子》書中「人之所以異於禽獸者幾希」一語講；伊川點出所謂「仁義之性」，以區分「人」與他種動物；蓋此處所謂「性」者，即指「人」之特具之「本性」，非萬有所共之「性」也。又云：

唯仁與義，盡人之道；盡人之道，則謂之聖人。[58]

「盡人之道」即「盡人之理」，亦即「盡人之性」也；而以「仁義」說之，蓋「仁義」所表之德性能力，即人之「性」或「理」也。

若推言之，應說一切德性能力，皆屬人之「性」，故伊川又以「仁義禮智信」五者皆屬「性」，而云：

仁義禮智信，於性上要言此五事。[59]

---

[55] 《河南程氏遺書》，卷二十二上

[56] 《河南程氏遺書》，卷十八

[57] 《河南程氏遺書》，卷二十五

[58] 同上

此亦即少年論顏子時已有之觀念。依此而論，伊川以德性或德性能力為「人之道」、「人之性」。此皆指「人」之「本性」言。

由此，伊川又提出「心即性」之說。其言云：

孟子曰：「盡其心，知其性。」心即性也。在天為命，在人為性，論其所主為心，其實只是一箇道。[60]

此所謂「心即性」，蓋指人之有「自覺主宰」之能力，即人之「本性」也。但伊川並非真持「主體」觀念者，故所說之「心」，與「性」及「命」平行，作為同一「道」之顯現；另一段則又加一「理」字，云：

在天為命，在義為理，在人為性，主於身為心，其實一也。心本善，發於思慮，則有善有不善。若既發則可謂之情，不可謂之心。[61]

伊川原以「性」與「情」對比，此處則以「心」字換「性」字；「性本善」亦換為「心本善」。如此用法，似乎「心」與「性」二字之殊異，未為伊川所明確掌握。而以「命」、「理」、「性」、「心」四者為「一」；其說分寸尤欠明朗。但只就大意看，可知伊川此處之立場，乃一形上學立場，而非心性論立場。蓋其主要意思是說：有一形上之理或道，就其本身言，則「在天為命」；就其表現於價值判斷言，則「在義為理」；就其為人稟受言，則「在人為性」；就人之如何稟受此道言，則「主於身為心」。用一「主」字，固見伊川非不承認自覺心之主宰能力，但此「心」仍只是「道」之一面表現，非最高之「主體性」。而「心」與「性」二字如此混用，又可見伊川立說之疏闊處仍與明道相似，〈定性書〉即已不辨「心性之分」矣。

---

[59] 《河南程氏遺書》，卷十五

[60] 《河南程氏遺書》，卷二十二上

[61] 同上

順此形上學之理路看，則伊川之「性」，自有取「共同義」一面，即有時亦與「天道觀」相近。尤其當其言及「合內外之道」時，必強調「物我一理」；如《粹言》中有云：

子曰：物我一理，明此則盡彼，盡彼則通此，合內外之道也。[62]

《語錄》中亦云：

萬物皆備於我，此通人物而言。禽獸與人絕相似，只是不能推。[63]

「通人物」即指人物所共同具有者講；如此，則是指萬有所共之道或理。禽獸與人之殊異，仍不能不承認，但以「不能推」說之，意謂就形上之理講，萬物皆同具此理；禽獸所具之「理」，亦本與「人」同，但為氣質所限故不能顯現此理。依此，此共同之「理」或「道」，當即「天道」，又與「本性」義不同矣。

但伊川儘管有「天道」觀念，其「本性」觀念仍是學說中之要點所在。萬有各成類別，自有一定之理——即「本性」，仍是伊川立說之大原則；每當伊川論及孟告之辯時，即透露此一理論立場。如《粹言》云：

子曰：告子言生之謂性，通人物而言之也。孟子道性善，極本原而語之也。生之謂性，其言是也；然人有人之性，物有物之性，牛有牛之性，馬有馬之性，而告子一之，則不可也。[64]

此即明說，「本性」或「牛」、「馬」、「人」等所特具之「殊別之性」，斷不可混而為一或置之不論；「生之謂性」是「通人物而言」，即就「共同義」之「性」說，伊川亦承認有此「共同之性」，但不能因此即取消「殊別之性」；此本是孟子駁告子時之理論立場，伊川於此時亦把握甚緊，與明道之「渾淪」不同也。

---

[62] 《二程全書》，《粹言》，二

[63] 《河南程氏遺書》，卷二下

[64] 《二程全書》，《粹言》，二

總之，專就「性」、「理」二觀念本身看，伊川仍兼有「天道觀」與「本性論」之立場，但發展出其工夫理論及其他理論時，伊川終以「本性論」為主。此點看下文各節自明。

「性即理」一命題之重要性，原在於此語決定一切價值判斷之基礎。所謂價值判斷，即指善惡好壞而言。此又可分兩面看。在自覺心之趨向一面，有「善惡」問題，在事物一面，有「好壞」問題；此兩組問題合而構成一價值理論。伊川之價值理論，以「性即理」一語為中心，自亦可分兩面觀察其說。

《粹言》中記伊川釋「理」與「義」云：

> 在物為理，處物為義。[65]

此是統攝內外兩面講。在對象一面，有「理」；而在意志行為一面則循理以處物即為「義」也。就此分劃，遂有兩系問題。一系問題是關於意志行為者，主要是如何能使自己之活動循理而合乎義？另一系問題是關於對象或事物者，主要是所謂事物之理應如何了解？以下分述伊川之說。

先就意志行為一面講。伊川少年時即已提出「性其情」與「情其性」之二分；蓋謂意志或心有此兩種趨向。《語錄》中對此問題則以「性」與「才」或「氣」相對照而說之。如：

> 性無不善。而有不善者，才也。[66]

又云：

> 須理會得性與才所以分處。[67]

---

[65] 《二程全書》，《粹言》，一
[66] 《河南程氏遺書》，卷十八
[67] 同上

而所謂「才」，即是人受氣質所決定後所具之特性，亦即相當於魏晉時之「才性」。伊川云：

性出於天，才出於氣。氣清則才清，氣濁則才濁。……才則有善與不善，性則無不善。[68]

此處所謂「才」有善有不善，似頗費解；蓋只就「才」說，則只是一事實，如何能說「善」或「不善」？然伊川所以如此說，乃因伊川心目中，人由其才之不同，而有易於循理或難於循理之別；即就循理之難易不同，說「才」或「氣稟」之善惡。但伊川並無意將才或氣稟之限制看作不可克服者，反之，強調為學之目的正在於克服此種限制。《語錄》中與唐棣之問答云：

又問：才出於氣否？曰：氣清則才善，氣濁則才惡。稟得至清之氣生者，為聖人；稟得至濁之氣生者，為愚人；如韓愈所言，公都子所問之人是也。然此論生知之聖人。若學而知之，氣無清濁，皆可至於善，而復性之本。……孔子所言上智下愚不移；亦無不移之理；所以不移，只有二：自暴自棄是也。[69]

此段乃伊川之重要理論，蓋肯定人之成德，永為可能；除自暴自棄外，並無不可致之限制。此實即對「最高自由」之肯定；而有此肯定，然後成德之學方能確立，而不至為才性之說所亂矣。

人之「性」原即是「理」，故又謂：「理與心一，而人不能會之為一」[70]。其所以不能者，又由於「才」或「氣」之限制；但此種限制可在成德之工夫過程中逐漸克服，至能克服限制時，心即可「循理」，亦即「復性之本」也。

案伊川此種觀點，實自橫渠分「天地之性」與「氣質之性」而來。有此一分法，則意志或心之方向之「二

---

[68] 《河南程氏遺書》，卷十九
[69] 《河南程氏遺書》，卷二十二上
[70] 《河南程氏遺書》，卷五

元性」乃可建立。此種「二元性」乃任何道德價值理論所不能不有者，學者不可誤以「二元論」說之。

又伊川除以「性」與「才」作對照外，又常以「性」與「情」對照而立說。此說之淵源可上溯於《禮記》中之〈樂記〉；蓋以心感於外而發者為「情」，以與內在本有之「性」區別。此一說法雖本與「性」與「才」之劃分——即「義理之性」與「氣質之性」之劃分——不同，但在伊川系統中仍可互通。《語錄》中關於言性情者不少，茲舉其最可注意之一段如下：

> 問：喜怒出於性否？曰：固是。纔有生識，便有性；有性便有情。無性安得情？又問：喜怒出於外如何？曰：非出於外，感於外而發於中也。問：性之有喜怒猶水之有波否？曰：然。湛然平靜如鏡者，水之性也；及遇沙石，或地勢不平，便有湍激；或風行其上，便為波濤洶湧。此豈水之性也哉？人性中只有四端，又豈有許多不善底事。然無水安得波浪？無性安得情也？[71]

此以「情」為「感於外」而生。但謂「無性安得情」，又以水波喻情，則其說顯有疏誤。蓋以「湛然平靜」為「水」之「性」；以「波濤洶湧」喻「水」之「情」，則「情」與「性」分別各表一狀態；二者皆是水之狀態，故能說「無水安得波浪」。然「水」不相應於「性」字，必水之「清」或「水」之「湛然平靜」，方與「水」之「性」相應。如是，「性」與「情」可說皆是「心」之狀態；「情」可說出於「心」，不可說出於「性」。正如波浪可說是「水」，不可說是「湛然平靜」也。

案伊川此喻頗有佛教氣息，風行水上而生波，以喻情識，正是《大乘起信論》所講「無明」之意。但此說在佛教教義中困難更大，因「無明」何來，似不能有一自圓之說。今在伊川學說中，則此所謂「外」，不唯可指萬物，亦可兼指形軀所具之氣質。將此喻與「性」與「才」之說相連，可說：心之本性即理；人之形軀由氣決

---

[71] 《河南程氏遺書》，卷十八。

定，故心感受氣質之影響時，即不能全循理，而由此有善惡問題。而氣質或「才」本身之妨礙心之循理，又有程度不同，由此以說「才」之清濁，而「才」遂亦有「善」或「不善」之別。至於成德之道，則在於以「理」為主，以「氣」或「才」為從；以理馭氣，便是「性其情」，亦即是使「情」得循理而動。此又與明道〈定性書〉之說相通，亦與伊川論「浩然之氣」之語相合。伊川之言云：

> ……方其未養，則氣自是氣，義自是義，及其養成浩然之氣，則氣與義合矣。72

伊川論性情語，《粹言》中有一段云：

> 或問：性善而情不善乎？子曰：情者，性之動也；要歸之正而已；亦何得以不善名之？73

此處「性之動」仍應改為「心之動」方妥。然伊川此處重在說「情」本身亦非即是「惡」；蓋能「攝情歸性」而「性其情」，即「情」即得「正」，無所謂「惡」；此與「浩然之氣」表「生命力之理性化」，原屬一理也。「性」、「才」等等問題，已如上所述。但此只涉及意志方向之「善惡」問題，至於事物之「好壞」問題，則尚應另作說明，即前文所謂另一系問題是也。

事物各有其「理」，此伊川所常言者。此「理」亦常分為「共同」與「殊別」二層講。如云：

> 天下物皆可以理照。有物必有則，一物須有一理。74

此是借「有物有則」一語說「一物」須有「一理」；其於《詩經》原意不合，前已論及。但伊川此處肯定一物有一理，則甚顯明。此是指「殊別」之理。又如論「窮理」云：

---

72 《河南程氏遺書》，卷十八

73 《二程全書》，《粹言》，二

74 《河南程氏遺書》，卷十八

所務於窮理者，非道須盡窮了天下萬物之理，又不道是窮得一理便到。只是要積累多後自然見去。[75]

關於「窮理」之解釋，下節另有論述。此處要指出者，是伊川此類說法，皆可見其「理」是萬物各自具有之「殊別之理」，與明道常說之「共同」意義之「理」不同。

明道常說「天理」，伊川亦用「天理」一詞。但伊川所謂「天理」只是「自然之理」之意，並非指別有確定內容之「天道」。其言云：

天命之謂性，此言性之理也。……若性之理也，則無不善。曰天者，自然之理也。[76]

依伊川此意，說「天理」只應指「自然之理」或「本有之理」，以與指「稟受」諸語相別（上引語本是說明「性」可指「稟受」亦可指「理」，二義不同）。此「自然」或「本有」之理，即相當於事物之「本性」也。

事物各有「本性」，即是其「理」；而對事物之態度，即以順其「性」或「循其理」為正，所以如此者，又因事物本以能實現其「本性」為「好」。伊川曾於《易傳》中釋〈艮〉之彖辭曰：

艮為止，止之道唯其時。行止動靜，不以時則妄也；不失其時則順理而合義。在物為理，處物為義。[77]

此所謂「順理」，即順事物之本性也。又云：

萬物庶事，莫不各有其所；得其所則安，失其所則悖。聖人所以能使天下順治，非能為物作則也，唯止之各於其所而已。[78]

[75]《河南程氏遺書》，卷二十四

[76] 同上

[77]《二程全書》，伊川《易傳》，四

[78] 同上

此說謂聖人亦不「為物作則」，蓋事物之「理」，即其「本性」，乃本有而非被「作成」者。以此與上段合看，伊川之重視殊別之理，可無疑矣。

肯定事物有殊別之理，由此即得一定事物好壞之標準；蓋事物即以能實現其本性為「好」，而人之「處物」，即以使事物實現其本性或「得其所」為「善」；所謂「在物為理，處物為義」是也。

《語錄》中亦有專就「性」說此意者。例如：

或問：性。曰：順之則吉，逆之則凶。[79]

此語當是在談《易》時說，故用「吉凶」二字，伊川解《易》之「吉凶」，大抵包含主客兩面而言；意志行為之是否得正，事物之是否合理，皆以「吉凶」說之。故此二語亦可說兼指上論之兩系問題，其重點仍在一「順」字。

總之，從主體一面說，以能克服才性限制，而使此心循理為成德成聖之方向；從客觀一面說，以事物實現其本性為「得所」為「好」。故合而言之，此心求其能不為氣及情所役使，如此則能循理以應萬物萬事；而當此心達此境界時，其所實踐之活動，則即在於使萬物萬事各實現其本性或本然之理。心意之善惡，繫於能否循理而動；事物之「好壞」在於其本性能否實現；而循理之心，即使事物各實現其本性，各得其所，各得其「好」。此是所謂「合內外之道」，亦即所謂「盡己之性」、「盡人之性」、「盡物之性」也。

至此，可知「性即理」一命題，實奠定一套價值理論。此中最可注意者，是如此之價值理論，並不假定事物世界本已合理；只肯定理為本然已有者，而又是待實現者。於是，倘說眼前世界陰暗混亂，亦不礙立此「實現本性」之目標。故此說固另有其理論困難，然能避免「天道觀」之困難。而伊川學說之與宇宙論諸說之不同，

---

[79] 《河南程氏遺書》，卷二十五

亦可以由此顯出矣。

㈡窮理、致知、格物

上節論「理」及「性」與「性即理」一命題如何決定一價值理論，乃就伊川之基本學說著眼。但在工夫方面，則未涉及。蓋肯定「性即理」、「在物為理，處物為義」等等要點後，仍未說明人如何能由常識層面升進至克服氣質而循理無私之境界。說明此種過程，即所謂「工夫理論」。

伊川云：

> 涵養須用敬，進學則在致知。[80]

此是伊川工夫理論之總綱。「敬」落在意志之培養省察上說，「致知」則就掌握形上之理說；二者又有不同。故《粹言》云：

> 子曰：識道以智為先，入道以敬為本。[81]

又云：

> 天下無一物非吾度內者，故敬為學之大要。[82]

另一節則云：

> 子曰：始於致知，智之事也。行所知而極其至，聖之事也。[83]

---

[80] 《河南程氏遺書》，卷十八

[81] 《二程全書》，《粹言》，一

[82] 同上

[83] 同上

可知伊川認為「敬」與「致知」乃兩大工夫；而「致知」尤為開始著力處。「敬」則是時時在意志上用功之法門。故「致知」為「始」，「敬」則為「學之大要」。

本節先論「致知」之說。下節另論「敬」與成德工夫。

伊川用「致知」一詞，自是由〈大學〉而來，故與「格物」相連；另一面，伊川又加「窮理」一義；此三者相貫而成為伊川「進學」之理論。

在述此理論前，先應說明者，是「窮理」一詞，在二程學說中，又有兩種用法；其一是據〈說卦〉中「窮理盡性以至於命」一語，而將「窮理」與「盡性」、「至於命」相連而說；此所謂「理」是共同義之「理」。另一用法則是本節所論之工夫意義之「窮理」，與「致知」與「格物」相連說。

就前一意義看，二程皆認為「窮理盡性以至於命」只是一事。故明道云：

> 窮理盡性以至於命，三事一時並了，元無次序。不可將窮理作知之事。若實窮得理，即性命亦可了。[84]

伊川亦謂：

> 窮理盡性至命，只是一事。纔窮理，便盡性，纔盡性，便至命。[85]

案此等說法所謂「窮理」，皆非指殊別之理或事物本性，乃指共同義之形上原理。張橫渠似不解此分別，故曾與二程辯爭。《河南程氏遺書》，卷十記之云：

> 二程解窮理盡性以至於命，只窮理便是至於命。子厚謂亦是失於太快。此義儘有次序。須是窮理，便能盡得己之性，則推類又及人之性；既盡得人之性，須是並萬物之性一齊盡得，如此然後至於天道也。[86]

[84]《河南程氏遺書》，卷二上

[85]《河南程氏遺書》，卷十八

張氏所論乃二程所必不反對者，但二程言三事「一時並了」時，所言「窮理」，本非指人物各具之本性，故所謂「盡性」，亦取共同義之「性」；非說工夫實踐問題。張氏如此說「窮理」，則正是伊川講「致知格物」時所言之「窮理」也。

馮友蘭氏則亦引二程此類說法，而作為明道伊川所說之「窮理」不同之證據。實則，專就〈說卦〉之「窮理」觀念講，二程之解並無不同。至就〈大學〉之「致知格物」以講「窮理」，則原是伊川之理論，明道未有此說也。

以上各點澄清後，即可述伊川「窮理」、「致知」及「格物」之說。

「致知」與「格物」原是〈大學〉論先後本末時之用語；觀「物有本末」與「知所先後」二語，其義甚明。但二程之講〈大學〉，則是借此書以發揮自己之理論，故其說不必合於原文之意。明道已屢談及致知格物之義，如云：

致知在格物，格，至也。或以格為止物，是二本矣。[87]

此以「至」釋「格」，伊川亦是如此說。如伊川語錄云：

又問：如何是格物？先生曰：格，至也。言窮至物理也。[88]

同以「格」為「至」，但伊川加入窮理之說。此外伊川有時又直以「窮理」釋「格物」。其言云：

致知在格物，則所謂本也，始也；治天下國家，則所謂末也，終也。治天下國家，必本諸身；其身不正，

[86]《河南程氏遺書》，卷十

[87]《河南程氏遺書》，卷十一

[88]《河南程氏遺書》，卷二十二上

而能治天下國家者，無之。格，猶窮也；物，猶理也；猶曰：窮其理而已也。窮其理，然後足以致之；不窮則不能致也。[89]

案此節前數語極合〈大學〉本意。日後明人王艮所持之「格物」之解法，實已見於伊川此一段語錄。然下文直以「窮理」與「格物」字字相應而說之，卻是伊川獨有之立場。「二先生語」中有一段云：

致知在格物。格，至也；窮理而至於物，則物理盡。[90]

此自是伊川語，因又以「窮理」說「格物致知」也。

通過「窮理」以講「格物」及「致知」，即構成一條理分明之說法。蓋只談「格物」，其內容不確定。今說「窮理」，則所謂「格物」，即是窮究事物之理；而窮究之過程及結果，皆是「知」；於是「格物」與「致知」通過「窮理」一觀念，遂貫串為一，且有確定之內容。此說是否符合〈大學〉本意，是另一問題。作為一理論看，則其說明確通暢，故朱熹以下多宗之。

伊川言「窮理」，所謂「窮」乃就深度說，非就廣度說；窮理自是要在事事物物上窮究其理，但亦不是要在廣度意義上求窮盡，故云：

所務於窮理者，非道須盡窮了天下之理；又不道是窮得一理便到。只是要積累多後自然見去。[91]

伊川之意是窮究一一事物之理，最後以求貫通之理；故觀事物之理是落在殊別意義之「本性」上說，但在各種本性之上，又當有一共同之理，此所以「貫通」為最後之目的。伊川曾屢說此意。例如：

---

[89]《河南程氏遺書》，卷二十五

[90]《河南程氏遺書》，卷二上

[91] 同上

或曰：進修之術何先？曰：莫先於正心誠意。誠意在致知，致知在格物。格，至也，如祖考來格之格。凡一物上有一理，須是窮致其理。窮理亦多端；或讀書講明義理，或論古今人物別其是非，或應接事物而處其當，皆窮理也。或問：格物須物物格之，還只格一物而萬理皆知；曰：怎生便會該通？若只格一物，便通眾理，雖顏子亦不敢如此道。須是今日格一件，明日又格一件；積習既多，然後脫然自有貫通處。[92]

伊川此處用「貫通」一語，即日後朱熹作《大學補傳》時所云「豁然貫通」之根據。此節先說明致知格物以至正心誠意，皆為下手工夫所在——所謂「進修之術」，然後提出「窮理」之主張，又說明所謂「窮理」，可在理論研究上用功，可在歷史判斷上用功，亦可在道德行為之實踐處用功。此似是說「窮理」工夫不限於「求知」，然窮理漸多，終當求其「貫通」；此貫通處自仍是一種覺知，但非經驗之知識，而是所謂「德性之知」也。

對於此「貫通」之理，伊川未確說其內容。從理論上著眼，說「貫通」之理或共同之理，至少可有兩種迥不相同之意義。其一是純形式意義，即「物物所以有其理」之「理」；此可以不涉及事物所具殊別之理之內容。其二是實質意義，即由殊別之理之各種內容上溯而求一統攝此各內容之「共同之理」。伊川於此未作明確論斷，但云萬物皆是一理。其言云：

格物窮理，非是要盡窮天下之物。但於一事上窮盡，其他可以類推。至如言孝，其所以為孝者如何？窮理如一事上窮不得，且別窮一事；或先其易者，或先其難者，各隨人深淺，如千蹊萬徑，皆可適國。但得一道入得便可。所以能窮者，只為萬物皆是一理。至如一物一事，雖小，皆有是理。[93]

[92] 《河南程氏遺書》，卷十八
[93] 《河南程氏遺書》，卷十七

依此，「萬物皆是一理」，本仍有兩種解釋；但云一物一事「皆有是理」，則所謂「是理」當指有內容之「共同之理」；蓋若取形式意義，則不能說「有是理」，只能說「依是理」矣。

再進一步說，伊川所謂之「物」，亦不限於外在事物，人類自身之行為等亦皆視為「物」——上段以「孝」為例已可見此意。此外，伊川亦曾特說此意云：

今人欲致知，須要格物。物不必謂事物然後謂之物也。自一身之中，至萬物之理，但理會得多，相次自然豁然有覺處。[94]

此明白點出不必限於事物而言「物」；且伊川又云：

人要明理，若止一物上明之，亦未濟事。須是集眾理，然後脫然自有悟處。然於物上理會也得，不理會也得。[95]

末二語似頗費解。實則伊川此處是就個別物理不能盡窮說。人之用功窮理，目的在於悟見貫通之理；窮理時雖是「今日格一件，明日又格一件」或「集眾理」，但畢竟不是「盡窮了天下之理」（即不就廣度意義說「窮盡」），故即在脫然省悟後，亦只是通過已窮究之諸理而見貫通之理，仍有許多未窮究之物在；此時對所未窮究一部分，亦不必處處窮究（因已悟貫通之理），故說「理會也得，不理會也得」。

依此，則「窮理」雖與「格物」相連，而所謂「物」則不限於事物；而「窮理」時目的仍在悟得形上意義之共同之理，故了解事物之理，本身非一最後目的。而且悟此貫通之理，亦不是必須由外界事物之理上入手求之。此所以伊川終非重視宇宙論者，與周張及邵氏之學大異。關於此點，《語錄》中尚多可作佐證之處。例如：

---

[94] 《河南程氏遺書》，卷十七

[95] 同上

> 致知在格物。格物之理，不若察之於身，其得尤切。[96]

又如：

> 問：格物是外物，是性分中物？曰：不拘。凡眼前無非是物。物物皆有理。如火之所以熱，水之所以寒，至於君臣父子間，皆是理。[97]

此皆謂「格物」不限於外界事物；此身之行為及倫理關係亦可作為「格物窮理」之對象，且後者「尤切」。蓋伊川之旨趣，雖落在「形上之理」上，但此「理」之重要性，仍須在價值理論上落實，故如此說。凡此種種論點，皆可見伊川立說時不重視宇宙論也。

「窮理」及「格物」已如上解。至所謂「致知」，自是指「德性之知」，非「聞見之知」；故將「致知」與「格物窮理」相連看，則更可見伊川重視行為倫理一面之「理」，其言云：

> 致知，但知止於至善；為人子止於孝，為人父止於慈之類。不須外面只務觀物理，汎然正如游騎無所歸也。[98]

其意蓋謂所致之「知」乃「德性之知」；依此義講，則此種「知」不同於對事物之經驗知識，而應為心靈本有之能力，故曰：

> 知者，吾之所固有；然不致則不能得之。而致知必有道，故曰：致知在格物。[99]

---

[96] 《河南程氏遺書》，卷十七

[97] 《河南程氏遺書》，卷十九

[98] 《河南程氏遺書》，卷七。案此卷標題為「二先生語」，但出自明道皆在前。此段在「六十之後著書」一段以後，自應是伊川語也

此處大宜注意。伊川以「知」為「固有」，而只就「致」字說「格物」之功，其意明是說，所以從事於「格物」，目的在發揮或磨鍊此固有之能力。故「格物」處即「致知」處。日後朱熹在《大學補傳》中所說之內外並進之工夫理論，即源出於此。或謂，伊川如此講「致知」，是擴充本有能力之意，已與陽明之「致知」相近；實亦不然。蓋就「致」字說，二說誠相近；但就「知」字說，則伊川所指者仍是能見貫通之理之能力。此處雖包括「德性之理」在內，然終是一認知意義之能力。陽明所謂「知」，則是「良知」，本身乃價值之自覺能力。二說用「致」字雖意近，而所「致」之能力則迴不同。學者不可混而為一也。

總之，伊川之說主旨是謂：「窮理格物，便是致知。」[100]三者一貫而不可分也。

(三)「敬」與存養

伊川以「敬」與「致知」為工夫綱領，《粹言》中更明言「敬」為「學之大要」。故「敬」與「致知」合而為伊川之工夫理論，乃無可疑者。「致知」之意義，上節已論之。茲再觀伊川論「敬」之說。伊川云：

> 敬是閑邪之道。閑邪存其誠，雖是兩事，然亦只是一事。閑邪則誠自存矣。[101]

「敬」直接說來似落在「閑邪」上，因「敬」即是不怠不苟之意；但閑邪即能存誠，正如「去善即是惡，去惡即是善」[102]，故一說「敬」，即包含閑邪存誠兩面。當伊川如此講「敬」時，顯然所指為意志狀態或方向問題。就意志講，其方向或循理或不循理，無中立可言；今說「敬」時，即就此方向說。此所以「敬」為涵養之事，

[99] 《河南程氏遺書》，卷二十五
[100] 《河南程氏遺書》，卷十五
[101] 《河南程氏遺書》，卷十八
[102] 同上

涵養即指意志上之存養工夫，乃純就內界言，不必牽往對象處；此是「敬」與「致知」之不同。

然「敬」雖屬內界之工夫，人但能「敬以直內」，則自能「義以方外」，蓋僅就方向言，心能因「敬」而循理，則發於外時亦必在方向上循理。此不關另一層面上之「窮理」問題，因見理多少是一事，意志方向是求循理或不求循理是另一事也。伊川曾說此義以答問者，其言云：

問：人有專務敬以直內，不務方外，何如？曰：有諸中者，必形諸外；惟恐不直內，內直則外必方。[103]

學者須注意此等語，皆只是從意志方向講。若意志本取此方向，則發用於外自仍是此方向；此處未涉及行為之完成問題。至對「敬」之確切解釋，則伊川云：

敬，只是主一也。主一則既不之東，又不之西，如此則只是中；既不之此，又不之彼，如此則只是內；在此則自然天理明。[104]

所謂「主一」即心合於理（即《粹言》所謂「己與理一」），不為外物所引之意；「不之東，不之西」等語亦皆指不為外物所引言。此處強調「內」字，因所言乃意志本身之方向，在「外在行為」之前先定也。

「敬」指心合於理，故說：「敬則無己可克」[105]。然此所謂「主一」，只就方向說；若就意志之內容說，則須受所見之理決定；推及外發之行為之內容說，亦是如此。此即見「敬」與所謂「集義」之不同。語錄云：

問：必有事焉，當用敬否？曰：敬只是涵養一事；必有事焉，須當集義。只知用敬，不知集義，卻是都無事也。[106]

---

[103] 《河南程氏遺書》，卷十八

[104] 《河南程氏遺書》，卷十五

[105] 同上

因就意志及行為之內容說，則只有一方向時並不能決定此內容，故此處有「集義」問題。「集義」一詞原是孟子論「養氣」時所說，故此處問答亦皆順孟子之問題而論之。孟子謂「浩然之氣」乃「集義」所生，此「集義」之工夫自然與「敬」不同，因「集義」已涉及內容，而「敬」只決定一形式之方向。至說「敬」只屬「涵養」工夫，則仍與上引之言相同，即「敬」專指內界之存養，未涉及發用；而孟子之「養氣」則是在氣上發用，故須「集義」而不能專依一「敬」而成立。

由於「敬」既指「主一」，則以不受外物牽引為主，易與「虛靜」相混，故伊川辯之云：

> 敬則自虛靜，不可把虛靜喚作敬。[107]

又另一段則謂以「靜」釋「敬」是入釋氏之說。其文云：

> 又問：敬莫是靜否？曰：纔說靜，便入於釋氏之說也。不用靜字，只用敬字；纔說著靜字，便是忘也。[108]

伊川極力表明「敬」字不可視為與「虛靜」同，且說用「靜」字即是「忘」（此指「勿忘勿助長」而言），可知濂溪之「主靜」，非伊川所能接受；伊川少年時雖宗周氏之說，然立說後即去周氏甚遠。至於以為用「靜」字則入釋氏之說，則在嚴格意義上不甚精切；若說近老氏之說，反無問題矣。

「敬」本身之意義已明；尚有〈語錄〉中伊川論「敬」與「主一」之資料，為人所常加引用者，再引述於下，以作結論：

> 學者先務，固在心志。有謂欲屏去聞見知思，則是絕聖棄智；有欲屏去思慮，患其紛亂，則是須坐禪入

---

[106] 《河南程氏遺書》，卷十八

[107] 《河南程氏遺書》，卷十五

[108] 《河南程氏遺書》，卷十八

定。如明鑑在此，萬物畢照，是鑑之常；難為使之不照。人心不能不交感萬物，亦難為使之不思慮。若欲免此，唯是心有主。如何為主，敬而已矣。[109]

此以「心有主」說「敬」，「主」即指意志方向言。其下續云：

……所謂敬者，主一之謂敬；所謂一者，無適之謂一。……《易》所謂「敬以直內，義以方外」；須是直內乃是主一之義。至於不敢欺，不敢慢，尚不愧於屋漏，皆是敬之事也。但存此，涵養久之，自然天理明。[110]

得此段說明，「敬」與「一」皆有確定解釋。本義及功能之說明，亦皆包含在內。正可與以上所述印證也。「致知」與「敬」既已作解釋，下節當討論伊川對儒學中一向重視之其他主要德性之說法。

(四)仁與恕

伊川論「仁」，主旨實與明道相近。明道以「渾然與物同體」或「以天地萬物為一體」釋「仁」，伊川則常用「公」字以釋「仁」，其意則一也。〈語錄〉云：

又問：如何是仁？曰：只是一箇公字。學者問仁，則常教他將公字思量。[111]

此是直以「公」字釋「仁」；此「公」乃指「公心」而言，非指發用後之表現，故伊川又謂「公」是「仁之理」。其言云：

仁之道，要之，只消道一公字。公只是仁之理，不可將公便喚作仁。公而以人體之，故為仁。只為公則

[109] 《河南程氏遺書》，卷十五
[110] 同上
[111] 《河南程氏遺書》，卷二十二上

物我兼照，故仁所以能恕，所以能愛；恕則仁之施，愛則仁之用也。[112]

說「公只是仁之理」者，意謂「仁」之所以為德性者，因「仁」為「公」之顯現。譬如，說「真」與「誠實」時，「誠實」為一德性，而其所以為德性者，乃因「誠實」是「真」之顯現；「真」與「誠實」畢竟是兩個詞語，亦猶「公」與「仁」是兩個詞語。兩者不可代換，因一面是指人之德性言，須落在人上說——人可說「仁」或「誠實」；另一面則只是一普遍描述語，本身不可作為一德性。後者顯現於人心中，於是「公心」即「仁」，「真心」即「誠實」，但畢竟只能說「某人是仁人」而不能說是「公人」，猶「誠實人」不同於「真人」也。依此，則「仁」以「公」為其理，而「公」顯現於人身上（即顯現於「公心」），即為「仁」。此所以謂「公而以人體之，則為仁」。「體」即「體現」之意也。

如此，要解釋「仁」，仍只能通過「公」字說；但二字用法有不同，故不能直接相代，須用「公心」或「公之在人者」釋「仁」方妥。

伊川論「仁」與「愛」之不同，甚為明確。其言云：

愛自是情，仁自是性，豈可專以愛為仁？……退之言博愛之謂仁，非也。[113]

以「仁」屬性，以「愛」屬情；此一分判法在伊川少年已用之。「性」皆就心之本有能力講，「情」則就感於外而發者講；換言之，「情」皆屬經驗界之現象。有公心者自可博愛，但博愛只是公心之表現，不等於「公心」自身。

總之，心能大公則稱為「仁」，故可說「仁」與「公心」一詞相當。但儒者又常用「仁心」一詞，若嚴格言

[112] 《河南程氏遺書》，卷十五

[113] 《河南程氏遺書》，卷十八

之，似乎以「仁」為「公心」，則「仁心」一詞中多出一「心」字無法安頓。但此是語言解析之觀點。儒家人士從未作此種嚴格解析；彼等所言之「仁心」仍只是「公心」而已。此點附作申明，以免學者誤解。

「仁」本身固是「五性」之一，或德性之一，但又為統攝其他德性之基本德性，故伊川謂能盡仁道者即為聖。其言云：

若今人或一事是仁，亦可謂之仁；至於盡仁道，亦謂之仁。此通上下言之也。如曰：若聖與仁，則吾豈敢。此又卻仁與聖俱大也。大抵盡仁道者，即是聖人；非聖人則不能盡得人道。[114]

依此，「仁」之充足實現即成聖德，故一切特殊意義之德性，皆在理論上後於「仁」或低於「仁」。《粹言》云：

子曰：仁者天下之正理，失正理則無序而不和。[115]

「仁」獨為「正理」，亦即德性行為之共同標準之意也。故如此了解「仁」，則知「孝弟」之類，皆只屬於「仁」之表現，而非「仁」之「本」。故伊川答弟子語有云：

問：孝弟為仁之本，此是由孝弟可以至仁否？曰：非也。謂行仁自孝弟始。蓋孝弟是仁之一事，謂之行仁之本則可，謂之是仁之本則不可。蓋仁是性也，孝弟是用也；性中只有仁、義、禮、智四者，幾曾有孝弟來？仁主於愛，愛莫大於愛親，故曰：孝弟也者，其為仁之本歟。[116]

案此是就《論語》中「孝弟也者，其為仁之本歟」一語辨「仁之本」與「為仁之本」二義之差別。明道已有此說。但此處伊川所辨尤明確。「仁」可表現於家庭倫理關係中而為「孝弟」之德性，故「孝弟」只是「仁之一事」

[114] 《河南程氏遺書》，卷十八
[115] 《二程全書》，《粹言》，一
[116] 《河南程氏遺書》，卷十八

——即一種活動或表現之意也。故不能反轉而為「仁之本」。但若就「仁」之表現言，則由近及遠，當自最近之家庭血緣關係處開始，故在實踐「仁」之步驟上說，可以始於「孝弟」。此即所謂「行仁之本」。「行仁」與《論語》原文中「為仁」二字相應。「行仁之本」即「為仁之本」，不可誤以為「仁之本」。誤讀《論語》此語者，只因不知「為仁之本」四字當連讀，而此處「為仁」二字正與「為仁由己」一類說法同例，誤將「為」字與「仁之本」斷讀遂以為孔子謂「孝弟」為「仁之本」矣。此是訓詁有誤而已。

伊川如此解《論語》，乃以孔子自身言「仁」之觀點為據，蓋孔子原以視人如己之意解「仁」也。《語錄》云：

> 先生曰：孔子曰：「仁者己欲立而立人，己欲達而達人；能近取譬，可謂仁之方也已。」嘗謂：孔子以語仁以教人者，唯此為盡。要之，不出於公也。[117]

孔子此二語即是人己等視之意，即是「公心」；伊川謂此是孔子講「仁」最明確之說法。則據此了解以觀上引《論語》中之語，亦可知孔子必不能以為「仁」以「孝弟」為「本」；反之，「仁」指「公心」，則其理論次序必在「孝弟」之先，如伊川所說。

尚有一點應附此說明者，是伊川謂「孝弟」非「性」中所有；此點在世俗眼中或又以為怪，蓋漢儒以下，一向誇張《孝經》及「孝」之重要；承此習慣以觀伊川此語，必怪伊川「違背」儒學傳統而輕視「孝」。其實，伊川此說，毫不可怪；蓋「性」指「理」說，不涉及經驗內容，而為超經驗之心靈能力；「仁義禮智」四者皆可有純形式意義，因而不陷入經驗內容之限制中，故此四者是「性」中本有。若「孝弟」則以「家庭組織」一經驗內容為其成立條件，本身乃「德性能力」落在一定經驗內容上所成就之特殊道德項目。此種道德項目本不

---

[117] 《河南程氏遺書》，卷九。此段以「公」解「仁」，應為伊川語

能脫離經驗條件之限制，故非「性」中本有，而是「性」或「理」在「事象界」中之具體表現。因之，「孝弟」與「仁義禮智」非同一層面之詞語。換言之，兩層面之詞語所指者，各有不同之「存有地位」(Ontic Status)。

但如此說時，只是細辨「仁義禮智」與「孝弟」在是否受經驗條件限制一點上，本性不同；並不含有反對「孝弟」之意。蓋「孝弟」本性上是有經驗內容之道德項目，自是在原則上可以隨經驗條件之改變而改變者，但此非說「孝弟」是「應改變」或「應取消」者。譬如，吾人皆知教育制度本身是一經驗性存在，因之並無超經驗之恆常不變性；但此並非表示吾人即應取消教育制度；反之，了解其可變性後，吾人仍可主張努力保持其存在也。此等理論分寸能加精細辨別，即不致誤解伊川之意矣。

由於「仁」原含視人如己之意，故與「恕」字似頗相近。然其中仍有殊異。伊川說「恕」則「仁之施」，即「仁」為「恕」之基礎之意；蓋「恕」只落在人與人間之關係上說，乃推己及人之具體活動。而「仁」作為「公心」，自是此種具體活動之可能基礎。立公心然後方能推己及人，此是伊川之意。至於在工夫上說，則自然可以力求推己及人，以磨鍊人之公心；此是另一問題。理論次序中之先後如何，與實踐工夫如何下手，各是一不同之問題；學者在此等關目上萬不可混亂而自陷迷惘也。

「恕」只是推己及人之意。伊川云：

> 人謂盡己之謂忠，盡物之謂恕；盡己之謂忠，固是；盡物之謂恕，則未盡。推己之謂恕，盡物之謂信。[118]

此是以「推己」釋「恕」。但伊川有時又取形上意義講「忠恕」。如《粹言》云：

> 或問：何謂忠？何謂恕？子曰：維天之命，於穆不已，忠也。天地變化，草木蕃，恕也。[119]

[118] 《河南程氏遺書》，卷二十三

[119] 《二程全書》，《粹言》，一

此則與伊川〈語錄〉中常見之論調大異，蓋就主體性自身之不息說「忠」，就主體性之客觀化說「恕」。在此語脈中，「忠恕」變為一對有超經驗地位之觀念；既與孔子之用法大不相同，亦非二程平日講《論語》時之意。《粹言》乃楊時所編，不知此說是否出自伊川晚年。又《上蔡語錄》中則記明道釋「恕」與此意相類，亦難定此說是否本出自明道。總之，此只能作為一例外之特別說法，非程朱一派言「忠恕」之通解。附記於此，以供學者考異之用耳。

(五) 世界觀與歷史觀

以上已就各主要觀念及主要問題，整理伊川學說之大要。最後當略述伊川之歷史觀及世界觀，以結束本書對伊川學說之論述。

伊川之形上學理論，肯定一「理」之領域；而以「氣」解釋形而下之世界。此種觀點與橫渠之言「氣」大不相同。橫渠以為「太虛」即「氣」，故「氣」乃宇宙論中之基本觀念，而又有形上地位。伊川本人無宇宙論興趣；其言「氣」只是作為其形上系統中對形下世界作解釋時之觀念。伊川云：

> 氣，形而下者。[120]

但「氣」畢竟在「有形」之先，故「氣」與「形」仍不同；蓋「氣」是形而下世界之基本條件，但世界中有形之萬物萬象，雖出於「氣」，又不等於「氣」。於此，伊川乃分別「有氣」與「有形」而云：

> 凡有氣，莫非天；凡有形，莫非地。[121]

但又云：

---

[120] 《河南程氏遺書》，卷三

[121] 《河南程氏遺書》，卷六

有形只是氣，無形只是道。[122]

前二語中「天地」之用法，其意不甚明。大致其意當是謂，「有形」即具體之經驗世界，而「有氣」又在「有形」之先也。後二語則即「形上」與「形下」之分。伊川未嘗詳說宇宙論問題，但認為萬物之生，皆由「氣化」。其言云：

隕石無種，種於氣；麟亦無種，亦氣化。厥初生民，亦如是。[123]

此謂有生物與無生物皆由「氣化」而生；如何「化法」，則不言也。伊川又以「道」釋萬物生生不息，而云：

道則自然生萬物；今夫春生夏長了一番，皆是道之生。……道則自然生生不息。[124]

此即是說，萬物由氣化生出；而氣所以化生萬物，又為一形上之理決定，即所謂「道」。但「氣」自身在伊川看，似又是能由道生出者，其言云：

凡物之散，其氣遂盡；無復歸本原之理。天地間如洪爐，雖生物銷鑠亦盡；況既散之氣，豈有復在？天地造化，又焉用此既散之氣？其造化者，自是生氣。[125]

此是說天地間不斷有「生氣」出現，物所具之氣可以散滅；蓋不取橫渠物散復歸於氣之循環觀。故又云：

若謂既返之氣，復將為方伸之氣，必資於此，則殊與天地之化不相似。天地之化，自然生生不窮，更何復資於既斃之形，既返之氣？……人氣之生，生於真元；天之氣亦自然生生不窮。[126]

---

[122]《河南程氏遺書》，卷六

[123]《河南程氏遺書》，卷十五

[124] 同上

[125] 同上

此段表示伊川強調天地造化之運行，乃不斷創生之過程；故舊「氣」散後，另有「氣」生；所謂「天地之化，自然生生不窮」是也。此種過程又以「理」為據，故又云：

> 往來屈伸，只是理也。[127]

至謂「人氣之生，生於真元」，則其意亦不明。「真元」一詞，固非儒家用語，伊川何所指，殊難強解。伊川以「真元」能生「氣」，但又謂「真元之氣」。其言云：

> 真元之氣，氣之所由生，不與外氣相雜，但以外氣涵養而已。若魚在水，魚之性命，非是水為之，但必以水涵養，魚乃得生爾。人居天地氣中，與魚在水無異。……但真元自能生氣，所入之氣，止當闔時，隨之而入，非假此氣以助真元也。[128]

此似謂「人」之「氣」與「外氣」不同；人居天地氣中，如魚在水。人自另有「真元之氣」為人氣之所由生。呼吸中所入之「氣」是「外氣」，並不助「真元」云云。此類說法，既非經驗知識，亦非明確之形上理論；其用語及描述，皆不明確。大抵伊川本未深切用力於此類問題，隨意發揮議論，只能視為一種觀點，非其正式學說也。此處可注意者，是「真元」觀念，應來自道教；論及出入之息等等，亦應與道教修煉有關。但伊川既未深論，今日已難作進一步之探究矣。

總之，伊川之「世界觀」，呈現一由「氣」化生萬物，而又生生不息之世界圖像。至於世界歷程之內部問題，則伊川固未用心。但合而言之，則伊川認為此世界中成壞相繼，故云：

---

[126] 《河南程氏遺書》，卷十五

[127] 同上

[128] 同上

釋氏言成住壞空，便是不知道。只有成壞，無住空。且如草木初生，既成，生盡便枯壞也。……天下之物，無有住者；嬰兒一生，長一日便是減一日，何嘗得住？然而氣體日漸長大。長的自長，減的自減，自不相干也。[129]

此駁成住壞空之說，蓋伊川眼中之世界，只是一生滅過程，既無所謂「住」，亦無所謂「空」也。最可注意者，是伊川認為世界歷程乃一日就衰落之歷程，與康節之意頗似。其言云：

若論天地之大運，舉其大體而言，則有日衰削之理，如人生百年，雖赤子才生一日，便是減一日也。形體日自長，而數日自減，不相害也。[130]

嬰兒長一日，即壽命減少一日；此意與前段相同。但以此喻世界之日衰削，則是預認世界之壽命亦為有限，而世界之自然趨勢，終是由生成至衰壞而已。此種觀念似近於佛老而不類《易傳》之思想。

但伊川雖在世界觀一面似受邵康節之影響，卻又另有強調人力勝造化之語，例如：

陳貴一問：人之壽數可以力移否？曰：蓋有之。棣問：如今人有養形者，是否？曰：然。但甚難。世間有三件事至難，可以奪造化之力；為國而至於祈天永命，養形而至於長生，學而至於聖人，此三事功夫一般。分明人力可以勝造化，自是人不為耳。[131]

依此，則伊川又認定自覺心之努力，可以勝造化。此乃對「最高自由」之肯定，惜未深切發揮，遂使人不知如何將此觀念配入其形上理論系統中耳。

[129] 《河南程氏遺書》，卷十八

[130] 同上

[131] 《河南程氏遺書》，卷二十二上

由伊川之世界觀可轉至伊川學說中一基本問題。如上所說，伊川在世界觀方面，似受康節影響；但此點在其系統中影響不大，蓋伊川所肯定者乃「理之世界」，至於「氣」及萬物萬事所屬之經驗世界，縱使是日就衰削，仍不礙「理之世界」之自存。此亦見「本性論」與「天道觀」之差異。蓋就「天道觀」說，若一切正面負面同歸於「天道」，則「天道」成為無所肯定又無所否定者，即完全喪失意義；若只以正面者歸於「天道」，則因「天道」實際決定萬有，於是世界中一切陰暗負面之事象，均將成為不可解者。以世界之日就「衰削」而言，「天道觀」中若承認此點，則或推出「衰削」本身屬於「天道」，於是「天道」同時包含正負兩面，而說「天道」時即同於未說一字，蓋一切均可是「天道」，「天道」便失其確定意義矣。又或推出「衰削」不屬於「天道」，則世界既實是日就「衰削」，即可推出世界並非受「天道」決定；此亦不合「天道觀」之基本宗旨（即所謂徹上徹下，天道決定萬有之說）。但在伊川之「本性論」系統中，則理自理，氣自氣；世界之衰削或任何其他陰暗面，皆可歸於「氣」；而「理」縱有時不能在「氣」中實現自身，亦無內在矛盾可言，亦不致喪失意義。此所以伊川一面肯定「天以生為道」[132]，一面仍可視世界為一日就衰削之過程，而不覺有困難也。

但若就歷史觀說，則情況不同。伊川論世界之衰削時，亦說及「二帝三王為盛，後世為衰」[133]，似亦暗示文化歷史亦是日就衰削。但此只表示伊川論衰削時，立言欠慎；非伊川真正之歷史觀。蓋在伊川思想系統中，凡屬於人之自覺活動領域者，皆不能視為「必然」或「被決定者」，故伊川事實上不承認文化歷史可由「命」解釋。《粹言》云：

子曰：賢不肖之在人，治亂之在國，不可歸之命。[134]

[132] 《二程全書》，《粹言》，一

[133] 參閱《河南程氏遺書》，卷十八，及[130]所引一段前半之語

此所謂「命」，即就被決定一面說。伊川雖在論「自然世界」時，承認盛衰消息皆是必然；但在人之自覺活動領域中，即必須堅持人之活動並非全是已被決定者；所謂：「雖是天命，可以人奪也。」[135]即指「文化世界」中人之努力有不可取消之主宰性言。蓋就伊川之理論系統說，自學以至於聖人到治國平天下，皆是在氣之世界中實現「理」之活動。「氣」之有限制力，伊川自亦承認，但此種要求實現「理」於事中之「文化活動」，則必須予以肯定。故伊川在論歷史文化時，必以人之有能作主處作為基本斷定。此所謂「作主」，不指實際上能決定外界成敗，但顯示人之能負責之領域。伊川對此種分劃，有時亦以「義」與「命」一對詞語說之。伊川云：

……然富貴貧賤壽夭，是亦前定。孟子曰：求則得之，舍則失之，是求有益於得也；求在我者也。求之有道，得之有命，是求無益於得也；求在外者也。故君子以義安命，小人以命安義。[136]

此處伊川引孟子之語說「義命」之別，亦即是「在我」與「在外」之別；推而言之，即「自然世界」與「文化世界」之別。伊川肯定「文化世界」中人之責任及主宰力，故其論歷史時，並不持一命定論之史觀，與其論世界時不同。

伊川論歷史問題，強調「變化」觀念，蓋「理」本身雖不變，而事象世界則流變無常；故「理」在「事」中之「實現」，亦須相應於事象之變而有所變改。對此種變改或變化，伊川常以「時」字說之。如《易傳》中釋〈隨〉之彖辭云：

……不能亨，不能正，則非可隨之道；豈能使天下隨之乎？天下所隨者，時也，故曰，天下隨時。[137]

---

134 《二程全書》，《粹言》，一
135 《河南程氏遺書》，卷十九
136 《河南程氏遺書》，卷二十三

又云：

君子之道，隨時而動，從宜適變，不可為典要；非造道之深，知幾能權者，不能與於此也。故贊之曰：隨時之義大矣哉。[138]

此皆就「時」字以說文化歷史中之變；與伊川談形上之理時之強調不變不動，適成對照。此種變最主要之表現在制度上——即所謂「禮」上。故伊川云：

禮孰為大？時為大，亦須隨時。當隨則隨，當治則治。當其時，作其事，便是能隨時。[139]

此處所說「隨時」，是依不同之具體情況，以實現「理」之謂；即依《易經》而言，非徇俗趨時之意。故又云：

尋常人言隨時，為且和同，只是流徇耳，不可謂和。和則已是和於義。[140]

「和於義」即是「理」之實現也。就制度而言，在歷史中，必有一定之演變；但另一面，伊川認為某種原則又可是不變者。其言云：

三王之法，各是一王之法；故三代損益，文質隨時之宜。若孔子所立之法，乃通萬世不易之法。[141]

前半說夏殷周之制度，皆因時而變；後半則說孔子所立乃不變之原則；此指孔子主張綜合前代之文化成績言，故語錄原文此下即引孔子「行夏之時……」等語，茲不詳引。總之，伊川認為在歷史文化範圍中，人類當作一

---

[137] 《易程傳》，卷二。《二程全書》所載亦同
[138] 《易程傳》，卷二
[139] 《河南程氏遺書》，卷十五
[140] 同上
[141] 《河南程氏遺書》，卷十

定之努力以使事物能合理，故此處講「義」與「命」之辨。其次，人在面對歷史文化問題時，應知此處須肯定一「變」之原則，因歷史文化過程，本身是一在流變中實現「理」之過程；此即所謂「時」及「隨時」之意義。最後，文化歷史變化不停，但在變之進行中，又可有某種有形式意味之原則，以駕御此種變化或引導此種變化，此處伊川舉孔子綜合前代文化成績之說為例以釋之，蓋伊川心目中，即肯定綜合前代成績，以處理當前問題為一大原則。由此可以推見，伊川眼中之歷史，乃文化成績不斷累積以處理人類問題之進程也。

就伊川重視文化成績之綜合或承繼言，伊川保留儒學傳統中尊古之態度；但就其強調「隨時」及變化言，伊川則不似俗儒拘守成法。伊川論「治道」云：

> 治道有自本而言，有就事而言。自本而言，莫大乎引君當道，君正而國定矣；就事而言，未有不變而能有為者也；大變則大益，小變則小補。[142]

所謂「引君當道」，即使領導者能事事合理，此是治道之本。但處理「事」是另一層面上之具體問題，則須能變成法以求功。觀此，可知伊川非迂拘一流也。

×　×　×　×　×

對於伊川學說之論述，至此為止。

三、結　語

伊川之學，主要為其形上學系統；但中國儒學向以成德及成聖為目的。不論持「宇宙論」如漢代之董仲舒，持「天道觀」如濂溪橫渠，或持「本性論」之形上學如伊川者，皆不是以建構一純粹理論系統為旨趣；反之，

[142]《二程全書》，《粹言》，一

無論所立之說如何，其說只是備成德成聖之用。由此，伊川雖立一形上學系統，其工夫理論方是伊川本人旨趣所在。學者以批評眼光看，可說伊川之工夫理論是否能成立，須視其背後所依之形上學系統能否成立；此自是無可疑者。但工夫理論可直接落在實踐生活中，重要性亦不下於其所依之形上學理論。故本書對伊川論工夫之語特加注意。

至於伊川形上學系統之內在困難，在總說中已論及。下文述朱熹之綜合系統後，當再提出要點，以使學者認清此中眉目及關鍵。此處暫不作評析。

其次，二程之學不同，學者多能言之。然自宋至清——甚至現代，論二程之學者多抑伊川而揚明道；此固由於立論時所取設準不同，實亦是一種極欠堅穩之觀點。蓋明道之近於「天道觀」，可視作其學說之長處，亦可視為其缺點；未易遽作定論。

日後程門弟子傳二程之學，亦頗能表現二程系統之殊異。故在論述朱熹之學前，本書另以專節略述程門弟子之分派。蓋此亦學者應具之常識也。

參　程門弟子之分派

二程立說，有同有異，上節論之已詳。至二程之傳授則半因師說之殊，半因後學才識氣質之別，而有趨向之不同。本節略說程門弟子及其後學之分派，以過渡至朱熹之綜合系統。

二程同時講學，而明道早亡，伊川高壽；故若就人而言，則凡在明道之門者，幾無不同時師事伊川，實難有「明道弟子」與「伊川弟子」之明確分劃。至如尹焞、郭忠孝、王蘋等，雖以不及事明道，因而可視為「伊川弟子」；然郭忠孝所遺之《郭氏傳家易說》，立論迥異伊川，反重象數，難言承伊川之學；王蘋則自云「見處似釋氏」，頗近禪門之說，亦不可謂能承伊川之學。尹和靖獨能守師說，然亦無所發揮。伊川之傳，主要仍在楊時一支，而楊則同時亦「明道弟子」也。今若就學說之傾向而論，則二程之傳又可說確有不同；此種殊異，時愈後而愈明。蓋楊時一支日後有朱熹承其學而光大之；明道一支則由謝良佐下傳，終有湖湘一派；其論學固實有趨向之不同也。

此外，如袁溉問學於程門，而務博通，遂啟永嘉薛季宣一派，終有葉適陳亮諸人，承其說以言事功，則可視為二程之別傳。以下分節述之。

一、明道之傳

程門弟子中，謝良佐從學甚早，先從明道，後亦事伊川。然其學偏於言「覺」，言「心」；又喜用「天理」一詞以釋「格物窮理」，皆偏於明道一面。其說見《上蔡語錄》及《論語解》。

謝良佐與楊時同在程門，伊川極稱謝氏能切問近思。楊則以敏悟為明道所賞，所謂「楊君會得最容易」；故全祖望在《宋元學案》之〈序錄〉中即謂：「明道喜龜山，伊川喜上蔡。」[143]然日後傳學，則適相反。蓋楊時實重思辯，近於伊川之理路；謝良佐則重觀悟，近於明道之境界。二人之趨向，不關個人印象感情問題也。

傳謝氏之學，主要在於胡安國。胡安國自謂於游楊謝三人，皆「義兼師友」，蓋不以上蔡門下自居，然黃宗羲謂其學「後來得於上蔡者為多」[144]亦非無據；觀其一面強調「致知窮理」，一面強調「不迷本心」[145]，即可知

[143] 見《宋元學案》，卷首，〈序錄〉

[144] 參閱《宋元學案》，卷三十四，〈武夷學案〉，黃宗羲案語

武夷學固近於上蔡。且胡氏家學由武夷遂出胡五峰一支；五峰之學與日後朱熹之學之差異，正是謝楊兩支之差異也。

胡宏（五峰）在哲學理論上之表現，實勝其父。胡安國著作偏於論史一面，治經亦以《春秋》為主；胡五峰則著有《知言》，論「理欲」、論「性情」，皆別出一解。其說雖在嚴格意義上頗多病痛，故為朱熹所深譏；然所謂「湖湘學派」，即由五峰開出。在朱熹之綜合系統出現之前，亦所謂「洛學」中一大派也。

五峰之說，下文述朱熹與其敵論之辯爭時，當再言及。此處所應指出者，只是：五峰之論「性」，實由自己強解明道之語而來。明道言「惡亦不可不謂之性」，其言有病，蓋是將「性」字當「心」字用，上節論明道之學時已言及之。五峰未見此中理論關鍵，而另作解說，其病尤為明顯。此則如朱熹所評。但不論理論得失如何，五峰之學，在此意義上，總是與明道之傳有關。故言二程弟子及其後學之分派問題時，所謂明道之傳，即應落在謝良佐、胡安國及胡宏一支上，亦即所謂「湖湘學派」也。

胡宏之學傳至張栻。張栻與朱熹論學甚久，於是漸向朱熹思想靠近。然南軒與晦翁終有不同。觀朱熹與南軒諸書，可以見之。

二、伊川之傳

明道之傳，生出湖湘學派。伊川之傳則通過楊時而生出日後朱熹之系統。

楊時門人及從學者甚多。胡氏兄弟亦皆曾學於楊門。然其正傳則在羅從彥。羅從彥與陳淵皆及見伊川，然實傳楊氏之學。陳淵之學，頗受佛教影響，而自身未能精辨儒佛之別，故其說駁雜。羅從彥則能守伊川之學之

145 參閱《宋元學案》，卷三十四，所錄〈答曾幾書〉之語

旨趣，其說甚醇。唯其治學以實踐工夫為主，並無系統理論可說。弟子中有李侗，立論漸精，而獨重澄心內觀；李侗弟子中即有朱熹興起。此外，羅從彥弟子中，又有朱松，即朱熹之父。故朱熹由羅李之學入手而上承伊川之傳，明確無疑。至朱熹之興趣偏於宇宙論，故不以伊川之學為足，而綜合周張，以建構其綜合系統，則自非羅李之學所能範圍。但即就朱熹日後建立之綜合系統看，其主脈仍是伊川之學也。

明道之傳，通過謝胡諸人而終生出「湖湘學派」；伊川之傳，通過龜山豫章延平而終有朱熹之大系統出現。此二程之傳演變之大致。此外，程門弟子或從學者，又有別立宗趣，不承師說者，則列為「別傳」。

三、別　傳

程門弟子有所謂「四先生」者，楊謝以外，再加游酢及呂大臨是也[146]。呂大臨本學於橫渠，非程門嫡傳；楊謝則各傳二程之學，影響後世甚大。唯游酢少有重名，又親事二程，原在大弟子之列，而其學乃轉入禪門一路，深為後世所譏；然呂本中受其影響，亦不可謂全無所傳。日後南宋凡言程氏之學而又時欲與佛教教義求妥協者，皆可視為屬於此一思想傾向者也。

程門之別傳中最可注意者為袁溉，即所謂汝陰袁道潔也。袁溉曾從伊川問學，後得薛季宣為弟子。薛季宣，永嘉人，得袁氏之傳，盛言事功之學，遂開出所謂「永嘉學派」。其弟子為陳傅良。葉適、陳亮等則皆其後輩講學之友也。此派與朱熹思想，殊多衝突；陳亮與朱熹之爭論，尤為南宋思想界中一大事件。後文另有論述。

袁溉之思想，通過薛艮齋看，似與程門為學宗旨已不相同，然自謂是出於程門。故列之於「別傳」。

總上所述，可知二程後學人數雖多，思想傾向則亦不外三方向。學明道之「渾淪」及「高妙」，遂有上蔡至

[146] 參閱《宋史》，卷四百二十八，〈道學列傳・謝良佐傳〉

五峰一支；學伊川之嚴整，遂有龜山至晦翁一支。此外有自稱出於程門之袁薛一支。至於日後陸象山之學，則在理論層面上乃與北宋諸儒並立者；而在歷史進程中，則為晚期思想之創始人，又不可歸入程門後學之列矣。

程門弟子分派問題，至此為止。下文即論朱熹之學，並以朱熹為中心，一論其同時儒者之思想趨勢。

肆　朱熹之綜合系統

北宋儒學，至程門弟子而大盛；然綜合各家，建立系統者則為南宋之朱熹。朱熹不唯在理論整理方面有獨特之表現，且在編注經籍及北宋資料方面，作全盤性之工作。所謂「道統」之面目，在朱熹手中方確定顯現。故學者如接受北宋以來取《易傳》、〈中庸〉之說作為儒學正傳之立場，則當承認朱熹有前無古人之大功；反之，為辨孔孟本意與《易傳》、〈中庸〉等後出偽託之書實義不同，而發現北宋諸儒依據之誤，則亦當知此種「道統面目」之勾劃，亦是在朱熹手中完成；換言之，即當承認朱熹有貽誤後學之大過。總之，宋儒所言之「道統」，為功為過，均當由朱熹負大部責任也。玆先略考朱熹生平，並述其理論及整理工作之概要。

一、生平及著作

《宋史・道學列傳》云：

朱熹，字元晦，一字仲晦，徽州婺源人；父松，字喬年，中進士第。……秦檜決策議和，松與同列上章極言其不可。檜怒，風御史論松懷異自賢，出知饒州，未上，卒。熹幼穎悟，甫能言，父指天示之曰：天也。熹問曰：天之上何物？松異之。就傳，授以《孝經》，一閱，題其上曰：不若是，非人也。嘗與群兒戲沙上，獨端坐以指畫沙；視之，八卦也。年十八，貢于鄉；中紹興十八年進士第。……（作者案：中述朱氏從政及建言事，從略。）……（慶元）二年，沈繼祖為監察御史，誣熹十罪；詔落職罷祠。門人蔡元定亦送道州編管。四年，熹以年近七十，申乞致仕。五年，依所請。明年卒，年七十一。……熹為學，大抵窮理以致其知，反躬以踐其實，而以居敬為主；嘗謂，聖賢道統之傳，散在方冊；聖經之旨不明，而道統之傳始晦。於是，竭其精力，以研窮聖賢之經訓。所著書有：《易本義》、《啟蒙》、《著卦考誤》、《詩集傳》、《大學中庸章句》、《或問》、《論語孟子集註》、《太極圖通書西銘解》、《楚辭集註》、《辨證》、《韓文考異》；所編次有《論孟集議》、《孟子指要》、《中庸輯略》、《孝經刊誤》、《小學書》、《通鑑綱目》、《宋名臣言行錄》、《家禮》、《近思錄》、《河南程氏遺書》、《伊洛淵源錄》，皆行於世。熹沒，朝廷以其《大學語孟中庸訓說》，立於學官。又有《儀禮經傳通解》，未脫藁，亦在學官。平生為文凡一百卷，生徒問答凡八十卷，別錄十卷。[147]

案此傳文大致據黃榦所撰〈行狀〉。於生卒年月，照例不詳記。案〈行狀〉云：

先生以建炎四年九月十五日午時，生南劍尤溪之寓舍。[148]

據此，朱熹生於公元一一三〇年，其卒為慶元六年三月初九日午時[149]，為公元一二〇〇年。故其生卒年代應為公元一一三〇－一二〇〇。

朱氏本婺源人，因生時父朱松任南劍尤溪縣尉，館於尤溪之鄭氏，故生於尤溪，原非閩人也。[150]

---

[147] 《宋史》，卷四百二十九，〈道學列傳〉

[148] 黃榦〈朱文公行狀〉。《朱子年譜》，卷一上引

[149] 蔡沈《夢奠記》。《年譜》，卷四下引

朱氏早年登第，然其從政則乍進即退，傳文謂：「仕於外者僅九考，立朝纔四十日」[151]，蓋紀實也。然朱氏雖無爭政治名位之意，其官職仍屢遷；內任祕閣待制及講官，外任州府，並及轉運副使；又屢奉提舉宮觀之命，蓋非居下僚末位者。至晚年因黨禍而獲譴，則又略似伊川矣。

朱氏之著作，如〈行狀〉及傳文所見，可謂繁夥；然論其學說之主旨，則大抵半在《語錄》中，半在《文集》中；換言之，即當以《全集》及《語類》為主要資料；至其編次注解之作品，則只偶有可參考者而已。

朱氏生平，記述者頗多。門人中李方子（果齋），曾輯其言行，為年譜之雛型；魏了翁曾為之序。然李氏此作，後已佚而不傳；其後明人屢有編著，如戴銑之《實紀》、李默之《年譜》皆是也。清王懋竑不以李譜為然，另訂《年譜》四卷，附以〈考異〉及〈論學語〉，其書較為詳備平穩。今學者多用之。

朱氏編注古籍，其旨趣主要不在於訓詁，而在於確立道統；故於古籍真偽之辨，未作客觀深入之研究。其取《禮記》中之〈大學〉、〈中庸〉與《論》、《孟》合編而為「四書」，影響後世尤大。然此中所涉經籍文獻之時代問題，亦至為嚴重。秦漢以來，偽託之事甚多；然其影響最著者，無過於《易傳》託於孔子而〈中庸〉託於子思。而此種影響之所以嚴重，又由於宋儒極力尊崇此類文獻，通過此中觀念以講先秦孔孟之學；朱熹則又是有意將此種誤解予以系統化之宋儒，故其地位在中國哲學史上甚為特殊，其影響亦至今未息也。

以下先述朱熹之理論系統，再附及於其他同時之學派。

---

[150] 參閱《朱子年譜》，卷一上

[151] 《宋史》，卷四百二十九，〈道學列傳〉

二、晦翁學說之要旨

朱氏學說，從理論上著眼，應可分為三部分討論；第一為形上學及宇宙論部分；即「理」、「氣」、「無極」、「太極」等觀念，以及由此構成之世界圖像；此屬於「存有問題」(Ontological Problem)。第二為價值論及道德實踐理論，包括「理」與「欲」，「心」與「性情」以及格物致知窮理居敬一套工夫觀念；所涉及者為「應然」問題。第三是由以上兩部分理論決定之肯定世界之態度，此涉及文化觀及歷史觀之問題，而朱氏對佛教之批評亦應繫於其下。至於此外零星問題，亦可擇要述其說之梗概。茲為求眉目清楚，此三部分各依其內容之多寡，酌予次分，共分為六點述之。最後再附論零星問題，作為第七點。

(一)理與氣

朱熹之綜合系統，就形態言，乃包含一形上學理論及一宇宙論者；就內容言，則主要為濂溪及二程學說之綜合，其取於橫渠者，不及取於周程者重要。而此系統中之基本觀念即「理」與「氣」。

所謂「理」，指超時空決定之形式及規律，故為「形而上」者；所謂「氣」，則指時空中之存在所具之質料，故為「形而下」者。但此處所用「形式」與「質料」，雖是借用亞里斯多德之詞語，若細案之，朱氏之「理」與「氣」並非全等於亞里斯多德之「形式」與「質料」，此點下文當逐步說明。但基本意義上，「理」是取「形式義」，「氣」是取「質料義」，則無可疑。朱氏云：

天地之間，有理有氣。理也者，形而上之道也，生物之本也；氣也者，形而下之器也，生物之具也。是以人物之生，必稟此理，然後有性；必稟此氣，然後有形。[152]

[152] 《朱子文集》，卷五十八，〈答黃道夫〉

此是用《易傳》中「道」、「器」二觀念為說。所謂「天地之間」，原只是泛指萬有之意；但如此說，易啟誤解，以為「天地」本身似可在理氣之外，實則在朱氏理論中，「天地」自不能外於理氣；朱氏曾謂：

未有天地之先，畢竟也只是先有此理，便有此天地。若無此理，便亦無天地。[153]

蓋「天地」本身亦是萬有之一；「天地之間」云云，乃用語欠嚴格而已。每一具體存在或事物，其所以能「有」，即由其「理」決定；故朱氏所強調者，是每一事物，背後必有一「理」決定其存在，故云：

惟其理有許多，故物有許多。[154]

此處所強調者，明是殊別意義之「理」，故又云：

做出那事，便是這裡有那理；凡天地生出那物，便是那裡有那理。[155]

此包括人為之「事」與自然之「物」而言。蓋朱氏之意是說：凡是一存在，必依一理而存在。天地亦屬此類。故曾云：

天地是形而下者。[156]

每一存在皆有一理；此自是殊別意義之「理」；無此理則不能有此物；反之，則有此理未必有此物，故云：

未有事物之時，此理已具。[157]

---

[153]《朱子語類》，卷一

[154]《朱子語類》，卷九十四

[155]《朱子語類》，卷一〇一

[156]《朱子語類》，卷六十八

[157]《朱子語類》，卷九十五

又云：

……如未有此物，而此理已具；則有此物，亦只是這個道理。塗轍是車行處，且如，未有塗轍，而車行必有塗轍之理。[158]

此即是說：在理論次序上，理先於「物」。然有此理未必有此物者，又因「物」皆憑藉「氣」而生；故「氣」是「生物之具」。如此，一切時空中之存在，即皆是「理」與「氣」合而決定者。於是，就存有性而言，「理」與「氣」決不可混；但就其運行顯現言，「理」與「氣」決不可分。朱氏談此二義之語頗多，如云：

所謂理與氣，此決是二物。但在物上看，則二物渾淪不可分開各在一處，然不害二物之各為一物也。若在理上看，則雖未有物，而已有物之理；然亦但有其理而已，未嘗實有是物也。[159]

蓋「理」與「氣」在存有性一面言，不能不分為「二」（案朱氏此等處所用「二物」字眼，又是用語不嚴之例；「理」決不能說為一「物」，朱氏自身亦嘗言之）；而最顯著之分別，則在於「理」不依氣而「有」，即所謂「雖未有物，而已有物之理」也；反之，「物」與「氣」則必依「理」而「有」。「物」必依「理」而「有」，此尚不難明，蓋「天下無無性之物」[160]，「竹椅便有竹椅之理」[161]。但「氣」如何依「理」而「有」，則須稍作補釋。

朱氏云：

氣以成形，理亦賦焉。[162]

---

[158] 同上

[159] 《朱子文集》，卷四十六，〈答劉叔文〉

[160] 《朱子語類》，卷四

[161] 同上

又云：

> 若論稟賦，則有是氣，而後理隨而具。[163]

蓋就殊別意義之「理」說，每一特殊事物，必具一定之「氣」而決定其存在；物既存在，即依一特殊之「理」；此特殊之「理」通過物之特殊之氣而顯現，故仍是先於此「氣」，故云：

> 有此理後，方有此氣。[164]

如依此理論次序看，「理」與「氣」自是所謂「二物」，然若就「理」之運行講，則「理」必在「氣」中運行，故說：

> 天下未有無理之氣，亦未有無氣之理。[165]

又云：

> 理非別為一物，即存乎是氣之中。無是氣，則是理亦無掛搭處。[166]
>
> 如陰陽五行錯綜不失條緒，便是理。若氣不結聚時，理亦無所附著。[167]

於是有人馬之喻云：

> 理搭在陰陽上，如人跨馬相似。[168]

---

[162] 朱熹《中庸章句》

[163] 《朱子文集》，卷五十九，〈答趙志道〉

[164] 《朱子文集》，卷五十八，〈答楊志仁〉

[165] 《朱子語類》，卷一

[166] 同上

[167] 同上

此皆是就運行說。「理」之「運行」必依於「氣」；在此意義上可說「理氣」之不相離。但就「理」本身說，則在理論次序上必先於「氣」。此是形上形下之分，不能取消者。朱氏云：

理未嘗離乎氣。然理，形而上者；氣，形而下者。自形而上下言，豈得無先後？[169]

此種理論次序之先後，不是時間中之先後，故云：

……要之，也先有理。只不可說是今日有是理，明日卻有氣。[170]

就「理」之不依「氣」而「有」言，尚可提出另一論點，即萬物萬象如皆消滅，則「理」雖無處運行顯現，然「理」仍自存，不可說隨「氣」與「物」而消滅。朱氏云：

且如萬一山河大地都陷了，畢竟理卻只在這裡。[171]

總之，就存有性講，「理」與「氣」截然可分；就運行講，則「理氣」可說在運行中互不相離。此理若從嚴格思辯角度看，殊不難知；但因中國傳統素不重解析思辯，故朱氏論此分別，似頗費力；其用語亦常欠嚴格，以致後人頗多誤解。甚至現代談朱氏學說者，仍以理氣是否為一體為爭論題目。其實，若稍作解析，即不難看出此中意義分際所在。蓋「理」與「氣」二字既不能互代，則必有一定分別；所謂「渾淪」或「一體」，皆不能就其「存有性」言，而只能就運行言。說「理未嘗離乎氣」時，已預認理氣決是「二物」；不然，則豈是說「理未嘗離乎理」或「氣未嘗離乎氣」乎？在語言上作最簡單之分析，即可知此中並無難解之處也。

[168]《朱子語類》，卷九十四
[169]《朱子語類》，卷一
[170] 同上
[171] 同上

至此，所謂「理」，皆指殊別意義之「理」而言；但朱氏除講殊別意義之「理」外，尚強調共同意義之「理」。論及此點時，朱氏答廖德明語，最可注意。《語類》云：

問：太極動而生陽，靜而生陰；見得理先而氣後？曰：雖是如此，然亦不須如此理會。二者有則皆有。

問：未有一物之時，如何？曰：是有天下公共之理，未有一物所具之理。[172]

案朱氏釋濂溪之〈圖說〉，以「太極」為「理」，「陰陽」為「氣」，故廖德明就此以言理氣之先後；其說固無可反對。但朱氏總恐人不解理氣運行中之不相離，故答以雖是如此有先後，但「二者有則皆有」；此「有」字已是就運行中之「有」說。問者不能會其意，仍覺「理」先「氣」後是應持之說，故逼近一步問「未有一物」時豈非有「理」而無「氣」可說，朱氏答語則落在「公共之理」與「一物之理」之分別上，並未順所問而答。然此處透露之論點，則是，「公共之理」又先於「一物之理」。至於「氣」在理論次序上當屬更後矣。

此說粗看似與朱氏他處言論有衝突。蓋朱氏屢說「未有物」仍「已有物之理」；今忽說在「未有一物」時，亦「未有一物所具之理」，顯然與平日所說不合。近人馮友蘭在其《中國哲學史》中即引此段作為一可疑之點[173]。實則細觀朱子之說，可知此處之「有」字與上文「二者有則皆有」之「有」字，皆是指運行中之「有」而言。朱氏此語，不過謂：當未有一物之時，則只有共同意義之「理」運行，而無殊別意義之「理」運行而已。

朱氏與二程言「理」之不同處，在於朱氏確定分劃此二種意義之「理」；所謂共同意義之「理」，在朱子理論中即相當於「太極」。朱氏雖宗伊川「性即理」之說，但朱氏自己用語稍有不同，而認為「性」字只同於殊別意義之「理」，「太極」或共同意義之「理」則不可稱為「性」，《語類》云：

---

[172]《朱子語類》，卷九十四

[173] 參閱馮友蘭《中國哲學史》，第二編，第十三章，第一節注

問：先生說太極有是性則有陰陽五行云云，此說性是如何？曰：想是某舊說；近思量又不然。此性字為稟於天者言。若太極只當說理。[174]

朱氏此意蓋謂：殊別意義之「理」可稱「性」；於「太極」只能說「理」，不能說「性」。朱氏用「性」字亦常等於殊別意義之「理」。如云：

未有此氣，已有此性。氣有不存，性卻常在。雖其方在氣中，然氣自氣，性自性，亦自不相夾雜。[175]

此處之「性」字皆可代以「理」字，然此種意義之「理」，皆取殊別意義。若與亞里斯多德用語比較，則此種殊別意義之「理」，即相當於事物之「形式」(Form)；而所謂「性」即相當於事物之「本性」(Essence)。亞里斯多德以為"Form"即"Essence"；朱氏亦持「性即理」。二者極為近似。若共同意義之「理」，則不相當於事物之「形式」，亦不相當於「本性」。朱氏謂「太極」不可說為「性」，亞里斯多德之「純粹形式」亦不稱為「本性」也。

朱氏所謂「天下公共之理」或「太極」，其確義如何，頗應注意。朱氏云：

總天地萬物之理，便是太極。太極本無此名，只是箇表德。[176]

所謂「總天地萬物之理」，究竟如何「總」法，大可討論。蓋如取「總攝」義，則「太極」是「萬理之理」；若取「總和」義，則「太極」是萬理「悉具於其中」之意。二義頗為不同。馮友蘭謂：

太極即如柏拉圖所謂好之概念。[177]

---

[174]《朱子語類》，卷九十四

[175]《朱子文集》，卷四十六，〈答劉叔文〉第二書

[176]《朱子語類》，卷九十四

[177] 參閱馮友蘭《中國哲學史》，第二編，第十三章，第一節注

然柏拉圖所提出之“Idea of Good”，乃就「總攝」義言；蓋每一理念 (Idea)（即馮氏所謂「概念」），皆表一「完美」，如圓之理念即表完美之圓等。就所有理念而言，各理念內容不同，然其為一種完美則同；於是就各理念之同處建立「理念之理念」；此即所謂“Idea of Good”。此意顯即與「萬理之理」一義相通；然並非包含萬理之內容「於其中」，而只是統攝萬理「於其下」[178]。就邏輯意義言之，「萬理之理」是一個類，以萬理之共同條件為其界定條件，而即以萬理為其分子；而萬理之總和則是另一個類，以萬理之「選接」(Disjunction) 構成。一取其同，一含其異。二者不可混淆。馮氏依「統攝」義觀朱氏之「太極」，但又云：

> 太極即天地萬物之理之總和。[179]

顯然混淆「總攝」意義與「總和」意義，而不知其辨矣。且就朱氏自身所謂「總天地萬物之理」一語說，朱氏所謂之「總」確是偏於「總和」意義，如云：

> 所謂太極者，只二氣五行之理，非別有物為太極也。[180]

〈太極圖說解〉中又云：

> 太極，形而上之道也；陰陽，形而下之器也。是以自其著者而觀之，則動靜不同時，陰陽不同位，而太極無不在焉。自其微者而觀之，則沖穆無朕，而動靜陰陽之理，已悉具於其中矣。雖然，推之於前，而不見其始之合；引之於後，而不見其終之離也。[181]

---

[178] 此一分別，源自康德。讀者可參閱 I. Kant: *Critique of Pure Reason*, Transcendental Aesthetic 部分，論時空非概念各節

[179] 參閱馮友蘭《中國哲學史》，第二編，第十三章，第一節注

[180] 《朱子語類》，卷九十四

[181] 《周濂溪集》，卷一

「太極」既含「二氣五行之理」於其中；又是動靜陰陽之理「悉具於其中」，則「太極」是萬理之「總和」，與「善之理念」不同矣。

朱氏依「總和」義說「太極」是「總天地萬物之理」；但又認為「太極」亦潛存於萬有之中。此點頗為費解，朱氏亦未嘗提出確定論證或解說。但確持此觀點。其言云：

人人有一太極，物物有一太極。[182]

此尚可用「極好至善的道理」[183]釋之。另一處則云：

萬一各正，小大有定；言萬個是一個，一個是萬個。蓋統體是一太極，然又一物各具一太極。[184]

此則不可用他說強解；明言每一物中均具有此「總天地萬物之理」之「太極」矣。然此又非謂「太極」自身分裂而落在萬物中，朱氏解其《通書註》中所謂「萬物分之以為體」一語時云：

本只是一太極；而萬物各有稟受，又自各全具一太極爾。如月在天，只一而已；及散在江湖，則隨處而見，不可謂月已分也。[185]

其釋「分」字時，又云：

不是割成片去，只如月映萬川相似。[186]

---

[182] 《朱子語類》，卷九十四
[183] 同上
[184] 同上
[185] 同上
[186] 同上

依此，則「太極」作為萬理之總和，而事事物物皆反映此「太極」。由是推之，萬物在一層面上說，皆有其「本性」，亦即皆有其「殊別義之理」；在另一層面說，除「殊別義之理」外，「共同義之理」亦為萬物所「具」或「有」。而此「共同義之理」又即是萬物之「殊別義之理」之總和。由此再推言之，即持說每一物中均含有一切「形式」或「理」。此將引至一極大之理論困局，然朱氏似未察覺，亦從未作澄清。但謂：

太極非是一物，即陰陽而在陰陽，即五行而在五行，即萬物而在萬物。只是一個理而已。[187]

此說又似乎近於以「總攝」義釋「太極」；蓋如取「總攝」義，則此所謂「即萬物而在萬物」等等，即不難解。然此又與上引諸說衝突。大抵朱氏本人對「太極」之應取「總攝」或「總和」意義，本無明確了解，故其說遂有紛亂難通之意味耳。

此外，就「太極」與「無極」二詞言，朱氏之說以為「太極」表示「有理」，而「無極」表示「無形」，即是以此二語為平行描述語，加於道體者。此點在前章論濂溪之學時已及之。此說固與濂溪原文不甚合，然朱氏持之甚力。如云：

無極而太極，只是無形而有理，周子恐人於太極之外，更尋太極，故以無極言之。[188]

此說似另出一解，以為用「無極」一詞，可避免「無窮後退」之問題。然即用「極」字，則本無此問題，不知朱氏何以有此想法也。朱氏有時亦重視「極」字，曾云：

原極之所以得名，蓋取樞極之義。聖人謂之太極者，所以指夫天地萬物之根也。周子因之而又謂之無極者，所以著夫無聲無臭之妙也。太極本無極，則非無極之後別生太極，而太極之上先有無極也。[189]

---

[187] 《朱子語類》，卷九十四

[188] 同上

此以「極」為樞極之義，又以「太極」為天地萬物之根；然後仍以「無聲無臭」說「無極」一詞之義。總是認為「無極」只表「無形象方所」，換言之，即是作為「描述字」而不作為「實體字」看。然此說自與濂溪〈圖說〉之意不同，前章已辨之，不再贅論。

總上所述，朱熹之言「理氣」，重在「理」之自存性，與理氣在運行中之不離；而「理」兼有共同殊別兩義，僅以殊別義之理為「性」。此皆其立說之特色。但論及「共同之理」時，究取總攝義或總和義，則立論欠明確；尤其說到物物各具一太極時，其語皆未見精確，其意亦不顯明。

至於對「氣」及理氣關係之進一步理論，則即有關於對世界之解說。茲歸於下節論之。

(二)世界圖像

朱熹依其形上學而建立一宇宙論，描述當前世界之生成；所謂「世界圖像」，即此種描述之結果是也。朱熹之形上學與宇宙論，連為一體；此是承濂溪〈圖說〉之路數；若與希臘哲學相比，則其距柏拉圖系統實甚遠，轉距亞里斯多德系統較近；蓋朱熹之形上學原則，即直接決定其宇宙論；「理」與「事」二領域未嘗如柏拉圖之劃斷也。朱氏云：

> 自太極至萬物化生，只是一個道理包括；非是先有此而後有彼。但統是一個大源，由體而達用，從微而至著耳。[190]

此所謂「體」，即指「太極」或「理」本身而言，所謂「用」即謂「理」在「氣」中發用而言；上節所說之「運行」，即指此種「發用」。

---

[189] 《朱子文集》，卷四十五，〈答楊子直〉

[190] 《朱子語類》，卷九十四

此種須稍加說明者，是朱氏一向強調「理」本身不能言「動靜」，因「動靜陰陽，皆只是形而下者」[191]，但所謂「發用」或「運行」皆與「動」不同。「太極」或「理」本身可說無「動靜」。然不能無「發用」或「運行」，否則由「太極」至陰陽五行之過程即不可說。故《語類》記門人解〈圖說〉注語一段云：

太極只是理，理不可以動靜言；唯動而生陽，靜而生陰，理寓於氣，不能無動靜所乘之機。乘如乘載之乘；其動靜者，乃乘載在氣上，不覺動了靜，靜了又動。曰：然。[192]

案朱氏注〈圖說〉中「動而生陽」、「靜而生陰」二語，謂「太極者本然之妙，動靜者所乘之機」，門人解之如上，而朱氏以為然。蓋「理」本身「無動靜」，但其發用或運行，即使「氣」有動靜。如此，由「太極」生陰陽、五行以至於萬物之歷程，即「理」落在氣上發用之歷程，故合而言之，說「只是一個道理」，「由體而達用」，「從微而至著」。

若分而言之，則「太極」是「理」，陰陽以下皆是「氣」。「理」是形而上者，故論世界即專就「氣」之領域說。然「氣」本身又依「理」而有生成變化；由此，世界萬物之生成變化，皆是「理」在「氣」中之顯現，所謂「從微而至著」是也。

至於進一步描述萬物之生成，則朱氏純就「氣」說之云：

理卻無情意，無計度，無造作；只此氣凝聚處，理便在其中。且如天地間，人物草木禽獸，其生也莫不有種，定不會無種。天地生出一個物事；這個都是氣。若理則只是個淨潔空闊底世界，無形迹；他卻不會造作。氣則能醞釀凝聚生物。[193]

---

[191] 《朱子語類》，卷九十四

[192] 同上

此是以「氣」之凝聚醞釀解釋萬物之生，而說「理」無「造作」，則朱氏之「理」，依此說看，又似無目的性；如此即與「理」之「為生物之本」衝突，且亦不合「太極」生兩儀等等之根本斷定。但若將此處所說「造作」等語，及另一處所謂「才有作用，便是形而下者」等語，看為指經驗意義之「造作」、「作用」而言，則此衝突仍可歸為用語之欠嚴，而不動搖根本斷定，蓋朱氏之意不過謂受時空決定之一切存在，皆由氣生；而「理」不受時空決定，故不在時空決定下有「造作」或「作用」而已。「理」或「太極」之能生陰陽五行以及萬物，皆就「氣依於理而生」一義講，此「依」處即「理」或「太極」之「顯用」或「運行」處，但非在時空中「造作」或「有作用」耳。

「氣」既依理而生，故「天地生物千萬年，古今只不離許多物」[194]，換言之，「氣」受「理」之限制，雖生萬物而不能不依理而生。故就生物言，萬物「莫不有種」，每一「種」即含一「本性」，亦即各有一殊別之「理」；此殊別之「理」；即以萬物未生前之共同之「理」為源也。

若就無生物領域說，不能言「種」，朱氏即承濂溪二氣五行之觀念言之；其言云：

> ……陽變陰合，而生水火木金土。陰陽，氣也，生此五行之質。天地生物，五行獨先。……天地之間，何事而非五行？五行陰陽七者混合，便是生物的材料。[195]

又云：

> 陰陽是氣，五行是質。有這質所以做得事物出來。[196]

---

[193] 《朱子語類》，卷一

[194] 同上

[195] 《朱子語類》，卷九十四

此皆是說宇宙萬物由「五行」構成，陰陽仍隔一層，亦漢儒以下之舊說也。至於「五行」如何能構成萬物，則素無定說，朱氏亦無定說，但朱氏承伊川之意，強調所謂「氣化」以解釋生物之「種」。其言云：

天地之初，如何討個人種？自是氣蒸結成兩個人，後方生許多萬物，所以先說乾道成男，坤道成女，後方說化生萬物。當初若無那兩個人，如今如何有許多人？那兩人便似而今人身上虱，是自然變化出來。[197]

案此近佛教「化生」之說。朱氏認為一切種最初皆是「化生」；而「化生」是由「氣」化生，故又名「氣化」，以與有種後之「形生」區別。伊川事實上已有此說。朱氏又云：

氣化是當初一個人，無種，後自生出來底；形生卻是有此一個人後，乃生生不窮底。[198]

依此，生物之「種」最初由於「化生」或「氣化而生」；有「種」後即是「形生」。但云先有「人」，「後方生許多萬物」，以解〈太極圖〉中「乾道成男、坤道成女」所以在「萬物化生」之先，則又不合原意，蓋所說「男女」，原泛指雌雄而言，非謂先有男女之人，然後方有萬物也。且此說是對當前世界之陳述，則應作為對經驗世界之知識看；若如此看，則顯然不合經驗知識之規則；且與經驗知識相違。又如作為非經驗之知識看，則由「種」有一起點之假定，可推有「種」以前必由他物生出此「種」；但亦止此而已。如何證「種」必有一起點，又成為一經驗知識問題；假如有起點，則某「種」如何能由他物生出，仍是一不能由形式推論解答之問題。總之，此類說法，嚴格言之，皆不合「知識」之條件，只能算作一種「推測」而已。然在朱氏之宇宙論中則充滿此種「推測」；此所以宇宙論在哲學理論中為最幼稚之部門也。

[196]《朱子語類》，卷一

[197]《朱子語類》，卷九十四

[198] 同上

〈太極圖〉中之「萬物化生」，原只指「生物」而言。朱氏之理論中則包括無生物；故說「天下無無性之物」[199]。又云「枯槁之物」亦有「理」。〈語錄〉云：

> 問：曾見〈答余方叔書〉，以為枯槁有理；不知枯槁瓦礫，如何有理？曰：且如大黃附子亦是枯槁，然大黃不可為附子，附子不可為大黃。[200]

案大黃附子仍屬植物，與「瓦礫」不同類。朱子此等談論總是欠嚴格。然其意固不難明，蓋謂無生命或失去生命之物，仍皆有「性」或「理」（此「理」自指殊別意義之「理」言）。

總之，世界萬物，不論有生命或無生命，皆由二氣五行生出，此是朱氏承前人之說而堅持之宇宙論。至於所作解釋，則皆屬「猜測」，非「知識」也。

若就世界全體說，當前之世界——包括自然意義之「天地」等，在朱氏看，亦皆有成有壞；但成壞乃一循環過程。此點與康節之說相類。其言云：

> 太極之前，須有世界來；正如昨日之夜，今日之晝耳。陰陽亦一大闔闢也。又問：今推太極之前如此，後來又須如此？曰：固然。[201]

又謂：

> 這不可說道有個始；他那有始之前，畢竟是個甚麼？他自是做一番天地了，壞了後又恁地做起來。那個有甚窮盡？[202]

[199]《朱子語類》，卷四
[200] 同上
[201]《朱子語類》，卷九十四

此本是說「天地」有成有壞。但上引第一段說「太極之前」，又有語病；蓋依朱氏自身之說，「太極」不在時空中，本身不能講前後，且不能說成壞，所謂「理之一字，不可以有無論」[203]。今所謂「太極之前」，當解作「太極發用之前」；蓋「太極」發用或運行，即生二氣五行，以構成世界；世界既壞，「太極」又從頭生起，所謂「壞了後又恁地做起來」是也。此顯與康節之「元」觀念相同，唯未確說十二萬九千六百年耳[204]。

如此，世界之生成過程及世界成壞之循環，皆已在朱氏學說中有一說法，世界圖像遂初步形成。但此外，就整個世界看，朱氏尚有一重要觀點，可視為宇宙論與價值論之接筍處，應再述數語。

朱氏論「理氣」之關係，大體上皆言「氣」依「理」而有，依「理」而生萬物，簡言之，即認為「氣」受「理」之限定，所謂「有此理後方有此氣」；然又有「氣強理弱」之說。其言云：

> 氣雖是理之所生；然既生出，則理管他不得。如這理寓於氣了，日用間運用都由這個氣。只是氣強理弱。[205]

又謂：

> 形質也是重；被此生壞了後，理終是拗不轉來。[206]

此等說法雖似簡單，其中所含問題則至為重要。蓋依朱氏「理」管不得「氣」之說，則「氣」可以違「理」而運行。換言之，有氣處不必有理實現；而說「但有此氣，則理便在其中」[207]時，只能指有氣處必有潛存之「理」

---

[202] 《朱子語錄》，卷九十四

[203] 《朱子文集》，卷五十八，〈答楊志仁〉

[204] 案《朱子語類》，卷九十四，亦曾引康節以「十二萬九千六百年」為「一元」之說。大約朱氏基本上亦同意也

[205] 《朱子語類》，卷四

[206] 同上

[207] 《朱子語類》，卷一

而已。如此，則價值論中之「未定項」問題[208]，在朱氏學說中，即可在此得一初步解釋。至朱氏學說中如何安頓此論點，以及如何解決或能否解決由此論點所引起之理論困難，則是另一問題也。

朱氏之形上學及宇宙論系統，本以濂溪之說為主要依據，故前論各節，顯然有極濃之「天道觀」色彩；然朱氏畢竟學出程門，故對「本性論」之基本觀點，亦不能捨去。就朱氏自身之意向說，原以為可綜合濂溪二程之說以成一融貫系統，但此二說中理論立場之客觀衝突，並不能由一主觀意向輕易消除。順「太極」而言陰陽五行及萬物，主理氣運行不離之說，皆是「天道觀」立場；但既強調殊別義之「理」或「性」，則不能不重視氣質之作用，或殊別之理間之不同；此處，「本性論」之觀點即漸居優勢。故朱氏曾云：

論萬物之一原，則理同而氣異；觀萬物之異體，則氣猶相似而理絕不同。[209]

在「一原」處說「理」，即「共同之理」，亦即「天道」；在「異體」處說「理」，即「殊別之理」，亦即「本性」也。物之本性不同，朱氏原以「氣」之不同說之——所謂「清濁」之類是。於是，朱氏之「氣」，本身既有某種屬性（如清或濁），乃與亞里斯多德之「質料」(Matter)不同。蓋亞里斯多德用語中之「質料」與「形式」乃一種相對關係，而絕對意義之「質料」，只是所謂「基始質料」(Primary Matter)，而基始質料則本身全無屬性可言也。朱氏之「氣」本身另有屬性，於是依此屬性，而有使「理」易於實現或難以實現之不同——此亦承二程之說，於是此處可見「氣」有不受「理」所限定一面——即所謂「理管他不得」或「氣強理弱」之意。由此處展開，則將見「理」與「事」二領域間另有不能通貫處；此與「天道觀」之「徹上徹下」之要求不合，然與「本性論」則反相契合。就朱氏之綜合系統看，在此重要關鍵上，原應作一番嚴格思考，以處理此一問題，但朱氏

[208] 參閱本書第二章

[209] 《朱子文集》，卷四十六，〈答黃商伯〉

只匆匆說過，終無確定之安頓或解答。就形上學及宇宙論部分講，此一論點之提出，似只見其破壞系統之完整性及一致性，但朱氏斷不能不留此論點，蓋就價值論及成德工夫講，正須如此安立「未定項」，方能在理論上得一立足點也。

總之，究竟「氣可以違理」抑或「氣不能違理」，乃朱氏學說中之兩難問題。朱氏自身並未解決。今在價值論一面看，則不能不以「氣可以違理」為一基本假定。顧此假定，在形上學及宇宙論方面，則終不能明確安立。學者在此等處，不可強為朱氏辯護也[210]。

以上就理、氣及世界圖像等，述朱熹之形上學及宇宙論之綜合系統之大要。以下即轉至其價值論及有關道德實踐工夫等問題之學說。

(三) 理與欲

在形上學宇宙論範圍中，朱熹之「理」與「氣」相配，而為兩大基本觀念；在涉及善惡問題及工夫理論時，則有「理」與「欲」兩觀念相配，而構成其思想之主脈。所謂「理」與「欲」即「天理與人欲」之簡稱。「天理」仍與形上學中之「理」相承，「人欲」則歸於「氣質」，亦可說仍與「氣」觀念相應也。

---

[210] 案錢穆著《朱子新學案》，在第一冊中「朱子論無極太極」節，曾引明儒曹月川（端）評朱氏「人馬之喻」時所說之「人為死人」及「理為死理」之論；而謂：「若使宇宙自然界，理之乘氣，亦如活人乘馬，出入行止徐疾，一由乎理之馭之，則此宇宙自然，當已一切盡美盡善，更何待乎人之贊者？」云云。此說本是。蓋承天道觀而言氣必不違理，即有此困難；因不能安頓一「未定項」也。然錢氏續謂：「朱子則謂天上未有無理之氣，而理卻不會造作；日用間運用，都由這個氣，而氣又必不違乎理。」云云。此則是將朱氏未能解決之理論困難，強視為已解決者。蓋「氣必不違乎理」與「氣強理弱」二論點，在嚴格意義上斷不能同時成立。朱氏同時持此二論點，正見其學說中之兩難問題，非有一良好解答也。錢氏深明朱氏之意向，然於客觀意義之理論困難則似未能確知也

價值論之第一問題，當為「善惡」問題；此包括「善惡」本身之意義問題，及世界中之「善惡」如何可能之問題。

關於「善惡」之意義問題，朱氏雖未作明白界定，但其意是以合乎天理為「善」，則甚為顯然。如云：

繼之者善，是天理流行處。[211]

又云：

人生而靜，天之性，未嘗不善。感物而動，性之欲，此亦未是不善。至於物至知知，然後好惡形焉，好惡無節於內，知誘於外，不能反躬，天理滅矣，方是惡。故聖賢說得惡字煞遲。[212]

「天理流行」即「善」，「天理滅」即「惡」。此是朱氏論「善惡」之基本觀點，實與〈樂記〉思想及周張二程之論，皆無不同。

至於「善惡如何可能」一問題，則朱氏以理之是否實現解釋之。而所謂「理之實現」，自指「理」在「氣」中實現而言，故「理」之所以不能實現，朱氏皆以「氣」之限制解釋之。如《語類》云：

問：人物皆稟天地之理以為性，皆受天地之氣以為形。……若在物言之，不知是所稟之理便有不全耶？亦是緣氣稟之昏蔽故如此耶？曰：惟其所受之氣只有許多，故其理亦只有許多。如犬馬，他這形氣如此，故只會得如此事。又問：物物具一太極，則是理無不全也。曰：謂之全亦可，謂之偏亦可。以理言之，則無不全，以氣言之，則不能無偏。[213]

[211] 《朱子語類》，卷九十四
[212] 《朱子語類》，卷八十七
[213] 《朱子語類》，卷四

案所謂「其理亦只有許多」一語，有兩種可能解釋；其一指共同之理（即「太極」）言，則此語是說，每一具體之存在，由於其「氣」之限制，只能顯現一部分「理」，故說「亦只有許多」。其二指殊別之理言，則具體存在由於「氣」之限制，故不能充足實現自身之「理」。此即近於柏拉圖所言事物不能完美之義。此二解大有不同，不可輕易混看過去。馮友蘭氏論此問題即混言二義。先就共同之理說，後就殊別之理說[214]。若案朱氏之說，則此處所謂「其理亦只有許多」，確是就「共同之理」言；換言之，即以為「殊別之理」乃「共同之理」受氣之限制而生出。但如此說時，顯然與「物物各具一太極」之言有衝突，故問者即舉此言之；朱氏之答覆只說「以氣言之，則不能無偏」；此並未解決問題。蓋若說物受氣限制即只能有「殊別之理」，則「物物各具一太極」之說，仍不能成立。所謂「以理言之，則無不全」，此「理」字若指共同之理，則其「全」只在其自身中；落在具體之物上既必受限制而「只有許多」，即不能稱之為「全」。於是，不能說「物物各具一太極」。倘此「理」字指殊別之理，則所謂「全」，只是此物之此理之「全」，根本亦非「太極」。更不能說「物物各具一太極」。總之，朱氏此處立論，本身即大成問題。

茲順朱氏之意看，則「理」實現是「善」；「理」之可能不實現（無論取何意義）即為「惡」之所以可能；仍是其基本觀點。

朱氏又以為「人」與「物」之分，即在於人能得「氣之正」，物得「氣之偏」；由此以言「通塞」。其言云：

自一氣而言之，則人物皆受是氣而生。自精粗而言，則人得其氣之正且通者，物得其氣之偏且塞者。惟人得其正，故是理通而無所塞；物得其偏，故是理塞而無所知。[215]

[214] 參閱馮友蘭《中國哲學史》，第二編，第十三章，第四節

[215] 《朱子語類》，卷四

此即濂溪所謂惟人「得其秀而最靈」之說。此處所謂「通塞」仍指「共同之理」說；蓋若依「殊別之理」說，則物雖因氣之「偏」而「塞」以致「無所知」，仍具有「殊別之理」。由此再推一步，可知朱氏此說又本二程所謂「物不能推」一義而來。總之，此一思路是認為「人」之「氣」與「物」之「氣」有正偏之異；故「人」所具之「殊別之理」，即依其「得其正」一義，而與「共同之理」合一矣。

但此是就類與類之比較講。若就類中之個別分子講，則朱氏又認為個別之人彼此間又有所秉之「氣」之不同。其言云：

> 就人之所稟而言，又有清明昏濁之異。[216]

此即所謂人之「氣質之性」是也。依此，則「人」作為一類看，是得「氣之正」者，故有實現共同之理之能力——此能力亦即是人之「性」或「理」（此是「殊別」與「共同」合一處）；但人作為個別存在看，則人雖有此能力，仍未必能充足實現此能力；其實現或不實現，又仍歸在「氣」上。總之，仍是「理」管不住「氣」也。

但朱氏原說「氣」由「理」或「太極」而生，何以「氣」如此不受理之統馭？換言之，既是「太極」為萬有之本，何以此世界中處處有「惡」或「違理」之事象？此點朱氏不能作確定答覆，但以一種圖繪語言解釋。如云：

> 二氣五行，始何嘗不正；只滾來滾去，便有不正。[217]

「滾來滾去」只表示一種想像中之圖像，即所謂圖繪語言之類，不成一理論。又如：

> 問：理無不善，則氣胡有清濁之殊？曰：才說著氣，便自有寒有熱，有香有臭。[218]

---

216 《朱子語類》，卷四

217 同上

此是層次混亂之說法；蓋寒熱香臭等屬性，屬於經驗知覺中之性質；今問「氣」何以能有清濁之殊，是就經驗事物形成之條件一層次說，朱氏乃以更下一層次之性質差別答之，可謂全不著題。然朱氏所以如此說法，實因朱氏理論中只將「氣」有清濁昏明等義作為基本假定，並無確定解釋也。

人之氣既有不同，則其善惡亦不同；但此只是就秉賦之差異說。嚴格說，人之能否實現天理，雖受氣質影響，但其影響只是難易問題，並非可能不可能之問題。伊川曾強調氣質縱惡，只要不自暴自棄，終可克復；是就氣質惡者亦可能為善說。朱氏則強調另一面，以為氣質佳者，亦可能為惡。《語類》云：

> 或問：氣清底人，自無物慾？曰：也如此說不得。口之欲味，耳之欲聲，人人皆然。雖是稟得氣清，纔不檢束，便流於慾去。[219]

「流於慾」便是「惡」矣。朱氏對於「慾」（或「欲」）之解釋，則仿明道以水喻性之說，而云：

> 心，譬水也。性，水之理也。性所以立乎水之靜，情所以行乎水之動，欲則水之流而至於濫也。[220]

朱氏如此言「欲」，即以心之動處為「情」，而「情」之不正者為「欲」；如此，則「欲」或「人欲」，就存有性看，不與「性」、「情」在同一層面上，而只是依「情」而有，情發而兼以私意主之便為「欲」，故朱氏答問愛與欲之別時云：

> 愛是汎愛那物，欲則有意於必得，便要拏將來。[221]

---

[218] 《朱子語錄》，卷四

[219] 《朱子語類》，卷九十五

[220] 《朱子語類》，卷五

[221] 《朱子語類》，卷八十七

「愛」本身為心之功能，故不說是惡；「欲」則是私意作主之情，故是惡。換言之，「情」能循理，即不是「欲」；情不循理，即是「欲」；惡亦由此出。此意與明道之論聖人之喜怒，伊川之論顏子「不遷怒」，皆實相同。均是就情之發處能至循理而言。但朱氏由於注意存有性問題，故再進一步說，「人欲」不是「天理」外另一存有；其言云：

有個天理，便有個人欲。蓋緣這個天理須有安頓處；才安頓得不恰好，便有人欲出來。[222]

天理之「安頓處」，就人心之活動說，即朱氏所謂「情」；「情」能循理，即是安頓得恰好，不然即「有人欲出來」，換言之，「人欲」在存有性上說，依「天理之安頓處」而有；粗略言之，即「人欲」亦在「天理」之內，故朱氏曾云：

人欲便也是天理裡面做出來。雖是人欲，人欲中自有天理。[223]

此種說法，以其用語欠嚴格，故易啟誤會。朱氏並非謂「天理」與「人欲」真是「同體」——如胡五峰所主張，只說「人欲」非與「天理」在同一層面上之另一存有。蓋朱氏既以為萬有皆由天理而生，則人心之有「情」，亦屬「天理」。情之動可正可不正，故有「人欲」問題；但「情」既不在「天理」之外，「人欲」之存有性自不能在「天理」之外。此是所謂「人欲」也是「天理裡面做出來」一語之本意。若就「人欲」自身講，作為情之不正之狀態，則自與「天理」不同。故朱氏屢駁胡五峰說，以為「天理」與「人欲」不能謂是「同體」也。

依以上剖析，可知朱氏學說中，「天理」為自存及恆常之「有」；人因氣質之阻限，或不能實現天理於心念行為中，此是道德善惡問題之根源；而其具體落實處，即在人是循理抑或是逐欲；故朱氏理論中之「道理之二

[222] 《朱子語類》，卷十三

[223] 同上

元性」(Ethical Duality)（此為一切道德理論中所必須具有者），或「善惡問題」，即落在「天理」與「人欲」一對觀念上。所謂「人心」與「道心」之分別，亦在於此。朱氏云：

> 聖人千言萬語，只是教人存天理、滅人欲。[224]

此所謂「滅人欲」，並非消滅「情」之意，只指滅其「不正」或「不循理」者言。能滅人欲，則天理自然顯現。朱氏又云：

> 人性本明，如寶珠沉溷水中，明不可見。去了溷水，則寶珠依舊自明。自家若得知是人欲蔽了，便是明處。[225]

此處之「溷水」仍是就氣質說；蓋溷水即指氣之濁者。朱氏曾謂：

> 有是理而後有是氣，有是氣則必有是理。但稟氣之清者為聖為賢，如寶珠在清冷水中；稟氣之濁者為愚為不肖，如珠在濁水中。所謂明明德者，是就濁水中揩拭此珠也。[226]

說到「明明德」及「揩拭此珠」，便涉及工夫理論。由此可以轉至下節。

(四)心、性、情與成德工夫

朱熹之工夫理論原可分兩部分。第一部分為對於自覺活動及心靈能力之了解，主要見於對「心」、「性」、「情」等觀念之解釋；第二部分則為對成德之努力過程及關鍵之主張，主要包括「窮理」、「居敬」、「格物」、「致知」諸說。本節分別依次論之。

---

[224]《朱子語類》，卷十二
[225] 同上
[226]《朱子語類》，卷四

先論「心」、「性」、「情」之說。

朱氏之「心」觀念，主要之特色在於以「心」為屬於「氣」者，故「心」與「性」迥不相同。朱氏云：

心者，氣之精爽。[227]

又云：

虛靈自是心之本體。[228]

蓋朱氏之「理」或「性」，純作為一形上實有看，而「心」則是萬有中之靈覺能力；故「心」在此意義下並無超越義，而只有經驗義，自與「性」或「理」不同。朱氏曾云：

靈處只是心，不是性。性只是理。[229]

就「心」本身屬於「氣」言，「心」即可以與理合，可以不與理合，換言之，在朱氏學說中，「性」或「理」乃「善」觀念之根源，故決不能說「性」或「理」有「不善」，但「心」則可以是善或不善。朱氏云：

心有善惡，性無不善。[230]

又釋程子所言「心本善，發於思慮則有善不善」一段謂：

疑此段微有未穩處；蓋凡事莫非心之所為，雖放僻邪侈，亦是心之為也。[231]

[227] 《朱子語類》，卷五
[228] 同上
[229] 同上
[230] 同上
[231] 《朱子語類》，卷九十五

此皆謂「心」乃能善能惡者，蓋在朱氏用語中，「心」只表能作具體活動——如思、行皆是——之能力，而本身無建構性又非超驗主體，故本身不含規範；另一面「理」則是規範或「是非標準」。於是心之活動合於理即善，不合於理即惡；故「心有善惡」。但「心」與「性」本身固有如此之殊異，若從心之功能講，則人之「氣」所以是「秀而最靈」，即由於人有能覺理之心。此點朱氏在〈太極圖說解〉中即曾言之。其言云：

……蓋人物之生，莫不有太極之道焉。然陰陽五行，氣質交運，而人之所稟，獨得其秀，故其心為最靈，而有以不失其性之全。[232]

此亦與上文人得「氣之正且通者」一說相通。總之，人之氣為「正且通」或「秀而最靈」，即落在人之「心」上說；於是，人正因有「心」，方能顯現「太極」或「理」，而此所謂顯現亦正是在「心」中顯現。在此意義下，「心」就功能說，即當又是能「知覺」理之能力；而「人」與「理」之關係，亦必以「心」為樞紐點。故朱氏又云：

性便是心之所有之理，心便是理之所會之地。[233]

或更明顯言之，乃云：

道理都具在心裡；說一個心，便教人識得個道理存著處。[234]

此所謂「道理都具在心裡」，非以「心」為最高主體或萬理之源；只是就「道理存著處」或「理之所會之地」說。即皆據心之功能可以覺理而言。不礙「心」與「性」（即「理」）之為二也。

[232] 《周濂溪集》，卷一
[233] 《朱子語類》，卷五
[234] 同上

「心」與「理」雖非本來合一，但所謂成德成聖之學，用工夫則須落在「心」上講，使「有善惡」之「心」去其惡而成為純善，即是所謂「聖人之心」。朱氏云：

> 熹竊謂人之所以為學者，以吾之心未若聖人之心故也。心未能若聖人之心，是以燭理未明，無所準則；隨其所好，高者過，卑者不及；而不自知其為過且不及也。若吾之心即與天地聖人之心無異矣，則尚何學之為哉？[235]

如此，則就工夫或「學」而論，「心」即是「大本」。故朱氏〈答張欽夫〉書強調一切理序皆在「心」中，不可謂「心」之外別有大本。其言云：

> ……若聖門所謂心，則天序、天秩、天命、天討、惻隱、善惡、是非、辭讓，莫不該備，而無心外之法。故孟子曰：盡其心者，知其性也；知其性則知天矣。……而今之為此道者，反謂此心之外，別有大本；為仁之外，別有盡性至命之方；竊恐非惟孤負聖賢立言垂後之意，平生承師問道之心；竊恐此說流行，反為異學所攻，重為吾道之累。[236]

此說單獨看，幾令人疑為象山陽明之作；然朱氏如此強調「心」之地位，實仍只就工夫言；不礙「理」在其系統中為最高實有也。

「學」及「工夫」既皆落在「心」上說，然則如何方能使「吾之心」成為「聖人之心」？依朱氏「理欲」觀念看，自是須使此心完全循理而動；蓋「心」之是否循理，完全在「動」處說。於此，遂可轉至「情」觀念；因朱氏原以「心之動」釋「情」也。朱氏云：

---

[235]《朱子文集》，卷四十二，〈答石子重〉

[236]《朱子文集》，卷三十，〈答張欽夫〉

性者心之理，情者心之動。[237]

故言「心」時，其本性乃所謂「性」，而其動處即是「情」；如此，則「心」以「性」及「情」為其兩面，故張橫渠所言「心統性情」一說，最為朱氏所讚許。曾云：

> 橫渠說得最好。心，統性情者也。……性無不善；心所發為情，或有不善。說不善非是心，亦不得。卻是心之本體本無不善；其流而為不善者，情之遷於物而然也。[238]

心就「性」一面言，即是覺「理」之能力；故無不善。其發處成為具體活動，即是「情」。「情」則可以合理或不合理，此處乃有善或不善之問題。於是所謂「學」或「工夫」，皆須以使心之所發皆能合理為目的；換言之，在「心」上所講之工夫，又在「情」上落實。此是在工夫論中講「心、性、情」之主要理論線索。此意又可以用其他詞語表之；朱氏有時就「人心」、「道心」說。如在《中庸章句・序》中，即云：

> 心之虛靈知覺，一而已矣。而以為有人心道心之異者，則以其或生於形氣之私，或原於性命之正，而所以為知覺者不同。是以，或危殆而不安，或微妙而難見耳。然人莫不有是形，故雖上智，不能無人心；亦莫不有是性，故雖下愚，不能無道心。……必使道心常為一身之主，而人心每聽命焉，則危者安，微者著，而動靜云為，自無過不及之差矣。[239]

此所謂「人心」聽命於「道心」，即以理馭情之意；亦即伊川早年所謂：「性其情」是也。朱熹此類見解，皆承伊川之思路。蓋「人心」或「情」均不可以滅除，只是使之循理而已。此處只有「主從問題」，而無「取消問題」

---

[237] 《朱子語類》，卷五

[238] 同上

[239] 《朱子文集》，卷七十六，〈中庸章句序〉

也。若情能循理，則「情」所有之表現活動，皆成為「性」（或「理」）之表現活動；故又謂七情若皆「中節而無過」，則情「便是性」[240]。此處「便是」一詞，又是朱氏用語不嚴之例；其意實是說，當「情」能循理時，即表現「理」也。再進而言之，「心」亦在「情」處可表現「理」；若專就「性」言，則屬「未發」，凡發處皆是「情」，故亦不能離「情」而言心之是否循理。「心」之「循理」，即是在其所發之「情」上循理而已。

以上已略述朱氏論「心、性、情」之說。尚應補充者，是朱氏喜用「知覺」一詞講「心」，而所謂「知覺」又取極廣泛之詞義；例如《語類》有云：

又問：人與鳥獸固有知覺，但知覺有通塞；草木亦有知覺否？曰：亦有。如一盆花，得些水澆灌便敷榮，若摧抑他便枯悴。謂之無知覺可乎？周茂叔窗前草不除去，云與自家意思一般，便是有知覺。只是鳥獸底知覺不為人底，草木底知覺又不如鳥獸底。又大黃喫著便會瀉，附子喫著便會熱。只是他知覺只從這一路去。又問：腐敗之物亦有否？曰：亦有。如火燒成灰，將來泡湯喫，也嶮苦。因笑曰：頃信州諸公正說草木無性，今夜又說草木無心矣。[241]

案朱氏曾論「枯槁之物」有「性」；此尚不難言之成理；蓋所謂「性」指殊別之理，則「枯槁物」自有「枯槁物之理」也。但此處如此言「知覺」，則對「知覺」一詞之用法，愈擴愈大。言花之榮悴時，稱為「知覺」，則已以「知覺」指生物之一切生命現象；其次以大黃附子對人體之作用，又稱為「知覺」；則化學意義之性質亦算是「知覺」。最後說，以火燒一物成灰，而有苦味，亦算是知覺；則直接經驗感覺中之性質亦以「知覺」稱之。如此用法，「知覺」一詞實已成為「性質」之同義語。凡物有任何性質，皆可稱為「知覺」；則說「物有知覺」

[240] 參閱《朱子語類》，卷九十八

[241] 《朱子語類》，卷六十

時，等於說「物有性質」；乃無意義之贅辭矣。且本以「知覺」說「心」，今若將「知覺」一詞作如此用法，則凡有性質者皆說為有「心」，則此「心」字之詞義隨之而全變，成為另一語言符號。則朱子之論目的何在乎？此種立論上之謬誤，凡稍知解析者即能辨之，本不待說。但有時世俗議論或以為此等說法含有如何如何難解之道理，學者不得不稍加留意，以免思想混亂也。

「心、性、情」之說，只提供朱氏工夫理論之大線索，若具體實踐過程，則須通過「窮理」、「居敬」、「致知」、「格物」等說以展示之。

「窮理」觀念，在朱氏學說中，有重要地位；情況與在伊川學說中相類。而朱氏對於此類問題之見解及說法，亦大致直承伊川。至「居敬」觀念，則更是由伊川所謂「涵養須用敬」而來，此不待解。至於「格物」與「致知」，則朱氏之說雖同於伊川之宗旨，但立論則更為完備，且特別強調內外並進之過程。亦為朱氏影響後世之主要理論之一。

茲先就「居敬」問題，略加析述；「窮理」可與「格物」、「致知」合論。朱氏論「敬」之語，大抵與所謂「察識」及「涵養」之問題有關。此點涉及朱氏與「湖湘學派」之異同，後節另有論述。此處只就其言「敬」之語略作討論。朱氏論「敬」，主張貫動靜而言「敬」；蓋通常由「敬以直內，義以方外」二語為據者，多以為「敬」只就未發處說，既發於外，則應屬於「義」之問題。朱氏則云：

> 敬字通貫動靜；但未發時渾然是敬之體；非是知其未發，方下敬底工夫。既發則隨事省察，而敬之用行焉；然非體素立，則其用亦無自而施也。故敬義非兩截事。必有事焉而勿正，勿忘勿助長，則此心卓然貫通動靜；敬立義行，無適而非天理之正矣。[242]

[242] 《朱子文集》，卷四十三，〈答林擇之〉

本來所謂「敬」，指意志狀態上之工夫言，即伊川所謂「涵養」之事。朱氏如此說法，則以「敬」分體用，以未發所涵養為體，既發之省察為用；於是「敬」乃成為貫內外之工夫，且又為格物、致知等工夫之動力條件。故朱氏又云：

> 大抵敬字是徹上徹下之意。格物致知，乃其間節次進步處耳。[243]

但在朱氏解釋程氏之說時，則仍敬義並言。如《語類》云：

> 仲思問：敬義夾持，直上達天德自此。曰：最是他下得夾持兩字好。敬主乎中，義防乎外，二者相夾持，要放下霎時也不得。[244]

此以敬義分「中」與「外」而言，亦即分居內外也。但即在解程說時，亦認為「敬」即是「中」，又有流行不息之義。其言云：

> 只敬而無失，便不偏不倚；只此便是中。[245]

此「中」自即是〈中庸〉所謂「中和」之「中」；亦即「天下之大本」。又答問程子以「敬」解易之言，則云：

> 易是自然造化。聖人本意只說自然造化流行。程子是將來就人身上說。敬，則這道理流行，不敬，便間斷了。[246]

---

[243] 《朱子文集》，卷四十三，另一書

[244] 《朱子語類》，卷九十五

[245] 《朱子語類》，卷九十六

[246] 同上

又云：

就天地之間言之，是實理；就人身上言之，惟敬然後見得心之實處流行不息。敬才間斷便不誠，不誠便無物，是息也。[247]

此皆以「流行不息」說「敬」。蓋朱子之意，認為「敬」乃意志上不怠不苟之工夫；雖有時可與「義」分言，實則乃一貫內外或徹上下之根本工夫也。

伊川曾以「主一」釋「敬」，朱氏謂「主一」亦貫動靜，其言云：

主一，兼動靜而言。[248]

又答問「主一」者云：

做這一事，且做一事。[249]

則「主一」不僅就在內之存養說，正在應事上見功也。

「敬」是偏於意志一面之工夫；若就認知上說，則有「窮理、格物、致知」。

朱氏重訂《大學章句》，認為有關於「釋格物致知」一段之佚文，故作〈補傳〉一篇；此文最能代表朱氏在「格物致知」一套問題上之確定見解，「窮理」之義亦包於其中。敘述朱氏此一部分理論，即當以此文件為綱領。朱氏之言云：

所謂致知在格物者，言欲致吾之知，在即物而窮其理也。蓋人心之靈，莫不有知；而天下之物，莫不有

[247] 《朱子語類》，卷九十六

[248] 同上

[249] 同上

理；惟於理有未窮，故其知有不盡也。是以大學始教，必使學者即凡天下之物，莫不因其已知之理而益窮之，以求至乎其極。至於用力之久，而一旦豁然貫通焉，則眾物之表裡精粗無不到，而吾心之全體大用無不明矣。此謂物格，此謂知之至也。250

案朱氏此文，字句皆有斟酌；其用語命意一面力求接近程氏，其全盤觀點則顯現一種完整性。蓋此文所說雖非〈大學〉本意，然就文件本身論，仍屬講「致知格物」之明確理論之代表，亦是朱氏在此問題上所持理論之總綱也。

文中首先以「致吾之知」釋「致知」；此自無問題；其次以「即物而窮其理」釋「格物」；於是「窮理」與「格物」不離，「格物」之義亦即通過「窮理」說之。其次以「吾心」本有「知」之能力，與「天下之物」本有其「理」對舉；此處之「理」自係指殊別義之「理」，而「知」亦全指對「理」之思解能力。於是，「窮理」與「致知」內外相應。再進一步，以「窮理」與「致知」為同時完成者；此即隱指由「殊別之理」至「共同之理」之進路；但對此一躍升，則朱說仍與程說相同，不能有明確解釋。朱氏只能以「豁然貫通」狀之，猶程氏之言「脫然自有貫通處」也。

依此文件觀之，格物窮理之目的，在內則欲達成「吾心之全體大用」之「明」，在外則欲達成對貫通之理之掌握。於是，「致知格物」只是同一層面之工夫，而目的最後仍以「致知」為重，蓋〈大學〉原文所謂「致知在格物」，本以「致知」為目的，是通過「格物」以完成「致知」也。至於何以要「致知」，則如〈大學〉所言，即落在「誠、正、修、齊、治、平」上。故總而言之，「窮理格物」是下手工夫，其目的在於明吾心之全體大用；吾心大用既明，乃可內成其德（誠、正），外成文化；即通常所謂「內聖外王」之道也。此中「修身」自又是另

250 朱熹《大學章句》，〈格物補傳〉

一關鍵；但朱氏於此未特作討論。因此處是述朱氏之說，非講〈大學〉，故不詳論。

觀朱氏「格物致知」之說，最須注意者是：朱氏雖就思解一面言「知」，與日後陽明之以道德自覺言「知」不同；但「格物」仍非求取經驗知識之意，且「格物」之目的並非求對經驗世界作客觀了解；與經驗科學之為求知而求知實不相同。是以，無論贊成或反對朱氏之學說，凡認為朱氏之「格物」為近於科學研究者，皆屬大謬。

朱氏以「格物」為明「心」之工夫，在《語類》中亦屢言之。如：

> 格物所以明此心。[251]

案此節問者原說「格物以觀當然之理」，而朱氏則告以「當云：格物所以明此心」；蓋朱氏深恐學者誤以「格物」本身為目的，則成為向外求知之活動，失其本意矣。

「格物」乃所以達成「致知」之工夫，「致知」之完成即是明此心之大用，故朱氏每將二者相並說之。如：

> 格物只是就事上理會，知至便是此心透徹。[252]

「此心透徹」即「吾心之全體大用無不明」之意。又云：

> 格物是物物上窮其至理，致知是吾心無所不知。[253]

所謂「無所不知」亦即明貫通之理之謂。故就實際做工夫說，則即在「格物」處「致知」，多窮得一分理，即多擴大一分吾心之明或大用。故二者在同一層面而不離。但就為學之目的或方向說，「格物」終須以「致知」為目

[251]《朱子語類》，卷一一八

[252]《朱子語類》，卷十五

[253] 同上

的，本身不能孤立成為學之目的。此點掌握得分明，則即不失朱說之大旨矣。

若欲細微處再進一步看，則朱氏之言「格物」是「凡天下之物」皆須「格」；故其下手工夫是在一一物上窮理；而最後目的在求「豁然貫通」，故其歸宿又是落在「共同之理」上。由此，朱氏以為「殊別之理」與「共同之理」皆不可偏忽，故在〈大學或問〉中，反覆言之；其主旨不外強調「殊別之理」必須窮究，否則不知物物性情之異；而「共同之理」應包括物我而言，不可只向外物求；又「格物窮理」亦不可只反求諸身等等。茲不備述。總之，朱氏所持之假定是：就物物上窮理，包括自身在內，最後可以掌握「貫通」之理。而掌握貫通之理而又確知萬物殊別之理時，即內可成己，外可成物。《語類》中有一段說此意最明。其言云：

杞云：莫致知在格物否？曰：固是。〈大學〉論治國平天下許多事，卻歸在格物上。凡事事物物各有一個道理。若能窮得道理，則施之事物莫不各當其位；如人君止於仁，人臣止於敬之類，各有一至極道理。又云：凡萬物莫不各有一道理；若窮理，則萬物之理皆不出此。曰：此是萬物皆備於我？曰：極是。[254]

以治平之事，為皆落在格物上，原是〈大學〉之旨；朱氏顯然全信此說。至謂「各有一至極道理」，而又引「仁」、「敬」等說之，則是取「本性論」立場；其下說「萬物之理皆不出此」，又是指「共同之理」或「太極」言。而斷言「窮得道理，則施之事物莫不各當其位」，則實即以一切文化活動為全依一「心」之直接發用者。以哲學術語說之，朱氏蓋對「主體性之客觀化」問題全未覺察；一切文化制度問題只看作道德問題之延長。所謂「眾多主體之並立領域」，朱氏未嘗悟到。此是朱氏之學之局限，亦宋明儒學之局限所在也。

朱氏就〈大學〉而立其實踐工夫理論，自「格物窮理」下手，以求「致知」之完成，由此而成己成物，說為一直接展開之過程。若與「心、性、情」諸說相連而觀之，則「心」由氣稟所限，每不能「明」，於是「情」

[254] 《朱子語類》，卷一一九

不得正，遂有「惡」出現；但「心」之「性」或「理」原是能照見「共同之理」及「殊別之理」者，故能下工夫使「心」能「明」則即能實現「心」之「本性」，而以理馭情，如此即是「成德」。而如何使「心」能「明」？則是實踐工夫之內部問題。朱氏於此言「窮理格物」及「致知」。「致知」完成即「吾心之全體大用無不明」；「全體大用」即「心」之「性」。此心既明，則向外展開可成就一切文化；即由「修身」至「平天下」一段活動是也。至於向外展開之活動，是否自成一領域，因而自有特性，則朱氏未嘗用心。朱氏依〈大學〉之說，視向外展開為直接無阻之過程；雖在成敗上，朱氏自知「內聖」不必能「外王」，但並不以為「外王」或「向外展開之過程」中另有「工夫」可言也。

朱氏之工夫理論，到此綱領已明。此雖是朱氏一家之說，然在中國思想史上，則影響甚為久遠也。

(五) 世界之肯定及對佛教之批評

朱氏與其他宋明儒者同樣否定佛教之捨離世界，故亦同樣提出一對世界之肯定；但此種理論大致即與批評佛教之言論同時說出，故本節合而述之。

首先，學者須了解者是：在兩宋時代，佛教中如般若、唯識等印度教義，及天台、華嚴等中國佛教教義，皆已漸衰；盛行者唯是禪宗。由此，北宋以降，知識分子所了解之佛教，大致皆只指禪宗而言。朱熹對禪宗之說，亦有基本之了解，但對其他佛教理論，如大空、妙有、真常諸說，實皆無所知。尤其對於佛教歷史及印度文化之背景，朱氏之無知至為可驚。如謂佛經剽竊《莊》、《列》云：

釋氏書，其初只有《四十二章經》，所言甚鄙俚；後來日添自益，皆是中華文士相助撰集。……大抵多是剽竊老子列子意思，變換推衍，以文其說。《大般若經》卷帙甚多，自覺支離，故節縮為《心經》一卷。[255]

[255] 參閱清人所編《朱子全書》，卷六十，論釋氏部分

又云：

> 初間只有《四十二章經》，無恁地多。到東晉便有談議。如今之講師，做一篇議總說之。後來談議厭了，達摩便入來，只靜坐；於中稍有受用處，人都向此。今則文字極多。大概都是後來中國人以《莊》、《列》說自文，夾插其間，都沒理會了。[256]

此種說法，可謂一無是處。蓋佛教教義自身在印度有其發展歷史；大小乘經論自是一步步出現。然豈有剽竊中國道家之事？至東晉佛徒，借道家詞語觀念以說佛教教義，即是所謂「格義」（「格」訓為「通」，即取教外資料者通於佛教教義者為說）。此與佛教本來之經論無干。朱氏對佛教經論似無所知，竟皆以為是中國文士所作。此則見朱氏不僅不知佛教本身之源流，且亦不知佛教在中國流傳講論之情況。可謂不具對佛教之常識。至云始來之佛書，「如《四十二章》、《遺教》、《法華》、《金剛》、《光明》之類，其所言者不過清虛緣業之論、神通變見之術而已。」[257]則對於大小乘之分，既全無常識；所說又不合經之內容——如《法華經》及《金剛經》，一屬真常之教，一屬般若之教，何能以「清虛緣業」、「神通變見」言之？至謂「鄙俚」，則尤不知何指。若指譯文之文字言，則鳩摩羅什之後，所譯經論自成一體；可說是受外國文影響之中文，然不可說為「鄙俚」也。

總之，就佛教經論而言，朱氏實無基本常識，應無「批評」可說。但若只就禪宗而言，則禪宗本身即拋開經論，而直接立說。朱氏頗讀禪門語錄，故對佛教理論提出批評時，即以禪宗之教義為對象。此類論調，雖未接觸佛教內部之系統理論，但亦可看作分別儒佛基本立場之說法，而此種說法又可表示出朱氏對「捨離世界」之精神方向如何否定，以及其自身如何肯定世界。

[256] 參閱清人所編《朱子全書》，卷六十，論釋氏部分

[257] 同上

朱氏評佛教，主要只在「有理」與「無理」，「實理」與「空理」之別。如云：

釋氏說空，不是便不是。但空裡面須有道理始得。若只說道我是個空，而不知有個實底道理，卻做甚用。[258]

此是說釋氏說空亦非全誤，但不知肯定「理」，故不可。蓋朱氏有形上學興趣，承認有超經驗領域，而只就此意義去了解佛教之「空」，以為佛教之「空」即等於無經驗對象，遂說並非「便不是」（此「不是」即「錯誤」之意）；但朱氏之超經驗領域即「理」之領域，故說「空裡面須有道理」。此自與佛教理論不相應，蓋佛教之「空」，意義亦屢有演變；至大乘言空，則當以《中論》義為主，正在「非有非無」處立「空義」，其思辯程式，朱氏全未用心；故只算泛說一反對意見而已。但此反對意見已足以表示朱氏自己之主張；此即：儒學須肯定「世界」有「理」，「心」亦有「理」。故說：

彼見得心空而無理，此見得心雖空而萬理咸備也。[259]

又云：

學禪者只是把一個話頭去看，如何是佛麻三斤之類，又都無義理得穿鑿。……只是如此教人，但他都無義理，只是個空寂。儒者之學，則有許多義理。若看得透徹，則可以貫事物，可以洞古今。[260]

又云：

釋氏虛，吾儒實。釋氏二，吾儒一。釋氏以事理為不緊要而不理會。[261]

---

[258] 《朱子語類》，卷一二六

[259] 同上

[260] 同上

[261] 同上

凡此種種批評，其意只是說，佛教不肯定世界萬有之「理」而視為虛妄，乃不可取者；又以此處之差異為儒佛之別。若從嚴格理論標準看，則佛教以世界為虛妄，是一結論；朱氏欲駁之，則應從其理據論證上著手。只說此結論不好，並未駁倒一理論，只表示自己之態度而已。此尚不能稱為一反駁佛教之理論也。

但若就態度講，則朱氏於此言儒佛之辨，亦自不差；蓋佛教以世界為虛妄，故即取「捨離」為精神方向；儒學以世界為實現理之領域，故即持「化成世界」為其精神方向。此原是兩種不同態度也。

朱氏所說之「理」，有時取形上規律義，有時取道德規範義；蓋朱氏對「實然」、「必然」、「應然」未能區別，且在其系統中直是有意混而為一。於是，當朱氏抨擊佛教不能肯定「理」時，每即從「道德規範」一面講。如云：

> 天下只是這道理，終是走不得。如佛老雖是滅人倫，然自是逃不得；如無父子，卻拜其師，以其弟子為子，長者為師兄，少者為師弟。[262]

案此是說人類社群關係，自有一種「理」；佛教之宗教組織，亦不能不依此種「理」。推而言之，依佛教教義，則一切道德倫常之「理」皆是虛幻；而朱氏則認為「物則民彝」皆自然之「實理」不可視為虛幻。在〈釋氏論〉中，曾評佛教之「識心見性」云：

> ……所以識心者，則必別立一心以識此心；而其所謂見性者，又未嘗睹天民之衷，物之則也。既不睹天性之本然，則物之所感，情之所發……概以為己累而盡絕之；雖至於反易天常殄滅人理而不顧。[263]

案此節本就「儒釋之所以異」說。所謂「別立一心」，則即其「觀心說」中所提出之論點。而最重要處則在對於

[262] 《朱子語類》，卷一二六

[263] 《朱子文別集》，卷八

「見性」之批評。朱氏以為釋氏不以「性」為「理」，故不能肯定人生及事物之法則規範，終至將此世界中一切皆視為「累」而「盡絕之」；此是「反易天常，殄滅人理」。實即對於「捨離世界」之全面否定也。

總之，朱氏之反佛教，以佛教言「空」不能肯定「理」為主；而其立論非針對佛教如何證「空」，及何故以世界為虛妄等理論說，只就其「捨離」一主張說。譬如，萬有生於「無明」是佛教視世界為虛妄之理據，因緣及識變等說，即為其理論內容。「空」在般若宗言，通過《中論》之論證而建立。此皆是佛教所以得此結論之理論基礎。朱氏成日反佛教，心目中只見有禪宗語錄，對此種種理論全未深究；故其反佛教只表示以「肯定世界」之態度反「捨離世界」之態度而已。

至於朱氏又喜批評禪宗「見性成佛」之語，及「作用是性」之說，大抵認為「作用是性」之說乃錯誤「心」為「性」，而所謂「見性」即「摩擦」此心至於「精光」即以此「精光」之「心」為「性」云云。此等語若只就禪門工夫說，尚有相應處。若就佛教之根本理論看，即自慧能以下說「見性」時，「性」字皆指《大涅槃經》一系思想之「佛性」言；若取朱氏用「性」之義，則正是佛教要破除之「自性」，非禪宗所言之「性」[264]。「見性成佛」即「佛性」發用便達佛境界之謂。「作用是性」或就「作用」言「性」，亦是以「性」為「主體性」故如此說。朱氏只了解經驗意義之主體，稱之為「心」；而不解超驗意義之主體義，遂有此種思想上之隔膜。基本理論既未了解，則朱氏此類意見，對佛教教義或甚至禪宗教義，實無作理論上之否定之效力也。

總之，朱氏自謂：「於釋氏之學，蓋嘗師其人，尊其道。」[265]但案其言論，可知朱氏於佛教源流、經論大

[264] 慧能立說，不據經論；故所用「自性」一詞，與佛教經論中之傳統用法不同。此點可參閱拙著《新編中國哲學史》㈡，論中國佛教部分

[265] 《朱子文集》，卷三十，〈答汪尚書〉

旨以及中國佛教教義之演變等等，皆無所知；其所謂「師其人，尊其道」大抵指禪宗之「人」、禪宗之「道」講。但禪宗雖號稱「教外別傳」，其思想淵源自仍不能全離佛教教義之大流。朱氏不知大流，於禪宗亦只能就具體枝節上稍求了解，故即就評禪宗之「見性成佛」說，已屬不明原語之意。但此只表示朱氏在理論了解及知識方面，不能真對佛教作理論上之批判，並不表示朱氏在態度上不能反佛教。宋儒大抵如游酢所云少看佛書，故均不能真正批評佛教理論。然在對世界之態度上說，宋儒仍可取肯定世界之態度，以反對佛教捨離世界之態度。至於如何建立自身之肯定，則亦隨人而不同。若橫渠伊川，則皆強調佛氏只能求自我之超升，而不能化成世界一點；其說實較朱氏為平穩。朱子談「心」談「性」，而不明佛教所肯定之「主體性」，乃有哲學上堅固理論根據者。朱氏以為將「心」觀念限於經驗義是可靠之立足點；實則此一觀點在佛教理論中早有破除之論證，朱氏亦未見能克服其論證也。

朱氏持一存有義之形上學觀念，組成一綜合系統，而不知「主體性」問題之哲學意義。於是，凡言「主體性」而不限於以經驗義說「心」者，在朱子即皆視為「禪學」；此蓋在理論標準與歷史標準兩面均犯錯誤。蓋就理論標準言，則朱氏此種綜合系統中內含之背反問題及其他內在困難，不唯乃朱氏所未能解決者，且亦是朱氏所未完全見到者；而以「主體性」為中心觀念之系統——如「心性論」，即可以避免此種困難。再就歷史標準言，禪宗之說，本屬佛教之一支，其強調「主體性」，並非弊病所在；今因反佛教之故，便以禪宗代表佛教；又以反禪之故，便反對強調「主體性」之一切言論，此則朱氏學說中之大病矣。

至於肯定世界，則確為儒學精神方向所在，亦儒佛之辨之樞紐問題所在。然建立對世界之肯定，並不必然依賴朱氏此種形上學理論；純由「心性論」立場，亦可以建立一肯定世界之理論。此點後文再論之。

(六)其　他

以上已將朱熹學說之大要分別析述。尚有應涉及之零星問題，即在此節中作一補充。

第一、是朱氏對道家及道教之態度問題。

朱氏評佛教，持一明確之反對態度，但談及道家老莊之學，態度不同。雖每每以「釋老」並稱而有抨擊之語，然對老子之形上學觀念，仍時有讚賞之意。蓋朱氏自已有形上學興趣，而不甚深知「心性論」與「形上學」之分別，故不唯在建立理論系統時，以《易傳》、〈中庸〉一系之形上學觀念，回頭籠罩孔孟之說，而構成一「道統」觀念，且在平日語言中亦嘗強調道家所代表之古中國南方文化中之形上觀念。但朱子對先秦南北文化及其思想特色，亦不甚明白，故說此等話時，亦不自覺為有違孔孟之思想方向。如云：

今觀老子書，自有許多說話；人如何不愛？[266]

又云：

康節嘗言，老氏得《易》之體，孟子得《易》之用，非也。老子自有老子之體用。[267]

此皆言老子之書自有所長也。但朱子雖欣賞老子之形上學色彩，對於「有生於無」一義則不以為然；蓋此與朱氏自身之形上學內容有異。曾云：

《易》不言有無，老子言有生於無，便不是。[268]

至於莊子，朱氏則認為老莊不同；其言云：

老子之學，大抵以虛靜無為、沖退自守為事，故其說常以濡弱謙下為表，以空虛不毀萬物為實。旁日月，

---

[266] 《朱子語類》，卷一二五

[267] 同上

[268] 同上

扶宇宙，揮斥八極，神氣不變者，是乃莊生之荒唐。[269]

此揚老而抑莊之語。蓋莊生「內篇」思想，原以「真我」之肯定及最高自由（超離意義）之境界之描述為中心，「主體性」觀念較強；而朱氏則不識任何意義之「超越主體性」，故見強調「超越主體性」之理論，便以為非。此所以以莊子為「荒唐」，而認為老子「曷嘗有是」；換言之，即老子不「荒唐」而莊子「荒唐」也。

但對莊子之「文章」，朱氏則亦極欣賞；曾云：

《莊子》文章，只信口流出，煞高。《列子》說得困弱，不如《莊子》。《老子》又較深厚。[270]

此則是以《老》、《莊》與偽書《列子》相比，而其結論是《老子》最高，《莊》則仍優於《列》。

觀朱氏談「老子之學」時，全用《莊子》書中〈天下〉篇之語，而無深切之論斷，可知朱氏雖在形上學與趣一面與老子契合，至對老子理論內部之了解，恐亦未足。莊子之理論，內部結構遠較《道德經》為嚴整，而朱氏以「信口流出」或「荒唐」目之，則其不解莊子所接觸之哲學問題，不待多說。

關於道教一面，則朱氏事實上受其影響甚大。此點證據極多，茲舉其要者一二。

首先，朱氏解《易》，極重象數；對於所謂〈河圖〉、〈洛書〉推崇備至；著《周易本義》及《易學啟蒙》，皆以此二圖為《易》理之根據。且謂邵氏之〈先天圖〉乃「伏羲」畫卦之次序云云。曾與袁樞反覆辯論，茲不備引[271]。案〈河圖〉一詞雖見於《書經》，但並無確解；《論語》中「河不出圖」一語，來源如何，亦大有問題。至造出龍馬負圖、神龜負書之說，則實以緯書為最早。本與文王孔子無干，何論伏羲？若宋時盛行之〈河圖〉、

[269] 《朱子語類》，卷一二五
[270] 同上
[271] 參閱《朱子文集》，卷三十八，〈答袁機仲〉各書

《洛書》二圖，則分明出自道教；此點自毛大可之著《原舛》，至胡渭作《易圖明辨》，業已考定。即以宋代而言，歐陽修早已辨之。然朱氏獨深信《河圖》、《洛書》，因之亦推崇康節之《先天圖》——康節之說本以《河圖》、《洛書》為據。朱氏每論及此，反不以伊川之不重象數為然。於是，朱氏之易學，實際上出於道教以圖書解《易》一派；而朱氏本人反以為是「道統」所在也。

道教託《易經》以講其修煉之術，實在隋唐「內丹說」興起以前。魏伯陽之《參同契》，即借《易經》以談丹訣（外丹）；其後自隋蘇元朗（青霞子）以所創內丹之說託於魏書，後世道士遂強調《參同契》乃「內丹」之書。此種演變，朱氏似不甚詳知；但對《參同契》一書則大感興趣。朱氏化名「空同道士鄒訢」作《參同契考異》，對書中所言丹鼎之事，頗有論釋；尤喜所謂「納甲」之說——即論「月」在一月中之圓缺及方位之說。此則是朱氏自覺地講道教理論，與講《易》時誤以道教之說為「道統」所在又不同矣。

此外，朱氏生平最尊濂溪之《太極圖說》，而《太極圖》實出自道教。朱氏初強調是濂溪自作，後乃不得不承認與希夷有關。此尤是朱氏思想受道教影響之大關鍵。本書第三章論濂溪與道教之關係時，已詳辨之，茲不重述。

總之，朱熹雖自命承儒學「道統」，實則其思想學說中受道家及道教影響之成分，實不少於其上承孔孟之成分也。

第二、是朱氏對經籍考證之態度。

近人頗有誇張朱氏治學之科學精神者，以為考證之學在朱氏已發其端。實則，朱氏對經籍之真偽時代及源流問題，極少作客觀之研究。即以《河圖》及《洛書》問題言，朱子深信二圖，而與袁樞辯論時，則云：

熹於世傳《河圖》、《洛書》之舊，所以不敢不信者，正以其義理不悖而證驗不差爾。來教必以為偽，則未見有以指其義理之謬，證驗之差也。[272]

所謂「義理不悖」，是理論之是非問題，非文件之真偽問題。後世偽造託古之文件，亦可以「義理不悖」，並不能因此推其為真。至朱氏所謂「證驗」，亦非指一文件之時代作者方面之客觀證據，而是指效用講。「效用」亦與文件之真偽問題無干。朱氏若果能作客觀考證，則宋代言《易》之一切圖書之說，皆不難考見其不出於先秦儒學；而朱氏只因此種文件可配合自己之學說，遂「信」之以為「真」；正可見其並無作客觀參證之嚴格精神也。

朱氏對於其他經籍，確常有辨偽之言。如謂，古文《尚書》諸篇不可信，疑孔安國書傳為魏晉間人所作；又承鄭樵之說，不信〈詩序〉；對《春秋》三傳舊說，亦多所懷疑，皆足見朱氏亦有不盲從成說之傾向。但朱氏立論，總是多以理論意義之是非作為考辨文件真偽之標準，則終不能算作能從事客觀考證者也。

此處所應附帶提及者，是〈大學〉、〈中庸〉問題。《禮記》乃漢儒雜輯許多文件而成。文件之時代問題極為複雜，朱氏自亦知之，然朱氏對〈大學〉為曾子所著，〈中庸〉為子思所著之說，全不作客觀考證，一律深信不疑。甚至更進一步，謂〈大學〉之文「蓋孔子之言，而曾子述之。」[273]可說是愈說愈遠，豈有絲毫考證精神？〈中庸〉內容雜亂，分明是一種雜記；其中顯屬後出之語尤多；朱氏亦未嘗稍加考證也。

總之，宋代原有辨偽之風。朱氏在此風氣下，未嘗不受影響；但其治學，殊少客觀研究之精神，故雖嘗辨古籍或舊說之不可信，於自身立說所據之重要文件，反而未稍作考證。此蓋由於朱氏治學原受「道統」觀念之支配，本與清代之考證之學有方向之不同也。

---

[272] 《朱子文集》，卷三十八，〈答袁機仲〉

[273] 參閱朱熹《大學章句》

第三、是朱氏對政治及歷史問題之觀點問題。

朱氏在講〈大學〉時，即以為道德心一經建立，便可直接向外展開，以實現文化制度之理。換言之，以「治國、平天下」為「誠意、正心、修身」等工夫之直接效果。故朱氏論政治問題，實看作道德問題之延長。對於政治領域之特性，從未注意。此點卻是朱氏上承孔孟之處。蓋孔子首倡「德治」觀念，又以「正名」或各盡其分為政治社會行為之原則；孟子則提出「仁政」及「王道」觀念，以規定人君或政治領袖所應盡之分，原是一脈相承。漢儒以下，在哲學理論方面，走上宇宙論及形上學道路，可謂全失孔孟之「心性論」本旨，但在政治生活方面，則大抵仍循「德治」觀念之方向。朱氏亦是如此。

由於朱氏眼中，政治生活只是道德生活之延長，故其論政治問題，亦全當作道德問題看。蓋人如不正視政治生活之特性，不知此處另有一理論領域，則勢必將政治生活與個人生活看作一類；其化政治問題為道德問題亦屬當然也。

朱氏既持此態度，故其對政治問題之總觀點，即落在道德教育上。對人君言，要使人君成為有德之君；對人民言，亦要使人人能行仁義。此等論調，在朱氏〈上宋孝宗書〉中及其他文件中，皆屢見不鮮。如云：

> 天下之務，莫大於恤民；而恤民之本在人君正心術以立紀綱。蓋天下之紀綱不能以自立，必人主之心術公平正大，無偏黨反側之私，然後有所繫而立；君心不能以自正，必親賢臣，遠小人，講明義理之歸，閉塞私邪之路，然後乃可得而正。[274]

淳熙十五年上封事，又云：

> ……臣之輒以陛下之心為天下之大本者，何也？天下之事千變萬化，其端無窮，而無一不本於人主之心

[274] 見《宋史》本傳

者；此自然之理也。故人主之心正，則天下之事無一不出於正；人主之心不正，則天下之事，無一得由於正。[275]

案朱氏此一封事，原以「天下之勢，如人之有重病」為言，然其主張，則落在「人主之心」上，蓋以為天下之治亂，純繫乎人主能否「正」其「心」。換言之，即視政治問題為人君之道德問題也。前引所上書中所謂「正心術」，亦同此意。此外類似之語尚多，不再備引。

朱氏既化政治問題為道德問題，於是其論歷史，亦取此觀點。依舊日之傳說，夏商周均是「德治」，所謂「三代」是也。朱氏接受舊說，肯定古代政治是合於道德者，而秦漢以下，則認為其政治皆不合「德治」之要求，因之皆不足取。於此，朱氏又以「天理」、「人欲」一對觀念說之；謂三代是「天理」作主，漢唐皆「人欲」作主。此點在朱氏與陳亮之辯論中，反覆言之。下節論朱氏之敵論時當再詳述。

總之，朱氏將社會政治問題，皆化為道德問題；故其論歷史之演變，並不在任何客觀規律上著眼。因此，朱氏似無獨立之「史觀」可說。

以上為對朱氏學說思想之補充。

述朱氏學說大要，至此可作一結束。以下再作簡單結語，即另述朱氏與其同時之思想家之辯論，以通過朱氏一觀當時之思想界。

三、結　語

朱熹之學，以其綜合系統為特色；此即後世推崇者所謂「集大成」之意。但若取嚴格理論標準及客觀歷史

[275] 《朱子文集》，卷一，〈戊申封事〉；亦見《年譜》

標準衡度之，則朱氏此一綜合工作究竟有何種正面成就，則大為可疑；蓋就理論說，朱氏之說不代表儒學真實之進展；就歷史說，則朱氏只是揉合古今資料，造出一「道統」，亦非真能承孔孟之學。

關於理論方面，本書在〈總說〉中，已有詳盡之析論。此處只提綱挈領，稍作說明。

朱氏之系統乃將濂溪、橫渠及二程之說合而為一之理論；其中取於濂溪及伊川思想者最多，取於橫渠及明道者較少，故基本上，朱說實是將「天道觀」與「本性論」相連而成。如〈總說〉中所論，「天道觀」之基本困難，在於無法安置「未定項」，因之，其價值論自始即朦朧不明；至於由天道以釋宇宙之生成過程所涉理論困難，固屬易見，尚應看作次要問題。朱氏說中承「天道觀」之部分，對此種困難全未解決。

試就朱氏之詞語說，「太極」作為共同之理，即是「天道」；陰陽以下屬「氣」之領域，但皆由「太極」生出；依此則陰陽五行之變化，皆不能不依「太極」之理。濂溪所謂「五性感動而善惡分」，則是於此處安置一未定項；換言之，即認為五性感動即可以不合於理。但何以有此違理之可能？則〈圖說〉及《通書》皆不能解釋。朱氏承濂溪之觀念，乃有「理管不得氣」之論。其意蓋謂：「氣」本身另有自動性，故可不合於理。但若如此說，則「氣」之自動性之根源何在？便成一問題；且不符於「理」生「氣」之基本假定。朱氏只說理雖生氣而氣生後，理即管不得；此不能成為一解釋，而只能作為一待解釋之論點。朱氏既不能解釋此論點，則只是將「天道觀」中之困難拉長一步或推遠一步，而並未能解決此困難也。

其次，就本性論而言，其基本困難在於本性領域與當前事物之領域間，具體關係無由決定。換言之，即「理」與「事」間之一一特定關係無法決定。用朱氏之詞語說，萬有皆由「氣」而成；當一定之氣生為某種事物時，「氣既成形，理亦賦焉」；此「理」是殊別之理，亦即事物之本性；朱氏所舉「竹椅」之理等皆是明證。如此，則具體事物之「理」乃由其特殊之「氣」所限定者；或更明確言之，共同之理受特殊之氣之限定而成為殊別之理；此即朱氏論「犬馬」時所言「其理亦只有許多」之意。依此推之，萬物之「性」與其實際存在將成為密切相符者。如「泥水」即當有「泥水」之「理」或「性」，「清水」即當有「清水」之「理」或「性」；而無法說「泥水」應變為「清水」，正如「犬」不當說是應變為「馬」或「人」也。但此大悖於「本性論」中之「實現」觀念。蓋「本性論」之所以能免除「天道觀」之困難，全在於能通過「實現」觀念以安置未定項，而建構其價值理論；今倘不能說「泥水」為「不好之清水」，則不能謂「水」之「性」在「泥水」中未「實現」。於是萬物各自由其「氣」而具一殊別之理或性，而此殊別之理作為本性，皆屬自成標準者。共同之理徒然虛懸。在萬物並生之世界中，實無可作、無可為。落在道德生活上，「處物為義」亦將成為對事實之全面承認——即對「兇殘」之「物」以「兇殘」之「理」處之等等。此非儒學立場所能承認，朱氏亦未嘗提出解決。

由此可知，「天道觀」及「本性論」中之基本理論困難，在朱氏系統中依舊存在。再進一步看，「天道觀」與「本性論」又另有一共同困難，此即實際世界中生命界之內在衝突問題。

再用朱氏之詞語講；若今有一虎，以殘害其他動物為其維持生命之方法。依朱氏之說，虎所以會如此兇殘，乃因其「氣」是如此。換言之，「虎」由「兇殘之氣」決定其有「兇殘之性」。如以兇殘為悖於共同之理者，則即可說：「虎」是一有「惡性」之存在。此處似可用伊川之「不能推」一語解說，即「虎」之求生妨害他物之生；在「虎」不能「推」其求生之理以全他物之生，因此是「惡」物。將此點予以一般化，則即可說：萬物以實現其本性為「好」；但某種存在則在實現自身之本性時，即破壞其他存在之本性之實現；此種存在因此即應看作具有「惡之本性」者。如此表述，似一面仍可以維持「以實現本性為善（或好）」之原則，另一面又可以對虎之兇殘之否定立一理論基礎。然而，倘接受此說，則生命界中除植物外，其餘即全具有「惡」之「本性」；蓋一切動物，包括人類在內，皆以破壞其他生命為維持自身生命之必需手段。在「天道觀」一面，若以「大德曰生」定「天道」之內容，則生命界即似是皆悖於「天道」者。在「本性論」一面，如以「生」為「生物」之本性，則生物同時互相否定對方本性之實現。此所謂生命界之內在衝突。此種衝突固不是有任何邏輯之必然性，但為實際世界之真實情況。若此世界本視為不生於理者，則此點尚不成嚴重問題；但「天道觀」及「本性論」均必視此世界為依「實理」而生，於此，此一問題即成為無法克服之困難矣，朱氏對此問題似全未作深思，動輒以「氣」之「不好」交代之，其實就朱氏所持「理氣不離」之觀點說，此問題尤為嚴重也。

故簡言之，朱氏綜合「天道觀」與「本性論」之說而組成一綜合系統，但「天道觀」及「本性論」兩面之理論困難，朱氏皆未能解決；至於二者所共有之困難，在朱氏系統中不唯不能解決，反而更形嚴重。然則，朱氏之系統未可說為有超邁前人之理論成就也。

若落在成德工夫問題上說，朱氏以「心」為得氣中最靈或最正者，因此，即以「能見共同之理」作為「心」之殊別之理；由此一面將「心」視為屬於「氣」者，另一面又將「心」與「理」安頓於一種本然相通之關係中；此原是朱氏立說之善巧處。但「心」既有昏明（清濁）之異，則須有一工夫過程以使「心」能實現其「本性」（即所謂「全體大用」），於是有「致知窮理」之說。此處理論之困難在於工夫開始於「大用」未顯之時，故即在心能見共同之理之先，然則此時以何動力推動此工夫？蓋心倘是「昏」，則此昏心何以能求自身之「明」？蓋朱氏之「心」既屬於「氣」，即不能有超驗之主宰力；其始動時必全受「氣」決定也。伊川論變化氣質，認為下愚亦可移；是仍強調「自由意志」或某一程度之「主宰性」；朱氏以「心」為「氣」，而此「氣」又可以昏，可以濁，於是工夫之動力遂成問題，此尚不如伊川之簡說也[276]。

至如就生命界之內在衝突說，則人之實際存在，即是悖於「天道」者，又是不能「盡物之性」者，則道德

[276] 參閱前節論伊川學說部分

生活成為虛幻，更不待言。

以上乃就理論一面說。若就歷史一面看，世人常以為朱氏上據經籍下收諸儒之言，而組成一代表「道統」之理論，乃儒學史上之大功。此是純就朱氏立說之規模講。倘學者細究朱氏對經籍之態度，則可知孔孟之學，在漢代以後即不為人真了解。宋儒初起，即誤據《易傳》、〈中庸〉之形上學及「宇宙論」以講孔孟——因既稱「儒」，自不能不是以上承孔孟自居。周張二程，立說不同，而此病不改。至朱氏出，則取《禮記》二篇合《論》、《孟》而編為「四書」；取道教之圖書、緯書之怪說，以釋《易經》；再據偽古文《尚書》以言堯舜心傳；於是本已面目不明之孔孟儒學，至此遂納入一系統性之曲解中。朱氏治學之規模固大，但結果是通過一系統性之曲解，而勾劃一與歷史絕不相應之「道統」面目。此點通過近百餘年考證工作看，可說已無疑義。然則朱氏之「集大成」，實亦是構成儒學內部最大之「混亂」也。

此外，如朱氏解經之說，成為官學，以致明清一般知識分子，棄經而專攻朱注或朱氏之解釋，以取科名。此在清初朱彝尊即深譏之[277]。然此尚是流弊，不必深論。

伍　朱熹之敵論

朱熹生平最喜辯論，蓋以重建「道統」自任，不得不如此。其辯論中有理論意義甚高者，亦有無甚理論意義者，本節所述，則以朱氏與人之辯論中最重要之敵論為對象。

此可分三部分：第一、為湖湘學派，所辯者主要是成德之學內部之理論；第二、為事功學派，所辯者為義

[277] 參閱《曝書亭集》，卷六十，〈經書取士議〉

理事功之衝突或分合問題；第三、則為朱陸之爭，所涉乃哲學上之根本問題。因第三部分之辯論，實已涉及宋明儒學後一階段之思想，故雖最為重要，而在本章中列於最後，以便過渡至下章對後期理論之展示。

一、湖湘學派

案胡安國問學於謝良佐、楊時等，遂傳程門之學；其子胡宏，號五峰，講學於今湖南衡山，遂開所謂「湖湘學派」。胡宏門人張栻，與朱熹同時，頗多講論。然張栻本人頗推崇朱氏之說，未可視為敵論之代表。朱氏對湖湘學派之真正批評，實以胡五峰之《知言》為對象。但朱氏既與張栻同時，其反對《知言》之論調，即每對張栻表示。張栻雖不墨守師說，亦偶有辯論。此外，朱氏論「中和」諸書，亦即是與張栻討論工夫問題者。討論結果，則張栻大致皆對朱說「印可」；然書札往來中亦可見彼此持論之不同處。此不同處大抵即由二程後學立說不同而來，觀之亦可見所謂「洛學」至「閩學」(朱說)間之演變也。

朱氏與「湖湘學派」之辯論，如上所述，以《知言》一書及「中和」理論為主。玆先述「中和」問題之辯論，再述朱氏對胡宏《知言》之批評。

(一)中和問題

朱氏與張栻論「中和」問題，始於乾道三年(丁亥)。是年秋朱氏訪張氏，九月八日抵長沙與張氏晤談。其時朱氏深服張氏之論，故〈與曹晉叔書〉云：

熹此月八日抵長沙，今半月矣。蒙敬夫愛予甚篤；相與講明其所未聞，日有問學之益，至幸至幸。敬夫學問愈高，所見卓然，議論出人意表。近讀其語說，不覺胸中洒然。誠可歎服。[278]

---

[278] 《朱子文集》，卷二十四

朱氏此次與張氏盤桓兩月，十一月同登衡山，廿三日始作別。朱氏赴湘，八月啟程而九月八日抵長沙（上引致曹書中之「此月」即九月）；諸書及〈年譜〉皆嘗記此年八月訪南軒於潭州，蓋就啟程日期言；否則二人十一月廿三日方別，何以說是盤桓兩月？此雖小事，亦應辨明。

朱氏與張氏別後，即屢通書論工夫問題；日後朱氏即於乾道八年（壬辰）將丁亥至戊子年間之論中和諸書彙編而稱為《中和舊說》，蓋乾道五年（己丑），朱氏對中和問題即另有所悟，亦為南軒所同意，朱氏遂以己丑後之說為「新說」或結論；而承認前此之舊說皆非也。

所謂舊說與後來之說之不同，基本上只在於所謂「未發」處之工夫問題。蓋朱熹早年從李侗問學；延平教人從「喜怒哀樂之未發」處用功；其意即是在應物之外有內在之意志存養。而朱熹不解其旨，仍信崇其說。丁亥九月既與南軒論學，則受南軒影響，認為人心總是「已發」，並無「未發」處之工夫；蓋胡五峰本主張先「察識」而後「存養」（案此據明道「識仁」一段議論），南軒即承此說，而朱氏初與南軒議論，即深信之。自丁亥至己丑，朱氏皆取此立場以談「中和」或「已發未發」之問題。己丑與蔡季通辨此說後，方有所疑；於是重讀程門之書，遂有改變。而其要旨則在於確認「未發」處之工夫也。朱氏〈中和舊說序〉云：

余蚤從延平李先生學，受〈中庸〉之書，求喜怒哀樂未發之旨，未達，而先生沒。余竊自悼其不敏，若窮人之無歸。[279]

此即朱氏自謂在延平門下未能了解「未發」處之工夫也。然朱氏雖未明延平之旨，仍極力用功，未以延平為非。故丙戌年〈答何叔京〉書云：

李先生教人，大抵令於靜中體認大本未發時氣象分明，即處事應物自然中節。此乃龜山門下相傳指訣。

[279]《朱子文集》，卷七十五，〈中和舊說序〉

然當時親炙之時，貪聽講論，又方竊好章句訓詁之習，不得盡心於此。至今若存若亡，無一的實見處，孤負教育之意。[280]

此見朱氏雖自承未真能了解延平之教，但只自責，而未疑延平之說。〈答何叔京〉另一書亦同年所作，又云：

昔聞之師，以為當於未發已發之幾，默識而心契焉，然後文義事理觸類可通，莫非此理之所出，不待區區求之於章句訓詁之間也。向雖聞此，而莫測其所謂；由今觀之，始知其為切要至當之說，而竟亦未能一蹴而至其域也。[281]

朱氏固謂延平之教乃「切要至當之說」，雖自己未能具此工夫，決未疑此說有不當也。見南軒後，則思路漸變。〈中和舊說序〉續云：

聞張欽夫得衡山胡氏學，則往從而問焉；欽夫告余以所聞，余亦未之省也。退而沉思，殆忘寢食；一日喟然歎曰：人自嬰兒以至老死，雖語默動靜之不同，然其大體莫非已發，特其未發者為未嘗發爾。自此不復有疑，以為〈中庸〉之旨，果不外乎此矣。後得胡氏書，有與曾吉父論未發之旨者，其論又適與余意合，用是益自信。雖程子之言有不合者，亦直以為少作失傳而不之信也。[282]

此是說接受南軒之說後，即以為無「未發」處之工夫，且明白說「得胡氏書」，故益自信。此是朱氏接受湖湘學派思想之階段；而所謂「中和舊說」者，即此階段中之文件也。但己丑以後，朱氏即另有思想上之進展，故續云：

---

[280]《朱子文集》，卷四十，〈答何叔京〉

[281]《朱子文集》，卷四十，答何另一書

[282]《朱子文集》，卷七十五，〈中和舊說序〉

乾道己丑之春，為友人蔡季通言之；問辨之際，予忽自疑。……則復取程氏書虛心平氣而徐讀之，未及數行，凍解冰釋。然後知情性之本然，聖賢之微旨，其平正明白乃如此。而前日讀之不詳，妄生穿穴；凡所辛苦而僅得之者，適足以自誤而已。[283]

此即己丑後肯定「未發」處之工夫之新說。朱氏有此一悟，遂以舊說為失。於是即以此新說告南軒及湖湘學派諸人，即《宋元學案》中所載之第四書是也。序中續謂：

於是又竊自懼，亟以書報欽夫，及嘗同為此論者。唯欽夫復書深以為然，其餘則或信或疑，或至於今累年而未定也。……暇日料檢故書，得當時往還書藁一編；輒序其所以而題之曰：中和舊說；蓋所以深懲前日之病，亦使有志於學者讀之，因予之所戒而知所戒也。[284]

此《中和舊說》所包含之書稿，基本內容即否認「未發」處有工夫，而認為所謂「未發」只指應物中寂然之本體而已。故《舊說》中第一書即云：

人之有生，即有知識，事至物來，應接不暇；念念遷革，以至於死。其間初無頃刻停息，舉世皆然也。然聖賢之言，則有所謂未發之中，寂然不動者；夫豈以日用流行者為已發，而指夫暫而休息不與事接之際為未發耶？嘗試以此求之，則泯然無覺之中，邪暗鬱塞，似非虛明應物之體；而幾微之際，一有覺焉，則又便為已發，而非寂然之謂，蓋愈求而愈不可見。於是，退而驗之於日用之間，則凡感之而通，觸之而覺，蓋有渾然全體，應物而不窮者，是乃天命流行生生不已之機，雖一日之間，萬起萬滅；而其寂然之本體則未嘗不寂然也。所謂未發，如是而已。夫豈別有一物，限於一時，拘於一處，而可以謂之中哉！

[283] 《朱子文集》，卷七十五，〈中和舊說序〉

[284] 同上

然則天理本真隨處發見不少停息者，其體用固如是；而豈物欲之私所能壅遏而梏亡之哉！故雖汩於物欲流蕩之中，而其良心萌蘗亦未嘗不因事而發見；學者於是致察而操存之，則庶乎可以貫乎大本達道之全體而復其初矣。不能致察，使梏之反覆至於夜氣不足以存而陷於禽獸，則誰之罪哉？[285]

此書下朱氏自注云：「此書非是，但存之以見議論本末耳。」蓋此書之主旨在說，工夫只在於日用已發處「致察而操存之」，別無不應物處之存養；亦即湖湘學派所持「先察識，後存養」之意。南軒向持此說；甚至日後朱氏所說雖為南軒所贊同，南軒仍主張「察識」在「存養」或「涵養」之前；此點觀朱氏與林擇之書所謂：「近得南軒書，諸說皆相然諾；但先察識、後涵養之論，執之尚堅」可知[286]。故朱氏既另有新悟之後，知除應物處外，別有內在居敬工夫以培養意志，遂謂南軒「大抵都無前面一截工夫」[287]。

除上引書外，《中和舊說》中書稿尚多；如謂「浩浩大化之中，一家自有一個安宅；正是自家安身立命主宰知覺處」[288]；蓋已對所謂「未發之體」有所肯定，然仍未說到未發處之工夫。此書在《宋元學案》中列為第二書。其實在上引第一書與此書之間，尚另有數書論及此類問題。總之，就理論意義說，朱氏之「舊說」總是不解發用應物前有意志自身之培養問題，即所謂「直以心為已發」是也。故有新悟後遂作〈與湖南諸公論中和〉第一書（案此所謂「第一書」，乃朱氏自己之標題，蓋指新說之「第一書」言；《宋元學案》中則節引此書作為第四書）。其言云：

---

[285] 《朱子文集》，卷三十，〈與張敬夫〉

[286] 《朱子文集》，卷四十三，〈答林擇之〉

[287] 《朱子文集》，卷四十三，答林又一書

[288] 《朱子文集》，卷三十二，〈答張敬夫〉

〈中庸〉未發已發之義，前此認得此心流行之體；又因程子凡言心者皆指已發而言，遂目心為已發，性為未發。然觀程子之書，多所不合；因復思之，乃知前日之說，非惟心性之名命之不當，而日用功夫全無本領。蓋所失者，不但文義之間而已。[289]

此即自認以前接受南軒之說不在「未發」處講工夫，是誤解〈中庸〉及程氏之說。「未發」處如不下工夫，則意志本身未得培養，故應物處遂全無把握矣。未發處之工夫，在程門即以「敬」字統之。故朱氏在此書中，即引程說云：

……故程子之答蘇季明，反復論辨，極於詳密；而卒之不過以敬為言。又曰：敬而無失，即所以中。又曰：人道莫如敬。未有致知而不在敬者。又曰：涵養須是敬，進學則在致知。蓋為此也。向來講論思索，直以心為已發；而日用工夫亦止以察識端倪為最初下手處，以故闕卻平日涵養一段工夫。……蓋所見一差，其害乃至於此，不可以不審也。[290]

上引末段，即《宋元學案》節引此書作為朱氏論中和之結論者，其實此只是新說之開端。朱氏既以新說告南軒，南軒本人雖表贊同，而亦非完全接受。湖湘學派其他學人更是反應不一。而朱氏在得張氏覆書後，又進一步提出以「心」為主而言「未發」處之工夫一義。其言云：

諸說例蒙印可；而未發之旨又其樞要，既無異論，何慰如之。然比觀舊說，卻覺無甚綱領。因復體察，見得此理須以心為主而論之，則性情之德，中和之妙，皆有條而不紊矣。然人之一身，知覺運用，莫非心之所為；則心者固所以主於身而無動靜語默之間者也。然方其靜也，事物未至，思慮未萌，而一性渾

[289] 《朱子文集》，卷六十四

[290] 同上

然，道義全具；其所謂中。是乃心之所以為體，而寂然不動者也。及其動也，事物交至，思慮萌焉，則七情迭用，各有攸主；其所謂和。是乃心之所以為用，感而遂通者也。……然人有此心而或不仁，則無以著此心之妙；人雖欲仁而或不敬，則無以致求仁之功。蓋心主乎一身而無動靜語默之間，是以君子之於敬，亦無動靜語默而不用其力焉。未發之前，是敬也固已立乎存養之實；已發之際，是敬也又常行於省察之間。[291]

此書《宋元學案》列為第三書，其實此書自在言「直以心為已發」一書之後；蓋書中明言是已得南軒書印可其說，又對「未發之旨」無異論也。朱氏此書由尋未發處工夫之樞紐，而歸結到「以心為主」，即就「心」講此工夫之意。而工夫之綱領仍是伊川之「敬」字也。此書後半又與南軒辯論「察識」與「存養」先後之問題。其言云：

來諭所謂學者先須察認端倪之發，然後可加存養之功，則熹於此不能無疑，蓋發處固當察識，但人自有未發時，此處便合存養；豈可必待發而後察，察而後存耶？且從初不曾存養，便欲隨事察識；竊恐浩浩茫茫，無下手處，而毫釐之差，千里之謬，將有不可勝言者。[292]

觀此可知，朱氏以「未發」處有工夫之主張質之南軒，固得印可；但南軒仍持先察識而後存養之說，即朱氏持「中和舊說」時所信者；而朱氏自身既有新悟後，重「未發」處工夫，即重「存養」，故與南軒之見不同矣。

案所謂「未發」處之工夫問題，就純理論立場說，此問題當以分別「意志自身之狀態」與「意志具體活動」為基礎說之。朱氏言「心」，本取經驗主體意義；故其初亦從此一角度省察，而覺此心在經驗歷程中念念遷革，

[291] 《朱子文集》，卷二十六，〈答張敬夫〉

[292] 同上

無頃刻止息，遂覺所謂「未發」為不可解，而以為所謂「未發」只是發用中之寂然不動之體；此點若作為描述「經驗心」(Empirical Mind) 之語，則亦無大誤。但若落在工夫問題上講，則如此說時，即只能在已發處下工夫。換言之，「意志自身之內在狀態」遂置之不問，而只在意志之外在具體活動上求察識；此即所謂無「前面一截工夫」是也。倘就「未發」處說工夫，則此工夫落實在意志狀態自身之淨化上，而由此可將「中」看作「體」，而將「和」看作「用」。反之，如持南軒立場，則「中」字不可作「體」解。故張氏與朱氏在壬辰年往來書札中又對「中」字之解法有所爭辯。南軒與朱氏書中有兩篇皆涉及此點。其一云：

> 蓋喜怒哀樂未發，此時蓋在乎中也。……又〈中庸〉之云中，是以中形道也；喜怒哀樂未發之謂中，是以中狀性之體段也。然而性之體段，不偏不倚，亭亭當當者，是固道之所存也。道之流行，即事即物，無不有恰好底道理，是性之體段亦無適而不具焉。如此看，尤見體用分明，不知何如？[293]

朱氏答書則云：

> 中字之說甚善；而所論狀性形道之不同，尤為精密。開發多矣。然愚意竊恐程子所云，只一個中字而用不同，此語更可玩味。所謂只一個中字者，中字之義未嘗不同，亦曰不偏不倚，無過不及而已矣。然用不同者，則有所謂在中之義，有所謂中之道是也。[294]

朱氏此信表面似同意張說，然張氏以「在中」，釋「喜怒哀樂之未發，謂之中」一語中之「中」字，終非朱氏所能接受。故朱氏次一函又追問此語之意義，而云：

> ……但所謂此時蓋在乎中者，文意簡略，熹所未曉，乞更詳諭。[295]

---

293 《南軒集》，卷二十，〈答朱元晦秘書〉

294 《朱子文集》，卷三十一，〈答張敬夫〉

張氏另一函則云：

> 在中之說，前書嘗及之，未知如何？中者性之體，和者性之用，恐未安。中也者，所以狀性之體段，而不可便曰性之體。若曰性之體中而其用則和，斯可矣。[296]

張氏之意仍是認為「中」可用以描述「性之體」，而不可說即是「性之體」；又以為體中則用和。表面上說，此種解說似亦與朱氏所見無甚殊異；但深進一層看，則南軒所以如此主張，正因不願單就「中」處立說。「中」只以狀性之體段，是「不偏不倚，亭亭當當」[297]，本來如此；故此處不說工夫。工夫只在發處講。故南軒另一書又再釋其所謂「在中」之意義云：

> 在中之意，程子曰：喜怒哀樂未發，只是中也。蓋未發之時，此理亭亭當當，渾然在中；發而中節，即其在中之理形乎事事物物之間，而無不完也。非是方其發時，別有一物以主張之於內也。情即性之發見也。雖有發與未發之殊，而性則無內外耳。若夫發而不中節，則是失其情之正，而淪其情之理；然能反之，則亦無不在此者，以性未嘗離得故也。不識如何？[298]

此段議論，表現南軒立場較為分明；蓋南軒之說，只就「性」與「理」講，而不重「心」觀念。理之本來「亭亭當當」，說為「在中」，其發則是「理」實現於事物，此亦無可議；但如此說而不提「心」字，則似乎「理」自身直接實現，而何以有中節不中節之分，便成問題。蓋當「發而不中節」時，吾人可問南軒是「誰失其情之

---

295 《朱子文集》，卷三十一，另一書

296 《朱子文集》，卷三十一，〈答張敬夫〉

297 同上

298 《南軒集》，卷二十，答朱另一書

正，而論其情之理」乎？此不能就「情」本身說也。故朱氏有〈問張敬夫〉一書云：

熹謂：感於物者，心也。其動者，情也。情根乎性而宰乎心。心為之宰，則其動也無不中節矣；何人欲之有？惟心不宰而情自動，是以流於人欲而每不得其正也。然則天理人欲之判，中節不中節之分，特在乎心之宰與不宰，而非情能病之，亦已明矣。蓋雖曰中節，然亦是情也；但其所以中節者，乃心爾。[299]

此即近於朱氏後來所持之工夫理論；蓋工夫全落在「心」上說；發與未發，亦皆就「心」說。但此處只以心之「宰與不宰」言「中節不中節之分」，依朱氏自己之理論講，尚欠一步。因日後朱氏明言「心有善惡」，換言之，心能宰情，只是就「心」與「情」之關係說；而如何「宰」法，尚須視「心」本身能否盡其理或性而定。「心」之發處為情，而「心為之宰」時，須此「心」已淨化，然後所「宰」之情方能「得正」；否則，「心」昏而不明，則宰情時情亦不「得正」也。故「中節不中節之分」，固當就「心」說，如此書所言，但尚須對「心」之「宰與不宰」再加解說，其義方備；無此解說則尚欠一步。然朱張之不同，已於此顯露無遺。蓋南軒之不就「心」說「已發」與「未發」，即其所以不講「未發」處工夫之根源。若以「心」論已發未發之義，則分明要有使此心常明（或淨化）之工夫；亦即未發處之工夫也。

總之，朱氏之工夫理論，如前節所述，以「心」為工夫落實處；再進一步扣緊講，則是以「心」之「情」能得正為工夫之具體著落。因此，心應物而發時，在每一點上皆有兩系問題。其一是發動處之具體活動是否循理？此即格物窮理之問題。其二是在發出具體活動之際，其相應而立之「心之狀態」如何？此即居敬或存養問題。由此可知，「已發」與「未發」並非在經驗意義上各佔一時空點——即朱氏所謂不是「限於一時，拘於一處」而有所謂未發之中。二者關係是在每一「已發」處，即相應地有一「未發」可說。故在每一時空點上看「心」

[299] 《朱子文集》，卷三十二，〈問張敬夫〉

之活動，皆有兩系問題呈現。朱氏最初因覺（中）不是別佔一時空點，遂以為不必講「未發」處工夫，即是未見到此兩系之相應原非時空中分離之存在關係，而是同一時空點上之體用關係也。及至己丑新悟之後，遂步步轉向「心」之觀念，工夫理論即漸趨定型。而其發展過程則是先接受湖湘學派之敵論，然後克服敵論而建立己說。在朱氏之工夫理論一面看，此一發展亦是有重大意義者。故本書述朱氏之敵論，即先舉湖湘學派，作以上之析述。

學者探究此一問題，尚有一點不可忽視者，即朱氏與「湖湘學派」之往還議論，始於朱氏三十八歲時，而以四十歲一年為轉捩點；此階段中朱氏學說方逐步發展，尚未完全定型。故此一階段中之文件，並不代表朱氏在所關問題上之最後結論。前節述朱說時則自以其結論為對象；與此階段中之論點固未必一一相同；然其理論發展之線索仍處處可見也。

㈡對《知言》之批評

案「湖湘學派」以胡宏（五峰）為宗師，而五峰之學說則以其《知言》一書為代表。朱氏初亦推重胡氏之說，對《知言》一書亦盛稱之。但胡氏以「心」為指「已發」而言，與朱氏己丑之新悟不合；故此後即對《知言》一書提出種種疑問，與南軒及呂伯恭往復論之。最後將三人意見編為〈知言疑義〉，載《文集》卷七十三。〈疑義〉中凡朱氏之意見皆加「熹謂」或「熹按」二字於前，張氏之說則加「栻曰」二字於前；呂氏之意見則標以「祖謙曰」三字，然甚為少見。蓋〈知言疑義〉主要乃朱氏與張氏之議論，而尤以朱氏意見為主也。

朱氏對《知言》之批評，在《語類》中曾有提要之敘述云：

〈知言疑議〉（案當作「義」），大端有八：性無善惡，心為已發，仁以用言，心以用盡，不事涵養，先務知識，氣象迫狹，語論過高。[300]

案此處雖主八端，其實「不事涵養，先務知識」只是一點，而「氣象迫狹」及「語論過高」，又不關立論內容。且「不事涵養」一點，基本上乃由以「心」為「已發」而來；「仁以用言」及「心以用盡」亦可合為一點。故總而言之，朱子對胡氏《知言》中理論之批評，應說只有三點，即是：「性無善惡」、「心為已發」及「仁以用言」是也。此中最根本之問題，實是五峰對「心」之解釋。

如《知言》云：

性，天下之大本也。堯、舜、禹、湯、文王、仲尼六君子先後相治，必曰心而不曰性何也？曰：心也者知天地宰萬物以成性者也。六君子盡心者也，故能言天下之大本。[301]

此所謂「六君子」云云；若就歷史標準看，則是誤據偽書，從頭已錯。現只就理論一面看，則胡氏以「性」為「天下之大本」，已遙遙與〈中庸〉中之「中也者，天下之大本也」一語相通，即已涉及性為體而心為用之觀點。而又謂「心」宰萬物以「成性」，則此「心」乃專指能實現「理」之自覺能力而言，不包括經驗意義之「心」，亦即不包括朱氏所謂「情」矣。故朱氏評之曰：

熹按：以成性者也，此句可疑；欲作：而統性情也，如何？[302]

此即表示，朱氏言「心」必偏重經驗義；即以心之能見理盡理而論，朱氏亦終以「心」所以構成之「氣」說之，則胡氏只說「心」之能實現理一面，自為朱氏所不能贊同。而張南軒於此則認為應說「而主性情」、「統字亦恐未安」[303]；其實此「主」字亦無關於胡朱二說之殊異。

[300] 《朱子語類》，卷一〇一
[301] 《朱子文集》，卷七十三，〈胡子知言疑義〉所引《知言》文
[302] 《朱子文集》，卷七十三，〈胡子知言疑義〉

朱氏評此點時，又提出存養問題。其言云：

熹按：孟子盡心之意，正謂私意脫落，眾理貫通，盡得此心無盡之體；而自是擴充，則可以即事即物而無不盡其全體之用焉爾。但人雖能盡得此體，然存養不熟，而於事物之間一有所蔽，則或有不得盡其用者；故孟子既言盡心知性，又言存心養性，蓋欲此體常存，而即事即物各用其極，無有不盡云爾。[304]

此處朱氏分說「盡體」與「盡用」；蓋原指內外之別；然其論固大成問題，與孟子本意亦不合。孟子之「性」乃指此心之主體性，故可言「養」；若就「性即理」之程門觀點看，則「性」根本不可言「養」矣。朱氏所謂「存養」，只能就「心」上說；牽扯孟子之言，實屬無益。但朱氏意在於責胡氏之不知存養工夫，則甚明白。朱氏用「心」字既與胡氏用法不同，則此爭論有一基本隔膜；呂祖謙即看出此點。〈疑義〉記呂之言云：

祖謙曰：成性固可疑；然今所改定乃兼性情而言，則與本文設問不相應。[305]

所以有此「不相應」，正因朱氏與胡氏對「心」字用法不同也。但朱熹則不從語言問題上澄清，而專就心之存有一面看，故對呂氏此說之反應是：

熹謂：論心必兼性情，然後語意完備。[306]

朱氏之意是說：「心」實際上兼統性情，故不能說「心」而遺去「情」；否則即不完備。由此，對於胡氏分體用以言「性」與「心」，自更反對。胡氏論「道」云：

[303] 同上

[304] 《朱子文集》，卷七十三，〈胡子知言疑義〉

[305] 同上

[306] 同上

……有是道則有此名也。聖人指明其體曰性，指明其用曰心；性不能不動，動則心矣。聖人傳心，教天下以仁也。[307]

此以「性」為體而「心」為用，即與以「心」為「已發」相通；朱氏以為此是承謝良佐之誤說而來。故云：

心性體用之云，恐自上蔡謝子失之。此云性不能不動，動則心矣，語尤未安。凡此心字，皆欲作情字如何？[308]

朱氏只欲改「心」字作「情」字，且後答南軒又以為「性不能不動」一語無病，只下句未安[309]。其實就「動」處說「情」，固是朱氏應有之見解，「性不能不動」一語，若從「性即理」之斷定看，亦不可說；故朱子日後終以「情」為「心」之所發，而不能謂「性動」而有「情」也。

總之，胡氏對「心」之觀念，是全在發用處講「心」，因此即無「未發」處工夫。此點既明，則可知南軒初告朱氏之說，即本於五峰。然在討論《知言》時，南軒亦承認「心性分體用」為「有病」，則南軒固已受朱氏新悟之影響也（案朱氏與張呂討論《知言》一書中之問題，乃在己丑之後，即朱氏放棄「中和舊說」之後矣）。若順伊川「性即理」一斷定之理路言，則「性」或「理」本身不能言動或不動，而「心」則有體用動靜可說。所謂「未發」及「已發」，皆當指「心」言；落在工夫上即有「用敬」與「致知」兩面工夫。而所謂「心統性情」，乃就「心」之殊別之理言「性」，就其感於物而發處言「情」；「心」有「心之理」——即「心之性」；此「性」仍不可說「動」，但可說顯現不顯現，顯現處即朱氏所謂吾心之「大用」之「明」。凡此步驟皆與「性即理」一

---

[307] 《朱子文集》，卷七十三，〈胡子知言疑義〉所引《知言》文

[308] 《朱子文集》，卷七十三，〈胡子知言疑義〉

[309] 參看同節

斷定一脈相承而來。然胡氏所承偏於明道之說一面，故與朱氏之思路不能符合也。

伊川亦曾說，凡言心者皆指已發而言，但後自謂此說不當。大抵伊川作此言者，是隨明道之意說耳。五峰基本上從明道之說，於伊川此語則取之，不問伊川後來取消此說也。故朱氏頗強調此點。其言云：

> 伊川初嘗曰：凡言心者皆指已發而言，後復曰：此說未當。五峰卻守其舊說，以心為已發，性為未發；將心性二字對說。《知言》中如此處甚多。[310]

「心」為「已發」，遂不能言「未發」處之工夫；此又與察識存養之先後問題有關。五峰承明道「識仁」之說，而答「問為仁」時云：

> 欲為仁，必先識仁之體。[311]

朱氏評之云：

> 熹按：欲為仁，必先識仁之體；此語大可疑。觀孔子答門人問為仁者多矣，不過以求仁之方告之，使之從事於此而自得焉爾；初不必使先識仁體也。[312]

「先識仁之體」正由明道所謂「識得此理，以誠敬存之而已」二語而來。「識」在先而「存」在後，即五峰所持「先察識，後存養」之意。朱氏自不以為然；蓋如此說時，即只在發後用工夫，本源培養上無工夫矣。朱云：

> 夫心操存舍亡，間不容息；知其放而求之，則心在是矣。今於已放之心，不可操而復存者（案此句之「不」字疑衍），置不復問，乃俟異時見其發於他處，而後從而操之，則夫未見之間，此心遂成間斷，無復有用

---

[310] 《朱子文集》，卷一〇一

[311] 《朱子文集》，卷七十三，〈胡子知言疑義〉所引《知言》文

[312] 《朱子文集》，卷七十三，〈胡子知言疑義〉

功處；及其見而操之，亦發用之一端耳，於其本源全體未嘗有一日涵養之功，便欲擴而充之，與天同大。愚竊恐無是理也。[313]

此對五峰之不能講「未發」處之存養工夫，抨擊甚烈；其指摘之語雖未必皆符五峰原意，然在基本問題上，則所說痛切分明。總之，若只在「察識」後方事「存養」，則所養者不過察識所得，而於察識活動前意志本身固無所培養也。

以上所論胡氏與朱氏在思想上之歧異，總皆由對「心」之看法不同而生出。此外，胡氏思想中尚有一重要問題，為朱子評《知言》時所最表強調者，即所謂「性無善惡」之說。《知言》云：

或問性，曰：性也者，天地之所以立也。然則孟軻氏、荀卿氏、揚雄氏之以善惡言性也，非歟？曰：性也者，天地鬼神之奧也；善不足以言之，況惡乎哉？[314]

又謂孟子道「性善」，乃「歎美之詞」，「不與惡對」云云，謂聞於其父胡安國者。朱氏對此點批評最多，《語類》、《文集》中不下數十條。且曾指出此說由佛教之常揔與楊時之對話而來。〈疑義〉中則繫於《知言》謂「好惡，性也」，及「天理人欲同體而異用」兩段之後，其評「好惡，性也」一段云：

熹按：此章即性無善惡之意。若果如此，則性但有好惡，而無善惡之則矣。君子好惡以道，是性外有道也。[315]

案胡氏以為「性」不可用「善」字描述；此說如從嚴格理論意義上解釋，亦可以有說，蓋若以「性」為「善惡」

[313] 《朱子文集》，卷七十三，〈胡子知言疑義〉

[314] 《朱子文集》，卷七十三，〈胡子知言疑義〉所引《知言》文

[315] 《朱子文集》，卷七十三，〈胡子知言疑義〉

等詞語之意義之根源，則「性」本身不可再說是「善」或「惡」；此點在述陽明學說中之「四句教」時，當另作析論。胡氏自己立說不甚嚴明，忽以「好惡」說「性」，忽以「天地之所以立」說「性」，則朱氏之反對亦理所當然。以「好惡」為「性」，則普遍意義之價值標準不能成立，而只剩下特殊意義之心理標準，此正是一大謬誤；此即朱氏所謂「無善惡之則」也。又若再加「小人好惡以己，君子好惡以道」二語（原見《知言》本文），而由此以論「天理人欲」，則「性」只是有「好惡」，又別有一「道」作為「好惡」是否合乎天理之標準，則此「道」在「性」之外，又如何能加於「性」上而為有效標準乎？以胡氏立論之疏，朱氏責之，固無不當也。由此再轉至「天理人欲同體而異用」問題，則依胡氏說，「天理人欲同體而異用」，即認為「人欲」亦是「天理」；此與明道所謂「惡亦不可不謂之性」之思路有關。朱氏於此等處則極力為明道辯解，而只指摘胡氏之病，而云：

> 但明道所謂惡亦不可不謂之性，是說氣稟之性。[316]

蓋南軒引明道之言為胡氏解，故朱氏以此答之。其實，明道之言，本應是就「心」說，而用「性」字，觀明道所用水喻可知。蓋「水之清」方是「性」，「水」只可喻作「心」，而「水之濁」則非「清」成為「濁」，而只是此水不清而濁；正如「心」之不能實現其「性」而為情欲所支配也。故朱氏謂指「氣稟之性」，亦未確當。然不論明道之言是否有失，五峰所謂「天理人欲同體而異用」，在「本性論」系統中必不可通。在「天道觀」系統中，或可將「天理」及「人欲」包含於一籠統之「天道」中；但如此處理，則此「天道」既無所不包，反之，則任何存在或活動，亦均可說為「合乎天道」，價值論即無從建立。因之，此種觀點倘勉強納入「天道觀」，亦將使「天道」一觀念完全喪失意義。若將「同體」一說，另加解釋，說為：善惡或理欲之方向，皆屬於一心，因而納入某種「心性論」系統中，則尚有可能。然五峰立說顯非取此立場，觀其以「性」為「天地之所以立」，而又

[316] 《朱子文集》，卷七十三，〈胡子知言疑義〉

未點出任何主體性意義，即可知五峰原只是持「天道觀」者，則「同體」之說必不可成立矣。

此外，朱氏評五峰之語尚多，玆從略。

以下述事功學派與朱氏之辯論。

二、事功學派

通常以「永嘉學派」指「事功學派」；然永康陳亮專言事功，又有獨特之思想及主張，與朱熹辯論最烈，不下於朱陸之爭，故本節論朱熹與事功學派之辯論，即以陳亮為主。

永嘉學派肇始於薛季宣，而薛氏受學於袁溉（道潔）。袁溉世傳曾學於伊川之門，故薛氏之學可說為程門之別傳。然袁溉問學於伊川之始末不詳，而薛氏之學則以博通古今制度為主，似亦與伊川講學宗旨不符。故永嘉事功之學，自薛氏至陳傅良及葉適，終應視為宋代另一支思想。至陳亮之說則又與薛陳葉諸氏不同。故全祖望云：

> 永嘉以經制言事功，皆推原以為得統于程氏。永康則專言事功而無所承，其學更粗莽。[317]

蓋陳亮雖曾以師禮事鄭景望，其學說言論則完全自成一路，極難歸為某派。但就其學說思想之特色言，則是最重視事功問題者，故本書論陳氏與朱氏之爭辯，仍以「事功學派」為題。

案陳亮，字同甫，婺州永康人；學者稱「龍川先生」。《宋史・儒林列傳》中有傳[318]其生卒年代為公元一一四三－一一九四。蓋少於朱熹十三歲，其死亦早於朱熹六年。

---

[317] 《宋元學案》，卷首，〈序錄〉，〈龍川學案〉案語

[318] 參閱《宋史》，卷四百三十六，〈陳亮傳〉

陳亮原與呂祖謙為友，呂頗推重之。淳熙八年（辛丑），呂死；次年壬寅，陳亮始與朱氏會晤於衢婺之間，蓋此時朱氏方受命提舉浙東，故得與陳氏一見。然只是道中相會，一同遊山，稍有談論而已。朱氏別陳後寄書云：

> 數日山間從遊甚樂，分袂不勝悵然。[319]

書中又邀陳氏與陳傅良同來，並言及陳氏所定文中子之書。大抵此次初見，朱陳所談不過文中子之《中說》；蓋陳氏因注重「通變」，故推崇《中說》中「通變之謂道」之說也[320]。

其後，陳氏報朱氏書，即開始對朱子申明自己對世局之觀點；此因陳氏以解決當前歷史難題為己任，亦以此為治學宗旨也。同年，陳氏又以所著雜論十篇中之五篇寄與朱氏；此是陳氏正式與朱氏討論理論問題之始。其後，陳又寄另五篇，朱氏癸卯年答書所謂：「去年十論大意，亦恐援溺之意太多……」云云，即指王寅陳氏所寄之文也。淳熙十一年甲辰，陳亮又被誣入獄（其前數年，曾因醉後與狂士戲，扮為君相，入獄幾死）；釋歸後，朱氏致書慰之，而戒其不再談「義利雙行，王霸並用」之說，於是陳氏覆書激辯；兩人從此遂爭論不止。《朱子文集》中答陳最後一書，在癸丑九月，即光宗紹熙四年，即陳氏晚年中狀元之時；朱氏此函原是賀函，然其中尚論由吾身以至天下國家之意，仍是辯論口吻。可知二人之爭，雖不如朱陸之嚴重，然亦始終未有相合處也。

以上略述朱氏與陳氏爭論之經過，下文即析述二人爭論之內容。

在論龍川之說以前，對於此一論爭之理論意義，須先稍作說明。此應從宋儒義理之學之特色說起。

---

[319] 《朱子文集》，卷三十六，〈答陳同甫〉

[320] 此語見《中說・周公篇》

義理之學即所謂成德成聖之學；若自各種角度看，自有許多特色可說。此處所舉之特色，只是與事功派所爭有關之特色；目的在於將此種爭論所涉之客觀問題予以澄清。學者對此中分寸，須先看明白。

義理之學，自濂溪開始，其立論內部雖變化甚多；但對人生問題有一基本肯定；乃義理之學與事功之說之不同處。此即：只重道德意義之善惡是非，不重事實意義之得失成敗。簡言之，可說：義理之學對人生一切問題之態度，是只求自己合理或得正，不計客觀上是否成功。此一精神方向，若就歷史淵源看，則可以上溯至孔子「義命分立」之觀點；亦表現於漢儒董仲舒所謂「正其誼不謀其利，明其道不計其功」二語中，由孔子經漢儒而至宋儒，論義理或道之理論內部固有極大變化，然落在此一人生態度上說，則固是一脈相承者。若就理論依據看，則此一精神方向之理論依據亦甚為明確。蓋人生有能作主與不能作主兩個領域；在心性或道德理性一面，乃能作主者；在外界事實之狀態關係中，則人處於多重條件系列中，處處乃被限定或甚至被決定者，實無作主之力。因此，若看破此兩種領域之不同，則只在能作主處用力，而不計不能作主處之一切演變，亦是一自然之結論。故義理之學所以不計成敗，本亦在理論上有一定根據。

但宋儒雖重是非而輕成敗，卻又常懷一樂觀之信念；即認為世界萬事終可以合理。此在持「天道觀」者固是常見之看法；即在其他理論中，亦似乎乃一共同之假定。此假定如只作為一理論意義之「可能」自無問題。但宋儒對此信念，尚有更具體之解釋，即教化之說是。

以朱氏本人為例，朱氏認為「氣」並不受「理」之管束，由此以解釋世界所以處處有不合理之現象；但談及天下國家或政治社會問題時，總深信只要領導者能實現聖賢人格，則即可向外展開，建立合理之文化秩序；所謂由格致誠正至修齊治平之道是也。另一面，宋儒之教化又可以落在人人身上說，不僅在領導者一層說。人人可以為聖賢，若能廣施教化，使人人皆知「義理」，則政治社會問題自會解決。此又是樂觀信念之另一具體解釋或內容。

總之，宋儒一方面接受「正其誼不謀其利，明其道不計其功」二語，認為儒者只應關心是非問題；但另一方面又有樂觀信念，認為從求義理下手，亦可以解決成敗問題。故在用力處說，仍只講義理問題；但預認其用力之效果仍可通往成敗問題。於是，儒者在此種觀念下，或認為事功本不必談，或認為事功可直接由道德人格生出；總之，是不正視事功問題本身。若以哲學詞語說之，則即是：只注重道德心之醒覺，而不注重其客觀化之規律也。

儒者此種人生態度，原亦有理論上之一致性；且在影響一方面看，亦能凸顯人在文化世界中之地位；故本身之價值無可否認。然針對解決歷史難題之要求而言，則即顯出缺陷。蓋歷史進展中，制度之興革，人類苦難之解除等等，在每一不同階段中呈現為一組難題；其解決必賴「因勢以實現理」之原則，而非可由內在之覺悟求得出路者。義理之學，以朱氏之說為例看，實不能對「勢」有所掌握，因此亦對歷史難題不能發揮力量。

由此可知，不論有無陳亮其人其說出現，在客觀意義上，朱氏所代表之義理之學，確有不能處理歷史難題一弱點。人若不關心所處歷史階段中之難題則已，若關心則不能不於義理之學有所不滿也。

但陳亮之立場，雖是以此客觀問題為根據，陳亮自己所提出之理論主張，則甚為粗疏；並非真能對義理之學此種缺陷有何補救之道，只是表示一種態度而已。故學者在觀察雙方爭辯時，亦不可認為陳亮反對朱氏，即真有一成系統之堅實理論。

以上對朱陳之爭之理論意義已作說明；茲即撮述二人爭論之要點。

案陳氏在與朱氏辯論以前，久已有反對董仲舒二語之說；浙東知識分子頗有受其影響者。朱氏亦知之。《語類》云：

在浙中見諸葛誠之，云：仁人正其誼不謀其利，明其道不計其功，仲舒說得不是。只怕不是義，是義必有利；只怕不是道，是道必有功。[321]

諸葛之論，即陳氏之說也。朱氏〈答黃直卿〉書中又云：

婺州近日一種議論愈可惡，大抵名宗呂氏而實主同甫。深可憂歎。[322]

此即見朱氏實以龍川之說為大有害者。但兩人直接通信時，朱子開始尚不欲直言相責。而龍川則自始即表示朱氏欲以其學感動世人而救時局，乃不可行者。其言云：

天下，大物也。須是自家氣力可以幹得動挾得轉，則天下之智力無非吾之智力；形同趨而勢同利，雖異類可使不約而從也。若只欲安坐而感動之，向來諸君子固已失之偏矣；今欲鬬飣而法施之，後來諸君子無乃又失之碎乎？[323]

案龍川此處所強調者即是掌握形勢之問題，蓋言事功自必重視形勢也。第二函寄朱以十論之五，又論時局云：

當今之世，而不大更化以回天意，恐雖智者無以善其後。此不待深見遠識而後知；然而皆不知慮，何也？慮者不當而當者不慮，是豈天下之事終不可為乎？亦在其人而已矣。[324]

此雖只是憂時之語，但用意原欲鼓動朱氏以求事功。而朱氏收到五論後，僅答云：

新論奇偉不常，真所創見，驚魂未定，未敢遽下語，俟再得餘篇，乃敢請益耳。[325]

---

[321] 《朱子語類》，卷一三七

[322] 《朱文公續集》，卷一

[323] 《龍川文集》，卷二十，〈壬寅答朱元晦秘書〉

[324] 《龍川文集》，卷二十，第二函

陳氏癸卯年再寄書朱氏，則多作推崇鼓動之語，總是望朱氏能在政治上大有作為。其言云：

……每空閒間，復念四方諸人，過去見在，如秘書方做得一世人物。[326]

又云：

世俗日淺，小小舉措已足以震動一世；使秘書得展其所為於今日，斷可以風行草偃。風不動則不入，蛇不動則不行，龍不動則不能變化；今之君子欲以安坐感動者，是真腐儒之談也。[327]

書後文又引「震遂泥」之爻辭，勸朱氏不可為小人所累。總之，此時龍川極盼望朱氏能有作為，蓋朱氏此時已去官而結廬武夷，陳氏則不欲朱氏退出政治也。朱氏覆書則云：

示喻見予之意甚厚，然僕豈其人乎？明者於是乎不免失言之累矣。[328]

蓋朱氏此時已決心以講學為主，不欲求事功。此書後文談及「震遂泥」一點，又述結廬武夷九曲之中，然後謂：

此生本不擬為時用。中間立腳不牢，容易一出，取困而歸。自近事而言，則為廢斥；自初心而言，則可謂爰得我所矣。[329]

此是朱氏明說無意事功。其下始稍評陳氏之論云：

去年十論，大意亦恐援溺之意太多；無以存不親授之防耳。後生輩未知三綱五常之正道，遽聞此說，其

---

[325] 《朱子文集》，卷三十六，〈答陳同甫〉

[326] 《龍川文集》，卷二十，〈癸卯通書〉

[327] 同上

[328] 《朱子文集》，卷三十六，〈答陳同甫〉

[329] 同上

害將有不可勝救者。願明者之反之也。[330]

此語可說是朱氏最早直接批評陳氏之言。其意則謂陳氏之論為救時而發，故所說皆是「權」而非常理，但此種說法易為後生誤解，則反大有害於世事。然此書仍未具體指出陳說有何不是。及甲辰年陳亮被誣而下獄，五月末方釋歸；朱氏致書，方切實勸戒云：

歸來想諸況仍舊，凡百亦宜痛自收斂。此事合說多時，不當至今日。遲頓不及事，固為可罪。然觀老兄平時自處於法度之外，不樂聞儒生禮法之論。雖朋友之賢如伯恭者，亦以法度之外相處，不敢進其逆耳之論。[331]

朱氏至此時方點出陳氏不守禮法，而狂傲成習，乃其弱點；於是進而再戒之云：

老兄高明剛決，非吝於改過者，願以愚言思之；絀去義利雙行王霸並用之說，而從事於懲忿窒欲遷善改過之事；粹然以醇儒之道自律，則豈獨免於人道之禍，而其所以培壅本根，澄源正本，為異時發揮事業之地者，益光大而高明矣。[332]

此即正式反對陳氏混合「義利」與「王霸」之理論。朱氏以「醇儒」期望陳氏，正如龍川以事功期望朱氏；各看一面，無法契合。二人心思志趣既異，以後通信幾全以辯論為主矣。

陳氏此時方牢騷滿腹，得朱氏書後，覆書遂充滿激憤之言。如云：

張果老下驢兒，豈復堪作推磨用？已矣，無可言者。司馬遷有言，貧賤未易居，下流多謗議；因來教而

[330] 同上

[331] 《朱子文集》，卷三十六，〈答陳同甫〉

[332] 同上

深有感焉。[333]

其下自歎平生運蹇，謂呂伯恭於己特厚，而世人轉多譏刺，然於己未嘗不常致規戒，非如朱氏所言「相處於法度之外」。復自述其學云：

> 研窮義理之精微，辯析古今之同異；原心於秒忽，較禮於分寸；以積累為功，以涵養為正；晬面盎背，則亮於諸儒，誠有愧焉。至於堂堂之陣，正正之旗；風雨雲雷交發而並至，龍蛇虎豹變見而出沒；推倒一世之智勇，開拓萬古之心胸……自謂差有一日之長。而來教乃有義利雙行，王霸並用之說，則前後布列區區，宜其皆未見悉也。[334]

其下遂辨天理人欲之說，以為程門只重「三代」而輕視漢唐之事功為不當。其言云：

> ……而近世諸儒遂謂三代專以天理行，漢唐專以人欲行；其間有與天理暗合者，是以亦能久長。信斯言也，千五百年之間，天地亦是架漏過時，而人心亦是牽補度日；萬物何以阜蕃？而道何以常存乎？[335]

此即反對宋儒輕視漢唐之論；而以為漢唐之事功，亦即是「合乎天理」者。故書中以曹操為專用人欲，但說「而其間或能有成者，有分毫天理行乎其間者也。」[336]觀此可知陳氏議論雖多，其基本理論則是以為凡能成功必有其「理」而已。由此，陳氏遂進而謂「儒」或「醇儒」並非人生之理想境界，人生應以「成人」為理想，故云：

> 故亮以為學者學為成人，而儒者亦一門戶中之大者耳。秘書不教以成人之道，而教以醇儒自律，豈揣其

---

[333]《龍川文集》，卷二十，〈甲辰答書〉

[334]《龍川文集》，卷二十，〈甲辰答書〉

[335] 同上

[336] 同上

分量則止於此乎？[337]

朱氏勸陳氏努力為「醇儒」，陳氏乃如此答之；其意仍是在於強調人生當以能解決歷史難題為主，不然，「閉眉合目，矇瞳精神，以自附於道學。」[338]則陳氏所輕視也。

陳氏所論雖觸及一客觀問題（即使「理」能御「勢」是否另有一種「理」？），但其言及「天理」、「人欲」時，理論界限不明；自己亦不能提出明顯有力之論證，以建立其論點；因此，朱氏答書指出「成敗」與「是非」不同；邪惡勢力亦可以成功，而認為漢唐之下，政治從未以理性原則為引導，故確是一片陰暗。總之，不是合於天理者方能成功，成功者亦儘可是不合天理。朱氏論漢唐云：

……若以其能建立國家，傳世久遠，便謂其得天理之正；此正是以成敗論是非。但取其獲禽之多，而不羞其詭遇之不出於正也。千五百年之間，正坐如此，所以只是架漏牽補，過了時日。其間雖或不無小康，而堯舜三王周公孔子所傳之道，未嘗一日得行於天地之間也。[339]

朱氏此論，甚為明確；「成敗問題」與「是非問題」本不能混；陳氏本應問：在「成敗」處是否另有一種「理」？如此則可以透出真問題所在。但陳氏不能如此扣緊說，反而欲將「是非」與「成敗」混而論之，則朱氏一駁即倒。朱氏眼中之歷史是以「道統」盛衰為主之歷史。換言之，一定之政治理想是否實現，與實際上何種政治權力成功，自是兩事。陳氏其實亦無法反對此一劃分；其所爭原另有所在，但立論不得要，其意亦不能表明。陳氏後又再致書朱氏，朱氏又答之，文皆甚長。然其要點仍不過是：實際歷史中之事功，是否可看作有「理」或

---

[337] 同上

[338] 《龍川文集》，卷二十，〈甲辰答書〉

[339] 《朱子文集》，卷三十六，〈答陳同甫〉

完成事功是否本身即是一「德」而已。故陳傅良答龍川書，對二人之辯論，即評之云：

> 往還諸書，熟復數過，不知幾年間更有一番如此議論，甚盛甚盛。然朱丈占得地位平正，有以逸待勞之氣，老兄跳踉號呼，擁戈直上，而無修辭之功，較是輸他一著也。以不肖者妄論，功到成處，便是有德；事到濟處，便是有理。此老兄之說也。如此則三代聖賢，枉作工夫。功有適成，何必有德？事有偶濟，何必有理？此朱丈之說也。如此則漢祖唐宗賢於盜賊不遠。[340]

其下又論二說皆有流弊，「不免為驕君亂臣之地」云云。案陳傅良舉出「功到成處」四句以表陳氏立場；「功有適成」四句，以表朱氏立場，甚為恰當。但所謂流弊則屬節外生枝。然二人所爭之主要問題，固可用此數語表述。但此問題之理論意義，尚不止於此八句所指涉者。然此又非陳傅良所能掌握者矣。朱氏另一函中，反說得較分明。其言云：

> ……而其所以為說者，則不過以為古今異宜，聖賢之事不可盡以為法。但有救時之志，除亂之功，則其所為雖不盡合義理，亦自不妨為一世英雄；然又不肯說此不是義理。[341]

此處朱氏以「古今異宜」及「救時」、「除亂」等觀念為主，以說明龍川所持之論點，反較龍川自己語言明確。蓋龍川所注意者，既本是解決歷史難題之事，則其理論關鍵，不外肯定每一歷史階段中有特殊難題——即所謂「古今異宜」；又肯定解決此種難題方為最重要之事，即是「救時」與「除亂」也。但朱氏雖於龍川所持論點，觀之甚明；在價值判斷方面，則與龍川並無可契合之處。觀上引之言，可知朱氏只以一種道德上之「寬容」看「救時除亂」之事；只承認「不合義理」而能「救時」與「除亂」，亦可以為一世英雄，並不承認在解決歷史難

[340]《止齋文集》，卷三十六

[341]《朱子文集》，卷三十六，〈答陳同甫〉

題處另有客觀之理。此則與龍川基本立場迥異也。

朱氏之價值判斷，乃就恆存不變之文化價值標準說，故於一切權變，至多只能以「寬容」態度對待之，而不能在此一層面上另看出價值標準。同書中辯「心無常泯，法無常廢」一段，其意即甚明。朱氏云：

來書心無常泯，法無常廢一段，乃一書之關鍵。鄙意所向，未有多於此段者也，而其所異，亦未有甚於此段者也。蓋有是人則有是心，有是心則有是法，固無常泯常廢之理。但謂之無常泯，即是有時而泯矣；謂之無常廢，即是有時而廢矣。蓋天理人欲之並行，其或斷或續固宜如此。至若論其本然之妙，則惟有天理而無人欲；是以聖人之教，必欲其盡去人欲而復全天理也。若心則欲其常不泯，而不恃其不常泯也；法則欲其常不廢，而不恃其不常廢也。[342]

此段就「常不泯」與「不常泯」，「常不廢」與「不常廢」對比而為言，又是朱氏立論之善巧處。如此分說，則朱氏自身所持之論點大明。蓋朱氏所肯定者為一恆常之「理」，實際世界乃歷史中，固每見此理之不能顯現；但教化之原則卻是要處處時時求此理之顯現；故「常不」泯廢，方是文化活動之方向。依此以斷歷史，則凡此理不能顯現之處，即是不應予以肯定之處；縱長達千五百年，亦不能為之迴護也。

若就龍川一面說，「心之用有不盡而無常泯，法之文有不備而無常廢」二語[343]，本不與龍川所觸及之根本問題相應；蓋此二語只能表示「天理」不能常為「人欲」所掩，或「天理」不能永不顯現，皆不是直接關涉事功之理之肯定者。龍川不過為爭漢唐是否「架漏牽補」以度時日，遂想出此種說法；實則此說不能駁朱論，反可以助朱說。至於所論「正御」與「正射」一段，針對朱氏所引孟子文為辯；而其論點則是：

[342] 《朱子文集》，卷三十六，〈答陳同甫〉

[343] 《龍川文集》，卷二十，〈壬寅答朱元晦秘書〉

> 以正御逢正射，則不失其馳而舍矢如破，何往而不中哉？[344]

此似是說：「合天理即有功效」，與其本欲證立之論點——「有功效即合天理」——正相倒置，豈能有理論力量？此陳君舉所以謂龍川「無修辭之功」；不能「修辭」即不能「達意」也。

總之，朱陳之辯可分三層看。第一、陳氏原觸及一客觀問題，即「以理御勢是否另有理」一問題。此原為朱氏所代表之「義理之學」所闕者。故「事功」之學說，在此層面上看，可說是一有客觀根據之挑戰。第二、陳氏雖觸及此問題，並非通過對「義理之學」之全盤了解而見其所闕，只是自家先有求事功之旨趣而後抨擊「義理之學」，故其觀念理路本不清楚，立論亦東牽西扯，不能直指真問題。因此，不能迫使朱氏面對此問題之真象，自更不能使朱氏接受其說。第三、就朱氏一面言，朱氏雖似見到陳氏立論之意，然在價值判斷上並未覺察陳氏提出新問題，因之亦不覺「義理之學」在此處有客觀上之缺陷存在。於是隨其來說而駁之，不見其說所觸及之真問題，朱氏乃徑謂陳氏之說「眩流俗之觀聽，壞學者之心術」矣[345]。

此中之真問題，在朱陳辯論後，亦未再有人真能清理。清初顏習齋言事功，頗有承龍川及永嘉學說之意味，然其立說亦未能直探個中樞紐。此蓋又與儒學傳統中之觀念限制有關，非此處所能詳論矣。

三、朱陸之爭

陸九淵之學，屬於本書所論之宋明儒學晚期理論。其人雖與朱氏同時，其學說思想則已進入新階段，故詳論陸氏之學，應俟下章。此處只略述朱陸之爭論，以略見兩種思想之異趣，以過渡至下章。

---

[344] 同上

[345] 《朱子文集》，卷三十六，〈答陳同甫〉

案朱氏與陸氏兄弟於淳熙二年（乙未）會於鵝湖，各舉宗旨，即不能合。此是朱陸異同最早之表現。其後五年而陸九齡死；次年，淳熙八年（辛丑）陸九淵東訪朱氏，朱氏遂邀陸氏至白鹿洞書院，請升講席。陸氏講《論語》「君子喻於義，小人喻於利」一章。事後，朱氏大為讚賞。此時朱陸之宗旨雖不合，尚無互相為敵之意。淳熙十年（癸卯），朱氏為象山門人曹立之作墓表，述曹先學於陸氏，後又得南軒遺文讀之，乃有改變云云[346]。曹本先在陸門，後又來朱門者；象山原不滿其改從朱氏之學，故朱氏此墓表即引起象山及其門人之反感。此後象山與朱氏之友誼即漸有裂痕。至淳熙十五年（戊申），象山來書與朱氏辯〈太極圖〉問題，於是雙方遂互相抨擊。而朱陸之爭於是形成，二人終身未嘗能契合也[347]。

故朱陸之爭，大關目有三：第一、是鵝湖之會，見宗旨之不同；第二、是曹表一文，始有友誼之惡化；第三、是無極太極之辯，則顯現二人哲學立場互不相容。其中第二點無理論意義；下文只就一、三兩點略作陳述。

(一)鵝湖之會

朱氏與陸氏兄弟會於鵝湖，原是呂祖謙所邀。呂素與陸氏相交甚篤，屢向朱氏稱道之。朱氏答呂書有云：

> 陸子壽聞其名甚久，恨未識之。子澄云：其議論頗宗無垢，未知今竟如何也。[348]

又有答呂子約書云：

---

[346] 朱氏此文見《朱子文集》，卷九十

[347] 關於朱陸之爭，王陽明有所謂「朱子晚年定論」，取朱氏論學書札中所見近於象山者編成；以為朱氏晚年同意象山之說。實則陽明所取朱氏各書，多非「晚年」所作。客觀言之，朱陸之學，類型不同，理不能強合。不過二人交誼未壞時，彼此可以容讓；交誼一壞，便公開抨擊矣。凡言朱氏晚年接受陸說者，皆不合事實，亦不合理；陽明之論亦非例外也

[348] 《朱子文集》，卷三十三，〈答呂伯恭〉

陸子靜之賢，聞之盡久；然似聞有脫略文字直趨本根之意，不知其與〈中庸〉學問思辨然後篤行之旨，又如何耳。[349]

此兩書分別談及陸九齡及九淵二人，語氣亦相類。蓋朱氏早聞二人皆自謂「講不傳之學」，氣象超拔；然知其說與程門居敬致知之教不合，故皆作疑詞。及鵝湖會中，則朱氏與二陸各舉教人宗旨，其主張適相反。《象山年譜》錄〈朱亨道書〉云：

> 鵝湖之會，論及教人。元晦之意，欲令人泛觀博覽而後歸之約；二陸之意欲先發明人之本心而後使之博覽。朱以陸之教人為太簡，陸以朱之教人為支離。此頗不合。[350]

此是對進學或入德之門看法不同，然其所以不同，正由於對「心」之了解不同。陸氏（九淵）之「心」乃有超驗意義之「主體」，故是萬理之本，因此進學成德工夫，即以透顯此主體性為第一事，即所謂「發明人之本心」或「先立乎其大者」之意。朱氏之「心」則本身屬「氣」，乃一經驗意義之「主體」，故只有「知」理之能力；而由未知到知一段工夫，以及知後無失之工夫，均須處處用力；故必須強調致知格物以及讀書講論等等。鵝湖會中，雖未如此明確說出，但觀二陸之詩及朱氏日後和作即可見其端倪。《象山語錄》中述之云：

> 呂伯恭為鵝湖之集。先見復齋謂某曰：伯恭約元晦為此集，正為學術異同；某兄弟先自不同，何以望鵝湖之同？先兄遂與某講論致辯，又令某自說；至晚罷。先兄云：子靜之說是。次早，某請先兄說，先兄曰：某無說。夜來思之，子靜之說極是。方得一詩云：孩提知愛長知欽，古聖相傳只此心。大抵有基方築室，未聞無址忽成岑。留情傳註翻榛塞，著意精微轉陸沉。珍重友朋相切琢，須知至樂在于今。……

[349]《朱子文集》，卷四十七

[350]《象山全集》，卷三十六，《年譜》

及至鵝湖，伯恭首問先兄別後新功，先兄舉詩，纔四句，元晦顧伯恭曰：子壽早已上子靜船了也。舉詩罷，遂致辯於先兄。某云：途中某和得家兄此詩云：墟墓興哀宗廟欽，斯人千古不磨心。涓流滴到滄溟水，拳石崇成泰華岑。易簡工夫終久大，支離事業竟浮沉。舉詩至此，元晦失色。至：欲知自下升高處，真偽先須辯只（或作「辨自」）今。元晦大不懌。[351]

《年譜》續記朱氏三年後和詩云：

元晦歸後三年，乃和前詩云：德業流風夙所欽，別離三載更關心。偶攜藜杖出寒谷，又枉藍輿度遠岑。舊學商量加邃密，新知培養轉深沉。只愁說到無言處，不信人間有古今。

案朱氏此詩乃己亥年陸子壽相訪於信州時所作；云三年實則首尾計已至第五年矣。以此詩與二陸詩對看，其論學宗旨各有透露。如復齋詩，分別「有基」與「無址」，又謂「留情傳註」、「著意精微」皆非入德之路；即專明立大本之義，而大本即是此心也。象山詩則更強調自當前主體性之顯出，即可涵蓋萬有之義，故謂「涓流」可至「滄溟」，「拳石」可成「泰華」；又將「易簡工夫」與「支離事業」並舉，明是反朱氏之宗旨。朱氏為之不懌，亦人情之常也。至朱氏詩則前半全不涉及學問事，但以「舊學」與「新知」二句表示自己所持立場，仍是格物窮理之意，但結句則暗示陸氏之說，將脫離學統，而成為無可辯說之真覺悟境。朱語甚婉，蓋此時朱氏尚盼能轉移陸氏兄弟，未有為敵之意。且在作此和詩以前，朱氏對陸氏之說，亦非完全反對，如〈鵝湖會後〉一書云：

某未聞道學之懿，茲幸獲奉餘論。所恨匆匆別去，彼此之懷皆有所未既者。然警切之誨，佩服不敢忘也。[352]

---

[351] 《象山全集》，卷三十四

[352] 此書見《象山年譜》附載。《文集》未收

此雖是客套語，然已見朱氏並未以陸氏之說為完全無理，仍稱其「警切」。且〈答王子合書〉亦云：

前月末送伯恭至鵝湖，陸子壽兄弟來會。講論之間，深覺有益。[353]

甚至淳熙十三年〈寄象山書〉，尚云：

所幸邇來日用工夫，頗覺有力；無復向來支離之病。甚恨未得從容面論；未知異時尚復有異同否耳。[354]

此即遙指鵝湖會中象山詩中所譏「支離事業」而言；可知朱氏亦承認象山所說不為無理也。

鵝湖會中只見宗旨之異，至二人辯「無極太極」時，則正面理論之衝突即出現。

(二)無極太極之辯

關於〈太極圖〉問題，最早與朱氏辯者，本為陸九韶（子美）。陸子美疑〈太極圖說〉非周濂溪所作，其理由則是，〈圖說〉與《通書》理論有異；又認為在理論上〈圖說〉之論亦不能成立；於是在丙申丁酉間與朱氏有所辯論；蓋在鵝湖會後。案梭山原書今見《周濂溪集》附載，朱氏答書則見《文集》卷三十六。蓋朱氏於癸巳年解〈圖說〉及《通書》之作完成。陸子美讀後，故有此辯。其第一書即謂：

敬覽所著〈太極圖說〉，左扶右掖，使不失正，用力多矣。然此圖本說自是非正，雖曲為扶掖，恐終為病根，貽憾後學。[355]

梭山所謂「此圖本說」即濂溪之〈圖說〉，至「所著〈太極圖說〉」則指朱氏之「解」而言。其意謂濂溪之說本不得理，故稱為病根。朱氏答書則云：

---

[353] 《朱子文集》，卷四十九

[354] 《朱子文集》，卷三十六

[355] 見《周濂溪集》，卷二。《宋元學案補遺》中，〈梭山學案補遺〉所載同

伏承示諭〈太極〉、〈西銘〉之失，備悉指意；然二書之說，從前不敢輕議；非是從人腳根，依他們戶，卻是反覆看來，道理實是如此，別未有開口處，所以信之不疑，而妄以己見輒為之說；正恐未能盡發其奧，而反以累之，豈敢自謂有扶掖之功哉。[356]

案梭山原以周說為於理未當，朱氏則劈頭即謂張周之作皆有至理；可知雙方基本態度本即相反矣。朱氏因梭山認為「無極而太極」一語本身即不是，故為之辯云：

只如〈太極篇〉首一句，最是長者所深排。然殊不知不言無極，則太極同於一物而不足為萬化之根；不言太極，則無極淪於空寂而不能為萬化之根。只此一句，便見其下語精密微妙無窮。[357]

此即朱氏以「無極」與「太極」為平行描述語而以狀「道體」之說，前章論濂溪學說時，已有析述，此處不贅。學者如稍具解析訓練，即可看出朱氏此解決非周說原意；且周說本以配圖，朱氏之說亦不能配圖也。陸子美得此書自不心服，遂有第二書，辯云：

太極二字，聖人發明道之本源，微妙中正，豈有下同一物之理，左右之言過矣。今於上又加無極二字，是頭上安頭，過為虛無好高之論也。[358]

梭山表明本意，蓋認為「太極」本身之意義，即是「道之本源」，自不能為萬物之一，不待加「無極」二字方保有其「超越性」。故說用「無極」一詞是「頭上安頭」。但梭山本身對「主體性」觀念亦未確立，與象山不同，故其評論亦只是就〈圖說〉用語上著眼，而未觸及背後之哲學問題。於是朱氏答書則謂梭山誤解其意，並重申

---

[356] 《朱子文集》，卷三十六

[357] 同上

[358] 見《周濂溪集》，卷二。《宋元學案補遺》中，〈梭山學案補遺〉所載同

前說云：

又謂：著無極字，便有虛無好高之弊；則未知尊兄所謂太極是有形器之物耶？無形器之物耶？若果無形而但有理，則無極即是無形，太極即是有理，明矣。[359]

朱氏所用兩「物」字，亦未見嚴格。而其論點仍是以「無極」與「太極」分別指「無形」與「有理」；其實此是以朱氏自己所構想之「理氣觀」為背景，以為「理」有「氣中之理」與「先於氣之純理」之分別，故取周氏「無極」一詞，以為能表「純理」之義；但此既非周說本意，亦不能使梭山心服，蓋依梭山之見，說「太極」即不是說「有形器之物」，不待加「無極」字樣。朱氏自身亦不能證立「無極」觀念之必要也。而朱氏此書後半又反覆作教訓語，不講理論問題，而轉到對方涵養問題上，其言云：

……若一以急迫之意求之，則於察理已不能精，而於彼之情又不詳盡；則徒為紛紛，而雖欲不差不可得矣。然只此急迫，即是來諭所謂氣質之弊。[360]

如此不說理而訓人，難怪日後象山再與朱氏辯此問題時，即對朱氏答梭山書此種態度大為不滿，而云：

論事理不必以此等壓之，然後可明也。[361]

梭山二書，只是此辯論之引子。真正辯論自在於象山與朱氏諸書。在述象山各書之論辯前，尚有一小問題，應在此處稍作說明。即以上梭山二書及朱氏答書，本皆不著年月；但因上引朱氏答梭山第二書末，云：

近又嘗作一小卜筮書，亦以附呈。[362]

---

[359] 《朱子文集》，卷三十六

[360] 同上

[361] 《象山全集》，卷二，〈與朱元晦〉

此所謂「小卜筮書」，自只能指丁酉年朱氏所作之《周易本義》；而王懋竑所訂之《朱子年譜》，誤以此書附於丙午年朱氏作《易學啟蒙》條下，似以為朱氏所謂「小卜筮書」指《易學啟蒙》而言。若如此看法，則朱氏致陸子美二書，推後十年，即與象山戊申之辯論先後密接；此則與事實不合。錢穆作《朱子新學案》，在〈朱子與二陸交游始末〉一章，引上引「小卜筮書」二語，而云：

> 此指《易學啟蒙》。知朱子與梭山此書，亦在丙申丁酉間；翌年戊戌，朱子始知南康軍，下距戊申象山舊案重提則已事隔十年以上，故朱子先復象山書，謂所諭與令兄書辭費而理不明，今亦不記當時作何等語也。[363]

若指《易學啟蒙》，則其書丙午年始成，何能據之推此書在「丙申丁酉間」？令人難解。同書同冊論〈朱子象山學術異同〉一章，則又云：

> 梭山與朱子通書，事在丙午丁未兩年，語詳〈交游篇〉。[364]

此或是一時疏忽將「丙申丁酉」誤寫為「丙午丁未」，蓋〈交游篇〉原說梭山二書在「丙申丁酉間」也。然既在丙申丁酉間，則朱氏寄梭山之「小卜筮書」只能是《周易本義》，決非《易學啟蒙》。《年譜》誤附此書於丙午年耳。至《周易本義》原以講卜筮為主，亦無問題。因恐《年譜》及錢書之小誤，啟學者之疑，故在此作以上說明。

今就象山與朱氏往來諸書，一述其辯論之要點，然後再對此辯論作一全面評析。

---

[362] 《朱子文集》，卷三十六

[363] 錢穆《朱子新學案》，第三冊，頁三四四

[364] 錢穆《朱子新學案》，第三冊，頁三九二

象山先致書朱氏，重提梭山之問題，並謂朱氏當時覆書說理不明，朱氏即答之云：

> 所諭與令兄書，辭費而理不明；今亦不記當時作何等語。或恐實有此病。承許條析見教，何幸如之？[365]

於是象山遂以長函重論「無極太極」問題。書中旨引朱氏當年答梭山之書，而深誚之。然後依次提出以下之論點：

第一、不言「無極」，「太極」亦不至如朱氏所說「同於一物」；「太極」之理亦不致因人言不言而改變。

第二、陸氏引《易・繫辭》中「形而上者謂之道」及「一陰一陽之謂道」二語，謂「陰陽」已是「形而上」，「況太極乎」？從來無人會「錯認太極別為一物」，如朱氏所言，則說濂溪恐人有此「錯認」，故加「無極」二字，亦不成理。案此點原與第一點相連而來，但多出以「陰陽」為「形而上」一義。

第三、朱氏謂「無極即是無形」，陸氏則以為如此說即是以「形」字訓「極」字；「極」不能訓為「形」，應訓為「中」；由此「無極」猶言「無中」，更見其不可成立。若濂溪果「懼學者溺於形器」，則可另加形容語以表「太極」之非形器——如《詩經》之「無聲無臭」一類形容語皆可用；但不應在「太極」之上加「無極」。

第四、陸氏略考〈太極圖〉來源，據朱震之說，指圖出自陳希夷，而謂：「希夷之學，老氏之學也」，「無極」二字亦出於老子之書。「無極而太極」是「老氏宗旨」。

第五、陸氏指出：〈圖說〉與《通書》不合，與二程言論不合，而朱氏只據潘銘便深信此圖出於周氏本人，又極力尊信〈圖說〉，「恐未得為善祖述者也」。即謂朱氏此種態度，斷不合二程思想立場，且亦不合《通書》中周氏思想立場也。

然後象山又謂朱氏喜要求他人「平心」觀理，其實辯論中雙方均可如此說，但無益於問題之解決；此殆諷

[365] 《朱子文集》，卷三十六

朱氏喜先假定別人之異議皆出於別人涵養或治學態度上之毛病，而不視為客觀理論問題。其所以有此說，則因朱氏常以此等語氣與陸氏兄弟談問題也。

朱氏答書，首謂陸氏主張「唯理是視」而不重「古書」，固甚當。然自己於理倘未明，則於人之言未免有「未盡其意」者。換言之，朱氏即譏陸氏不了解前人或他人之說也。其下朱氏即以「理有未明而不能盡乎人言之意」一語為綱，而舉七點以答象山：

第一、「太極」是「究竟至極」之意，「極」字只應訓「至極」；昔人以「中」訓「極」，只是引申義；故不能以「中」訓「太極」。

第二、《通書》之〈理性命〉章，以「二」指太極，以「中」指氣稟之得中，為五性之一。故此「中」字亦不指「太極」而言。

第三、朱氏強調濂溪用「無極」二字，乃「說出人不敢說底道理」。又以為文王不言「太極」而「孔子言之」；孔子不言「無極」而「周子言之」。極力推崇濂溪，謂象山不解此意云云。

第四、〈繫辭〉語並非真以「陰陽」為「形而上」，只是指「所以一陰而一陽者，是乃道體之所為」。陸氏直以陰陽為形而上者，是昧於道器之分；且謂陸函中「況太極乎」一語，乃以「道上別有一物為太極」。

第五、朱氏自己解釋前書「不言無極，則太極同於一物……」諸語，只是說濂溪用意如此，並非以為「太極」可因人言而為加損。陸氏所言不當。

第六、《易》有太極」之「有」字，非指「有定位」、「有常形」而言，陸氏不應有此誤解，至以為與「無極」之「無」相衝突。

第七、《老子》中「無極」二字，朱氏謂是「無窮」之意，與濂溪之「無極」不同。

列此七點後，朱氏又謂本不願「徒為紛紛」，「使世俗觀笑」，但恐學者不知所從，故有此答。

陸氏得朱氏答書，又再作長函以辯。其要點如下：

第一、陸氏引「人能宏道，非道宏人」二語，謂學者當以明道為志；勸朱氏不可自以為是。

第二、謂朱氏曾告陳同甫應不作三代以下人物，不須費力為漢唐分疏；現陸氏亦勸朱氏「莫作孟子以下學術」，不須費力為「無極」二字分疏。又謂子貢以「多學而識之」視孔子，孔子以為非；以譏朱氏一味構造理論，無真實體悟。

第三、「太極」既指「究竟至極」，則上面更不必加「無極」二字。濂溪之說，是老氏之學，將「無字搭在上面」（因老子常先言「無」，後言「有」）。又謂：一字常有數義，「極」字亦然。曰「極」、曰「中」或曰「至」均是一事，不必以字義拘之。

第四、陰陽並非形器；前書「況太極乎」一語，並非謂道上「別有一物」。

第五、朱氏謂陸氏「直絀古書為不足信」，陸氏則謂自己亦未嘗不據「古書」，「獨頗不信無極之說耳」。

第六、「無極」倘只是指「無方所，無形狀」，則未見得「人有甚不敢道處」。

第七、陸氏謂朱氏種種說法，恐是「曾學禪宗，所得如此」；下又謂「氣質不美者，樂寄此以神其姦」云云，譏朱氏病己病人。

朱氏答書，則分段作一案語，首謂陸氏主張去私見，確為的當，但彼此皆應如此。次謂陸氏弟兄之爭論「無極」，是「無故於此創為浮辨」，恐尚不如子貢之態度。然後指出：

第一、陸氏以「中」訓「極」，以「陰陽」為形而上者，正是不明「太極」之理。

第二、老子以「有無」為「二」，濂溪以「有無」為「一」，二者不同。

第三、「太極」由「至極」之義而得名，兼有「標準之義」，不以「中」而得名。

第四、陸氏用「知至」一詞，而不知〈大學〉與〈文言〉所用不同。

第五、朱氏堅持「陰陽」是形器，其理方是道。

第六、陸氏引《通書》有誤，但陸氏本不信濂溪之說，誤引本不足計，不應強諱。

第七、朱氏重申己意，謂「無極而太極」中之「而」字不表先後，只是「就無中說有」。

第八、關於陸氏譏朱氏受禪宗影響，朱氏則謂所見所說非禪家道理。而譏陸氏陰用禪學之說，而改頭換面諱其所自來。至云「寄此以神其姦」，朱氏謂：「則恐世間自有此人可當此語；熹雖無狀，自省得與此不相似也。」

案二人辯論至此，已進入互相嘲罵階段。朱氏書後又附別紙云：

> ……如曰未然，則我日斯邁而月斯征，各尊所聞，各行所知，亦可矣。無復可望於必同也。[366]

陸氏最後答書，只謂：

> 不謂尊兄遽作此語，甚非所望。[367]

所謂朱陸對「無極太極之辯」如此而止。後世議之者雖多，亦無定論。茲試作一客觀批評，以結束此節。

首先，學者應注意者是，朱陸所爭之問題，本身一直未得一意義上之澄清。蓋〈太極圖〉及〈圖說〉是否濂溪所作，是一問題；〈圖說〉之理論能否成立，有何困難等等，又另是一問題。前者乃文件考據問題，後者乃哲學理論問題也。至於〈圖說〉之思想傾向，是否近於老子，則更又是另一問題，蓋此涉及某一思想理論之歷史淵源，既非文件本身之作者時代問題，亦非理論之是非得失問題也。不幸朱陸雙方自始即將三問題混而言

[366] 《朱子文集》，卷三十六

[367] 《象山全集》，卷二，〈與朱元晦〉

之，於是愈辯愈不得要，又涉及引書訓字等枝節之爭，遂使二人枉作長函往復辯論，問題愈來愈亂。最後則雙方互指為禪學，則離題更遠矣。

今案陸氏函中，最值得重視者有兩點：

第一、「太極」作為最高之理，不必再加「無極」以明其「無方所，無形狀」——如朱氏所說。

第二、濂溪〈圖說〉原取道家觀念，與儒學立場不同；朱氏依此立論，亦失其儒學精神，故勸朱氏「莫作孟子以下學術」而苦苦為濂溪辯護。

對此兩點，朱氏除反覆用已有之說法答陸氏外，並未真正作一解答。評論朱陸之爭者，從此處著手作一探索，則此一辯論之理論意義方能顯出。

先就朱氏說，朱氏之基本旨趣，在於建立其包含形上學及宇宙論之綜合系統；而此系統中之「最高實有」(Ultimate Reality)，乃客體意義之「理」或「道體」，由於此「理」或「道體」取客體意義，故是「存有義」非「自覺義」；而朱氏論「心」，遂只當作「氣」之靈者所成之經驗心；即「心」在朱氏系統中只是「特殊」而非「普遍」；只是「經驗主體」而非「超驗主體」。由此，朱氏之系統乃以外在實有為歸宿之形上學，加上一套宇宙論；而其立說之間架，則取自濂溪〈圖說〉。故朱氏順此種思路看濂溪之說，便以為周氏發千聖不傳之祕矣。至於〈太極圖〉不出於周氏，朱氏先則極力否認，己亥之後則已不復堅持（此點參看前章論「太極圖問題」諸節自明）。但〈圖說〉則仍為朱氏所尊信，理由不在於此說出自何人，而在於此說之理論方向佔朱氏系統基礎之大半也。至〈圖說〉出自周氏，即陸氏亦未嘗能真提出反對證據，不似〈太極圖〉本身出於道教，確有明證也。

朱氏由於其哲學立場合乎〈圖說〉之立場，故必尊〈圖說〉而推崇濂溪；在陸氏一面則相反。

案陸氏之學，以「心」為最高實有；雖其論未成完整體系，然其所謂「心」乃含「超驗義」之主體，則無可疑（詳見下章）。有超驗主體之肯定，則「理」皆依此超驗之「心」而有；此自與佛教之「主體」不同——因佛教之「主體」並不含萬理，而只具生起萬法三界之識；此中分別，通佛教理論者皆能知之。然與朱氏所立之綜合理論相比觀，陸氏之學與朱氏系統之差別尤顯；蓋此處是「客體實有」與「主體實有」之判，乃哲學思想上兩大方向也。若就陸氏之方向說，則「太極」作為「理」與自覺心之普遍化本為一事；故說「太極」為萬化之本尚可接受，但若加一「無極」，則即與自覺心之本性相違。「主體性」不能說「無」也。朱氏以為「無極」指超越經驗而言，姑無論此與周氏說本不合，即專就朱氏此說本身看，此一描述適用於「客體實有」。而不適用於「主體實有」，因「主體」由其最高自由義即直涵超時空決定等義，本不可以「有無」說，更不可專用「無」字描述。則陸氏之反對濂溪〈圖說〉，亦屬理所當然。而朱氏不能掌握陸氏所觸及之哲學問題，則縱在字句間求勝，亦無大用也。

再進而言之，中國先秦孔孟之學，原不見有形上學及宇宙論旨趣。而孔子之言「仁」，孟子之言「性善」，皆偏於「主體」一面；故若就孔孟本旨而論，則孔孟之學可看作「心性論」，與「形上學」、「宇宙論」型態不同。倘發展孔孟之學，則只當以「主體性」為中心，建立一全面系統，以解答或處理通常出自形上學思考中之問題，而不當變往一強調「客體實有」之形上學系統。此變始自《易傳》及〈中庸〉，而完成於朱熹之手。心性問題雖為朱氏所常說，但「心性論」已成為形上學及宇宙論之綜合系統中之附庸矣。陸氏則欲重倡「心性論」，雖在考訂經籍一面未下功夫，故其依據常屬於對方所用之資料，但其思想方向是直承孟子，即直承孔孟「心性論」；此乃宋明儒學史中一大關鍵。而朱氏承周張二程以來之誤，以《易傳》、〈中庸〉、〈大學〉為根據以建立系統時，固不知此非孔孟之學；於是只疑陸氏之重「心」為近於禪。陸氏亦譏朱氏受禪學影響，則只是反唇相稽，確與事實不合，蓋朱氏所立之綜合系統，在佛教立場看來，全屬戲論——因先預認客體實有，即《中論》以來所力破者也。但陸氏認為濂溪之學受老子影響，則就其近處看不然；因濂溪直接受《易傳》、〈中庸〉及道教宇宙觀影響；道教與老莊之道家已有不同。但若就其遙遠之淵源看，則孟子以後，所以有《易傳》、〈中庸〉等理論出現，正因秦漢之際，儒者在政治大一統之環境中，吸收古中國南方之形上觀念，而老子正此種形上觀念之主要代表人物；則濂溪以下凡言形上學者，謂之通過《易傳》、〈中庸〉等而受道家影響，亦非無據也。

朱陸之爭，是兩種哲學理論之衝突。更詳言之，則是「立客體實有」與「立主體實有」兩種不同哲學型態之衝突。在中國儒學史內部言，則可說為承孔孟與承《易傳》及〈中庸〉二方向之衝突。此未可以工夫不同說之。世論多以為朱陸之工夫理論不同，為基本歧異所在；實則工夫理論之所以不同，正因雙方對「心」之取「經驗義」或「超驗義」有基本態度之不同。陸氏之肯定「超驗義」之「心」，不唯與朱氏立場不同，與濂溪以來之宋儒學說皆不同。此所以陸氏雖與朱氏同時，而其思想學說，應列入宋明儒學之另一階段。本書即稱之為「後期理論」；蓋屬「心性論」型態，非屬「天道觀」或「本性論」之型態，亦非朱氏綜合前二者所成之系統也。

本章至此結束。

第五章　後期理論之興起及完成

本書所稱「後期理論」，即指以「心性論」為主要傾向之儒學理論，以別於「天道觀」及「本性論」二階段。「後期理論」起自與朱熹同時之陸九淵，而完成於明代之王守仁。若以年代論，則象山卒於宋紹熙三年十二月，為公元一一九三年；王陽明生於明成化八年，為公元一四七二年，上下相距二百八十年矣。象山之後，陽明之前，其思想傾向較近於象山者，只以明之陳獻章較為重要。陳雖受學於吳與弼，然所謂「白沙之學」，自是與陸氏之方向接近。但陳與王守仁並無真正傳承淵源可說。反之，白沙門下之湛甘泉，日後與陽明辯難不休，可知陽明之學非得自白沙者。且白沙之學但以靜中開悟為主；雖說到「天地我立，萬化我出」之境界，然與陽明致良知之學，畢竟相去甚遠。故本書述宋明儒學後期理論，只以陸九淵及王守仁為代表人物；蓋此一思想傾向，雖在朱熹時，即有陸九淵倡始，實則久而無所發展，必至陽明之說出，方成為一新系統。論宋明儒學在中國哲學史中之發展，則此後期理論亦只能以陸氏為先驅者，以王氏為建立系統者，不能強為之說也。

以下即先述陸九淵之學說，再述陽明之理論系統。

壹 陸九淵之學

一、生平及著作

《宋史・儒林列傳》云：

陸九淵，字子靜；生三四歲，問其父天地何所窮際；父笑而不答，遂深思，至忘寢食。及總角，舉止異凡兒，見者敬之；謂人曰：聞人誦伊川語，自覺若傷我者。又曰：伊川之言，奚為與孔子孟子之言不類？近見其間多有不是處。他日讀古書至宇宙二字，解者曰：四方上下曰宇，往古來今曰宙；忽大省曰：宇宙內事乃己分內事，己分內事乃宇宙內事；又嘗曰：東海有聖人出焉，此心同也，此理同也；至西海南海北海有聖人出，亦莫不然。千百世之上有聖人出焉，此心同也，此理同也；至於千百世之下有聖人出，此心此理亦無不同也。後登乾道八年進士第，至行在，士爭從之游。言論感發，聞而興起者甚眾。……還鄉，學者輻湊，每開講席，戶外屨滿，耆老扶杖觀聽。自號象山，學者稱象山先生。……或勸九淵著書，曰：六經註我，我註六經。又曰：學苟知道，六經皆我註腳。光宗即位，差知荊門軍。……逾年政行令修，民俗為變，諸司交薦；丞相周必大嘗稱荊門之政，以為躬行之效。一日，語所親曰：先教授兄有志天下，竟不得施以沒；又謂家人曰：吾將死矣。……後二日，日中而卒。……門人楊簡、袁燮、舒璘、沈煥能傳其學云。❶

❶ 《宋史》，卷四百三十四，〈儒林列傳〉

此傳又不記生卒年月。案楊簡所著〈行狀〉，則陸氏生於紹興九年二月，卒於紹熙三年十二月；案紹熙四年元日已為公元一一九三年二月四日❷，則陸氏卒時已為一一九三年一月矣。故通常以為陸氏卒於公元一一九二年者誤。其生卒年代應為公元一一三九—一一九三。

象山著作則有《文集》二十八卷，《語錄》二卷；後加《程文》三卷，《拾遺》一卷，並附錄〈行狀〉、〈諡議〉、《年譜》等二卷，共為三十六卷。故論象山之學，材料亦不外此。

二、象山學說之要旨

象山學說之特色，自在於其「心」觀念；此所以後世有「心學」之稱。然象山立說之趨向固甚明顯，其用語立論每每亦不甚嚴格，倘非對所關之哲學問題能確定掌握，則讀《象山語錄》或他文，處處皆易生誤解。茲舉其學說中之要點，先述其言，再明其意指。

(一)心即理

象山之「心即理」一斷定，見於寄李宰書。李宰來書有「容心立異，不如平心任理」之說，陸氏答書，則先指出「容心」出於《列子》，「平心」出於《莊子》，皆非儒學用語，然後引《孟子》各節以論「心」，再提出「心即理」之斷定。其言云：

> 孟子曰：心之官則思；思則得之，不思則不得也。又曰：存乎人者，豈無仁義之心哉？又曰：至於心，獨無所同然乎？又曰：君子之所以異於人者，以其存心也。又曰：非獨賢者有是心也；人皆有之，賢者能勿喪耳。又曰：人之所以異於禽獸者幾希。庶民去之，君子存之。去之者，去此心也；故曰：此之謂

❷ 見日本「宋史提要編纂協力委員會」編〈宋代史年表〉(南宋)

失其本心。存之者，存此心也；故曰：大人者不失其赤子之心。四端者，即此心也。天之所以與我者，即此心也。人皆有是心，心皆具是理。心即理也。❸

此段陸氏全承孟子而為說。其所謂「心」，是「本心」之義，即指價值自覺而言；有時特提其中某種價值自覺，即可有「仁義之心」等語，在孟子本意仍以「心」統指價值自覺，而以「四端」為此價值自覺在日常生活中透露之處。陸氏既承此說，即以此價值自覺作為一切價值標準之根據，故云「心即理」。

依此，價值自覺雖可以或明或蔽，因此在時空中某一定點上，此心之發可以得正或不得正，但價值自覺本身不可當作經驗事實看，故陸氏續云：

有所蒙蔽，有所移奪，有所陷溺，則此心為之不靈，此理為之不明，是謂不得其正。其見乃邪見，其說乃邪說；一溺於此，不由講學無自而復，故心當論邪正，不可無也。❹

案說「心當論邪正」，乃就具體及特殊之心意狀態說，又非指「本心」或價值自覺本身。價值自覺或明或昧，其昧時，心意狀態遂不得正，於此方言講學及工夫，工夫亦不過求「復」其「本心」而已。

觀此，可知象山之「心」，乃指此自覺能力，即能立價值標準，能為一切價值詞語意義之根源者；非如朱氏言心之指氣中之一種產物。於是象山強調「心」之普遍性，恰與朱氏強調「心」之特殊性相峙而立。象山云：

今之學者，只用心於枝葉，不求實處。孟子云：盡其心者知其性，知其性則知天矣。心只是一個心；某之心，吾友之心，上而千百載聖賢之心，下而千百載復有一聖賢，其心亦只如此。❺

---

❸ 《象山全集》，卷十一

❹ 同上

❺ 《象山全集》，卷三十五

此處象山所謂「心只是一個心」，即是其「心」觀念之主要特色所在。就經驗心而言，「心」自是如萬象之紛殊。說「一個心」即見所指非經驗心；而是取超驗意義之自覺能力以講「心」也。就價值自覺講，則無論表現於我於人之經驗心中，本身皆無不同可說，不同處皆在經驗性一面也。如此講「超驗義之心」，故象山之「心」即可以涵蓋萬有；故又云：

心之體甚大。若能盡我之心，便與天同。❻

所謂與「天」同大，即超越經驗存在之意。而說到「盡我之心」，則涉及工夫問題，留俟下節論之。

朱氏之「心」，有「性」有「情」；「心之性」即「心」能見「理」之能力，雖亦說「盡心」，但只指明「吾心」之「全體大用」而言，仍是認知共同之理之意；故朱氏之「心」非理之根源而只能觀照萬理；此所以朱氏之學說成為一肯定客體實有之形上學。陸氏之「心」本身是價值標準之根源，本身是一「普遍者」，故其立場乃肯定主體實有之心性論。但陸氏所謂「心即理」，並非如世俗所想像之一切皆任經驗心作主；經驗心在陸氏看不是「本心」，「本心」即價值自覺，有時以「仁義」釋之。如與鄧文範論「得失之心」時，即云：

……此乃害心之本，非本心也。是所以蔽其本心者也。❼

又與趙監（汝謙）書，則云：

……故仁義者，人之本心也。❽

人之「心」為經驗性之心理生理等條件所限制，而不能透顯其主體性，則陸氏即謂是「失其本心」或「蔽其本

❻《象山全集》，卷三十五

❼《象山全集》，卷一，〈與鄧文範〉

❽《象山全集》，卷一，〈與趙監〉

心」。故云：

愚不肖者不及焉，則蔽於物欲而失其本心；賢者智者過之，則蔽於意見而失其本心。❾

又云：

愚不肖者之蔽，在於物欲；賢者智者之蔽，在於意見。❿

兩段意同，皆謂人有不同之蔽；或受欲望支配，或病觀念迷亂，均可使人「失其本心」。失「本心」即是經驗心主事，此時主體性不能顯，價值意識及判斷自皆昏亂矣。

既知陸氏之「心」取「超驗義」及「普遍義」，則其言「心即理」之大旨已明。但陸氏所謂「理」何指，則尚須補充數語。

案陸氏之「理」觀念，不如「心」觀念明確；蓋陸氏用「理」字有時指價值標準或規範言，有時則指事物規律本性言。如云：

須是事事物物不放過，磨考其理。且天下事事物物只有一理，無有二理；須要到其至一處。⓫

此似與伊川朱熹之言「窮理」並無不同；蓋同時肯定「殊別之理」與「共同之理」，又皆取規律意義也。又如云：

天地亦是器。其生覆形載必有理。⓬

此是說「天地」之「理」，仍取規律義。

---

❾《象山全集》，卷一，〈與趙監〉

❿《象山全集》，卷一，〈與鄧文範〉

⓫《象山全集》，卷三十五

⓬ 同上

但論孔子十五而志於學一段，則云：

……所法者，皆此理也。[13]

著一「法」字，則所謂「理」已取規範義。又如說：

此理在宇宙間，何嘗有所礙？是你自沉埋，自蒙蔽；陰陰地在個陷穽中。[14]

此是說覺悟之「理」，非規律義，乃規範義；所謂「此理在宇宙間」，是指根本價值規範自存而言。

至如說：

然知盡天下事，只是此理。[15]

則又似專指「共同之理」。取規律義。

又如說：

因循亦好。因其事，循其理。[16]

則與說事事物物之「理」同，顯指「殊別之理」，亦取規律義。

此類話頭尚多，不必備引。總之，象山用「理」字實有複義問題。但言「心即理」時，則基本上所強調者為規範義之「理」；至於規律義之「理」亦應以「心」為根源，則象山固當同意，但決不能證立此點，蓋此即涉及知識論之解析工作，非中國傳統儒學中所有者也。

---

[13] 《象山全集》，卷三十五

[14] 同上

[15] 同上

[16] 同上

總之，陸氏「心即理」一斷定，所透露者乃「心性論」之立場，即有以「主體性」為歸宿之傾向；與伊川至朱熹之以「性即理」一斷定，建立「本性論」之說，相映益明。然其關鍵則在於陸氏以「超驗義」及「普遍義」說「心」也。

至陸氏其他言論文字中，用「心」字亦有泛指人心而言者，但不可與其所謂「本心」相混。馮友蘭以為陸氏之「心」即朱氏之「心」，而陸氏云「心即理」則異於朱氏。其說則誤[17]。陸氏之「心」字與朱氏之「心」字意義及指涉決不相同也。

(二)工夫理論

陸氏所講自是「成德之學」，故工夫問題在陸氏學說中之重要性，亦與此問題在程朱學說中之重要性相同。陸氏教人，注重「先立乎其大者」，本諸孟子語。又嘗用「知本」一詞為學之綱領，則出於〈大學〉。

陸氏講《論語》中「知及之，仁不能守之」一段云：

苟學有本領，則知之所及者，及此也；仁之所守者，守此也；時習之，習此也；說者說此，樂者樂此。如高屋之上建瓴水矣。樂苟知本，六經皆我註腳。[18]

「學」以「知本」為要，此「知」是自悟自覺之知，非求於外者。

陸氏之言「先立乎其大者」，則為當時所共知，甚至論敵亦以此譏之。陸氏曾謂：

近有議吾者云：除了先立乎其大者一句，全無伎倆。吾聞之曰：誠然。[19]

[17] 參閱馮友蘭《中國哲學史》，第二編，第十四章，第三節，論「朱陸異同」語

[18] 《象山全集》，卷三十四

[19] 同上

此所謂「大」，所謂「本」，皆指本有之價值自覺之豁悟言；必先有此豁悟，然後可觀理應事而不為所累。故云：

> 吾之教人，大概使其本常重，不為末所累。[20]

如文字上之知識了解，皆屬於末；故象山又云：

> 學者須是有志。讀書只理會文義，便是無志。[21]

而立乎其大，或知本，或立志，均是主體性之顯現，故無所謂「能」或「不能」，蓋其根在於主體之最高自由，乃此「心」所固有之能力也。象山與李伯敏之對話云：

> 伯敏問：如何立？先生云：立是你立，卻問我如何立。若立得往，何須把捉？[22]

《語錄》文記陸氏與邵武邱元壽語云：

> ……先生云：元壽甚佳，但恐其不大耳。人皆可以為堯舜，堯舜與人同耳，但恐不能為堯舜之大也。元壽連日聽教，方自慶快，且云：天下之樂無以加於此；至是，忽局蹴變色而答曰：荷先生教愛之篤，但某自度無此力量，誠不敢僭易。先生云：元壽道無此力量，錯說了。元壽平日之力量乃堯舜之力量；元壽自不知耳。[23]

所謂「堯舜」即指聖人而言。陸氏強調人皆可以為堯舜，乃就主體性及最高自由說，邱元壽不能真悟徹最高自由，自我停在經驗層面上，自會覺得「無此力量」，陸氏則云彼有此力量而不知，不知即未悟也。

---

[20] 《象山全集》，卷三十四

[21] 《象山全集》，卷三十五

[22] 同上

[23] 《象山全集》，卷三十四

故知本立大，皆指向最高自由，於是，入德之門皆在自己身上。能顯現主體性，即顯現最高境界。但此非說人一知本或立志，便萬事全了；其下自有極大擴充工夫，陸氏固力持不立本不能言擴充一義，但決非不知擴充，決非只講立志知本。如《語錄》云：

> 有學者聽言有省，以書來云：自聽先生之言，越千里如歷塊。因云：吾所發明為學端緒，乃是第一步；所謂升高自下，涉遐自邇，卻不知他指何處為千里。若以為今日捨私小而就廣大為千里，非也。此只可謂之第一步，不可遽謂千里。[24]

世俗每以為陸氏重覺悟，故即與禪宗所倡「頓悟」為一事；觀此可知不然。蓋陸氏只主張最初覺與不覺，乃邪正迷悟之分界處；而以此覺為立乎其大者或立志，並非謂有此一覺即已成德成聖，覺後不過此心之主體性顯出，其下正有大段擴充工夫也。

然就立大立志而言，其所立之內容究竟何在？或更扣實說：在何處立志方是立大？此點在陸氏則例就「義利之辨」說之；蓋真能明「義利之辨」，則此「心」即超出經驗心或特殊自我之層面；因辨義利必恃「普遍心」之顯現而後能也。《語錄》云：

> 傅子淵自此歸其家。陳正己問之曰：陸先生教人何先？對曰：辨志。正己復問曰：何辨？對曰：義利之辨。若子淵之對，可謂切要。[25]

傅子淵此對所以為「切要」，因能得陸氏之意也。陸氏教人先立乎其大者，具體下手處即是先明義利之辨。義利之辨，實即公私之辨；以私心作主，處處皆利作主。此「利」字可包含一切私意所求者，不僅指功名

[24]《象山全集》，卷三十四
[25] 同上

利祿言。陸氏論「心」之「蔽」時，已說「物欲」與「意見」兩種；所謂「意見」所包至廣，如講學立說之立門戶、爭勝負等皆屬之，故象山答自朱氏門下來之學者云：

今世人，淺之為聲色臭味，進之為富貴利達，又進之為文章技藝；又有一般人，都不理會，卻談學問。吾總以一言斷之，曰：勝心。[26]

「勝心」即私意也。私意有種種複雜之表現，極難一一分別對治。但若能先明「義利之辨」，則公心漸立，私意漸消；許多複雜病痛，即自可免除，是以象山教人立乎其大，即由「義利之辨」下手。

陸氏在淳熙八年訪朱熹，朱氏邀往白鹿洞書院，請陸氏升講席。陸氏即講《論語》中「君子喻於義，小人喻於利」一章；其講辭即所謂〈白鹿洞書院講義〉也。此一講辭頗能代表陸氏對「義利之辨」之說法，節錄於下：

此章以義利判君子小人。辭旨曉白。然讀之者苟不切己觀省，亦恐未能有益也。某平日讀此，不無所感。竊謂學者於此，當辨其志。人之所喻由其所習，所習由其所志。志乎義，則所習者必在於義；所習在義，斯喻於義矣。志乎利，則所習者必在於利；所習在利，斯喻於利矣。故學者之志，不可不辨也。科舉取士久矣。名儒鉅公，皆由此出。今為士者固不能免此。然場屋之得失，顧其技與有司好惡如何耳，非所以為君子小人之辨也。而今世以此相尚，使汩沒於此而不能自拔，則終日從事者雖曰聖賢之書，而要其志之所鄉，則有與聖賢背而馳者矣。推而上之，則又惟官資崇卑祿廩厚薄是計，豈能悉心力於國事民隱，以無負於任使之者哉？從事其間，更歷之多，講習之熟，安得不有所喻？顧恐不在於義耳。[27]

---

[26]《象山全集》，卷三十四

[27]《象山全集》，卷二十三

此說先扣緊「志」字講「義利」；於是所謂君子小人之分及義利之辨，均落在「志」上。此正是象山教人之第一法門也。至於以科舉仕宦之事為說，自是當機發揮。其涵義自不止此。蓋凡有私意處均可看作屬「利」一面，陸氏教人在此一關鍵上用力，以求立志，亦即「先立乎其大者」也。

由此又可見陸氏雖不以伊川之學為然，但所言「立志」實與二程所言之「公心」極近。公心乃成德之總關鍵。此亦客觀之理所在，故學者對此等關鍵所見常相似也。

立志以外，陸氏言工夫則以收拾精神，隨時不使「心」為事累為主。故云：

既知自立，此心無事時須要涵養，不可便去理會事。[28]

又云：

人精神在外，至死也勞攘，須收拾作主宰。收得精神在內時，當惻隱即惻隱，當羞惡即羞惡。[29]

此皆謂人之心意不可外注；蓋象山所肯定之自覺或「主體性」之顯發，端賴不為外物所牽引。心不外馳，而回歷至主體性之自覺，即收拾精神之意；主體性既顯發，則當下即發揮主宰能力，而應物處自能處處實現價值。

象山強調之主體性，乃自我之本來面目；但在經驗界，則與萬物萬象相對之自我，必受主客關係中之決定，因此，僅在經驗層面上活動之自我，亦必不能自見其主體性。就此而論，乃可說「復」之義；所謂「復」其「心」，即指由經驗自我回至本來之超驗自我也。象山論「復」云：

復者，陽復，為復善之義。人性本善，其不善者遷於物也。知物之為害而能自反，則知善者乃吾性之固有，循吾固有而進德，則沛然無他適矣。故曰：復，德之本也。知復則內外合矣。[30]

[28]《象山全集》，卷三十五

[29] 同上

此是象山對成德過程之看法。象山就主體性實現本有之理言「德」，故真關鍵只在「主體自覺」能否顯現；一經顯現，則自會處處實現本有之理；故進德及成德，不是在外用工夫，亦不是以對治此心為主，而是以顯現此心之超驗主宰力為主。依此義而說「復」為「德之本」。至此處所說「性」字，當作「主體性」看，與「心」並非兩事。由此，可看出象山學說中另一特色，即對「心」、「性」、「情」、「才」等之分別全不重視；蓋就主體性著眼，則此種種不同描述字，只表示說者從何方面看主體而已。究竟只是一主體也。故象山與李伯敏之對話云：

> 伯敏云：如何是盡心？性才心情如何分別？先生云：如吾友此言，又是枝葉；雖然，此非吾友之過，蓋舉世之弊。今之學者讀書，只是解字，更不求血脈。且如情性心才，都只是一般物事，言偶不同耳。㉛

若在語言層面上看，則「心」、「性」等字必應有分別；但象山所重者不在語言或表述方式，而在於某一段文字中所顯示之理論通向何問題——即所謂「血脈」。專在此處著眼，則某一字在某一人之文字語言中如何用法，即成為次要問題。

此一觀點，如再深進一步，即可知與最根本之哲學立場有關。若取存有論之觀點，則語言文字中每一符號之指涉及意義如何，皆不能放過；蓋須在存有一面有一定相應處。語言文字中有未澄清處，則對存有一面之指涉亦必有不確定處矣。然若不以「存有」為最後歸宿，而以自主之主體性為大本，則可知一切意義指涉，皆依於主體某一套活動而立。各套活動本身固互不相同，然由活動中如能逆顯主體性，則自可有殊途同歸之功。如此，則某一套語言是否處處澄清，即成為次要。此象山立場所在。總之，一切言說只為幫助「主體自覺」之顯發。目的不是對存有作決定，故言說本身無獨立意義。象山曾明告李伯敏云：

㉚《象山全集》，卷三十四

㉛《象山全集》，卷三十五

若老兄與別人說，定是說：如何樣是心，如何樣是性情與才；如此分明說得好，剗地不干我事。須是血脈骨髓理會實處始得。㉜

由此觀之，象山固注意「當機立教」之意，而不注意客觀理論之建構。此固不能滿足哲學理論之要求，然若就儒學傳統言，則象山此種立教態度，卻與孔子在《論語》中論「仁」之態度相近。不可據此便說象山是學佛教也。

至此，可轉而論象山對儒學學統之態度。

㈢對學統之態度

朱熹生平以「道統」自任。然朱氏心目中之「道統」，乃以《易傳》及《禮記》之思想為中心，而上攝孔孟之學以及偽古文《尚書》中之堯舜思想，下接周張二程之學說以成之「統」。此中既有誤據偽託文件之歷史問題，又有誤解孔孟哲學特色之理論問題。蓋就歷史標準說，孔孟之「心性論」與《易傳》、《禮記》等後出文件中之形上學及宇宙論，本不屬同一傳統；就理論標準說，「心性論」以主體性之肯定為中心，自有一套理論結構，並非須依賴肯定客體實有之形上學也。故朱氏之「道統」，在客觀上與孔孟儒學之統並不相應。陸氏罕言「道統」，但其立場則直承孟子。此點亦曾明說。如詹阜民記其問答云：

某嘗問：先生之學亦有所受乎？曰：因讀《孟子》而自得之。㉝

象山之學承孟子，故在象山眼中，孟子後諸儒皆不能真承孔孟之學。故云：

……雖然，姬周之衰，此道不行；孟子之沒，此道不明。千有五百餘年之間，格言至訓，熟爛於浮文外

㉜《象山全集》，卷三十五

㉝同上

飾；功利之習，汎濫於天下。[34]

輕視漢儒，反對佛教，因此謂孟子之後儒學失傳，此在唐之韓愈已為此說。二程及其後學尤常強調此點。故自表面看，象山此說似亦為宋儒之共同論調；然如深一層看，則象山之宗孟子，乃真承孟子立說之精神方向；非如周程以下諸人，口雖言孔孟，而其學實以《易傳》及《禮記》為依據也。象山以取「心性論」立場故，對《禮記》思想甚不以為然。如評〈樂記〉中「天理」、「人欲」之說，即云：

天理人欲之分，論極有病。自《禮記》有此言，而後人襲之。記曰：人生而靜，天之性也。感於物而動，性之欲也。若是，則動亦是，靜亦是；豈有天理物欲之分？若不是，則靜亦不是。豈有動靜之間哉？[35]

案〈樂記〉中此段，濂溪至伊川均宗之，朱熹亦取其說。而象山獨以為非；且指出以「動靜」分「理欲」，全無道理。此論點若予以展開，即可成為對「天道觀」之批評。尤其濂溪之論「善惡」，通過此一論點看，則其困難甚為明顯。陸氏又云：

謂人欲天理非是。人亦有善有惡，天亦有善有惡；豈可以善皆謂之天，惡皆歸之人？此說出於〈樂記〉。此說不是聖人之言。[36]

此即謂《禮記》思想與孔孟思想不同也。「天亦有善有惡」一語，可謂與「天道觀」針鋒相對。就嚴格意義言，「天」若指存有——不論取形上義或自然義——則應是無「善惡」可說者，故陸氏之語未必精當。但學者如知自濂溪以來，兩宋儒者總以「善」歸之「天」，「惡」歸之「人」，則即知象山此論亦接觸宋儒思想中一大問題。

[34] 《象山全集》，卷十二，〈與趙然道〉

[35] 《象山全集》，卷三十五

[36] 同上

而象山所以能接觸此一問題，則正因象山之學承孟子心性之說，開始即未接受〈樂記〉之論調也。

象山不精考據，對經籍之偽託問題或時代問題，並未用心。故雖不接受〈樂記〉之說，對於〈中庸〉、〈大學〉則仍常引用。對《易傳》雖認為不出於孔子，亦不甚明白。蓋象山只能見到哲學理論上之問題，而不知歷史考證一面之問題也。

象山既直承孟子，遂亦不重視濂溪及伊川之學說。其不信從〈太極圖說〉，在前章論「朱陸之爭」時已言及。至於反對伊川，則早年已謂伊川之言若傷我者，又謂與孔子孟子之言不類。後曾讀伊川言論，仍表輕視。其言云：

> 某舊日伊洛文字不曾看。近日方看。見其間多有不是。[37]

畢竟伊川之「不是」處何在，未見陸氏之詳細議論；但伊川以形上意義之「本性」或「理」為最高實有，以居敬致知為下手工夫，皆與陸氏不合，則其不滿伊川，理不難明。陸氏亦講「致知」、「格物」，其解釋固與程門之說無甚不同，但工夫之下手處則不在此。如上節所述，格物窮理之類，在陸氏看來皆屬立本以後之事，非如伊川以此為入德之門也。

至於明道之說，則陸氏較能接受；蓋明道雖偏於「天道觀」，但言工夫時似仍承認超經驗之自覺心；如講「識仁」一段，即假定人心自能「識得此理」，存養則是以後之工夫。此與陸氏之重覺悟相近。謝良佐極力發揮明道思想中此種傾向，故以「覺」言「仁」。朱熹則謂，其說影響陸氏。朱氏云：

> 上蔡之說一轉而（為）張子韶，張子韶一轉而為陸子靜。[38]

---

[37] 《象山全集》，卷三十五

[38] 《朱子語類》，卷二〇七

此說非全確。蓋陸氏之持「心性論」，自有其所見，非由上蔡一步步轉出。但明道、上蔡對此心之自覺能力之重視，則確與象山所見較合，故象山雖譏伊川，罕譏明道也。

象山不取《禮記》之說，不宗周程，故其對學統之態度，與朱氏大異。然若就孔孟之持「心性論」看，則象山之說，在當時雖似是「異端」，在哲學史尺度下，反而較為接近孔孟之學。此所以本書列象山於「後期」也。

關於象山對佛教之態度，此處亦當稍作析述。

自伊川謂「聖人本天，釋氏本心」❸❾，後學宗之，遂以為凡以「心」或「主體性」為歸宿之哲學理論，即屬於佛教一路。其實伊川所謂「本天」，是《易傳》、〈中庸〉之形上理論；孔子本人即罕言天道，未見得即是「本天」也。且孔孟之「心性論」傾向，在《論語》及《孟子》中，甚為明白。而以古中國之文化傳統而言，所謂形上之「道」，亦原屬於南方文化傳統，孔孟固不以建立客體實有之形上系統為旨趣也。但宋儒自始即承《易傳》及〈中庸〉之說，故一直不知「心性論」在哲學理論上與「形上學」不屬一型，而總以為須通過形上學以安頓「心性論」，又見佛教頗能言「主體性」，遂以「本天」、「本心」區別儒佛；此是由理論及歷史兩面之誤解生出之又一誤解。然後此儒者極少能辨此中理論分際者。甚至陽明後學如李材（見羅）者，仍宗此說。蓋此處所涉之哲學理論型態問題，非越出傳統不能看明白。人之議象山近禪或屬於釋氏之學者，大致皆因不知「心性論」非釋氏所專有之故。今日學者，倘能縱目觀世界哲學思想之源流演變，則肯定主體性不必即歸於佛教，乃不疑之義。而同屬肯定主體實有之系統，又有互相不同之方向，亦是極易了解者。故舊日視為難解決之「心學」與佛教關係問題，在今日則極易解決。

象山承孟子而肯定主體性，其精神方向仍是化成世界，而非捨離世界；則與佛教根本不同。佛教以「離苦」

❸❾ 《河南程氏遺書》，卷二十一下

及「解脫」為最初宗旨。其後雖衍生大乘教義，然終以「度」（波羅蜜多）為立教之方向，「度」即登彼岸，非成就此岸也。此所以佛教之主體乃一超離之主體；所顯現之「主體自由」亦只是靜斂意義之超離自由。儒學在孟子學說中，即已建立「主體之肯定」，但儒學以建立文化秩序，在當前世界中實現「理」為宗旨。其後雖一變而為漢儒之宇宙論，再變而為宋儒之形上學及混合系統，其以教化為主之精神方向仍始終未變。儒學「心性論」所肯定之「主體」，乃超驗而能決定對象秩序之主體，故顯現為健動之主體自由。其精神方向是肯定世界非否定世界。儒佛之辨即在此。並非必須講一「天道」，立一客體實有之肯定，建立一形上學理論，方是儒學也。倘學者具此了解，則陸氏之學雖以「心」或「主體性」為大本，未可即謂與佛教相類。陸氏自身論儒佛之辨，則云：

某嘗以義利二字判儒釋。又曰公私，其實即義利也。儒者以人生天地之間，靈於萬物，貴於萬物，與天地並而為三極；天有天道，地有地道，人有人道。人而不盡人道，不足與天地並。人有五官，官有其事，於是有是非得失，於是有教有學；其教之所從立者如此，故曰義曰公。[40]

此先說儒學之精神方向，即扣緊建立文化秩序說；故強調是非得失與教化，以之為「人道」，即人生應有之責任也。就盡此人道講而說「義」。至釋氏所以歸於「利」，則就其以「離苦」為宗旨說。其言云：

釋氏以人生天地間，有生死，有輪迴，有煩惱；以為甚苦，而求所以免之。其有得道明悟者，則知本無生死，本無輪迴，本無煩惱，故其言曰：生死事大。如見所謂菩薩發心者，亦只為此一大事。其教之所從立者如此，故曰利曰私。[41]

陸氏非不知佛教所證悟之境界，乃超越經驗界之主體自由；然就其最初宗旨說，則確是以「離苦」為起源觀念。

[40] 《象山全集》，卷二，〈與王順伯〉

[41] 同上

基本上求「離苦」，即是陸氏所謂「利」及「私」；至於「得道明悟」所至境界，則陸氏以為是另一事，非其本來宗旨所在也。既將儒佛如此相對照而觀之，於是陸氏遂下斷語云：

惟義惟公故經世，惟利惟私故出世。[42]

「經世」即指化成世界，「出世」即指捨離世界也。陸氏立此二語，辨儒佛之異之大綱已立。其下再論進一步之問題，指出某種相同之點亦或有之，但不能掩宗旨之異。遂云：

今習釋氏者，皆人也。彼既為人，亦安能盡棄吾儒之仁義？彼雖出家，亦上報四恩。日用之間，此理之根諸心而不可泯滅者，彼固或存之也。然其為教，非為欲存此而起也。故其存不存，不足為深造其道者輕重。[43]

此謂佛教徒在人生歷程中，自亦會有道德行為；然其基本精神方向並不在於成就文化道德之秩序。真正「深造其道」者亦不重視此一方面之問題也。另一面則云：

若吾儒則曰：人之所以異於禽獸者幾希；庶民去之，君子存之。釋氏之所憐憫者為未出輪迴，生死相續，謂之生死海裡浮沉。若吾儒中聖賢豈皆只在他生死海裡浮沉也？彼之所憐憫者，吾之聖賢無有也。然其教不為欲免此而起，故其說不主此也。[44]

此處象山之言，大可注意；象山雖以化成世界或在當前天地中「盡人道」為儒學之異於佛教處，但象山並非不知儒學之「主體」亦是超越一切條件系列之最高主體，亦有「主體自由」，故說儒中聖賢之自我，並非在生死海

[42] 《象山全集》，卷二，〈與王順伯〉
[43] 同上
[44] 同上

中浮沉者。不過儒者不強調出生死海一義而已。觀此可知，象山並非不悟到超經驗界，不過在說及超經驗界時，通過主體義之「心」說，而不通過客體義或存有義之「理」說而已。此所以象山所持為「心性論」，非「形上學」也。馮友蘭評象山之學，以為「象山所見之實在則只有一世界，即在時空者。」㊺可謂大錯。蓋馮氏只了解有超經驗之客體實有觀念，而根本不解超經驗之主體實有觀念；在哲學理論上本欠缺一大段了解，其不了解象山之立場，亦不足怪矣。

象山所強調之「心性論」，原屬秦漢文件出現以前，孔孟哲學之本來方向所在。宋儒自濂溪以下，為《易傳》、〈中庸〉之說所籠罩，遂逐漸構成一套儒家形上學及宇宙論之系統，則本與孔孟之學非一事。而世俗不察此中分際，亦不問文件真偽、理論型態種種問題，反以宋儒構成之系統為唯一儒學理論。象山生於宋代，而思想傾向獨歸於「心性論」，乃當時人所不能了解者。然若以客觀心情觀此中理論分際，則象山之不屬於佛教或禪學，亦不難知。《語錄》記吳君玉問學於象山後云：

> 天下皆說先生是禪學，獨某見得先生是聖學。㊻

天下皆說象山是禪學，即因世人已信唯有言「天」之形上學系統方是儒學之故。此不僅在南宋時為然，即在象山逝世後，元滅宋而統治中國時期，士人大體上皆以為程朱系統方是儒學正統所在。至明初情況亦無大改變。真正了解「主體性」觀念，歸向孔孟哲學立場而穿破朱熹之大綜合者，王守仁以前絕無其人。即以陳白沙而論，雖能肯定「心」之地位，仍不能見朱氏系統之根本問題，其他更無論矣。

象山學說大要如此。茲再補充數點作為結語，即結束本節。

㊺ 參閱馮友蘭《中國哲學史》，第二編，第十四章，第三節，論「朱陸異同」語

㊻ 《象山全集》，卷三十四

三、結　語

象山立說之要點，上文已分別析述。現作補充如下：

第一、象山罕論政治歷史，故在《文集》、《語錄》中均難有資料表示象山之史觀。但象山對政治制度之態度，則有零星資料可以透露一二。如嚴松記云：

松嘗問梭山云：有問松：孟子說諸侯以王道，是行王道以尊周室？行王道以得天位？當如何對？梭山云：得天位。松曰：卻如何解後世疑孟子教諸侯篡奪之非？梭山云：民為貴，社稷次之，君為輕。先生再三稱歎，曰：家兄平日無此議論。良久曰：曠古以來，無此議論。[47]

梭山答嚴松年之語，蓋全取孟子民本主義立場。孟子對政治上主權之移轉問題，原是持民意為決定標準。其說雖與近代歐洲之民權思想有殊，然作為解釋政治演變之理論看，自遠勝於俗說之一味尊君，而又不能否定朝代必有改變也。孟子提出此一民本觀念，作為政治上價值判斷之原則，本亦是孟子思想中要點之一。然秦漢以降，儒者對政治主權之移轉問題，避而不談；反強調「君臣」之綱常關係。於是，自漢以後，政治哲學陷於一滿含矛盾之僵化狀態中。此亦是中國思想史上一客觀問題。陸氏兄弟生於宋代，而獨能體會孟子此種主張之意義，此又陸氏之學上承孟子之又一表現也。

象山於梭山之言再三稱歎，蓋有深得我心之感；至云：「曠古以來，無此議論」，亦非誇詞。蓋孔子在政治上只講正名之道，進退之義，並未對政治主權之移轉問題作一定解答。孟子始有「民為貴」之說，建立「民本」觀念；而孟子以後，又不見有人發揚其說。自孟子前論之，則孔子尚未有此說；自孟子後論之，則無人繼承孟

[47] 《象山全集》，卷三十四

子之說，真乃「曠古以來，無此議論」矣。

第二、陸氏在政權移轉問題上，雖宗孟子之說；但若就其對政治活動之一般了解看，則陸氏亦認為「政治生活」乃「道德生活」之延長，與朱氏無大不同。

例如，陸氏應試時答「德仁功利」之問時，對「帝王之德之仁，豈但如匹夫見於脩身齊家而已」一語，即以為不然而申己意駁之云：

夫所謂脩身齊家者，非夫飭小廉，矜小行，以自託於鄉黨者然也；顏子視聽言動之間，曾子容貌辭氣顏色之際，而五帝三王皐夔稷契伊呂周召之功勳德業在焉。故〈大學〉言明明德於天下者，取必於格物致知正心誠意之間。㊽

此明以政治生活為附屬於道德生活者，而其引〈大學〉語更可表示此一立場，蓋〈大學〉思想即認為由「修身」可直接向外展開而有治國平天下之功效也。

第三、陸氏雖重覺悟，但仍認為「致知」之外另有「力行」工夫；此與日後陽明之「知行合一」之說不同。嚴松錄象山談「智」與「聖」二觀念時之問答云：

先生與學者說及智聖始終條理一章，忽問松云：智聖是如何？松曰：知此之謂智，盡此之謂聖。先生曰：智聖有優劣否？松曰：無優劣。先生曰：好，無優劣。……松又曰：智聖雖無優劣，卻有先後；畢竟致知在先，力行在後，故曰始終。先生曰：是。㊾

觀此段可見象山心目中之「知」觀念，仍取通常知解之義；非陽明所謂「良知」。陽明所以有「知行合一」之說

㊽《象山全集》，卷三十一，《程文．德仁功利》

㊾《象山全集》，卷三十四

者，乃因「知」字被界定為「良知」，指價值自覺講；然後方可就行為方向之源於價值自覺，而在「根源義」上說「知行合一」。象山既依通常意義用「知」字，則自須說「知先行後」為是矣。在此等論點上，象山每每無以自別於程朱之說。

總之，象山立說，重要處在透露一確定方向，而此方向又正是宋明儒學運動中應肯定之方向，即歸於孟子是也。若就建立理論系統說，則象山可謂尚未能立系統。朱熹譏象山之學為「有頭無尾」，固是認為陸氏不能在窮事物之理上用工夫。但若不論朱氏此語原意，而就象山建立一精神方向而未能建立系統說，亦可說象山立說是「有頭無尾」也。

象山門人中以楊簡最為有名；此外如傅子淵、袁燮等人，亦皆有名於當時，但就發揚象山之學而言，則成績均屬有限。此因象山所從事之「心性論」哲學，表面看似較形上學及宇宙論為簡，其實此中要義，皆與常識心靈大有距離。欲取此方向建立系統，本甚困難。歐洲哲學以反省之思辯建立「主體性」觀念，尚有階梯可循。中國既乏思辯，則「心性論」或肯定「主體性」之哲學，不得不待才高者為之。此所以象山之學必待陽明完成也。

貳　王守仁之學

王守仁之生平，當以錢德洪等門人所編之《年譜》為主要資料；《年譜》原由各門人分任纂輯，以鄒守益總其事。至嘉靖四十一年鄒死，錢德洪乃以所得材料與羅洪先商訂，於是在次年書成；距王氏之卒已三十五年[50]。

---

[50] 參閱《王文成公全書》，卷三十五，《年譜》附錄，「嘉靖四十二年癸亥，四月，先師年譜成」一條

然此《年譜》仍屬同時人之作品，遠勝日後明史中之傳文也。

至述王氏之學說，則當以《傳習錄》為主，其他書札雜著為輔；皆見《王文成公全書》。

一、生平及著作

案《年譜》記王氏生於明憲宗成化八年九月，而卒於明世宗嘉靖七年十一月，以公元推之，其生卒年代應為公元一四七二－一五二九。

其生平較重要之年歷，可舉以下各項：

公元一四八六，十五歲。遊居庸三關，有經略四方之志。此見王氏氣質抱負，原非經生一流。

一四八九，十八歲。自江西歸浙江，舟中謁婁諒（一齋），論程朱格物之學。婁即吳康齋之門人，宗程朱以治諸經者也。

一四九二，廿一歲。據朱熹之說，以從事「格物」之學；格竹不得其理而遘疾，即在是年。

一四九八，廿七歲。因治朱學無所得，而以為聖賢有分，不可強求；遂慕道士養生之術。

一五〇一，三十歲。遊九華，見道者蔡蓬頭。又訪地藏洞異人。蓋王氏此時極慕道教及神仙家言也。

一五〇二，卅一歲。是年告病歸浙江，築室陽明洞中，行導引之術，頗有得。其後悔之，以為「簸弄精神」，無益於「道」，遂又開始屏棄釋道修煉之事。

一五〇五，卅四歲。在京師開始講學，教人先立必為聖人之志。與湛若水（甘泉）定交。

一五〇六，卅五歲。以疏救諫臣下詔獄，謫貴州龍場驛丞。

一五〇八，卅七歲。在龍場，始悟「格物致知」之義；以「良知」為「知」之學說自此逐漸形成。

一五〇九，卅八歲。主貴陽書院，倡「知行合一」之論；又提出「知行之本體」一觀念。案此即王氏初悟「主體性」，而立心性論系統之始也[51]。

一五一〇，卅九歲。任廬陵知縣。此時講學以教人靜坐自悟為主，以為只論「知行合一」，無入手處。蓋王氏之論「知行合一」，原以自身對「主體性」之悟見為基礎；而教人靜坐求悟，則是欲使學者各自體悟「主體性」，以免徒談論「知行合一」之理，而陷於言說中，反不能透顯「主體性」也。是年與黃應良論「聖人境界」，指出「廓清心體」而「真性始見」，然後方能有「操持涵養之地」。此所謂「心體」及「真性」，即指「主體性」而言。總之，王氏自龍場悟後，已覺「主體性」之透顯乃第一大事，然在工夫門徑上尚無確定講法。故與黃論學，亦謂「此功夫自無可講處」也[52]。

一五一一，四十歲。與徐成之書論朱陸異同，認為王與庵以「尊德性」及「道問學」分判陸氏及朱氏之學不當。此時王氏於朱熹尚未作深入評論，但已表示有意解釋象山之說，以免世俗誤排陸氏[53]。是年為文送湛甘泉出使安南，論及儒學傳承，仍推崇周程[54]。

一五一二，四十一歲。是年十二月與徐愛同舟歸越，論〈大學〉宗旨；徐所記即今之《傳習錄》首卷所載者。

一五一三，四十二歲。十月至滁州，從遊者日眾。答孟源問靜坐中思慮紛雜問題，說「物各付物」之義[55]。

---

[51] 參閱《王文成公全書》，卷三十二，《年譜》一，「正德四年」條

[52] 參閱《王文成公全書》，卷三十二，「正德五年十有二月」條

[53] 參閱《王文成公全書》，卷三十二，「正德六年」條。及同書，卷四，所載〈致徐書〉

[54] 參閱《王文成公全書》，卷三十二，「正德六年十月」條。及同書，卷七，所載〈別湛甘泉序〉

一五一四，四十三歲。五月至南京，門人益眾；因見學者有流入「空虛」之病，遂只以「存天理，去人欲」為教。

一五一六，四十五歲。九月巡撫南贛汀漳。

一五一七，四十六歲。在贛。是年平定漳寇。

一五一八，四十七歲。是年續平諸寇。門人講聚不散。七月事定，乃刻古本〈大學〉，意不取朱子《章句》也56。

是年又刻《朱子晚年定論》，作序力言朱子「晚年」所見與「中年未定之說」不同；而以為朱子晚年與己意相近57。今考王氏所取代表朱氏「晚年定論」之資料，多出自中年，故王氏此書未可憑信也。

同年八月徐愛卒。薛侃遂取其所遺《傳習錄》一卷付刻。

一五一九，四十八歲。六月勘處福建叛軍，中途聞宸濠反，遂起兵討之。七月丁巳日遂擒宸濠，九月獻俘。江西亂平。

一五二〇，四十九歲。六月遊青源山。答羅欽順問學書，暢論學無「內外」之別。是年有〈象山文集序〉。

一五二一，五十歲。是年始揭「致良知」之教。遺書鄒守益，謂「致良知」乃「聖門正法眼藏」58。五月與湛甘泉、方叔賢書論學，極言本末之辨。又答倫以諒問動靜，而告以「循理之謂靜，從欲之謂動。」59

55 參閱《王文成公全書》，卷三十二，「正德八年冬十月」條

56 參閱《王文成公全書》，卷七，〈大學古本序〉

57 序文亦見《王文成公全書》，卷七

58 參閱《王文成公全書》，卷三十三，《年譜》二，「正德十六年正月」條

是年十二月，封新建伯。

一五二二，五十一歲。父龍山公卒。

一五二三，五十二歲。與門人論謗議問題，自謂：「……纔做得狂者，使天下盡說我行不揜言。」蓋自悟見「致良知」義後，立說更無敷衍應付世俗之處矣。

一五二四，五十三歲。在越，聚門人講學，注重「萬物同體」之旨，使人各求「本性」。是年八月，宴門人於天泉橋。十月，南大吉續刻《傳習錄》。

一五二五，五十四歲。九月，歸姚省墓。與諸生定期講學。有答顧東橋書，暢論「致良知」及「格物」之義。而謂：「吾心之良知，即所謂天理也」。是年十月，立陽明書院於越城。

一五二六，五十五歲。有答南大吉、歐陽德諸書，皆發揮良知之義。十二月，作〈惜陰說〉，論不息之義。

一五二七，五十六歲。是年鄒守益刻王氏《文錄》。五月，奉命征思田，九月發越中。九月初八日夜，錢德洪與王畿因王氏次日將啟程，同往問「四句教」及「四無」之說；於是移席天泉橋上與二人論四句宗旨。此即所謂「天泉證道」也。

一五二八，五十七歲。在梧。二月，平思田；七月，破斷籐峽。十一月，至南安登舟，乙卯日，舟泊青龍舖。病逝。

× × × × ×

觀以上資料，可知王氏治學立說之發展歷程及生平主要事跡。此中應注意者有以下數點：

第一、王氏自十八歲聞婁一齋論程朱之學，至二十七歲為止，皆致力於程朱格物窮理工夫。但未能有得。

---

59 參閱《王文成公全書》，卷三十三，「正德十六年五月」條

遂轉習道教神仙術。然其放棄程朱之學之理由，僅在於「聖賢有分」之觀念，並非確認程朱一派理論有內在缺陷或困難。換言之，王氏只由於對「才性」之限制有某種認定，因而以為聖賢地位，乃「不可強求」者。此所謂「強求」即隱隱與「才性」觀念相連，而未嘗觸及「心性」問題也。

第二、二十七至三十一歲數年間，興趣在於神仙術；但行導引而有得時，乃覺致力長生無甚大意義，遂不再從事道教之修煉。蓋王氏本來所關心之問題，不在長生一面，而在德性一面，故不能以道教之修煉為滿足。顧王氏雖厭棄求仙，而再講成聖之學，其確定路向仍不分明。自三十一歲後，只可謂進入醞釀期，自身立說尚未定也。

第三、卅七歲龍場一悟，遂開始立「良知」之說。卅八歲力倡「知行合一」，即見王氏開始悟入「心性論」之理路矣。卅九歲教人「靜坐」，目的自在於求主體性之顯現；「心體」與「真性」等觀念，皆此時所說；蓋此時王氏對工夫問題尚無定說，只在歸於「心性」一大立場上有所肯定而已。

第四、由此，至五十歲時，王氏有時言「理欲」，有時推崇周程，有時分辨朱陸之學，其說頗多輕重不同之處；總由於方向雖定，次第未明，故評斷前人亦常有遷就躑躅之意。

第五、五十歲後，確立「致良知」之教；其學說規模大定；五十四歲，言「良知」與「天理」合一，則王學之宗旨理路皆明，而王氏亦更無遲疑應付之傾向。自此至五十七歲逝世止，其講論皆屬此「良知學說」之發揮。

二、陽明學說要旨

論陽明之學說，首先須掌握「心性論」與「天道觀」及「本性論」之殊異。此種殊異，就儒學史內部言，代表三派儒學思想；就哲學問題本身而論，亦屬三種不同之理論型態。學者對此種分劃若無明確嚴格之了解，則對陽明學說之特色及其在儒學史中之地位必不能確知。已往中外學人對陽明之種種誤解，皆由於對此種源流問題及理論型態問題把握不定而起。本章在撮述陽明學說大旨之前，對此類誤解須先作一澄清。

對陽明之誤解，自明末以來屢見於各家論著中。茲擇其要者稍作析論。

第一、對陽明之「良知說」最普通之誤解，乃以「良知」之說為近於所謂「禪學」60。此一看法，可以李材（見羅）為代表。李氏取伊川之語，而謂：

> 釋氏本心，聖人本天。61

又極力反對「以知為體」62。其意蓋以為陽明言「良知」即是以「知」以「心」為「體」，而不合乎儒學正統。實則此種誤解正由於不知儒學之源流演變而來也。學者不用「儒學」一詞則已，倘用「儒學」一詞而非別立新義，則所謂「儒學」者自只能以先秦孔孟之說為最後依據。孔孟之說，皆屬「心性論」型態，非「天道觀」型態。《論語》、《孟子》之文，皆可按也，秦漢以降，《禮記》中之〈中庸〉及解《易》之綜合資料所成之《易傳》，託於孔子及子思；自漢以下，學者茫然不加考辨。隋唐官學，固不辨古籍真偽；北宋雖有疑《易傳》者（如歐陽修），然舉世滔滔，習於偽說。周張二程諸人，莫不力尊《易傳》、〈中庸〉，於是始有以「天道觀」為中心之儒學；朱熹更編成「四書」，雜收道教圖書以解《易》，塑造一全不合歷史真象之「道統」。於是孔孟之「心性論」

60 案唐末以後，在中國之佛教各支皆衰，唯禪宗獨盛。故兩宋諸儒所了解之佛教教義，大抵限於禪宗。而所謂「禪學」亦即指彼等所了解之佛教理論。此風至明代猶未改；明代人談及佛教仍不外指禪宗之說也

61 《明儒學案》，卷三十一，〈止修學案〉，「論學書中答朱鳴洪」一節

62 同上

立場反而為此種成說所掩。能脫此牢籠者，在南宋唯陸象山而已[63]。以「天道觀」為儒學正統，是宋儒承漢以下偽說傳統之工作結果。學者入此牢籠，即不知孔孟言心性，本以「主體性」為最高觀念，反而視言「主體性」者為佛教之說。此所以伊川有「本心」及「本天」之誤判，而李見羅又承其誤而大發議論也。倘認為只有佛教言「主體性」或「本心」以立說，則陽明之言「良知」，自屬講「主體性」之理論；由此而視陽明之學為「近禪」，亦不足異矣。

然吾人今日倘對「主體性」之「心」，及超越實體意義之「天」有明確了解，則首先可知，孔孟原以「心」為「本」，以「天」為「本」者乃後起之說；其次再就佛教所言之「主體性」與孔孟所立之「主體性」相比，亦可顯然見其有「靜斂」與「健動」之不同。此在前章論「對世界之態度」時，已屢言之。此處不再贅論。總之，孔孟之學與佛教教義之不同，不在於「本心」與「本天」之殊，而在於孔孟之「心」（主體性或主體自由）與佛教之「心」不同。至於「本天」以立說，則屬於「天道觀」類型之理論。此說乃由秦漢之際，古南方之形上觀念及海濱區域（即漢書所謂「燕齊迂怪之士」）所盛行之陰陽五行說混合，侵入儒學之後，展轉演變而成之另一理論，雖假託於「儒」，非孔孟之學統也。

故無論從歷史標準或理論標準看，孔孟之說非「天道觀」，又與佛教迥異。而陽明之「良知」觀念，則正直承孟子之「主體性」觀念。豈得以朱熹塑造之「道統」為標準，反謂陽明非承儒學正統乎？至於不解「主體性」觀念本身可有種種不同，遂以為一言「心」或「主體」便是佛教，則涉及論者之哲學知識問題。李材之言，正見其自身悟解淺陋而已。

---

[63] 案陸象山不信《易・繫辭》為孔子所作，又抨擊《禮記》中〈樂記〉之文。學者可參閱《象山全集》及《朱子語類》中評象山語

第二、知陽明之「良知」不違孔孟之學，亦不近於禪，但又另有所疑者，則當以劉宗周與黃宗羲為代表。黃宗羲承劉宗周之學，對陽明四句教中所謂「有善有惡意之動」，終不謂然。蓋依劉說，則「有善有惡」乃具體之「念」，以為陽明如此說「意」，則「良知」只能在「意」之發後「知善知惡」，即非最高境界。此種議論在《蕺山語錄》及書札中均常見，如〈答韓位〉云：

> 陽明先生於知止一關，全未勘入；只教人在念起念滅時，用個為善去惡之力，終非究竟一著。[64]

然蕺山雖如此評議陽明，仍不以為陽明之學近禪，故其下又云：

> ……然則，陽明之學，謂其失之粗淺不見道則有之，未可病其為禪也。[65]

案蕺山謂陽明「不見道」，其言甚直；黃宗羲則委婉其辭，以評陽明云：

> 天泉問答：無善無惡者心之體，有善有惡者意之動，知善知惡是良知，為善去惡是格物。今之解者曰：心體無善無惡是性，由是而發之為有善有惡之意，由是而有分別其善惡之知，由是而有為善去惡之格物。層層自內而之外，一切皆是粗機。則良知已落後著，非不慮之本然。[66]

黃氏指「今之解者」之說而論「四句教」之缺點，自有代陽明辯解之意，即所謂「四句本是無病，學者錯會也。」[67]然其論旨固與蕺山無殊，所謂「良知已落後著」，即蕺山所言「終非究竟一著」，不過未直說陽明本人「不見道」而已。

---

[64] 參閱《明儒學案》，卷六十二，〈蕺山學案・來學問答〉

[65] 同上

[66] 《明儒學案》，卷十，〈姚江學案〉，黃氏案語

[67] 同上

關於劉黃諸人之學說思想，後文另有論述。此處只就此種意見稍作評析，以見劉黃之議論，實是對陽明學說之另一誤解。

如上所引劉黃二氏之言，所爭關鍵皆落在工夫及境界問題上。謂「良知」之「知善知惡」在「意」動後，則自然可說「良知」永落「後著」；且如此說法，即不見聖賢境界；蓋若順此而觀四句教，學者用工夫後，其意之善惡仍只能在發後為「良知」所察見；與全無工夫比較，其意之時善時惡，似無不同，只多此事後之省察。換言之，聖賢與常人並無境界殊異，而「成德」之學將無著落。然此非陽明之旨，亦非四句教之正解。

就陽明本意言，工夫原在「致」字上，境界即在能「致得良知」處講。聖賢自與常人境界不同，因所致得良知之分度不同也。若就「四句教」說，則首先須注意者是：四句教並非依先後次序而立，而只是闡明四個論點。故黃氏所引「今之解者」之說，連用「由是而有」一語，將四句列為先後四層，便是有根本誤解。「有善有惡者意之動」一句，乃定立道德問題中之「二元性」（即所謂 "Ethical Duality"）之命題，此是任何涉及德性問題之理論中所必有者。「意之動」有善有惡，並非說此處無工夫，只能待「良知」事後察覺。此處工夫即是「誠意」，而陽明學說中，「誠意」、「致知」固決不可分離，且不可與「格物」分開。此點劉蕺山似未看明白，黃宗羲雖似想到（在案語中為王氏辯解時，即強調「致字即是行字」，與「致吾心良知之天理於事事物物」等義），但以為必待彼如此解說，方免弊病；則黃氏對陽明自己之說法仍未看透也。

至於蕺山分「意」與「念」二字，則是用語之不同。《蕺山語錄》中暢論「誠意」與「致知」不可分，其實正是陽明之意。而蕺山又以為「誠意」若與「有善有惡」之「意」合看，則善惡皆「斷然」為之[68]。如此譏陽明，則是誤解「誠」字。「誠意」是「意志純化」之意，此純化工夫即致知工夫，而意志純化時亦即良知天理在

[68] 參閱〈蕺山學案〉，〈語錄〉，「古本聖經……」一條

「意」中充足實現時，豈能謂「誠其有惡」乎。此是蕺山誤解陽明處，而黃氏亦未嘗辯正也。蕺山以為「意」當就「好善惡惡」說，故另標一「念」字，指「有善有惡」處，此是蕺山對二元性問題之解答，自無不可。然若謂陽明不解此中義理，只因不將「意」與「念」分開，便是「不見道」，則屬輕率判斷。

第三、除以上二種誤解外，尚有另一種誤解，為現代講宋明儒學者所常有，亦應在此提及。

此種誤解，簡言之，即是對陽明講「良知」時，所用「知」字之意義不能掌握，而以日常語言中「知」字之意義及用法解說陽明之「良知」。由此，遂有種種錯誤生出。

犯此病者，在近數十年之論著中，屢見不鮮。茲姑隨舉一二人作為代表，略作詳析。

容肇祖著《明代思想史》，論及陽明及其學派之理論，所述似亦頗詳。然容氏謂：

> 他以為良知是一切知識的基本，良知之外，不能於知識更有所增加。[69]

其下即引陽明所謂「良知之外，別無知矣」[70]一語為據。顯然以為陽明所說之「知」，即指「知識」而言。

吾人倘確知陽明用語之特定意義，則容氏此種解釋，與原意相差甚遠。蓋陽明用「良知」一詞，原指價值意識及作價值判斷之能力而言；屬於「道德語言」而非「認知語言」。依陽明自己之解釋，即所謂「知善知惡是良知」。「良知」被界定為「知善知惡」之能力，分明與認知事物或規律之「知」，截然兩事。而所謂「良知之外，別無知矣」，正表明陽明心目中並無認知意義之「知」也。

陽明此說之弊病如何，乃哲學問題中所應注意者。但就哲學史一面看，則吾人講述陽明本意時，決不能將「良知」之「知」字解為「知識」。容氏所謂：「良知之外，不能於知識更有所增加」，則是說：人對事物及規

---

[69] 容肇祖《明代思想史》，第四章，三

[70] 此語見《傳習錄》中，〈答歐陽崇一〉

律等之「知識」，皆已含於「良知」之中；此涉及一有極端先驗論傾向之知識論觀點，實陽明所無者，因陽明學說根本未有知識論一面之探究也。

容氏之所以犯此錯誤，基本原因當在於容氏自身對「道德語言」與「認知語言」或「事實語言」之分別不甚明白，故一見「知」字，即以為與通常所謂「知識」是一事，不知陽明另有特殊用法，所指根本不屬認知範圍。

與容氏之錯誤類似而更為明顯者有張君勱氏之說法。張氏在其論「新儒學」之中英文著作中，均常用「理性主義」與「經驗主義」之對比，解說程朱一系與陸王一系之殊異所在。其實「理性主義」與「經驗主義」之爭點，全在對「知識」之解說上，而陸王所說之「心即理」，本非指認知之理，原意亦不是解說知識。從另一面看，程朱一系說「理」，亦與「經驗主義」迥不相同。張氏之比附可謂完全無當。然其所以如此比附者，正在於張氏亦不確知「良知」之特定意義，以「知」字與「知識」牽合，故界限大亂也。

以上三點為解說陽明學說時最應避免之誤解，故先略作澄清。至於其他易有之誤解，則在下文述陽明學說時，隨處清理。

以下即分節述陽明之學之要旨。

(一)心、理、良知

陽明立說，原以「良知」為唯一樞紐觀念，所謂：「除卻良知，還有甚麼說得。」[71]但今欲逐步闡述陽明之說，則須先就「心」、「理」等一般儒學觀念下手，以顯出陽明所言「良知」之確義。

象山已說「心即理」之義。其所言之「心」乃所謂「本心」，而所言之「理」，則詞義不甚明確。陽明則扣

[71] 《王文成公全書》，卷六，〈寄鄒謙之〉三

緊德性言「理」，再就德性皆源於此心，而言「心即理」。其與徐愛之問答云：

愛問：至善只求諸心，恐於天下事理，有不能盡。先生曰：必即理也。天下又有心外之事，心外之理乎？愛曰：如事父之孝，事君之忠，交友之信，治民之仁，其間有許多理在，恐亦不可不察。先生嘆曰：此說之蔽久矣。豈一語所能悟？今姑就所問者言之。[72]且如事父，不成去父上求個孝的理？事君，不成去君上求個忠的理？交友治民，不成去友上民上求個信與仁的理？都只在此心，心即理也。[73]

案徐愛此問原亦是就德性或道德行為著眼，但所謂「許多理」乃落在「行為內容」上說，而於陽明所謂之「心即理」之意義尚未能掌握，故陽明歎其有蔽，其下遂就「行為方向」一面反覆說明：此是以反問為答。「不成」乃當時口語，即今語「難道」之意（坊間本有將「事父不成」四字點斷者，大誤）。陽明意謂：各種道德行為之道德性，不能在所涉對象上求，而只能在「心」上求，故先作反問，然後再正面發揮此旨云：

此心無私欲之蔽，即是天理，不須外面添一分；以此純乎天理之心，發之事父便是孝，發之事君便是忠，發之交友治民，便是信與仁。只在此心去人欲、存天理上用功，便是。[74]

陽明既以「無私欲之蔽」說「天理」，又以「去人欲、存天理」說在「此心」上之用功處，則可說陽明所說之「理」本非「認知意義」之「理」，而是「德性意義」之「理」。換言之，陽明說「心即理也」，並非謂事物規律皆先驗

[72] 《王文成公全書》，卷一，《傳習錄》上

[73] 同上

[74] 同上

地存於心中，而只是斷定價值規範由此心生出。而此種價值規範，就其整全言之，即陽明所謂「天理」；若分化之後，則成為孝、忠、信、仁等等德目[75]。總之，說「心即理」時，陽明用「理」字，是取「規範義」，非取「規律義」。此是說明陽明宗旨之第一步。

就此再看陽明所用之「心」字，亦可知「心」指自覺意志能力而言。蓋陽明認為：人之自覺能力本身即含普遍規範之要求——亦即是說，人有「應該」或「不應該」之自覺。此種要求，即是所謂「天理」之方向。意志循此方向而活動，即說為此「心」純合「天理」。而此「心」並不必然純合「天理」，則因有時人受生理或心理等等特殊因素影響，而不能尋求普遍規範，或以愛憎、苦樂等等感受代替「應該」及「不應該」；在陽明即以「人欲」一詞說之。意志方向時時指向普遍規範，即是「存天理、去人欲」之實踐。

以上只就未分化之「應然自覺」講；在具體世界中，每一具體行為必涉及不同之對象；而一具體行為之方向，亦必受此種具體對象之影響而具有特定內容。由此，「應然自覺」亦必分化；各種德性即於此處出現。所謂「忠」、「孝」等等德性，皆須落在此一層面上說。因此，陽明雖強調未分化之「應然自覺」，但亦不能不照顧到特殊德性及具體道德行為之內容問題。因此，對於「事理」之認知，亦不能不取一確定態度；蓋行為內容必依所關「事理」而定。只標一普遍意義之「天理」時，說明道德行為之「道德性」之根源則可，對行為內容則不能決定。陽明對此問題之態度，亦可於答徐愛語中見之。前引《傳習錄》文下一段即涉及此點。

愛曰：……如事父一事，其間溫清定省之類，有許多節目，不亦須講求否？[76]

---

[75] 案如此講「仁」字，自與孔子之意有殊。但陽明此處亦只是就徐愛所問而作答，故順原問所用諸字說。徐愛原只就「治民」說「仁」，自不是以「仁」為眾德之本。陽明順徐愛所用語脈作答，亦未特別重視「仁」之意義

[76] 《王文成公全書》，卷一，《傳習錄》上

案徐愛此處就「孝」一德性著眼發問。「孝」作為一特殊德性，即與一組道德行為相關；凡欲成就此種德性者，即必須有此種行為。但此種行為必有一定內容，人如不了解此種內容，則不能作出此種行為。然對此種行為之內容之了解，顯然不是純靠價值意識而成立者。換言之，當人能「存天理」時，可以在「事父」一事上有「求孝」之意志方向；但不能直接獲得「如何盡孝」之行為內容之決定。行為內容之決定，須涉及知識——即對「事理」之了解。徐愛問「溫清定省」是否須「講求」，即注目於「求孝之意志」以外之認知或了解事理之問題。陽明此處之答覆，則大可注意。其言云：

> 如何不講求？只是有個頭腦，只是就此心去人欲存天理上講求。……此心若無人欲，純是天理，是個誠於孝親的心，冬時自然思量父母的寒，便自要去求個溫的道理；夏時自然思量父母的熱，便自要去求個清的道理。這都是那誠孝的心發出來的條件。卻是須有這誠孝的心，然後有這條件發出來。譬之樹木，這誠孝的心便是根，許多條件便是枝葉。須先有根，然後有枝葉。不是先尋了枝葉，然後去種根。[77]

陽明此一段答語，似甚淺明，然若細加推析，則含有極可注意之論點。在下文解說之前，有一用語問題，須附作說明者，即陽明所謂「條件」，乃指引生者而言，與現代習用語義正相反。「條件」指引生者，故相當於樹之枝葉，乃誠孝之心既發後所生出者，誠孝之心則相當於樹之根。此點不可誤會。

就上引陽明之答語看，其論點有二：

第一、有「孝親」之「心」，便自然「思量」父母之寒熱。

第二、有如此之「思量」，即「自要去求」溫清之「道理」。

就第一論點看，其意實謂道德意志為道德行為之根源及動力。人有「求孝」之道德意志，即直接生出「思

[77] 《王文成公全書》，卷一，《傳習錄》上

量」父母之寒溫問題之活動。但此處之「思量」，仍只指意向而言，並未涉及認知內容；故仍只是就「心」之方向或意志之方向說。因此，與「去人欲、存天理」之旨仍是一事。但僅說到此處，並未解答徐愛之問題，而只是對「講求」一詞，提出另一論斷——即是：應在純化意志方向上「講求」。徐愛所問原涉及行為內容及認知問題，陽明之答覆，實落在第二論點上。

陽明之第二論點，要旨落在「自要去求」四字上。陽明蓋認為：有如此之道德意志，即會自然去求索決定所關行為之知識，以使此道德意志落實為一組道德行為。回至「孝」及「溫清」之例看，人有孝親之意志，即「思量」父母之寒熱問題，如此思量時即「自然」去「求」溫清之「道理」。此處「道理」乃指特殊之事理，已與「天理」之「理」不同。

顯然，此處有一不可忽視之問題，即：人之求索事理，在陽明之觀點下，只是被道德意志所推動之活動；此可解釋認知活動之發動，並不能說明認知活動之成就。換言之，人有「孝親」之意志，誠然可推動人「去求」某種知識——如關於「溫清」之知識，但人是否能獲得此種知識，以及其所獲得之知識之正誤程度如何，則皆不能由此一「求」或意志推動而決定。人縱然全無人欲私念，亦不必定能獲得對事理之正確知識。陽明只「講求」此「心」之方向，而不「講求」事理之了解，則如何能認定具體道德行為之內容在事理上能無乖謬？此點又須作進一步了解，方能確知陽明之原意。

陽明答鄭朝朔問一節，恰可補足答徐愛時所未明言之部分。鄭問亦以「事親」為例，其言云：

且如事親，如何而為溫清之節，如何而為奉養之宜，須求個是當，方是至善，所以有學問思辯之功。[78]

鄭所謂「是當」，正指行為內容言，亦即涉及事理；蓋有「孝」之意志方向後，仍另有「如何盡孝」之知識問題

78 《王文成公全書》，卷一，《傳習錄》上

在，故認為此處須有一套求知之工夫——即所謂「學問思辯」。而陽明之答語則明白提出另一論點：

先生曰：若只是溫清之節，奉養之宜，可一日二日講之而盡，用得甚學問思辯？惟於溫清時，也只要此心純乎天理之極；奉養時，也只要此心純乎天理之極；此則非有學問思辯之功，將不免於毫釐千里之謬。[79]

所謂「純乎天理之極」，仍只是就意志之淨化說。而另一重要論點，則是認為溫清奉養等等「事理」，「可一日二日講之而盡」；換言之，陽明認為「事理」本身皆極簡單，但使意志淨化，則知識即自然可得。因此，陽明只重視道德意志如何顯現、如何貫注行為等問題，而不重視由道德意志落至具體道德行為上所需之知識或了解問題。陽明自亦不能否認具體道德行為必涉及所關之事理，否則無由獲得內容，然而陽明不願深究此一段落中之特殊問題，而只認為事理甚簡而易知，似不成為大問題。

陽明此一論點之危險性，甚易看出。而陽明學說中對知識問題之根本觀點亦即在此。此點涉及對陽明學說得失之評估，後文再行詳論。此處須指出者，是陽明如此看知識問題，正與其全盤思想之特性有關。欲說明此義，則須進至陽明之「良知」觀念，及其對「知」字之用法之討論。

上文已表明陽明之「心」觀念，乃就有主宰性之自覺能力而言，而「理」觀念則指價值規範而言；故「心即理也」一語，確義即是說，一切價值規範皆源自此自覺能力。但立此一義，嚴格說，只是決定一切價值判斷——以及由此衍生之自覺行為——皆依自覺能力而可能，並未決定具體行為之特殊內容問題。後者即涉及認知活動或事理之了解。陽明之論「天理」或基本價值意識，剖解甚詳；但對「事理」及所涉之具體行為內容方面，則未嘗詳說。然此是講陽明道德理論時所必須清理之關目，故上文引陽明語，觀其大意。以為「事理」簡單易

[79] 《王文成公全書》，卷一，《傳習錄》上

知，人只要自身意志純化，即自然能獲得事理之知識，即是陽明對事理問題及認知問題之總態度。其語雖不甚詳，其觀點並非難解。

吾人循此線索以了解陽明時，立可發現陽明心目中實無「認知活動之獨立領域」；換言之，陽明用「知」字與通常談認知活動者用「知」字不同。蓋陽明只就「良知」之義說「知」，並不論及獨立於道德意識之純粹認知也。

陽明所謂「良知」，在用語淵源上雖是由孟子而來，其意義則屬自加界定者。在語錄及文錄中，陽明解說「良知」之語，固隨處可見，但最明確之說法則見於「四句教」及〈大學問〉。

「四句教」云：

知善知惡是良知，為善去惡是格物。[80]

此是明白以「知善知惡」之能力為「良知」。而〈大學問〉中則云：

良知者，孟子所謂是非之心，人皆有之者也。[81]

此是以「是非之心」說「良知」，特重「良知」能判意念之善惡一點。合而言之，意念行為之「善惡」，呈現於此心之「良知」能力而成立；正如紅白之色呈現於視覺能力而成立。如此，則所謂「良知」，只對「善惡」一對價值意義之屬性發用，而與通常認知事物之經驗屬性或規律之能力全不相同。由此，「良知」是一切價值判斷之根源，故陽明又依此意屢說「天理」與「良知」不二。蓋陽明用「天理」一詞，亦指未分化之價值規範自身而言。「良知」是見「天理」之能力，而「天理」即「良知」所照見之規範也。故陽明說：

---

[80] 《王文成公全書》，卷三，《傳習錄》下

[81] 《王文成公全書》，卷二十六，〈續編〉一

> 天理在人心，亘古亘今，無有終始。天理即是良知；千思萬慮，只是要致良知。[82]

此「心」即超經驗意義，故超越時空限定。「天理」之內含於「心」中，亦是一超經驗關係。故說「無有終始」。一切規範義之「理」，依「良知」而為「有」，故作規範之整體之「天理」，亦與「良知」不二不離。即在此意義上說「良知即天理」或「天理即是良知」。但「良知」畢竟是能力意義之詞語，「天理」則是存有意義之詞語；陽明雖以「知」為「心之本體」[83]，而不立「良知」外之「理」，但有時亦就「良知」之顯用而將「天理」視為所知。曾云：

> 聖人無所不知，只是知個天理；無所不能，只是能個天理。[84]

此所謂「知」，仍只是「良知」之簡稱；故下文即說明聖人之「知」，只以「天理」為對象，並非以經驗意義之「事理」為對象。聖人於「事理」，亦不能無所不知，無所不能。其言云：

> 聖人本體明白，故事事知個天理所在，便去盡個天理。不是本體明後，卻於天下事物都便知得，便做得來也。天下事物，如名物度數、草木鳥獸之類，不勝其煩。聖人須（雖）是本體明了，亦何緣能盡知得？[85]

觀此，「良知」不以「事物之理」為對象，實屬明白無疑。而陽明用「知」字，又常為「良知」之簡稱或縮寫，故每每一說「知」，即指「知善知惡」講——或就價值意識講；說「良知」之外別無知，亦並非持「經驗知識皆內在於一心」之斷定。此點學者不可輕作比附，而導生謬解也。

---

[82] 《王文成公全書》，卷三，《傳習錄》下

[83] 《王文成公全書》，卷一，《傳習錄》上

[84] 《王文成公全書》，卷三，《傳習錄》下

[85] 同上

總上所說，陽明言「心」、「理」、「良知」之大意可撮述為以下數點：

第一、陽明之「心」乃就自覺活動之主體言，而「理」則取規範義。故「心即理」即指一切規範源於主體。

案此點就理論角度看，原不難解。規範性之詞語，本與描述性之詞語不同。如用赫爾 (R. M. Hare) 說法，則即所謂「規定語言」(Prescriptive Language) 與「描述語言」(Descriptive Language) 之分別[86]。如用摩爾 (G. E. Moore) 之說法，則即為「自然屬性」(Natural Attribute) 與「非自然屬性」(Non-natural Attribute) 之分別[87]。赫爾與摩爾之哲學思想，皆屬哲學解析一派，立場及趨向自皆與陽明之學大異，然其所提分別，皆可有助學者了解所謂道德意義之「善」、「惡」等等詞義，並不標指對象或事物之性質。換言之，此種種規範意義之詞語，其指涉皆不能在對象界中覓得，而只能落在主體活動一面說。陽明論「心即理」，自不是就語言一層面講，但語言一面之分別，亦正可顯出陽明之說本義所在也。

第二、作為規範義之「理」，就其整全而言，在陽明即稱之為「天理」，以與「人欲」互別。此仍是宋儒以來之慣用語言（取自〈樂記〉，非孔孟之用語）。但陽明如此說「天理」時，卻並未明確包含形上意義或宇宙論意義之「規律」。此文是陽明用語與宋儒之不同處。

「天理」與「人欲」只標指心靈之自覺活動之二向，因此即與規範語言中之「善」與「惡」相應。而心靈自覺到「善惡」之別之能力，即所謂「良知」。

---

[86] 參閱 R. M. Hare: *The Language of Morals*, Part I. 而學者須加注意者是赫爾理論立場與陽明完全不同，但亦強調此種語言功能之分別，正見此分別有客觀性也。

[87] 摩爾在其名著 *Principia Ethica* 一書提出此一論點。其後又在〈內含價值概念〉(The Conception of Intrinsic Value) 一文中更作解釋。讀者可參閱原文。

由此，「良知」顯用，即天理顯現；「良知」不顯用，即是人欲作主。分說時，固可將「天理」說為「所知」，但就主體自身言，「良知」即是建立規範之能力；故又說「良知即天理」或「天理即是良知」。

第三、「天理」非事物之理，「良知」亦非對事物之認知；故陽明說「無心外之理」，或說「良知之外，別無知矣」時，均非提出一對「知識」之論斷。決不可與歐洲之「理性主義」比附。

第四、陽明雖不重視事物之理及其認知，但由於人之道德行為必涉及具體之世界，因而必有具體之內容，故在論及道德行為之內容時，仍不能不對事理之認知取一確定態度。陽明此處之態度又可分為三面說。

第一面是將事理看成簡單易知者，認定只要人之意志方向不為私欲所蔽，則自能見到所關事物之理；如論「溫凊」之理處所說。第二面則強調道德意志推動有關道德行為內容之認知；如所說誠於孝親自然思量寒熱，自要去求溫凊之理等語，即是此意。第三面則強調與道德行為無關之事理知識並不重要，亦非聖人所須知。此即解「聖人無所不知」一段議論之主旨[88]。

合而觀之，陽明對「知識問題」之態度，可說乃一消極態度；蓋陽明只承認道德行為之價值，而不認為獨立意義之知識活動有何獨立價值。對事物之理之知識，只在能有助於道德行為之完成時，方值得注意；因此，認知活動內部之種種問題，亦更不在陽明探索之範圍中。

以上四點，可作為陽明之基本理論。以下應進而觀察陽明之工夫理論。

(二)「致良知」與成德工夫

儒學皆以「成德」為目的，陽明之學自不例外。而言「成德」時，雖應涉及對「德性」或「道德之自我」之肯定，但其最吃緊處則在「工夫」上。陽明之工夫理論，則以「致良知」一語為中心。

---

[88] 即前[84]所引一段及其後文，可參閱《傳習錄》下

觀上節所論，已可知陽明以「良知」為本有之價值意識，乃道德判斷、道德生活之根源。故就「良知」自身而言，此能力非如經驗事象之可以「偶有偶無」。故陽明論「良知」時，一面強調「良知」為「人人所同具」，一面又以「恆照」一義說之。如謂：

> 良知即是未發之中，即是廓然大公、寂然不動之本體；人人之所同具者也。但不能不昏蔽於物欲，故須學以去其昏蔽。然於良知之本體，初不能有加損於毫末也。[89]

又云：

> 良知者，心之本體，即前所謂恆照者也。心之本體，無起無不起。雖妄念之發，而良知未嘗不在，但人不知存，則有時而或放耳；雖昏塞之極，而良知未嘗不明，但人不知察，則有時而或蔽耳。[90]

案此等語皆強調「良知」本身不可視為偶有偶無，蓋「良知」是主體之超越能力，並不在經驗條件系列中生起變滅也。然人之意念行為，並不因「良知」自身之「恆照」而能常循「良知」之方向，則因「良知」有時可為物欲或私欲所蔽，而不能顯用；此即引出善惡問題及工夫問題。而陽明亦即在此一關目中說「致良知」。

「致良知」一義，就其用語之歷史淵源說，自是從〈大學〉中「致知」一語而來。陽明在〈大學問〉中釋「致知」云：

> 致者，至也；如云喪致乎哀之致。……致知云者，非若後儒所謂充廣其知識之謂也；致吾心之良知焉耳。[91]

此即以充足實現或完滿擴充之義解「致」字。「良知」為人心本有之能力；人能擴充或實現此能力於行為生活中，

[89] 《王文成公全書》，卷二，《傳習錄》中，〈答陸原靜書〉
[90] 同上
[91] 《王文成公全書》，卷二十六，〈續編〉一，〈大學問〉

則即是「成德」。由此，從工夫著手處看，初有工夫，便是在「致」其良知；而從德性之完成看，則最高成就亦不過是「致」其良知。故「致良知」乃徹上徹下之工夫。陽明曾云：

夫學問思辨篤行之功，雖其用勉至於人一己百，而擴充之極，至於盡性知天，亦不過致吾心之良知而已。[92]

又云：

良知良能，愚夫愚婦與聖人同，但惟聖人能致其良知，而愚夫愚婦不能致，此聖愚之所由分也。[93]

此皆謂成德工夫至於聖人境界，亦不外「致良知」而已。因此，陽明在寄王正憲之家書中，即直接說：

吾平生講學，只是致良知三字。[94]

蓋立「良知」一觀念，是確定道德性之基礎或根源，至於整個成德之實踐歷程，則皆落在「致良知」一義上。離開「致良知」，即無所謂成德之學矣。

但學者若問：如何下手以「致良知」？則陽明之答覆又落在「致知」與「格物」互不相離之說上。欲說明此點，須先說明陽明對「格物」一語之特殊解釋。〈大學問〉中釋「格物」云：

物者，事也。凡意之所發，必有其事。意所在之事謂之物。格者，正也；正其不正以歸於正之謂也。正其不正者，去惡之謂也；歸於正者，為善之謂也。夫是之謂格。[95]

案如此釋「格物」，實即以「正行為」為「格物」，蓋所謂「意所在之事」實指行為言，故陽明說「物者，事也」，

[92] 《王文成公全書》，卷二，《傳習錄》中，〈答顧東橋書〉

[93] 同上

[94] 《王文成公全書》，卷二十六，〈續編〉一，〈寄正憲男手墨二卷〉

[95] 《王文成公全書》，卷二十六，〈續編〉一，〈大學問〉

此「事」字並非「事實」或「事象」之義，而與「從事」、「有所事」等語中「事」字之用法相近。觀陽明告徐愛云：「意之所在，便是物。如意在於事親，即事親便是一物；意在於事君，即事君便是一物；意在於仁民愛物，即仁民愛物便是一物；意在於視聽言動，即視聽言動便是一物。」[96]可知「物」實解為「行為」。

「格物」即「正行為」；由此而論「致知在格物」一義，遂有「知行合一」之說。另一面「格物」「致知」通為一體後，「誠意」及「正心」亦視為與「格物致知」不可分者。此二點以下分論之。

(三)致知、格物、誠意之一貫性

案陽明之學說，原以道德主體性為唯一中心觀念；除此主體性之透顯及展開外，可謂別無一事。透顯此主體性是工夫，展開則是化成之效用。但就陽明自己之語言說，透顯及展開道德主體性，亦皆可說為「致良知」。但陽明論工夫則說：「只要知身心意知物是一件」[97]，蓋家、國、天下畢竟是外在經驗對象領域，修齊治平雖不外是「致良知」，但修身以上方是工夫本源所在。陽明雖未明白標出「透顯」及「展開」二階段之分別，此分別實為陽明所默許者。本節即先論「致知、格物、誠意」三觀念之一貫性，以見陽明論成德工夫之主旨。

若依〈大學〉原文之意，「格物」應在「致知」之前，所謂「物格而后知至」是也。但陽明立說，既以「良知」為唯一始點，故言「格物」與「致知」之關係時，只強調「致知在格物」一語，而將格致工夫視為不可分者，並不重視此處之先後問題。而言工夫上之一貫性時，更將「格致」與「誠正」及「修身」皆連為一體，認為〈大學〉原文中所說之「先後次序」，只就「工夫條理」不同而言，自「格物」至「修身」皆「只是一事」。此論雖時時見於《語錄》中，但以〈大學問〉所記最有代表性。茲即據〈大學問〉原文略作闡述。

[96]《王文成公全書》，卷一，《傳習錄》上

[97]《王文成公全書》，卷三，《傳習錄》下，〈答九川語〉

〈大學問〉云：

> ……蓋身心意知物者，是其工夫所用之條理；雖亦各有其所，而其實只是一物。格致誠正修者，是其條理所用之工夫，雖亦皆有其名，而其實只是一事。[98]

此處出現「工夫所用之條理」及「條理所用之工夫」二語，而其中「條理」一詞，頗為費解，陽明亦未明白解釋何謂「條理」。吾人甚難代為界定其詞義。然陽明此處所提出之論點本身，並非難明。吾人可先就所謂「只是一物」、「只是一事」作一理論解釋，避開費解之二語；俟理論問題本身得一闡釋後，再看此二語應如何解說。

陽明此處之論點，主要是強調「一物」、「一事」所表之統一性。蓋成德工夫原是自我昇進之歷程。自我本身有統一性，而昇進活動亦有統一性。就語言描述而論，學者可擇定不同詞語符號，分別描述自我之某一面相，譬如，對意志活動可用一詞語，對決定活動方向之能力又可另用一詞語，對意志發為行為處亦可另用一詞語，此外更可另立一詞語表意志能力及決定意志方向之能力所屬之「體」；凡此種種，皆是語言描述上之分別。而所描述者終不外仍是此一自我。在昇進活動一面亦然。吾人可用不同詞語描述昇進活動之不同段落，然此各段落仍皆屬於一有統一性之活動。

由此，陽明謂格致誠正修只是「一事」，即是說，昇進活動是一整體，雖可分說，然不可分割；謂身心意知物只是「一物」，則即是說，所謂身等，皆只能就自我講，而此自我亦不可分割。換言之，自我及其昇進活動皆有統一性。

陽明之論點既落在自我及其昇進活動之統一性，則所謂「條理所用之工夫」及「工夫所用之條理」，其意亦不難明。蓋此二語均用以描述分別。當用不同詞語描述自我之各面相時，目的在於分別自我之許多部分，以備

[98] 《王文成公全書》，卷二十六，〈續編〉一，〈大學問〉

下一步針對各部分講工夫；如分別自我之「身、心、意、知、物」等（此「物」字等於「行為」），即便於針對此各部分講不同段落之昇進活動。因此，是「工夫所用之條理」。另一面，分別昇進過程為「格、致、誠、正、修」等，則即是對自我之各部分，分別定一昇進活動之段落。因此，是「條理所用之工夫」。總之，陽明此處主旨乃強調作昇進活動之自我，本身有統一性，而其活動亦有統一性。一切分別，皆仍是從不同方面描述此統一之自我或統一之昇進活動也。

為說明此種統一性，〈大學問〉中遂逐步解說。原文云：

> 何謂身？心之形體運用之謂也。何謂心？身之靈明主宰之謂也。何謂修身？為善而去惡之謂也。吾身自能為善而去惡乎？必其靈明主宰者欲為善而去惡，然後其形體運用者始能為善而去惡也。故欲修其身者，必在於先正其心也。[99]

此段先就心身間之統一性著眼，以「心之形體運用」說「身」，又以「身之靈明主宰」說「心」。若用普通標準看，則似有循環界定之意味，然陽明如此說時，隱隱認定一兼攝心與身之「自我」；以上二語，不過自兩面說心身間之關係而已，非界定語也。「吾身」是一形體，為「吾心」所運用，而「吾心」是靈明而能作主宰者。再以「為善而去惡」說「修」字，於是所謂「修身」者，是「吾心」使「吾身」為善去惡，並非「吾身」自己為善去惡；此處初步透露陽明對自覺能力之肯定。

「心」若「欲」為善去惡，則即能主宰此身；此處「欲」字大可注意。蓋一方面「欲」字即表意志之取向，另一方面即涵自覺活動之二元性；因「心」欲如何如何，即是意志能力之顯現，而意志能力又可以或欲此或不欲此；於是方有「心」是否得「正」一義出現也。由此，陽明遂落在意志活動上說此二元性，而論「誠意」。其

---

[99] 《王文成公全書》，卷二十六，〈續編〉一，〈大學問〉

言云：

然心之本體則性也。性無不善，則心之本體本無不正也。何從而用其正之之功乎？蓋心之本體本無不正，自其意念發動而後有不正；故欲正其心者，必就其意念之所發而正之。凡其發一念而善也，好之真如好好色；發一念而惡也，惡之真如惡惡臭，則意無不誠而心可正矣。[100]

案此處時「心之本體」與「心之發用」分說，而即以「意念」作為「心之發用」。此種表述方式乃陽明所常用者，最易為人誤會。應作說明如下：

第一、所謂「心之本體」即指價值意識或道德理性本身說。此能力本身既是一能分別價值正負或能判善惡之能力，則此能力本身不能與其本性相反，故陽明此處多用一「性」字，而說「心之本體」本無「不正」。此點以譬喻言之，則較易解。譬如，人有作形式推理之能力，此種形式推理活動即表此能力與其他能力之不同，故可以「本性」說之。此能力既由其本性而為一推理能力，則不能說此能力自身又有反推理之混亂思考活動。一切推理活動中之混亂謬誤，皆不能從推理能力自身獲得說明；欲問何以實際推理活動中會有混亂謬誤，則必須就個別活動在一一情況中所受干擾說之。換言之，推理能力本身無所謂混亂謬誤，只在具體推理活動中可因受干擾而生出混亂謬誤。道德理性亦然。就此能力之能判善惡講，其本性即在於判善惡。無所謂「不明善惡」；但在具體之意念活動中，此道德理性可受干擾，因而有種種意念上之陷溺；此所以道德理性如何能在意念中充足實現，須加努力；正如在實際推理活動中，如何能使推理能力充足實現亦須作努力也。

第二、陽明如此立說，善惡之二元性，遂在意念發動處建立。換言之，人之具體意念，可以循道德理性之方向，亦可以不循此方向。一切工夫均落在此處講。至於意念所以時時可不循道德理性之理由，則陽明即以「私

[100] 《王文成公全書》，卷二十六，〈續編〉一，〈大學問〉

欲」說之。此點雖未在〈大學問〉中言及，但為說明上文所言「干擾」之實義，故先提及。下文論「知行合一」時當再詳說。

陽明既以意念發動處為有善有惡者，故使意念能遵循道德理性，即是所謂「誠意」。「誠」字在陽明全指「純化」而言，即脫離干擾之意。然欲在「純化」意志上用工夫，又須回到心性本來之能力上。於此，陽明乃說「致知」。其言云：

然意之所發，有善有惡，不有以明其善惡之分，亦將真妄錯雜；雖欲誠之，不可得而誠矣。故欲誠其意者，必在於致知焉。[101]

案此段說明「誠意」與「致知」之不可分，關鍵正在於意念有善有惡，故須依恃「知」善惡之分之能力，然後方能有「誠其意」之工夫。而此所謂「知」，自取「良知」之義。下文云：

致知云者，非若後儒所謂充廣其知識之謂也。致吾心之良知焉耳。良知者，孟子所謂是非之心，人皆有之者也。是非之心，不待慮而知，不待學而能，是故謂之良知；是乃天命之性，吾心之本體，自然靈昭明覺者也。凡意念之發，吾心之良知無有不自知者。其善歟，惟吾心之良知自知之；其不善歟，亦惟吾心之良知自知之。是皆無所與於他人者也。[102]

觀此段論「良知」之言，似頗簡明。然若深察論旨所在，則顯出一重要問題。此即：「良知」究竟是同於孟子所謂「是非之心」？抑或是「吾心之本體」？此二義在陽明〈大學問〉中，雖似未加區別，但在理論意義上則大有不同。茲略作解釋。

[101] 《王文成公全書》，卷二十六，〈續編〉一，〈大學問〉

[102] 同上

首先，若就「是非之心」說「良知」，此自與陽明對「良知」之一般說法相合；蓋陽明原強調「知善知惡」為「良知」之特性也。然若「良知」只有此一層意義，或此一種用法，則對陽明整個系統說，將引出一問題。此問題即是：「良知」如只是「知善知惡」之能力，則意念之「成為善」或「成為惡」即將非「良知」之事。「良知」只在意念已成立時（或善或惡）能察知其善惡而已。如此，則欲使意念不趨於惡，便須另有一種工夫，不在「良知」上說。顯然，此與陽明以「致良知」為徹上徹下之工夫大有衝突。

其次，若以「良知」表最高主體性，則與陽明所謂「吾心之本體」一說相合；但即不能與「是非之心」等同。「良知」作為「吾心之本體」，則意念發後，固可由「良知」照見其善惡邪正；意念之發動本身，亦可收歸「良知」負責。陽明之「致良知」本應取此義說，方能盡其義蘊。然如此以「良知」為「體」，顯然不能以為僅與「四端」之一之「是非之心」等同。此亦與上引陽明之言，及語錄中許多類似說法不合。

故「良知」在陽明學說中，確有兩層意義或兩種用法。其一指「知善知惡」之能力；其二則指最高主體性——可包括前者但不等於前者。學者若執著於語言層面之問題，則可說陽明在此點上語言大欠明確。但若重視對陽明論旨及境界之全面了解，則只當一方面指出此種差別，另一方面通過此二義以探究陽明立說本旨所在；不可只據「語言不明確」一判斷便欲否定此一學說之意義也。

以上所說之問題，觀陽明在〈大學問〉中續論「誠意」與「致知」之不可分時之說法，則益為顯明。陽明云：

> 今欲別善惡以誠其意，惟在致其良知之所知焉爾。何則？意念之發，吾心之良知既知其為善矣，使其不能誠有以好之，而復背而去之，則是以善為惡，而自昧其知善之良知矣；意念之所發，吾之良知既知其為不善矣，使其不能誠有以惡之，而復蹈而為之，則是以惡為善，而自昧其知惡之良知矣。若是，則雖

曰知之，猶不知也。意其可得而誠乎？今於良知所知之善惡者，無不誠好而誠惡之，則不自欺其良知而意可誠也已。[103]

案至此陽明已明白將「致知」與「誠意」通為一事，換言之，即就「致其良知之所知」以釋「誠意」之工夫。但細察此中語脈，則將發現陽明此段議論中隱藏問題不少，仍須再加解釋。

陽明此節所言，主旨在於就良知之能貫注意志而言「誠意」，另一面亦就此貫注顯出「致」良知之本旨。此處須加解釋者，至少有以下三點：

第一、陽明謂意念之發或善或惡，而「良知」能照見一一意念之善惡；此仍是只將「良知」看作「知善知惡」之能力；如此，則此節所說之「良知」，既非「最高主體性」之義，則對於意念之為善為惡，不能負責，只能在善念或惡念已有時照見其善惡。

第二、陽明由此進而說「誠意」時，即依〈大學〉本文之說而從「好善惡惡」著眼，指出：人若自知其意念之善惡後，不能好善而惡惡，則自「昧」其「良知」。此點即顯出陽明所說之「致良知」，不限於「知善知惡」之用，而在於「良知」貫注意志，決定意志之方向。若從「意」一面說，則是：意志若未為「良知」所貫注，即是不「誠」。由此可見：陽明所謂「誠意」，應即是意志全循良知方向而活動之意，亦即前文所提出之「意志純化」一觀念是也。

第三、以意志之純化釋「誠意」，亦以意志全循良知方向而活動為純化之確解，皆是陽明常說者。此中工夫關鍵自在於如何使意志能純化，而陽明即以去「人欲」（或「私欲」）以說此純化工夫。此等論點似皆無可疑。然若就「意」及「良知」二詞之用法看，則顯然有一困難。此問題可從「意」說起。

[103]《王文成公全書》，卷二十六，〈續編〉一，〈大學問〉

首先，陽明既認為意念原是有善有惡者，而「良知」又是能知意念善惡之能力。則吾人可問：意念本身既有善有惡，則使其純化之力量，是否仍出於「意」？若不然，則是否能說此力量出於「良知」？

答覆此問題時，吾人立可發現，若「良知」僅作為照見意念善惡之能力，而不認定其對意念有主宰功用，則吾人即不能說「良知」能使意念純化——應只能「知」意念是否「純化」而已。而且意念既是有善有惡，或善或惡，則吾人亦不能說「意」可使自身「誠」——即「純化」。如此，則「致知」與「誠意」雖說為成德工夫，但此工夫之動力不知何在，大悖陽明本旨矣。

故欲在此處將陽明本意說明，即必須從其全盤思想著眼，而緊扣「良知是吾心之本體」一義，以顯示良知本身為最高之動力。然後再層層下降以說「誠意」及「致知」，方可免疑難。簡言之，陽明之說，若不設立一最高主體性之觀念，則說「誠意」，是否「意」自「誠」其本身？說「致知」，是否「知」自「致」其本身？均將成為難解之問題。視「良知」為主體性，為最高自由所在，則種種阻隔皆可化去。

此處尚有須注意者，是「良知」視為「主體性」時，意志之純化狀態亦將與此「主體性」合一。蓋意志純化時之方向，即是「良知」之方向；「良知」不與意志合一，則無由說「致」；意志不與「良知」合一，亦無由說「誠」。故在陽明學說中，「致知」與「誠意」非合一不可；否則工夫動力須在「意」與「知」以外求之，不唯大悖陽明本意，在客觀理論上，亦不可通矣。

總之，成德工夫原只能依一「自我（主體）」觀念而定立。陽明以「良知」為「吾心之本體」時，此「良知」即此能自覺之「自我」。「自我」隨其本身所具之價值自覺而活動，即是循「良知」方向而活動；「自我」若為形軀因素（包括生理、心理等等經驗條件）所牽引，而不能循「良知」方向而活動，則即是「良知」為「人欲」所蔽。「良知」蔽或不蔽，即顯現於一一意念中；意念循理則見「良知」不蔽，否則即受蔽。人在經驗生活中，

「自我」原常在所謂「人欲」之影響下活動，但其價值自覺仍時時透出（此所以在人類語言中能有「應該」、「不應該」等等意義出現）；就此而論，當前世界中人之意念是「或善或惡」；但正因人能知此「善」或「惡」之意義，即返顯人之價值自覺之真實；故陽明一面說意念有善有惡，一面說「知善知惡」即是「良知」。但進一步就理想世界（與「當前世界」對照而言）或工夫所指向之境界言，「自我」如不受經驗條件之限制而直顯其價值自覺，則意念即皆循理而發。在此理想狀態中，意志成為純化之意志，「良知」亦成為已致之「良知」。合而言之，皆屬自我由當前世界向理想世界昇進之活動；分而言之，乃有「致知」及「誠意」可說耳。

以上皆就自我內部著眼，若落到面對外界之工夫上說，即涉及陽明所謂之「格物」。

陽明所謂「格物」即是「正行為」；此點不待贅述。因「物」非外在「事物」之義，故若與朱熹之說比較，則可說陽明之「物」亦屬「內」，而朱說之「物」方屬「外」。但若就陽明自己之思想系統看，則說到「格物」時，方涉及此心面對世界之決定；亦可說，只到「格物」，方涉及「對外」也。

在〈大學問〉中，陽明論「格物」亦緊連「誠意」與「致知」說，蓋陽明原以「意」之「所在」為「物」，有「意」方有「物」也。陽明之言曰：

> 物者，事也。凡意之所發，必有其事。意所在之事謂之物。格者，正也；正其不正，以歸於正之謂也。正其不正者，去惡之謂也；歸於正者，為善之謂也。夫是之謂格。[104]

此段陽明方明白界定「格」與「物」二字之意義；此自與〈大學〉本文及宋儒解釋均不同，然亦正是陽明立說特色之一。陽明以「良知」貫注於「意志」為「致知」，另一面又以「意志」實為「良知」貫注之狀態為「誠」——由此而釋「誠意」；今落到日常工夫之下手處，便說「格物」。「物」既依「意」而立，則「正其不正以歸

[104]《王文成公全書》，卷二十六，〈續編〉一，〈大學問〉

於正」仍正是落在個別意念之具體活動上說；故「格物」時亦即是「誠意」時，亦即是從事「致良知」之努力也。但「格物」重在具體活動上之實踐，故陽明即環繞一「實」字以說「格物」之義。其言云：

良知所知之善，雖誠欲好之矣，苟不即其意之所在之物而實有以為之，即是物有未格，而好之之意猶為未誠也。良知所知之惡，雖誠欲惡之矣，苟不即其意之所在之物而實有以去之，則是物有未格，而惡之之意猶為未誠也。今焉於其良知所知之善者，即其意之所在之物而實為之，無有乎不盡；於其良知所知之惡者，即其意之所在之物而實去之，無有乎不盡；然後物無不格，而吾良知之所知者無有虧缺障蔽，而得以極其至矣。[105]

此處陽明所謂「實有以為之」，「實有以去之」，「實為之」，「實至之」等等，即環繞一「實」字以緊扣「格物」之為工夫落實處。蓋所謂「致知」，正要在意念行為上處處貫徹「良知」之大用，不能離此而言「致知」工夫，否則便成為概念遊戲，毫不著「實」矣。《傳習錄》中所載陽明語云：

工夫難處，全在格物致知上；此即誠意之事。[106]

此便指「格物」、「致知」、「誠意」之一貫性而言。又〈答顧東橋書〉云：

若鄙人所謂致知格物者，致吾心之良知於事事物物也。吾心之良知，即所謂天理也；致吾心良知之天理於事事物物，則事事物物皆得其理矣。致吾心之良知者，致知也；事事物物皆得其理者，格物也。是合心與理而為一者也。[107]

---

[105] 《王文成公全書》，卷二十六，〈續編〉一，〈大學問〉

[106] 《王文成公全書》，卷一，《傳習錄》上

[107] 《王文成公全書》，卷二，《傳習錄》中，〈答顧東橋書〉

案此段議論原是由評朱熹「格物」之說而發，故強調心與理為一或為二之別；但正因此處重在「理」字，故其說可以補充上引〈大學問〉之講法。蓋說「致知」與「誠意」時，所涉者只是自覺心之能力及其活動狀態等，「理」觀念不甚突出。然一說及「格物」，則如只就自覺活動一面講個「正」或「不正」，便遺留了具體活動之內容一面。今說「格物」是使「事事物物皆得其理」，則此種實踐工夫之理據方明；因如此說時，「誠意」、「致知」是使吾心光明，而吾心光明時落到世界上，其態度即是使「事事物物皆得其理」也。此處若再推進一層，即將涉及「吾心」與「事事物物」作為對象時之「理」有如何關係一問題。此點所涉及之理論問題，已非陽明學說中所能詳細處理者，但在理論意義上又極為重要；當留俟評論陽明學說時再作探究。此處但述陽明論「致知」、「格物」、「誠意」之一貫性，於此種進一步之問題暫不詳論。

陽明原說「格致誠正修」只是「一事」，故其「一貫性」似遍及於「正心」及「修身」；但就細密處說，則「致知」、「格物」、「誠意」三者之一貫性最為顯明。「正心」則只能與意念之發動根源相連，且陽明對「正心」之工夫又另有說法。陽明認為「……但正心修身工夫，亦各有用力處。」[108]而「修身是已發邊，正心是未發邊。」[109]「已發邊」之「修身」其實只是效驗之保存持守，無深微難解之處，但「正心」依陽明之意確另有工夫。如答守衡問一節，即就「心體」說之。其言云：

> 正心只是誠意工夫裡面體當自家心體，常要鑑空衡平；這便是未發之中。[110]

在此語之前，又先以「無有作好作惡」之語解釋心體，可知陽明之意，蓋就未發意念一層面說「正心」，約略與

---

[108] 《王文成公全書》，卷一，《傳習錄》上

[109] 同上

[110] 同上

宋代二程所言之「廓然而大公」之境界相應。若重視此點，則即可說：陽明雖一面以「良知」為「體」，但另一面仍循一般用語以「心」為「體」；故「正心」在此意義上乃直標「自我」之境界。在此處如說「工夫」，則又必異於發後之工夫矣。

總之，陽明雖有意將「格致誠正修」看成「一事」，而強調自我昇進之統一性，但言工夫之「一貫性」時，畢竟重在「格物」、「致知」、「誠意」之一貫性也。

本節至此結束，以下可轉而論「知行合一」問題。

(四)「知行合一」之確解

陽明「知行合一」之說，為其三十八歲時在貴陽書院所提倡者；即錢德洪所謂「教亦三變」之第一階段之「教法」[111]。此一說法，在後世亦是最流行者。蓋陽明其他論點，皆非易解；而所謂「能知即能行」一語，則就常識看，似亦不難了解，故後世談陽明者最喜引用此類話頭。然若嚴格論之，則一般俗見，實未接觸陽明所謂「知行合一」之確定涵義；本節試作一析述。

「知行合一」之說，所以會常為人所誤解，基本原因在於論者未了解「知」、「行」及「合一」等詞語，在陽明之特殊語言中所指為何；所指不明，一切評論即皆成為張冠李戴。因此，本節在闡述陽明此說之前，先指出以下兩點：

第一、陽明所謂「知」，指價值判斷而言，即「知善知惡」之「良知」；而所謂「行」，指意念由發動至展開而成為行為之整個歷程言。

第二、陽明所謂「合一」，乃就發動處講，取「根源意義」；不是就效驗處講，因之不是取「完成意義」。

---

[111] 見《王文成公全書》，〈序目・刻文錄序說〉

學者先對以上兩點有明確了解，則談「知行合一」問題時，方不致離題。

陽明談及「知行」之語甚多。茲先引答徐愛問一段以見其基本意旨所在。《傳習錄》云：

愛曰：如今人儘有知得父當孝，兄當弟者，卻不能孝，不能弟；便是知與行分明是兩件。先生曰：此已被私欲隔斷，不是知行的本體了。未有知而不行者，知而不行，只是未知。[112]

案徐愛之問，原亦是就價值判斷說「知」；但所取之態度是常識態度，將作價值判斷與意志之取向分開看，故說有「知」孝而不能孝、「知」悌而不能悌者；陽明則提出「知行的本體」作答，所謂「知行的本體」即「良知」所表之主體性——亦即所謂「吾心之本體」。陽明蓋認為作價值判斷時，如無其他因素干擾，則意志之取向即同時隨此價值判斷而決定；而意志取向決定處即是「行」之開始處。倘雖作一價值判斷，而不能隨之有一意志之取向，則表示有其他因素干擾；陽明即用「被私欲隔斷」一語表之。此義與上節所論「良知貫注於意志活動」一點合看，即更為明白；蓋所謂「隔斷」，正指「良知」不能貫注意志活動也。

由於人在日常生活中，意念行為本非自然地依循良知所作之價值判斷，故意志依良知而定其取向，乃一通過自覺努力而達到之境界；於此，陽明以一「復」字說之。其言云：

聖賢教人知行，正是要復那本體，不是著你只恁地便罷。[113]

「復」其本體，即指由私欲干擾之狀態中，昇向良知貫注意志之狀態中；不是「只恁地便罷」即是說，不僅僅在語言思考中作不涉實踐之價值判斷也。其下陽明又引〈大學〉語以發揮此意云：

故〈大學〉指個真知行與人看，說如好好色，如惡惡臭，見好色屬知，好好色屬行。只見那好色時，已

---

[112] 《王文成公全書》，卷一，《傳習錄》上

[113] 同上

自好了；不是見了後，又立個心去好。（案以下再就「惡惡臭」說，意同，從略。）[114]

此處陽明之意主要落在「好」與「惡」二字上。「好」某種「好色」，「惡」某種「惡臭」，皆表示一種意志上之迎拒活動（即某種意義之「肯定」與「否定」）；故陽明說「好好色屬行」——「行」即指意志之迎拒講。而另一面，當人自覺地覺察此色是「好色」，此臭是「惡臭」時，亦即是作了一判斷（〈大學〉原只以色與臭為喻；視覺嗅覺本身之反應自然可化歸生理因素解釋，而不能具有道德價值判斷之規範性；但作此類分別時，亦是作一判斷）；故陽明說「見好色屬知」。就〈大學〉此例而言，作「好色」與「壞色」之分別時，即同時有一意志上之迎拒活動，故說：「不是見了後，又立個心去好。」

以下文舉孝弟、痛、飢寒等為例，極力說明「知行」之不可分；但此類說法不見其必要性，反易引起誤會，茲不具引。

徐愛續謂「知行」分說，乃表示兩種工夫；此則有將「知」當作常識用語講之傾向，漸離「良知」之本義，故陽明即答云：

此卻失了古人宗旨也。某嘗說，知是行的主意，行是知的功夫；知是行之始，行是知之成。若會得時，只說一個知，已自有行在；只說一個行，已自有知在。[115]

此處遂以兩對詞語描述知行間之關係。先以「行的主意」說「知」，以「知的功夫」說「行」；其意蓋在於點明「知」之判斷功能，及「行」之實踐功能。「良知」之「知」作價值判斷，故是「主意」；而此判斷一成立即同時決定意志之取向，亦即入實踐階段，此即所謂「行」。「行」是「良知」之展開（即貫注於意志中），故是「功

---

[114] 《王文成公全書》，卷一，《傳習錄》上

[115] 同上

夫」。換言之，「良知」之價值判斷成立時，實踐性之意志活動之方向即隨而決定；就此而論，可知「知行合一」，乃在根源意義上合一，而非在完成意義上合一。

其次，若就「知」與「行」之理論次序講，則必說「知」在「先」而「行」在「後」，因意志之取向雖隨價值判斷之成立而決定，但必須有一判斷，方能決定一取向。於此，陽明乃以「行之始」說「知」，「知之成」說「行」。判斷決定意志如何取向，故是「始」；而意志之取向及實踐活動，皆屬承「良知」之判斷而求其實現，故是「知之成」。

合上文觀之，陽明主旨總不外指出「良知」與「意志」間應有及本可有之貫通狀態，此是「知行合一」之本旨。

由於「良知」與「意志」本來貫通，只在「意志」受「良知」以外之因素或力量牽引干擾時，方有「意志」與「良知」被隔斷之情況，故陽明並未用力論證二者間貫通之可能，而僅注意於「隔斷」一面之問題。但吾人既知，此種合一或貫通，在嚴格意義上原指涉一理想境界——即「應有」之狀態，則吾人解釋陽明所立之「知行合一」之說時，便不能不兼顧此兩層問題。此即：第一層面上，「良知」與「意志」各作為一能力看時，二者間如何可能合一或貫通之問題；及第二層面上，如何使二者間之「隔斷」不致發生之問題。前者乃體性一面之問題；後者乃進行及工夫一面之問題。如上所說，陽明對於第一層面之問題，並未用力直說，但吾人仍可從其言論中間接推出其觀點。關於第二層面之問題，則陽明所論較多。茲為行文方便，先就第二層面作一析論。

「良知」何以會不與「意志」貫通？或說：知行何以不合一？此即涉及「致良知」一語中「致」字之實義。

陽明對此一問題議論雖繁，其要旨實不外兩點：

第一、就一般人而論，「良知」之所以不能與「意志」貫通，知行之所以不合一，乃由於「私欲」之「隔斷」。

此點前論「知行合一」之本旨時，業已說明；其理亦非難解，蓋只須明白意志之方向可受「良知」或「私欲」之影響而有不同決定，則即不難了解陽明之意。而此論點亦屬各家共許之說，但用語稍有不同而已。

第二、若就治學立說者而論，則學者所以有不解「知行合一」之病，則由於對「心」與「理」之了解有誤。此點陽明在答顧東橋之問時，析論最明。

顧東橋以為「知行並進」是聖門成法，不宜再說「行即是知」，而云：

……若真謂行即是知，恐其專求本心，遂遺物理，必有闇而不達之處。[116]

陽明之答覆，則針對「本心」及「物理」之觀念而強調理不外於心，即由理與心之不二以說知與行之合一。開始先謂：

知之真切篤實處，即是行；行之明覺精察處，即是知。知行工夫，本不可離。只為後世學者分作兩截用功，失卻知行本體，故有合一并進之說。[117]

首二句仍就理想境界說，即所謂「本不可離」；但學者既有錯誤，則事實上遂「離」；為對治此「離」，故說「合一」。然後陽明即再針對顧東橋所謂「專求本心，遂遺物理」二語痛論心與理為二之病。其言云：

專求本心，遂遺物理；此蓋失其本心者也。夫物理不外於吾心，外吾心而求物理，無物理矣。遺物理而求吾心，吾心又何物邪？心之體，性也；性即理也。故有孝親之心，即有孝之理，無孝親之心，即無孝之理矣；有忠君之心，即有忠之理，無忠君之心，即無忠之理矣。理豈外於吾心邪？晦庵謂人之所以為學者，心與理而已。心雖主乎一身，而實管乎天下之理，理雖散在萬事，而實不外乎一人之心；為其一

---

[116] 《王文成公全書》，卷二，《傳習錄》中，〈答顧東橋書〉

[117] 同上

分一合之間，而未免已啟學者心理為二之弊。此後世所以有專求本心，遂遺物理之患，正由不知心即理耳。118

此段緊扣理不在心外之義。顯然此處所謂「理」取規範義，而非規律義；而所謂「物理」者，不指經驗世界中事物呈現之關係及規律，而是就行為說「物」，就行為之規範說「物理」。忠孝等等規範，皆不能離自覺心而自存，故無此心即無此理之說，實即謂無某種價值意識即無某種相應之價值標準也（此點可與上文解「心即理」一段參看）。

其下遂以朱熹為例，而指出學者以心理為二之弊。不知心即理，以心與理為二，即是「告子義外之說」，而既持此說，則必須在心外求理，而因此遂將心上工夫看作「行」，求理看作「知」，知行自不能合一。故陽明結論云：

外心以求理，此知行之所以二也。求理於吾心，此聖門合一之教。吾子又何疑乎？119

案此處應注意者，是此種以知行為二之病，雖亦是一種「隔斷」，卻非由私欲之干擾而來。以為理在心外，乃體悟了解上之謬誤問題，而非私欲作主之問題。就當前經驗世界而論，人人有私欲，時時私欲可能作主而使良知不能發揮決定意志之功能，此是一般性之「隔斷」。而治學立說之學者，在不明「心即理」一義時，向心外求理，在對象界求價值標準，則結果亦造成一種「隔斷」，蓋向心外所求之理，只能是事實意義、規律意義之理，而不能與規範意義之理合一。

此兩種「隔斷」一屬於日常實踐，一屬於哲學上之立說，皆是人生弊病所在，而陽明之「知行合一」，正是

---

118 《王文成公全書》，卷二，《傳習錄》中，〈答顧東橋書〉

119 同上

以「貫通」對治「隔斷」。擴而言之，此一「貫通」亦正是「致良知」之「致」字之落實處。故「知行合一」與「致知與誠意」之一貫性，實為一理之兩種說法。亦可說是王門工夫論之中心所在。

但此「貫通」本身在體性上如何為可能？換言之，「良知」作為知善知惡之能力，與「意志」能力間之關係，應如何解釋，方能使此種貫通成為可解，則是另一問題，與如何會不貫通，如何求貫通等問題之層面不同。茲轉至此種體性問題之析論，即涉及上文所謂第一層面之問題。

就「良知」及「意志」二能力本身之體性以解說二者貫通之可能，即涉及吾人對「良知」一詞所指之基本了解。上文已說「良知」有二義；此處當就知行之說再將此點作進一步之闡釋。

如前文所述，陽明雖常以「知善知惡」解「良知」，但在陽明系統中，「良知」之體性並不能以此說為完整表述。若「良知」只是「知善知惡」之能力，而不能決定或生出意念（以及行為），則「致知」與「誠意」即終不能合一或貫通為一。此又不僅涉及工夫上之困難，且涉及陽明對體性問題之根本立場所在。「知行合一」之說，原預認一對「知」及「意」之體性之觀點，茲即由此著手以展示陽明在體性問題上所持之基本立場。

對「知」與「意」之體性上之關係，陽明最明確之說法，莫過於「知者意之體，物者意之用」二語。顧東橋於此二語曾有所疑，陽明答書，則又有明確解說。顧書云：

其曰，知者意之體，物者意之用，格物如格君心之非之格，語雖超悟獨得，不踵陳見，抑恐於道未相脗合。[120]

陽明則答云：

心者，身之主也；而心之虛靈明覺，即所謂本然之良知也。其虛靈明覺之良知應感而動者，謂之意。有

---

[120] 《王文成公全書》，卷二，《傳習錄》中，〈答顧東橋書〉

知而後有意，無知則無意矣。知非意之體乎？（以下釋「物者意之用」及「格物」之義，此處從略。）[121]

案如此說「良知」與「意志」之體性關係，方透出陽明對「良知」之體性之真實看法。若稍加析論，則可分三面說：

第一步，就「心」與「知」說；陽明常謂「知」是「心之本體」。故答惟乾問時即說：

知是理之靈處，就其主宰處說，便謂之心，就其稟賦處說，便謂之性。[122]

此即是說，「知」與「心」、「性」乃對同一所指而依不同觀點所命之三個名；換言之，三名所指實同，只分別各涉及一特定之面相而已。如此，「良知」與「心」實在體性上為一事。

第二步，就「知」與「意」說，則如上引之文所示，「知者意之體」。而「有知而後有意，無知則無意矣」二句，更表明「意」是「知」所生出者，並非在體性上有平行關係之兩種能力。於此，益可見「良知」非只是能「知」意念之「善惡」之能力，而實是意念之源生處。

第三步，若就「心」與「意」說，則「意」自是心之「所發」，而「心」與「知」既在體性上是一事，則「意」亦可說為「知」之「所發」；故《傳習錄》上載，門人問「知之發動是意」等語「是如此否」，陽明則答曰：「亦是。」[123]

將以上三點合看，可知在如此意義下說「知」（或「良知」），實已將所謂「知」看作最高主體性；即「知」與「心」合一。而「心即道，道即天」[124]，於是此最高主體性又即是「最高實有」矣。

[121] 《王文成公全書》，卷二，《傳習錄》中，〈答顧東橋書〉

[122] 《王文成公全書》，卷一，《傳習錄》上

[123] 同上

案以最高主體性為最高實有，即陽明在體性問題上所持之基本立場。由於陽明用「良知」一詞標示主體性，故「良知」在體性上實即是最高主體性及最高實有。取此一意義，則「良知」不僅能知意念之善惡，而且正是意念行為之源生處。就字面講，此義似易啟疑惑，但若將「良知」當作主體性看，則一切意念行為本皆是主體之活動，則亦非難解也。

此義既明，可回至知行問題上。陽明倡「知行合一」之說，始於三十八歲，離龍場之悟不久，故可說是陽明立說後最初所揭示之法門。在此意義上，「知行合一」之說自原作為「工夫理論」而提出。但此一理論既經提出，遂涉及更根本之「本體理論」（此處依儒學習用之「工夫」與「本體」二詞講）；因此，學者如窮析「知行合一說」之基礎，則最後必歸至一「主體性」觀念；此「主體性」可在「知善知惡」處透顯，但本身則不僅是判斷意念行為之能力，而是最後實有義。「知行」一詞中之「知」，自指「良知」，而「良知」必作為此最後實有義之主體性看，方能使「知行合一」之說成立；蓋「知」與「行」，「良知」與「意志」間之貫通，終依此最高主體性觀念方成為可能也。

上節曾說，意志純化時之方向，即良知之方向；此即已涉及「知」與「意」在體性上之不二。而「致良知」與「誠意」亦同在意念之循理上落實。故陽明答薛侃語即謂：

誠意只是循天理。[125]

已「誠」之「意」，即是意志之純化狀態；而意志在純化狀態中即是依「良知」而取向之狀態，亦即是「循理」

[124]《王文成公全書》，卷一，《傳習錄》上

[125]《傳習錄》上，「侃去花間草」一段。此段原以論好惡循理之義；但涉及「誠意」時有此語，可作陽明以循理之意志解「誠意」之確據；可破劉蕺山之惑矣

而無私之狀態。在此狀態中，「知行」遂可說為「本然合一」，而此狀態之所以可能，則歸於最高主體性觀念。此固是學者了解陽明「知行合一」之說時所當掌握之究竟義，亦實是通往陽明整個系統之進路之一；「致知」、「誠意」、「格物」等工夫之一貫性，與「知行」之「本然」意義之「合一」，互相映現，不特可顯出陽明工夫論之全貌，在體性問題上，亦指往同一之歸宿矣。

至此，陽明「致良知」與「知行合一」之說大體已明。以下再就三兩特殊問題略作析述，以作補充。

(五)「四句教」之說明

案「四句教」原見於《傳習錄》下，丁亥年九月一條。《年譜》所錄，大意亦同；唯語句較整齊。《傳習錄》云：

> 丁亥年九月，先生起復征思田；將命行時，德洪與汝中論學。汝中舉先生教言曰，無善無惡是心之體，有善有惡是意之動，知善知惡是良知，為善去惡是格物。德洪曰，此意如何？汝中曰，此恐未是究竟話頭。若說心體是無善無惡，意亦是無善無惡的意，知亦是無善無惡的知，物是無善無惡的物矣。若說意有善惡，畢竟心體還有善惡在。[126]

案此即所謂「四句教」與「四無教」也。錢德洪與王畿對「四句教」所見不同，爭不能決，遂就正於陽明。而陽明答語，乃就人之根性不同說此二種觀點應相資為用。其言云：

> 二君之見，正好相資為用，不可各執一邊。我這裡接人，原有此二種。利根之人，直從本源上悟入人心。本體原是明瑩無滯的，原是個未發之中。利根之人一悟本體，即是功夫；人己內外，一時俱透了。其次不免有習心在，本體受蔽，故且教在意念上實落，為善去惡；功夫熟後，渣滓去得盡時，本體亦明盡了。

[126] 《王文成公全書》，卷三，《傳習錄》下，「丁亥年九月」條。

> 汝中之見，是我這裡接利根人的；德洪之見，是我這裡為其次立法的。二君相取為用，則中人上下皆可引入於道。若各執一邊，眼前便有失人，便於道體各有未盡。[127]

依陽明此段答語看，似以為「四句教」與「四無教」皆只是一種教法。因人之根器不同，故可有二說。且既以為王畿之說乃「接利根人」之教法，則「四句教」只是為常人說而已。但陽明續論此問題又強調「四句教」方足自家宗旨。原文云：

> 既而曰，已後與朋友講學，切不可失了我的宗旨。無善無惡是心之體，有善有惡是意之動，知善知惡的是良知，為善去惡是格物。只依我這話頭，隨人指點，自沒病痛。此原是徹上徹下功夫。利根之人，此亦難遇。本體功夫，一悟盡透，此顏子明道所不敢承當，豈可輕易望人？人有習心，不教他在良知上實用為善去惡功夫，只去懸空想個本體，一切事為，俱不著實，不過養成一個虛寂。此個病痛，不是小小，不可不早說破。[128]

案此段議論，雖承上而來，實含有重要論點。《年譜》所載又較上引《傳習錄》文更為分明。《年譜》嘉靖六年九月條記此段問答，特錄王畿之問云：

> 畿曰：本體透後，於此四句宗旨何如？先生曰：此是徹上徹下語，自初學以至聖人，只此功夫。初學用此，循循有入；雖至聖人，窮究無盡。[129]

以下仍記以「懸空想個本體」為病痛諸語，與《傳習錄》同。但多記王畿一問，點清問題眉目。

---

[127] 《王文成公全書》，卷三，《傳習錄》下，「丁亥年九月」條

[128] 同上

[129] 《王文成公全書》，卷三十四，《年譜》三

茲就以上所引諸文，略作析論。

第一、錢王之辯，原以「無善無惡」之心體與意、知、物之「有善有惡」間之關係如何為主。王畿以為若心體無善無惡，則意、知、物亦皆是無善無惡，故以為「四句教」非究竟話頭。錢德洪則認為「四句教」是宗旨。對於心體之無善無惡，二人並無歧見。但心體何以是無善無惡，則兩人均未提出確定解釋。

第二、陽明答語則可析為三義：

1. 若作為教法講，則「四句教」乃普遍教法，而「四無教」則只可為根器特高者說。

2. 二教之所以有此不同，乃因「四無教」直顯本體，而「四句教」重在說功夫。於是錢王之差異，成為或重本體、或重功夫，故各是「一邊」。此點在《年譜》所記中明白點出，蓋《年譜》記陽明答語，有云：

> 二君之見，正好相取，不可相病。汝中須用德洪功夫，德洪須透汝中本體。[130]

如此，則是明說王偏在本體，錢偏在功夫矣。

3. 陽明雖許王畿四無之說為能透顯本體，但仍以「四句教」為自家宗旨，且說「四句教」永不可廢。王畿之問，顯然以為「本體透後」，即不須有「四句教」，而陽明則說「四句教」乃「徹上徹下」語，雖至聖人境界，亦不能廢。蓋縱透得本體，仍不能不有功夫（否則忘失墮落皆時時可能），而「四句教」即立出全幅工夫綱領也。

總之，專就此段問答看，陽明一面堅持「四句教」為宗旨，另一面又承認「四無教」能透本體；此處確留下大可爭論之問題。

第三、根器之分或「本體」與「功夫」之偏重，雖皆見於陽明答語，但就嚴格意義看，實不足解決「四句教」與「四無教」之理論衝突。蓋此中真問題在於「無善無惡」之確義如何；再進一步說，尚須先定「善」、「惡」

[130] 《王文成公全書》，卷三十四，《年譜》三

之確義。

陽明語錄中，對此種問題事實上所說不少。例如《傳習錄》所記與薛侃之問答云：

> 無善無惡者，理之靜；有善有惡者，氣之動。不動於氣，即無善無惡，是謂至善。[131]

又云：

> ……聖人無善無惡，只是無有作好，無有作惡，不動於氣。……[132]

此是以「不作好惡」釋聖人之「無善無惡」，而解釋「不作好惡」時，則又謂：

> 不作好惡，非是全無好惡；卻是無知覺的人。謂之不作者，只是好惡一循於理，不去又著一分意思。[133]

薛侃在此處再追問「善惡」是否不在物上，陽明答云：

> 只在汝心，循理便是善，動氣便是惡。[134]

觀此，陽明對「善」、「惡」及「無善無惡」均已有一定解釋。然則此處之說法，能否有助於「四句教」之解釋？此則須對所涉理論問題再作進一步之探索。

首先，就「無善無惡」說，若所謂「無善無惡」只指「不作好惡」，而「不作好惡」又只是「好惡一循於理」之意，則陽明此說仍不外二程所言之「廓然而大公」及「物來而順應」之意。但若只是此意，則此種境界不必與「心外無理」一基本肯定有關。因縱使順朱熹之觀點，先分理氣，再在氣中說心，亦可以歸於此一境界——

---

[131] 《王文成公全書》，卷一，《傳習錄》上，「侃去花間草」條

[132] 同上

[133] 同上

[134] 同上

「好惡一循於理」之境界。則「良知說」之特色於此不能顯出。陽明既持「良知說」立教，又謂「四句教」乃自家之宗旨，卻依此一般性觀點說「無善無惡」，則「四句教」中第一句便與「良知」之宗旨無關。由此，可知「無善無惡是心之體」一句，欲作確解，尚不能依上引之議論而立說。

其次，若就「理之靜」與「氣之動」一對詞語看，則既說「無善無惡者，理之靜」，又說「有善有惡者，氣之動」，持此與四句教比觀，可知「理之靜」與「心之體」相應，「氣之動」與「意之動」相應。而下文謂：「不動於氣，即無善無惡，是謂至善。」合而觀之，可知陽明之意主要在說：「心之體」是「無善無惡」而亦是「至善」。此一對謂詞雖似有衝突，實則正表示陽明之真肯定所在。此點能得明確解釋，則「四句教」之涵義即可大明。

何以「心之體」是「無善無惡」而又是「至善」？欲解答此點，應知關鍵在於對「至善」一詞之了解。「至善」一詞中之「至」字，若取完滿意義解之，則無論下一步再取質意義或量意義說「完滿」，總不能免除「無善無惡」與「至善」間之不相容；然此「至」字若取根源意義解之，即以「至善」作為「善之究竟根源」看，則說「心之體」是「至善」，又是「無善無惡」，即無困難。蓋以「心之體」作為「善」之究竟根源，則正是斷定「善」及與「善」同級之謂詞皆由「心之體」而獲得意義；如此，則此一層級之謂詞，自應不能回頭再描述「心之體」。以邏輯推理為喻說，推理思考之能力，為推理之「正誤」之根源，但正因此故，便不能再說「推理能力」是「正」或「誤」。故推理能力本身即不能以「正或誤」描述之。又如視覺為視覺對象之「紅」或「不紅」等之根源，故吾人不能再說「視覺是紅色」或「視覺是不紅」，其理亦同。今就「心之體」講，「心之體」為「善之根源」，故是「至善」；然正因其為「善之根源」，故不能再以「善」或「惡」描述之，故說「無善無惡」。此中表面之意義排斥，即可消去。

陽明總強調「動」方有「善惡」，故說「氣之動」，又說「意之動」；此亦可依上舉比喻說明之。如人根本未作推理思考，則推理能力未運行，亦無「正誤」可說，「心之體」如未運行，則亦無「善惡」可說也。只在具體運行中，方有或正或負之問題。

對「四句教」第一句立此解說後，則對「心之體」立即顯出一確定解法。此即：所謂「心之體」實是一能力，而非「實體」義。換言之，此「體」只是「主體」而非「客體」，亦非存有義之「實體」。陽明用此「體」字時，不過指未運行、未發用而言。故「心之體」與「理之靜」相應，如上節所述。

「心之體」取主體義，則即與「良知說」之根本宗旨貫通無礙。所謂「至善」與「無善無惡」等義，亦可分別安立。至於以「循理」為「善」之內容，則在理論上屬下一層次。而此種肯定亦是講成德之學者共同承認之通義，非「良知說」所特有，亦無關於陽明立教之特殊宗旨也。

至於「四無」之說，龍溪之意蓋不過指向對本體之觀照境界，實與成德工夫無干。陽明以「本體」與「工夫」分說王錢之意則可，用「利根」、「鈍根」一類詞語說之，則未免有過。蓋「本體」與「工夫」並非分表上下或優劣。離開「工夫」之「本體」，不過成為一觀照所現之境界，與「成德」之目的反成斷離矣。

四句教之討論，至此為止。最後當略論「致良知」與「明明德」之問題，以結束陽明學說之敘述。

(六)「致良知」與「明明德」

〈大學〉原文開始即標明「大學之道」在於「明明德」、「親民」及「止於至善」；此中「止於至善」一語，可就形式義說之（參看拙著《新編中國哲學史》(二)論《禮記》思想一段）。而「明明德」與「親民」則顯然皆涉及特定內容，必須有確切解說。朱熹以「新民」釋「親民」，蓋以配後文「日新」、「又日新」之語；就訓詁而言，未為無理。但陽明則只據古本〈大學〉立說，故仍依「親民」原文。而所謂「明明德」與「親民」之義，又皆收歸「良知」觀念以解釋，於是「至善」遂成為「良知」之別稱。此其思路之大要。

〈大學問〉云：

大人者，以天地萬物為一體者也。其視天下猶一家，中國猶一人焉。……大人之能以天地萬物為一體，非意之也，其心之仁本若是。[135]

案「一體」之說，出自程門。陽明論「明德」而借此觀念開始，蓋陽明實以「公心」說「明德」，故即直接用程門解「仁」之語。

上引文後即依孟子之說推廣，而謂人立公心，則於萬物無不視為一體；而此能力乃人心所固有，即以此說「明德」。其言云：

是其一體之仁也，對小人之心亦必有之；是乃根於天命之性而自然靈昭不昧者也，是故謂之明德。[136]

由此，「明德」乃人心本有之能力，即「仁心」或「公心」；小人亦有此能力，但為私欲所蔽，遂不能顯現此能力。於是「明德」須在去私欲處方顯現，而去私欲即是「明明德」之義，故云：

……是故苟無私欲之蔽，則雖小人之心，而其一體之仁猶大人也；一有私欲之蔽，則雖大人之心，而其分隔隘陋猶小人矣。故夫為大人之學者，亦惟去其私欲之蔽以自明其明德，復其天地萬物一體之本然而已耳，非能於本體之外而有所增益之也。[137]

此處「本體」顯即指大公之心講，故所取乃主體意義之本體。以「明德」與「一體之仁」或「大公心」為一事，

[135] 《王文成公全書》，卷二十六，〈續編〉一，〈大學問〉
[136] 同上
[137] 同上

故即就去私欲之蔽以顯公心之工夫以說「明明德」。此處無難解之義。其下再論「明明德」與「親民」之關係云：

> 曰：然則何以在親民乎？曰：明明德者，立其天地萬物一體之體也；親民者，達其天地萬物一體之用也；故明明德必在於親民，而親民乃所以明其明德也。[138]

此處分就體用說，須注意「立體」與「達用」二詞。而後二語中「乃所以明其明德」一語，尤為重要。蓋陽明實以「親民」為具體實踐工夫，而以「明明德」為自我之昇進。自我即通過此種具體實踐而求昇進，此所以有「立體」及「達用」之說，而又謂「親民乃所以明其明德」。「明明德」既指自我之昇進而言，則一切進德工夫以及一切價值之實現，亦可說皆屬於「明明德」。故語錄云：

> 自格物致知至平天下，只是一個明明德；雖親民，亦明德事也。明德是此心之德，即是仁。仁者以天地萬物為一體；使有一物失所，便是吾仁有未盡處。[139]

依此，「明明德」取廣義說，則可包括「親民」。蓋「親民」不過就「明德」之展開說；若取工夫次第而論，似應說「明明德」而後「親民」——此是〈大學〉原意。但陽明既以主體達用說二者之不可分，則在究竟義上，「親民」只是「明明德」之大段實踐工夫。離開「親民」，則「明明德」只剩下內在覺悟之義。而依陽明統一內外之觀點，則縱使在純理論意義上，可說有先於「親民」之「明明德」——即內在覺悟或「良知」之直顯，然此覺悟能力必落在「親民」之實踐上。換言之，即「致知」不離「格物」而顯用也。

陽明又以「仁」說此「明德」，則說「明明德」，即是說仁心之顯用；而仁心顯用又即是使天地萬物各得其

---

[138]《王文成公全書》，卷二十六，〈續編〉一，〈大學問〉

[139]《王文成公全書》，卷一，《傳習錄》上

所之意，故「親民」必包括在此中。總之，「成物」即「成己」之一部分，「內」之「明德」必在「外」之「親民」等實踐上完成自身。此陽明統一內外之旨也。

倘用「心」字說，則陽明即以「盡心」說此由內而外之實現價值活動。文集中〈重修山陰縣學記〉一篇即取此說法。原文云：

夫禪之學與聖人之學，皆求盡其心也。亦相去毫釐耳。聖人之求盡其心也，以天地萬物為一體也。吾之父子親矣，而天下有未親者焉，吾心未盡也。吾之君臣義矣，而天下有未義者焉，吾心未盡也。吾之夫婦別矣，長幼序矣，朋友信矣，而天下有未別未序未信者焉，吾心未盡也。吾之一家飽暖逸樂矣，而天下有未飽暖逸樂者焉，其能以親乎、義乎、別序信乎？吾心未盡也。故於是有紀綱政事之設焉，有禮樂教化之施焉，凡以裁成輔相，成己為物，而求盡吾心焉耳。心盡而家以齊，國以治，天下以平。故聖人之學，不出乎盡心。[140]

此文全以「盡心」一觀念為中心，而說明德親民之義；此文前段先分別「人心」與「道心」，故所謂「盡心」自就「道心」之充足發用言。而「道心」即相應於「明德」，「盡心」即相應於「明明德」。文中論一切文化制度之成就，皆屬「盡心」之事，乃一重要論點，蓋此處明確顯出陽明「肯定世界」之精神方向，正儒佛之辨所在也。

文中原以禪學與儒學相比，故其下即指出二者對「盡心」之基本態度之不同。其言云：

禪之學，非不以心為說；然其意以為，是達道也者，固吾之心也。吾惟不昧吾心於其中，則亦已矣；而亦豈必屑屑於其外？其外有未當也，則亦豈必屑屑於其中？斯亦其所謂盡心者矣。而不知已陷於自私自利之偏，是以外人倫、遺事物。以之獨善或能之，而要之不可以治家國天下。蓋聖人之學，無人己，無

[140] 《王文成公全書》，卷七，《文錄》四，〈重修山陰縣學記〉

內外，一天地萬物之為心，而禪之學起於自私自利，而未逸於內外之分。斯其所以為異也。[141]

論禪學「外人倫、遺事物」，即指佛教捨離世界之精神方向而言。捨離世界自不能成就文化，此與儒學之化成世界之精神方向自屬大異。陽明看破此點，故辨儒佛甚明。至於「自私自利」是否能作為評論佛教精神方向之適當詞語，則是另一事。陽明但能確指兩種「盡心」之不同，在於禪學有內外之分，因而否定世界，另一面儒學則合內外而肯定世界，則儒佛精神方向之基本分別已得之矣。

此一問題亦與「明德」能否離「親民」而說直接相關。蓋種種詞語可以換用，背後所指涉之理論問題，總是德性能力與其實現之分合問題。如「明明德」為「立體」，「親民」為「達用」，而體用不可離，有此體即有此用，則「內外」既不可分，「成己」亦不能不包含「成物」矣。

「明明德」原與「致良知」是一事。其特點則在於與「親民」有文獻上之關聯，故可直通往文化制度問題，不似「致良知」可作為一純道德觀念看（陽明自然可用「致良知」貫串道德生活與文化秩序，但就學者言，從明德親民之說下手，易於接近陽明對文化制度之觀點）。故本節特說此義。

有關陽明此種統一內外或統一「明德」與「親民」之說，《文錄》中尚有許多類似資料，茲再引二則，以結束本節。

《文錄》中〈書朱子禮卷〉一文，述陽明告朱子禮有關「政」與「學」之言，即直說此旨云：

陽明子曰，明德親民一也。古之人明明德以親其民，親民所以明其明德也。是故明明德，體也；親民，用也；而止至善，其要矣。[142]

---

[141] 《王文成公全書》，卷七，《文錄》四，〈重修山陰縣學記〉

[142] 《王文成公全書》，卷八，《文錄》五，〈書朱子禮卷〉

此與前引各語大意相同，而說法更為簡明。

又〈親民堂記〉述陽明與南元善之問答云：

……陽明子曰，政在親民。曰，親民何以乎？曰，在明明德。曰，明明德何以乎？曰，在親民。曰，明德親民一乎？曰，一也。[143]

蓋此是從為政之道說起，亦即是從文化制度活動一面說起，而揭「明德」與「親民」為一之義。其下有「德不可以徒明」一語，最可注意。蓋不可「徒明」，即是說「道德心」不能離開實踐而顯用，而實踐即落在此世界上。「德不可以徒明」，故道德主體性必顯現於文化制度，因之不能不肯定世界也。

×　×　×　×　×

關於陽明學說之敘述，至此結束。以下當略論陽明學派之發展演變。此即所謂「王門弟子之分派」問題。

參　王門弟子之分派

陽明弟子甚多，雖親疏久暫不同，然凡師事陽明，甚至身後始執門人禮者（如聶雙江、羅念庵皆是），皆莫不自謂得陽明之本旨。於是陽明身後，傳其學者，流派頗異。黃梨洲著《明儒學案》，述〈師說〉中即深詆王畿王艮。蓋黃氏之著《學案》，心目中固早有一澄清王學流弊之目標，而其所以如此者，正因王門弟子分派立說，流弊頗多，影響極大也。

本節但取陽明弟子中，有特殊思想傾向者，論其大要，以明王氏之學之演變。

[143] 《王文成公全書》，卷七，《文錄》四，〈親民堂記〉

在分述王門重要弟子諸說之前，先當對王門各流派所爭議之理論問題，作一簡單說明。

×　×　×　×

王門弟子對王陽明之立「良知」為體，原無有持異議者——如日後李見羅「止修」之說，則屬另一派，非陽明門下之流派。諸家所爭實在於工夫問題。對工夫問題之說法，雖似甚繁，然大別之亦不外二派，即認為「良知」乃現成自有，不待磨鍊之說，與強調「良知」需有一段培養工夫之說。然認為「良知」乃現成自有者，亦非謂無工夫，但即以悟得良知為工夫。悟得此「良知」，便不再於發用處言工夫。此即所謂「在先天心體上立根」（王龍溪語）。龍溪固為此一流派之代表，王心齋之立場亦近此。總之皆尊「悟」也。另一面強調培養工夫者，如鄒東廓之言「敬」及「戒慎恐懼」，聶雙江之言「歸寂」，季彭山之言「警惕」，其偏重處似有不同，然皆不以「悟得良知」為工夫，而欲另加一段培養也。宋儒如朱熹與張栻，舊有「未發處有無工夫」之爭辯；而專就理論著眼，則「主體性」是在磨鍊處與發用處顯現，抑或先於發用而顯現，亦是一界限分明之問題。但今觀陽明門下所爭問題，則並非如此界限分明；即拈出一「悟」字，以與其他工夫對別，仍不免時有重疊交錯之意。此點在下節述各家之說時，即在在可見，亦學者所應留意者也。

一、王畿（龍溪）

案《明儒學案》之〈浙中王門學案〉，載有錢德洪、王畿、季本諸人。此蓋就地域言。實則王錢之思想傾向，即頗為不同；而王氏立說特色尤著。本節述其大要。

王畿，字汝中，世稱龍溪先生，所著有《龍溪王先生全集》。龍溪生卒年代為公元一四九八—一五八三。陽明逝世時，龍溪年甫三十。其後四五十年間，繼續講學，乃王門中極負重望之人物。然其立說，頗有打亂儒佛分界之病，故不唯當時議之者甚眾，即在黃宗羲《學案》中，亦持此論。其言云：

王門有心齋龍溪，學皆尊悟，世稱二王。心齋言語，雖超曠，不離師門宗旨；至龍溪直把良知作佛性看，懸空期個悟，終成玩弄光景。雖謂之操戈入室可也。[144]

案此直謂龍溪乃陽明之叛徒矣。此中是非分際，須統觀龍溪立說之要旨，方能評斷。茲分數點述其理論。

(一)現成良知

以「良知」為「現成」，乃龍溪學說之中心。此義應先說明。

所謂「現成」，乃針對「修證」而言。陽明後學中如聶雙江、羅念庵等，皆以為「原頭」與「見在」不同，換言之，即認為「良知」須經修證工夫而顯現。龍溪嘗屢辯此義，如云：

至謂世間無有現成良知，非萬死工夫，斷不能生；以此較勘世間虛見附和之輩，未必非對病之藥。若必以現在良知與堯舜不同，必待工夫修證而後可得，則未免於矯枉之過。曾謂昭昭之天與廣大之天有差別否？[145]

此即謂修證之說只可作對治虛見之用；「良知」本身本來不待修證；當前自覺心中之「良知」，即與最高境界中之「良知」是一非二。此即「現成」之義。龍溪堅持謂此方是陽明之本旨；其言云：

先師提出良知二字，正指現在而言；見現在良知與聖人未嘗不同。所不同者，能致與不能致耳。且如昭昭之天與廣大之天原無差別，但限於所見，故有大小之殊。[146]

[144]《明儒學案．師說》
[145]《龍溪全集》，卷二，〈松原晤語〉
[146]《龍溪全集》，卷四，〈與獅泉劉子問答〉

此段可與上段參看，二處皆用「天」為喻。眼前所見之「天」，即「廣大之天」，是一非二。現在或現成之良知，亦即最高之良知，故不待修證而後得良知。此即說為「當下具足」，龍溪答羅洪先書云：

> 見在良知必待修證而後可與堯舜相對，尚望兄一默體之；蓋不信得當下具足，到底不免有未瑩處。欲懲學者不用功夫之病，並其本體而疑之，亦矯枉之過也。[147]

此處出「本體」一詞，方是理論關鍵所在。蓋龍溪既承有「能致」與「不能致」之別，則亦非說全無工夫；所以堅持良知現成現在者，只由於有一心體觀念。

(二)心體與「心之本體」

龍溪說及「心之本體」之語甚多；但與「心體」意義又有不同；蓋說「心之本體」時，乃對「心」之本質作某種描述，可因不同語脈而有所偏重；故有時說「樂是心之本體」[148]，有時說「靜者心之本體」[149]，有時說「知者心之本體」[150]。至於「心體」則直就心自身說。如云：

> 吾人一切世情嗜欲，皆從意生。心本至善，動於意始有不善。若能在先天心體上立根，則意所動自無不善，世情嗜欲自無所容，致知功夫自然易簡省力；若在後天動意上立根，未免有世情嗜欲之雜，致知功夫轉覺繁難。[151]

---

147 《明儒學案》，卷十二，〈答念庵〉

148 《語錄》，〈答汪南明〉

149 《語錄》，〈答吳中淮〉

150 《語錄》，〈答林退齋〉

151 《龍溪全集》，卷一，〈三山麗澤錄〉

案此所謂「心體」，與「意」相對而說，而分「先天」與「後天」。意指經驗生活中意志能力之個別運行說，故是「後天」，心體先於個別運行，故是「先天」。龍溪主張「在先天心體上立根」，即是要在心體上作工夫。然則此工夫如何作法？龍溪乃以「復」或「日減」說之。其言云：

良知不學不慮。終日學，只是復他不學之體；終日慮，只是復他不慮之體。無工夫中真工夫，非有所加也。工夫只求日減，不求日增；減得盡便是聖人。後世學術正是添的勾當。所以終日勤勞更益其病。果能一念惺惺，泠然自善，窮其用處，了不可得。此便是究竟話。[152]

此處所提出之「減」觀念，頗為重要。從此一觀念中，方看出龍溪心目中之工夫，與陽明之說實有殊異。陽明雖亦就去人欲說「減」，然依陽明本意，「致知」不離「格物」，而「物」即就「意」之所在所向講。由此，陽明之「致知」工夫，正落在具體之意上。龍溪以為別有「在先天心體上立根」之工夫，而反對在動意處作工夫，顯然，至少就工夫理論說，大異陽明「致知格物」之旨。而龍溪所謂在「心體」上所作之工夫，只是排除蔽障之意，故云「日減」，又以「減得盡」為聖人境界。如此說「工夫」，非道德實踐之義，而是自我覺悟之義。故〈龍華會紀〉中云：

當下本體，如空中鳥跡，水中月影，若有若無，若沉若浮，擬議即乖。趨向轉背，神機妙應，當體本空，從何處識他？於此得個悟入，方是無形象中真面目，不著纖毫力中大著力處也。[153]

如此說「本體」，只扣緊「主體性非對象義之存有」一點講，亦無不可；但依此說工夫，則不唯與陽明不同，且與儒學對工夫之根本觀念不同矣。而龍溪標出「悟入」一詞，則龍溪心目中之工夫，全在此「悟」字，然則如

[152] 《語錄》，〈答徐存齋〉

[153] 《明儒學案》，卷十二

何是「悟」，如何能「悟」，方是問題關鍵所在。龍溪於此有所謂三悟之說。其言云：

師門嘗有入悟三種教法。從知解而得者，謂之解悟；未離言詮。從靜中而得者，謂之證悟；猶有待於境。從人事鍊習而得者，忘言忘境，觸處逢源，愈搖蕩愈凝寂，始為徹悟。[154]

所謂「解悟」，乃認知思辯中事，故說「未離言詮」，此義甚明；蓋說「悟」之「理」不同於「悟」，猶之說「神通」不是「神通」，說「治國平天下」不是「治國平天下」也。至謂「證悟」有待於「境」，則指靜坐求悟一路工夫；既必須斷絕外擾，即是受外境限制，此亦無難解處。最後所言之「徹悟」，應是龍溪所肯定之工夫，然只以「從人事鍊習而得」一語說之，其義頗不明確。而「觸處逢源」云云，又是悟後境界，非「悟入」之工夫矣。

總之，龍溪之論工夫，雖標出「先天」、「心體」等語，以自別於在意念上處處用功之傳統教法（案此方是宋明儒之共同觀念，陽明亦不例外），但自身只能就「悟」及「日減」等語描述工夫歷程，此外無明確講法。且屢屢將悟後境界與悟入工夫混而言之，使人易生誤解，以為「悟入」處即最高境界所在，由此而使工夫過程無法安立。龍溪後學墮入所謂「狂禪」一路，病根即在此一「混」處。

以上「三悟」之論，又見於龍溪之「悟說」，其語稍詳，茲節引於下，以結束本節對龍溪工夫理論之剖述。龍溪云：

君子之學，貴於得悟。悟門不開，無以徵學。入悟有三：有從言而入者，有從靜坐而入者，有從人情事變鍊習而入者。得於言者，謂之解悟。觸發印正，未離言詮；譬之門外之寶，非己家珍。得於靜坐者，謂之證悟。收攝保聚，猶有待於境；譬之濁水初澄，濁根尚在，纔遇風波，易於淆動。得於鍊習者，謂之徹悟。磨礱煅煉，左右逢源；譬之湛體冷然，本來晶瑩，愈震蕩愈凝寂，不可得而澄清也。根有大小，

[154]《明儒學案》，卷十二，〈霓川別語〉

故蔽有淺深，而學有難易，及其成功一也。[155]

案此處所說，與前引〈霓川別語〉大旨皆同，唯點明「靜」指「靜坐」而言，又以濁水初澄為喻，與「徹悟」之「不可得而澄清」互比，似較為明白。然工夫下手處仍屬不明；仍只有「鍊習」之說。對於所謂「從人情事變鍊習而入」之說明，僅見於同文論及陽明之語，其言云：

先師之學，其始亦從言入；已而從靜中取證；及居夷處困，動忍增益，其悟始徹。一切經論變化，皆悟後之緒餘也。[156]

依此，所謂「鍊習」，乃在艱困拂逆中動心忍性之工夫，換言之，即磨鍊意志之工夫；然則在此種磨鍊歷程中，定向之力量何在？龍溪仍無交代，故其工夫歷程終是不明也。

(三)禪學之影響

龍溪雖亦批評佛教之捨離世界，但龍溪所悟之主體境界，實與禪宗最為接近。上節論其工夫理論時，已可見端倪，蓋龍溪以「悟」言工夫，而所說了不著實，正由於其所悟見之境界，近於禪宗之主體自由，而非儒學之主體自由也。此點就龍溪言論看，亦多佐證。以下舉其要者，以表明龍溪所受禪宗影響。

龍溪論「良知」，即明與禪宗觀念比附。如答汪子問云：

自師門提出良知宗旨，而義益明。良知之思，自然明白簡易，自然明通公溥，無邪之謂也。惠能曰：不思善，不思惡；卻又不斷百思想，此上乘之學不二法門也。若臥輪則為聲聞之斷見矣。[157]

---

[155] 《龍溪全集》，卷十七

[156] 同上

[157] 《龍溪全集》，卷三，〈答南明汪子問〉

此明以禪宗超斷常之說解「良知」，與《論語》中「思無邪」一語相比附。然此節答問之語，尚可說是隨意引惠能《壇經》以明良知不離「流行」而顯其「主宰」之義，未必即混亂儒佛宗旨。龍溪受禪宗之影響之證據更有過於此種比附者，即直接取禪門宗旨以論「學」是也。如教其子應斌之語云：

聖狂之分無他，只在一念克與罔之間而已。一念明定，便是緝熙之學。一念者，無念也，即念而離念也。故君子之學以無念為宗。[158]

所謂「無念為宗」，乃《六祖壇經》中所揭之禪門宗旨，人所共知。而龍溪竟以此釋「君子之學」；此非詞語上之比附，而實見龍溪將良知說之宗旨竟全與禪門言「自性」之宗旨混而為一，則後世論者謂龍溪入於禪，實亦無可強辯矣。

由於龍溪所悟及之主體境界，本不出禪門範圍，故雖有時亦有抨擊釋氏之語，但在基本精神方向上，則不能直辨儒佛之異。故不特時時假借禪學語以講「良知」，且論及儒學與釋道立教之宗旨時，亦欲混同三教。〈三教堂記〉一文曾謂：

老氏曰虛，聖人之學亦曰虛；佛氏曰寂，聖人之學亦曰寂；孰從而辨之？世之儒者不揣其本，類以二氏為異端，亦未為通論也。[159]

依此，龍溪心目中之「通論」，即是不以二氏為異端矣。此文充滿任意比附之語，不再贅引。總之，龍溪自不見儒、佛、道三家精神境界之殊異，故於此大關目實無力掌握。口頭雖仍以「儒」自居，實則只悟到禪門之主體性，對孔孟精神方向全不能體認也。

[158] 《龍溪全集》，卷十五，〈趨庭漫語對應斌兒〉

[159] 《龍溪全集》，卷十七，〈三教堂記〉

論龍溪之學，至此可以結束。蓋龍溪雖在陽明身後講學多年，又以曾親侍陽明，動以直承「師說」自居；而謂他人誤解「良知」之奧旨，然其悟境已落入禪門，昧於「化成精神」與「捨離精神」之大界限。則雖在零星意見上有獨到處，在基本方面上乃離開儒學宗旨，可以論定。而其工夫理論之所以似深妙而實屬游移惝恍，亦不足異矣。

二、鄒守益（東廓）

鄒守益生於弘治四年，卒於嘉靖四十一年，以公元推之，其生卒年代為公元一四九一——一五六二。幼於陽明十九歲。在陽明弟子中，東廓固屬巨擘，尤其所持戒慎恐懼之說，足救龍溪之弊。故黃宗羲《明儒學案》在卷首〈師說〉中特標此旨，其言云：

東廓以獨知為良知，以戒懼謹獨為致良知之功。此是師門本旨，而學焉者失之，浸流入猖狂一路。惟東廓斤斤以身體之，便將此意做實落工夫，卓然守聖矩，無少畔援；諸所論著，皆不落他人訓詁良知窠臼，先生之教卒賴以不敝，可謂有功師門矣。後來念菴收攝保任之說，實遡諸此。[160]

同書鄒氏傳文中又謂：

陽明之沒，不失其傳者，不得不以先生為宗子也。[161]

案所謂「猖狂一路」，即指龍溪而言，而以東廓為陽明學之真傳所在，則與蕺山立說宗旨有關。黃宗羲宗蕺山「誠意」之說，而東廓之戒慎恐懼或慎獨，亦是重「意」之發用前工夫；此處固屬直接契合也。

[160]《明儒學案・師說》

[161]《明儒學案》，卷十六

東廓著作不多，其說要點如下：

㈠戒慎恐懼

東廓論工夫，以「戒慎恐懼」為主旨。若就字面解釋，則東廓之意似與程門「主敬」之說甚近。東廓自己亦說：

> 聖門要旨，只在修己以敬。敬也者，良知之精明而不雜以塵俗也。戒慎恐懼，常精常明，則出門如賓，承事如祭。故道千乘之國，直以敬事為綱領。[162]

依此，則「戒慎恐懼」可看作「敬」字之注腳。但如細察東廓之意，則所謂「戒慎恐懼」乃緊扣良知之常明及流行講，不似伊川之「敬」，只是「主一」，偏於形式意義。蓋東廓之工夫，係先肯認良知之主宰性說「戒慎恐懼」，說「敬」；故東廓說「敬」，總以「良知之精明」解之，不能離開「良知」說也。

「戒慎恐懼」是就不使「良知」受障蔽講；故不只是發意念後之檢點，而兼已發未發而言；此觀東廓論「中和」語可知。東廓論「中和」云：

> 夫良知一也，有指體而言者，寂然不動是也；有指用而言者，感而遂通天下之故是也。指其寂然者，謂之未發之中，謂之所存者神，謂之廓然而大公；指其感通處，謂之已發之和，謂之所過者化，謂之物來而順應。體用非二物也。學者果能戒慎恐懼，實用其力，不使自私用智之障得以害之，則常寂常感，常神常化，常大公常順應，若明鏡瑩然，萬物畢照；未應不是先，已應不是後矣。[163]

東廓此處將中與和、神與化、大公與順應，分屬體用雙行論之。此亦與二程以降之一般說法相同，但所謂「體

[162]《東廓文集》，卷四，〈簡胡鹿崖〉

[163]《東廓文集》，卷五，〈復黃致齋〉

用」乃「良知」之「體」、「良知」之「用」。於是，在本體上雙行皆歸於「良知」，而在工夫上即謂能「戒慎恐懼」，則「良知」之體用皆全，足見「戒慎恐懼」又統攝已發未發一切工夫矣。故東廓又云：

……故戒懼以致中和，則可以位天地，育萬物。[164]

「戒慎恐懼」即可「致中和」，則一切工夫皆統於此。然此工夫之內容則只是除去障蔽，使「良知」常精常明而已。依東廓說，此即是「致良知」。昔人論工夫許多話頭，東廓亦認為可收於「致良知」一義，故云：

主靜寡欲，皆致良知之別名也。[165]

如此，則在本體處說，則只立一「良知」，在工夫處說，則只立一「戒慎恐懼」以除去一切障蔽而「致良知」，此外更無可立。但東廓亦非不說具體實踐工夫，不過認為具體實踐工夫皆只是此「致良知」或「戒慎恐懼」之總工夫下面之條目而已。其與聶雙江論學之語，於此意說得最明切。其言云：

夫乾乾不息於誠，所以致良知也。懲忿窒欲，遷善改過，皆致良知之條目也。[166]

一切具體工夫，皆是「致良知」之條目，但此並非謂具體工夫不關重要，反之，「致良知」工夫正在此類條目上實現；離開此類工夫即無處著手以「致良知」，故東廓又極不以雙江之單重「寂」處「體」處之工夫為然。其與雙江之書札辯此義云：

……故中和有二稱，而慎獨無二功。今執事乃毅然自信，從寂處體處用工夫，而以感覺運用處為效驗，無所用其力。環起而議之，無一言當意者。竊恐有隱然意見默制其中，而不自覺。[167]

---

[164]《東廓文集》，卷四，〈復夏敦夫〉

[165]《東廓文集》，卷五，〈復黃致齋〉

[166]《東廓文集》，卷四，〈復聶雙江〉

案此即強調「慎獨」須貫內外動靜而言。所謂「中」與「和」、「未發」與「已發」等等，皆不可互離；而「寂」處與「感」處亦不能分開來用功。總而言之，工夫與本體即不能分離而說。雙江只主「歸寂」，則在東廓眼中，只是偏倚於「內」，與偏倚於「外」而逐感者正有類似毛病。故原書續云：

……故致良知工夫須合得本體。做不得工夫，不合本體；合不得本體，不是工夫。吾儕自雞鳴至於日昃，自日昃至於雞鳴，果能戒慎恐懼，保此本體，不以世情一毫自污，不以氣質一毫自離，不以聞見推測一毫自鑿，方是合德合明，皜皜肫肫宗旨。若倚於感則為逐外，倚於寂則為專內。雖高下殊科，其病於本性，均也。[168]

觀此可知，東廓之所以不滿於雙江者，即在於雙江於內外靜動總有所偏倚。此固是就工夫說，但東廓眼中，工夫又與本體不能離；於是雙江既偏於內、偏於寂而立工夫，亦正見其對「良知」本體掌握不定或體悟不全矣。

東廓之言「戒慎恐懼」或「慎獨」，自常識揣想，易與雙江之「歸寂」工夫相混，蓋「戒慎恐懼」原與程門之「主敬」極近，皆不涉行為內容之特殊決定，而只涉及意志狀態者。由此，若不深察東廓之意，即易將東廓之工夫亦看成「未發」工夫之一種，而以為此工夫在特殊行為成立之前，似屬「寂」處事，而非「感」處事。然上引之文已足表明東廓之「戒慎恐懼」並不偏倚於「內」，實與雙江之「歸寂」不同。

自另一面言，若學者只從具體行為層面了解所謂「戒慎恐懼」，則又易蹈另一種誤解，以為東廓之工夫只是在事上檢點。此則不知東廓之「戒慎恐懼」並不限於「感」處或「應物」處，而實統未發已發而言。關於此點，東廓亦有明確言論，表明只在事上檢點即非真工夫。如〈語錄〉云：

---

167 《東廓文集》，卷六，〈再答雙江〉

168 同上

問格致，曰：心不離意，知不離物。而今卻分知為內，物為外；知為寂，物為感；故動靜有二時，體用有二界，分明是破裂心體。是以有事為點檢，而良知卻藏伏病痛；有超脫事為，而自謂良知瑩徹。均之為害道。[169]

而寄余柳溪書中又云：

近來講學多是意興，於戒懼實功全不著力，故精神浮泛，全無歸根立命處。間有肯用戒慎之功者，只是點檢於事為，照管於念慮，不曾從不覩不聞上入微。[170]

此皆直說在事上檢點非「戒慎恐懼」工夫之全；蓋如只取此意言工夫，則只有事後檢點，正如日後劉蕺山所譏。此非陽明本意，且東廓亦無此主張也。

關於東廓之言「戒慎恐懼」，大旨至此已明。東廓之學原亦以此工夫論為中心，故以上述東廓之學，大致已備，尚應補充者，則是東廓對「性」、「氣」、「情」等等觀念所持之看法。

(二)性、氣、情

東廓對「性」之解釋，原無系統理論，但其零星意見中亦顯出一種特殊傾向，即以為「性」與「氣」不可分說。如〈語錄〉云：

天性與氣質更無二件。人此身都是氣質用事。目之能視，耳之能聽，口之能言，手足之能持行，皆是氣質，天性從此處流行。[171]

---

[169] 《明儒學案》，卷十六

[170] 《東廓文集》，卷六，〈簡余柳溪〉

[171] 《明儒學案》，卷十六

案如此說「性」，顯與張程以來，分劃「義理之性」（或「天地之性」）與「氣質之性」之說直接衝突。而東廓則認為此是陽明所持之觀點，故又云：

先師有曰：「惻隱之心，氣質之性也。正與孟子形色天性同旨。其謂浩然之氣塞天地，配道義；氣質與天性一滚出來，如何說得論性不論氣？後儒說兩件，反更不明。除卻氣質，何處求天地之性？」[172]

案此處引陽明及孟子之說，力言性氣之不可分。然實則攪亂問題。孟子所講之「浩然之氣」，自是就「氣」與「理」（或「性」）之合一處說，但此合一是工夫之結果，即所謂「生命理性化」或「攝氣歸理」之境界，並非謂「氣」與「性」或「理」是本來合一。若本來合一，則何須「養氣」乎？至陽明以「惻隱之心」為「氣質之性」，則因陽明有「心之本體」一觀念，而謂「心之本體即是性」[173]；仁義禮智，在陽明眼中，皆屬心已發處所顯現之不同功能，而「性，一而已」，故「惻隱之心」只是心之本體之一種顯現或活動，故歸於「氣質之性」而與心體之為「天理」分開。此處陽明之基本觀念正在於有「性」與「氣」之分。東廓引用乃與原意相反矣。

然東廓所以如此說，其著眼點則在於「性」必通過「氣」而顯現，故不唯混性氣為一，且對「性」與「情」之分別亦有取消之意。如云：

喜怒哀樂，即形色也，就其未發渾然不可覩聞指為中，就其發而中節燦然可覩聞指為和。今人卻以無喜怒哀樂為中，有喜怒哀樂為和，如何得合？人若無喜怒哀樂則無情，除非是槁木死灰。[174]

案東廓以為未發處仍有「喜怒哀樂」（此與日後之劉蕺山相似）。似以為「無情」是不可能者。此不唯與中和原

---

[172] 《明儒學案》，卷十六

[173] 《王文成公全書》，卷一，《傳習錄》上，「尚謙問」一條。案此段正是解《孟子》，恰可參看也

[174] 《明儒學案》，卷十六

意相去甚遠，且就理論言，亦引出一大困難，蓋如就有「喜怒哀樂」說「性」說「心」，則只有一經驗心；陽明所謂「純乎天理」者即不可說矣。

東廓著作不多，其論「性」、「氣」、「情」之資料亦患欠備。但就所已表明之意見觀之，則東廓只能在發用上或作用上講，對於「主體性」自身則尚未能確切掌握。梨洲視之為陽明之正傳，恐過譽矣。

三、聶豹（雙江）

上文已略述龍溪東廓之說。簡言之，龍溪以「直悟」為工夫，東廓則以「戒慎恐懼」為工夫。王鄒皆宗陽明，故所言之「悟」或「戒慎恐懼」皆在「良知」之靈明主宰上落實，此自為二程所無者。但若只就工夫之樞紐著眼，則龍溪言悟固近於明道之「識仁」，東廓言「戒慎恐懼」亦近於伊川之「主敬」；其分歧仍是可與二程工夫論之殊異相比觀者。至聶雙江則別標「歸寂」之說，其理路又自不同。

黃宗羲以為雙江之說，當上溯於吳康齋一派之魏校（莊渠），故評莊渠云：

> ……第敬齋工夫分乎動靜，先生貫串總是一個，不離本末作兩段事，則加密矣。聶雙江歸寂之旨，當是發端於先生者也。[175]

案黃氏此說亦非無據。蓋莊渠論工夫，重在立「主宰」，而工夫之極致，又在於使「本體純然是善」，「一念不生，生處皆善念」。此皆與雙江之重涵養本原，使「吾之動無不善」之意極近[176]。但魏氏之學，近承胡敬齋，遠承吳康齋，本以程朱之傳作基礎。故其論「心」，以「心」屬於「氣」，又以「氣」中「該得如此」處為「理」；或

---

[175] 《明儒學案》，卷三，〈崇仁學案〉三

[176] 以上涉及魏莊渠之說者，學者可參閱〈崇仁學案〉三所載魏氏之說

直承朱說，或稍加修改，然終是依伊川至晦翁之形上學觀點立論。所謂「主宰」，細按之，非陽明所言之超越主體性也。就此處看，則論雙江之學，亦不可與胡魏一系相混。其論工夫處固可互參，其根本觀點之不同則更不可忽視也。

聶雙江在陽明生時，原未列於門下。陽明身後，始稱門人。其學本非受自陽明。大半皆由自悟，故立靜坐歸寂之說後，王門弟子如龍溪、東廓以及黃宏綱（洛村）等人，無不譏議，以為非陽明本旨。深契其說者只羅洪先（念庵）而已，故約而言之，雙江之說，當視為陽明學之別支。以下略論其要旨。

(一)知與心體

雙江之學，重在「未發」處之工夫，故其立論，常強調所謂「心之體」；又因其論「良知」亦分良知之「發用」與良知之「自體」而言，故「心體」與良知之「自體」合一。所謂「歸寂」之說，即在此「心體」或「良知自體」之培養淨化上落實。茲論雙江之學，即應先述其對「良知」及「心體」之理論。

凡言「體」者，例與「用」對照而言。雙江之強調「心體」，實表示不在流行發用處求歸宿，故最反對「心無定體」之說。其言云：

謂心無定體，其於心體，疑失之遠矣。炯然在中，寂然不動而萬化攸基，此定體也。[177]

此所謂「寂然不動」之「心體」，實即是「良知」之自體，故又云：

良知本寂，感於物而後有知；知，其發也。不可遂以知發為良知；而忘其發之所自也。心主乎內，應於外而後有外；外，其影也。不可以其外應者為心，而遂求心於外也。故學問之道，自其主乎內之寂然者求之，使之寂而常定也，則感無不通，外無不該，動無不判，而天下之能事畢矣。[178]

[177] 《雙江集》，卷六，〈與歐陽南野書〉

「良知」之「發」是一事，其「發之所自」又是一事。「發」自指發用言，「發之所自」即指良知之自體也。而此「良知自體」又實與「心體」不可分，蓋雙江此處固承陽明以「知」為「體」之說，故其〈答亢子益問〉云：

> 知者，心之體也，即明德也；致者，充滿其虛靈之本體，……。[179]

如此說「良知」，則不僅取功能義，而有本體義。與只就知覺流行處說「良知」者，確有不同。而如此講「致知」，則「致知」乃心體上之存養工夫，在自我之轉化上落實，亦與陽明將「致知」與「格物」連說之義有異矣。然陽明論「良知」，原有不同層次之說法，雙江亦常引陽明就本體義講「良知」時之種種言論作為依據，以表示己說實與陽明相合，如答南野云：

> ……是非愚之見也，先師之見也。先師云：良知是未發之中，寂然大公的本體，便自能感而遂通，便自能物來順應。又云：袪除思慮，令此心光光地，便是未發之中，便是寂然不動，便是廓然大公，自然發而中節，自然感而遂通，自然物來順應。……又云：一是樹之根本，貫是樹之萌芽。體用一原，體立而用自生。[180]

此書中雙江屢引陽明之語，以印合己意，大致亦非曲解。但所引「體立而用自生」一語，在陽明為說工夫歸宿語，而在雙江則成為統括工夫之總綱。至此，亦即可轉至雙江工夫理論之陳述。

(二)未發工夫與養良知

雙江論工夫，自非全不理會「發用」一層面，但由於注重自我之轉化義，故工夫必以立「體」或成就此「體」

[178] 《雙江集》，卷六，〈答歐陽南野〉第三書

[179] 《雙江集》，卷六，〈答亢子益問〉

[180] 《雙江集》，卷六，〈答歐陽南野〉第三書

為主。「體立而用自生」，故「用」處雖有工夫，亦只當作次要工夫，即所謂第二義之工夫也。雙江云：

所貴乎本體之知吾之動無不善也。動有不善而後知之，已落二義矣。[181]

此所謂「二義」，即指非「第一義」而言，第一義之工夫不在「知善知惡」之發用上，而在使「吾之動無不善」之「良知自體」上。而此種在自體層面上之工夫，即所謂「未發」處之工夫，亦即所謂「涵養本原」之意。此所謂「涵養」又與「省察」對照而言[182]。此二詞原是儒學常用語；但就雙江而論，則所謂「涵養」即在意念具體出現以前對「心體」或「良知自體」之工夫，以與發念後之「省察」互別。從事此種發用前之工夫，即可使動無不善，非如動後之省察，只能知已有之意念之善惡也。

然則此種在「心體」上用力之涵養工夫，確定內容何在？雙江於此乃有「歸寂」及「養良知」之說。其言云：

致知者，惟歸寂以通感，執體以應用，是謂知遠之近，知風之自，知微之顯，而知無不良也。[183]

此即以「寂感」與「體用」相應而說。體上之工夫只是「歸寂」。所謂「寂」原對「感」說，故「歸寂」者，即使此心駐於「寂然不動」之自覺境界是也。故答歐陽南野云：

夫致知者，充滿吾心虛靈本體之量，使之寂然不動，儒與釋一也。[184]

---

[181] 《雙江集》，卷六，〈與歐陽南野書〉

[182] 案朱熹論工夫，常舉「涵養」與「省察」兩面說，其與南軒辯論工夫問題之說法，即以此二觀念為樞紐。雙江此類用語，自與此種歷史傳承有關

[183] 《雙江集》，卷四，〈贈王學正之宿遷序〉

[184] 《明儒學案》，卷十七，〈答東廓〉

使吾心之「虛靈本體」充足瑩澈，寂然不動，即是「致知」；故在答戴伯常時又用「澄心」二字[185]。所謂「澄心」，亦即超越具體意念而安駐於朗照之自覺之意。總之，此種歸寂之工夫，即是「心」由經驗層至超越層之轉化工夫。依雙江之意，此乃唯一真工夫，發用以下，皆非真工夫也。

以「證心」或「歸寂」講「致知」，又使此轉化工夫在「良知」觀念上落實。故從另一面講，則「歸寂」等等說法，皆不外「養」此「良知」一義，由此，雙江又喜言「養良知」與「用良知」之分別。曾云：

今人不知養良知，但知用良知，故以見在為具足。[186]

所謂「以見在為具足」，即指王龍溪一派而言。以為良知現成具足，故不知「養」之工夫，而雙江所緊握者卻正是此「養良知」之義，曾引陽明之言以助其說云：

陽明先生亦云：聖人到位天地育萬物，亦只從喜怒哀樂未發之中養出來。養之一字，是多少體驗，多少涵蓄，多少積累，多少寧耐。[187]

雙江甚至以「良知」與佛教之「覺」相比，而論「養」與「用」，謂：

佛學養覺而嗇於用，時儒用覺而失所養。[188]

此語以評佛教教義而言，自不甚準確，但由此更可顯出雙江心目中「養」與「用」之殊異。蓋所謂「養」者指心自身之昇進轉化，而所謂「用」者，則指心之應外事而言。此亦即「寂」與「感」，「未發」與「已發」等等

[185] 《雙江集》，卷八，〈答戴伯常〉

[186] 《雙江集》，卷八，〈答戴伯常〉

[187] 《雙江集》，卷六，〈答歐陽南野〉第二書

[188] 《雙江集》，卷九，〈答王龍溪〉

對比之另一說法而已。

倘工夫主要只在於轉化自我或心自身，則心之應外事處即可說無真正工夫；蓋心駐何境界即決定如何發用。若心駐於道德自覺之純粹境界，則其發用自是以道德自覺為主宰。若心在昏昧中，則亦只能作昏昧之發用。由此，雙江遂僅強調「致知」之工夫，而否認「格物」有工夫，換言之，能「致知」則自能「格物」，不能「致知」則「格物」處無從下手作工夫。故答王龍溪云：

致知如磨鏡，格物如鏡之照；謬謂格物無工夫者以此。[189]

鏡與照之說，陽明亦有之。但陽明之「致知」與「格物」不可分，乃確切工夫途徑。今雙江則謂「格物無工夫」，只以「發用」為一種餘事，與陽明本旨大不相同。此所以陽明弟子紛紛譏議雙江也。於此，乃可轉至雙江與同時諸家之辯論。

(三)與諸家之辯論

上文已述及雙江與王門諸弟子爭論甚多，蓋「歸寂」之說，若從字面考量，自可有種種疑義。然如不拘於字面之爭執，而專就雙江立論之本旨著眼，亦有不能不辯之理論問題。此類問題，大要不外三點：

第一、「良知」是否「現成」？此是雙江與龍溪之爭論要點。

第二、論工夫樞紐，是否只落在「中」上，而視「和」為一種效驗或自然表現？

第三、是否「格物」處無工夫？

後二點乃東廓南野諸人屢與雙江爭辯之問題。質言之，此二問題亦可視為同一問題之兩種說法；蓋或就中和說，或就格致說，總不外「發用」是否只是餘事一問題而已。

[189] 《雙江集》，卷九，〈答王龍溪〉

此三點皆屬涉及成德之學之確定內容之問題，與字面之爭執不同。然雙江本人對此中分別似不甚注意。其自述敵論之言，即常將兩層面之問題混而言之。如云：

疑予說者，大略有三。其一謂道不可須臾離也；今日動處無功，是離之也。其一謂道無分於動靜也；今日工夫只是主靜，是二之也。其一謂心事合一，仁體事而無不在；今日感應流行著不得力，是脫略事為，類於禪悟也。[190]

雙江自己所舉三種批評或敵論，其實只有第三種有確定意義。前二者皆屬字面之爭，蓋「道」之不能盡歸一面，乃各家所公認者。但講工夫時自有所肯定亦有所否定。無論用何字眼，疑者總可以尋出與此字眼相反之另一字眼。倘立論者就此字眼講工夫，疑者即可就其反面字眼作「離之」、「二之」等問。譬如明道揭「動亦定，靜亦定」之旨以告橫渠，似乎「定」貫動靜而言，不免「離」與「二」之病矣，然疑者同樣可舉「不定」或「未定」一語相問，同樣可疑「定」與「不定」為「離」為「二」也。今就雙江說，則雙江可用「寂」或「靜」講道之不離不二，他人亦可用「寂感」、「動靜」之對立語，疑其有「離」有「二」。此種爭執，實與成德工夫之實踐無大關係。唯第三點批評，則與「格物」是否無工夫有關。蓋如「感應流行著不得力」，則可能有兩種理論後果；其一是：全不考慮感應流行，甚至視感應流行處為幻妄，此即是所謂「類於禪悟」。但此自非雙江或任何儒者所能接受之立場。其二則是：將感應流行視為餘事，此卻正是雙江之意，而由此即可顯出「格物處是否無工夫」一重要問題矣。

關於「中和」及「格致」之問題，東廓南野皆與雙江有爭論。下文再分述。茲先固至龍溪雙江所爭之「現成良知」問題。

[190] 《明儒學案》，卷十七，〈答東廓〉

關於龍溪之主張，上節已述其大要。龍溪與雙江辯論各書，分載二人集中，稱「致知要略」；蓋二人所爭論者主要只在對「良知」之了解；更進一步說，則所爭者只在於「現成良知」與待「養」之「良知」二觀念間之殊異。有關雙方此類言論之基本資料，上文皆已引述。此處只作一理論說明。

首先，須對「現成良知」一說所涉之理論問題稍作析理。

「現成」一詞與「作成」相對立，謂「良知」是「現成」即謂「良知」非被「作成」者，而此處所排除之「作成」，又指受經驗決定而言。龍溪所關心者，乃世人常誤解「良知」，以為是一種被經驗決定之心理狀態或意識，而不知所謂「良知」必須指超經驗之主宰能力；因此，既強調「現成」以排除「作成」，又時時強調「先天之學」，以顯「良知」不屬「後天」之事。所謂「先天」、「後天」即經驗與超經驗二領域之傳統說法也。

依此，可知龍溪所緊握不捨之論點，實即在於「良知非受經驗決定而成」一義，故「致知要略」云：

良知者，本心自明，不由慮學而得，先天之學也。知識則不能自信其心，未免假於多學億中之取，已入於後天矣。良知即是未發之中，即是發而中節之和。未應非先，已應非後。即寂而感行焉，寂非內也；即感而寂存焉，感非外也。此是千聖斬關第一義，所謂無前後內外而渾然一體者也。[191]

所謂「不由慮學而得」、「先天之學」，皆環繞「良知不受經驗決定」而言。即依此意義說「現成」以排除「作成」之誤解。由於龍溪認為此一大肯定乃迷悟分判所在，故謂是「千聖斬關第一義」。蓋不悟「良知」之超越性，則根本無由悟見主體性；此處正是聖凡之判也。

由於此主體性超越於經驗之決定，故一切經驗區分皆不能用以描寫「良知」，此即所謂「無前後內外」之義；

191 《雙江集》，卷九，所載龍溪書。此書亦附載於《龍溪全集》卷六，稍有刪改。蓋《雙江集》所載當是此書原文。《龍溪全集》載此書方有刪改也由於再說工夫，則自然認為分「寂感」或「內外」而立工夫途徑，皆屬誤解良知。故龍溪即直接評雙江之學有失而謂：

若良知之前，別求未發，即是二乘沈空之學；良知之外別有已發，即是世儒依識之學。或攝感以歸寂，或緣寂以求感，受病雖不同，其為未得良知之旨則一而已。[192]

涉及工夫處，原應視作附屬理論，蓋自龍溪之思路言，超越經驗之最高主體之肯定方是基本理論也。然雙江與龍溪之爭論，則又集中於「良知」本身是否需要一段培養工夫一問題。故雙江之答辯，總不外發揮其「歸寂以通感，執體以應用」之說[193]。於是二人爭論，從表面上看，只見工夫問題上之異同。究竟二人對「良知」本身之了解是否互不相容，反不甚明顯矣。

茲再就此點稍作推進。雙江言「歸寂」，以為能「致知」即必能「格物」，格物處無工夫；此種種意見或主張，作為工夫理論看，自與陽明根本不合，前已論之。但當雙江如此論工夫時，其理論背後所肯定之「良知」觀念，是否與龍溪有異，正應再作一清理。

雙江論「良知」，重在所謂「本體」一詞；有時以「虛明」或「虛靈」描述之，然其重點仍在此「體」觀念上。雙江言「復」其「本體」，此在龍溪亦嘗言之。若問：如何「復」法？則又回至工夫問題上，於此龍溪只言一籠統之「悟」（見前節），雙江則拈出「歸寂」一語作用功之樞紐，二人不同，不待重說。今若捨工夫一層不論，專問雙江所復之「本體」與龍溪所「復」之「不學不慮」之「體」有何不同？則即直落在二人所持之「良

[192] 《雙江集》，卷九，所載龍溪書。此書亦附載於《龍溪全集》卷六，稍有刪改。蓋《雙江集》所載當是此書原文。《龍溪全集》載此書方有刪改也

[193] 此二語原見於《雙江集》，卷四，〈贈王學正之宿遷序〉一文，因有代表性，故引用於此

知」觀念本身。龍溪之「良知」是「現成」，非「作成」，上節已言之。然則雙江之「體」或「良知」，是否另有「作成」之義？此是學者了解王聶之爭論時最後著眼點。

著眼於此，則應對「作成」之可能涵義再作一勘定。

倘說，凡由一種活動決定之後果皆屬「作成」而非「現成」，則雙江之「良知」由「復」，由「養」而成立，固在此意義下是「作成」，龍溪亦不能不言「復」，亦何嘗不是「作成」？其實倘如此說「作成」與「現成」，則一言「致良知」便有「作成」之意。故取此一解法則所謂「現成良知」反不可解矣。

由此可知，順龍溪思路以分別「現成」與「作成」時，所謂「作成」必須扣緊先天後天之分別講。換言之，如上文所提及，龍溪之排除「作成」，強調「現成」，原只重在肯定一「不受經驗決定」之「主體」（即「良知」）。今若即以「不受經驗決定」解所謂「現成」，則所謂「作成」者即當專指「受經驗決定」而言。但如此說時，殊不見與雙江所持之「良知」或「本體」觀念有何歧異，蓋雙江所言之「體」，亦不能「受經驗決定」也。在雙江言論中，此類說法常見。除前文已引者外，茲再舉一二條極明顯者證之。《困辨錄》云：

寂然不動，中涵太虛，先天也。千變萬化，皆由此出，可以合德、合明、合序、合吉凶；故曰天弗違。觸之而動，感而後應，後天也。何思何慮，遂通而順應之，故曰奉天時，言人力一毫不與也。[194]

「人力一毫不與」正隱含不受經驗決定之意。而此寂然不動之「體」乃千變萬化之源，則本身之超越性亦成為不能不預認者，與龍溪之「良知」亦不見其歧異。

或謂，雙江之「體」總偏於「靜」一面，龍溪則強調此「體」不分動靜，是二人「良知」觀念不同處。然雙江固以「靜」與「寂」為工夫樞紐，其論「未發之中」亦認為是「主乎動靜」者。如云：

[194] 《雙江集》，卷十四，《困辨錄・辨易》

> 未發之中，太極也。未發無動靜；而主乎動靜者，未發也。非此，則心之生道或幾乎息，而何動靜之有哉？[195]

觀此可知，在工夫一層上，雙江雖持歸寂主靜之說，將「良知」作為「體」看時，雙江亦未嘗不承認此超越之「體」本身不可分動靜也。至此，仍不見二家之殊異。

總之，雙江與龍溪立說之真殊異，仍在工夫理論上；就二人所肯定之「良知」本身說，則可說同有「現成」義，亦可說同有「作成」義，不能顯示確定之分別也。二人所以就「良知」是否「現成具足」辯論不已者，實在於二人對「工夫」與「本體」之理論層次未能分清，遂致時時爭「工夫」上之「異」遂不察覺「本體」上實亦有「同」耳。

以上比較王聶之說，可使雙江論旨易明。雙江之真與王門諸家衝突難合之處，仍在於「格物處無工夫」一點。此點在東廓評雙江語中表現最為明朗。〈東廓再答雙江書〉云：

> 寂感無二時，體用無二界……故中和有二稱而慎獨無二功。今執事毅然自信，從寂處體處用工夫，而以感應運用處為效驗，無所用其力。環起而議之，無一言當意者。竊恐有隱然意見默制其中而不自覺。此於未發之中，得無已有倚乎？[196]

此處所言「體用」不可分為「二界」，即與格物致知之一貫性相通。故在〈語錄〉中，東廓即點明此義：

> 問格致，曰：心不離意，知不離物，而今卻分知為內，物為外；知為寂，物為感；故動靜有二時，體用有二界，分明是破裂心體。[197]

---

[195] 《雙江集》，卷十四，《困辯錄・辨易》

[196] 《東廓文集》，卷六

將此二段合看，即可知東廓之責雙江者，正在於雙江只言致知工夫，不能言格物工夫；是即「體用有二界」，即「破裂心體」；換言之，昧於格物致知之一貫義，即大違陽明立說之本旨矣。

此點在歐陽南野與雙江之辯論中，亦曾明白論及。南野答雙江書云：

> 來教以能知覺為良，則格物自是功效；以所知覺為良，是宜以格物為工夫。恐未然也。夫知以事為體，事以知為則。事不能皆循其知，則知不能皆極其至；故致知在格物，格物在致知，然後為全功。後世以格物為功者，既入於揣摩義襲，而不知有致知之物；以致知為功者，又近於圓覺真空，而不知有格物之知，去道愈遠矣。[198]

此段力言致知格物之一貫義，可謂痛切。蓋雙江之說，真問題在此。南野與東廓之意見頗相近，其評雙江亦反較龍溪為得要也。

最後，對雙江之學可作以下評論：

第一、雙江以「主靜」及「歸寂」為工夫下手處，本亦無大病。較之龍溪之籠統講一「悟」字，反見踏實。龍溪對雙江之譏評，未足為據。

第二、雙江由於強調「歸寂」，強調發用前之「養良知」之工夫，遂進而欲廢良知發用處之工夫，則是大病。蓋「良知」作為道德自覺之能力言，斷無不在行為（即所謂「事」）上顯用之理；而顯用處自時時需工夫。且從「靜」與「寂」中固可顯透主體性，此主體性仍要在運行於對象界處顯其大用。此所以陽明必將「致知」與「格物」視為一事。雙江不解此義，以為靜寂所養，自能發用無差，則不唯在理論上大有困難，即在實踐工夫上亦

---

[197] 《明儒學案》，卷十六，〈東廓語錄〉

[198] 《明儒學案》，卷十七，〈南野論學書〉

似體會不透也。

雙江之學，論述至此為止。以下當略述王心齋之學，以結束王門弟子之論述。

四、王艮（心齋）

就陽明弟子而論，上舉之龍溪、東廓、雙江諸人，雖立說互異，工夫體會不同，然大旨皆未失陽明立教之規矩。其中龍溪雖有近禪之傾向，然其病只在偏於以佛教之「主體性」描摹「良知」，其保持「良知」之超越主宰性，固未嘗違離陽明之本旨。然陽明弟子中之王心齋，則自身即別有傾向，而其所開之泰州學派一支，傳愈久而旨趣愈遠於陽明，可謂王門弟子中最特殊者。但若專就影響之廣大言，則龍溪與心齋可謂最能傳播王學者，故黃宗羲云：

> 陽明先生之學，有泰州龍溪而風行天下；亦因泰州龍溪而漸失其傳。[199]

所謂「風行天下」，即就影響或勢力而言；所謂「漸失其傳」者，即指二王皆近「禪學」說。此是黃氏之意見。實則龍溪雖近禪，尚非離開陽明之根本肯定（即「超越主宰性」之肯定），心齋之說則其弊絕大，非如黃氏所說之簡單。本節即先述心齋立說之特點，再略論其學派之趨向。

王心齋平生著述不多，傳世者不過後人所輯之遺集二卷而已。然其立說之特點固極為顯著，茲分述如下：

㈠「淮南格物」義

所謂「淮南格物」之說，即陽明沒後，心齋於淮南會講時所提出對〈大學〉「格物」一語之解釋。陽明原以行為釋「物」，所謂「意之所在為物」是也。心齋之解「格物」，則緊扣〈大學〉本文中「物有本末，事有終始」

[199]《明儒學案》，卷三十二，〈泰州學案〉，黃氏之案語

之意說。其言云：

格物之物，即物有本末之初；其本亂而末治者否矣；其所厚者薄而其所薄者厚，未之有也；此格物也。故即繼之曰：此謂知本，此謂知之至也。[200]

案此即是以「本末」、「終始」、「先後」之義以釋「格物致知」；依此，則所謂「物」，即指身、家、國、天下而言，而修、齊、治、平即所謂「事」；由身至於天下，是「物」之本末關係，而由「修身」至於「平天下」，則是「事」之終始關係；而所謂「知本」，亦即指對此中本末終始之一定「先後」之序之了解。案〈大學〉原文本說：「物有本末，事有終始，知所先後，則近道矣。」則心齋此釋，應與〈大學〉原意最為接近。蓋〈大學〉原意只在於肯定由近及遠層層建立秩序或規範之主張，並非如程朱一派形上學理論之言普遍之「理」與「天下之物」間之本性問題。〈大學〉只重在確定本末終始之序，而又以「知」此次序為「近道」，則由此順〈大學〉內在之思路語脈言之，後文所謂「知本」，所謂「知之至矣」，亦應即指此「知所先後」之「知」。如此，則「格物致知」，即指確定「身」至「天下」之次序，以及實知此一次序之確定性而言。不特程門之形上觀念之「理」在此脈絡中並未獨立出現，而且所謂「物」亦非泛指事事物物，又非如陽明所言之「行為物」矣。

純就疏解〈大學〉之文而論，心齋此解本甚為平正。但心齋立此說，並非由於對〈大學〉作客觀疏解之要求。其旨趣反在於借〈大學〉以發揮其自持之一套成聖立德之主張上，由此，如此釋「格物」之理論，遂通往心齋以「身」為「本」之說。

(二)修身、安身、保身

〈大學〉原謂：「自天子以至於庶人，壹是皆以修身為本」；故〈大學〉之言本末終始，在於以「修身」

[200] 《王心齋先生遺集》，卷一

為中心觀念，亦有客觀根據；但心齋則不僅順〈大學〉說「修身」，而由「修身」引出「安身」以及「保身」之觀念。心齋之論「安身」云：

修身，立本也；立本，安身也。安身以安家而家齊，安身以安國而國治，安身以安天下，而天下平也。故曰：修己以安人，修己以安百姓，修其身而天下平。不知安身，便去幹天下國家事，此之謂失本也。……不知身不能保，又何以保天下國家哉？[201]

此段宜注意者是：心齋提出一「安」字（本非〈大學〉原文所有），不僅以之釋「修身」，且以之釋「齊」、「治」、「平」諸語。於是，修、齊、治、平皆成為一種「安」。而〈大學〉所言之「壹是皆以修身為本」，至心齋說中遂變為以「安身」為「立本」矣。故云：

安身者，立天下之大本也。本治而末治，正己而物正也；大人之學也。是故身也者，天地萬物之本也；天地萬物，末也。知身之為本，是以明明德而親民也。[202]

此處又以「身」與「天地萬物」相對而言本末，此自是保留陽明之意旨。但以「安身」為「立本」，則此「安」涵有何種內容，則須另加解釋。於此，心齋則回到對〈大學〉中正心誠意諸語而云：

物格知至，本也；誠意，正心，修身，立本也。[203]

如此，則心齋對朱熹所言之〈大學〉八條目，乃分為三截說之。可圖示如下：

[201] 《王心齋先生遺集》，卷一
[202] 同上
[203] 同上

物格知至 ——（本） 誠意正心修身 ——（立平） 齊家治國平天下 ——（治「末」）

如此，顯然心齋將「誠意正心」收入「修身」觀念中，而即於此言「立本」，言「安身」。如此則「格致」成為「立本」前之某種覺悟，故只用一「本」字標指之。然如此立論，用語中自生極大困難；蓋徒用一「本」字指「物格知至」，則此處有無工夫便成可疑，因「立本」可說是工夫，只一「本」字難包含工夫義。但若「格致」一層面上竟無工夫，則不獨就歷史標準說全違陽明之旨，且就理論標準說，「立本」工夫之根源何在，亦屬不可解矣。

此是就心齋用語立論之欠明欠嚴說；實則心齋之學之大弊，尚不在此種問題上。欲確知心齋之學之病，仍當轉至其所謂「保身」一觀念。

前引心齋語中已有「不知身不能保，又何以保天下國家哉？」一語，此處所謂「保身」，確義如何，乃一大關鍵。

心齋言「保身」處甚多，但最具代表性之資料，則為《遺集》中之〈明哲保身論〉。茲引述如下：

> 明哲者，良知也。明哲保身者，良知良能也。知保身者則必愛身，能愛身則不敢不愛人，能愛人則人必愛我，人愛我則吾身保矣。能愛身者則必敬身，能敬身則不敢不敬人，能敬人則人必敬我，人敬我則吾身保矣。故一家愛我則吾身保，吾身保然後能保一家；一國愛我則吾身保，吾身保然後能保一國；天下愛我則吾身保，吾身保然後能保天下。知保身而不知愛人，必至於適己自便，利己害人，人將報我，則吾身不能保矣。吾身不能保，又何以保天下國家哉？知愛人而不知愛身，必至於烹身割股，舍生殺身，則吾身不能保矣。吾身不能保，又何以保君父哉？[204]

心齋此論，仍是以「身」為「家國天下之本」之意。但所用「保」字，及「愛」、「敬」諸語，確義皆大有可疑。若就其本來意向看，則當與其所謂「尊身不尊道，不謂之尊身」[205]，以及此論中另節所言「內不失己，外不失人」等義合觀，合觀則可見心齋所謂「保身」原是想就德性意義說「保身」，並非取利害意義。然此只是一種可能解釋。心齋自己論「保身」時，從未點明此「身」是否用於此特殊形軀，且〈語錄〉中又曾將「安心」與「安身」分別說，而謂：

安其身而安其心者，上也。不安其身而安其心者，次之。不安其身，又不安其心，斯其為下矣。[206]

如此，則「安身」既與「安心」不同，則此「身」字不能指「心」言，即不能指人之自覺意識言，則「身」字似不能不解為指此特殊形軀言。然「身」字一取此義，則所謂「保身」之說，即將引起極重大之理論問題。黃梨洲於此曾有所評議；其言云：

然所謂安身者，亦是安其心耳，非區區保此形骸之為安也。……不得已而殺身以成仁，文王之羑里，夷齊之餓，心安則身亦未嘗不安也。乃先生又曰：安其身而安其心者，上也。不安其身而安其心者，次之。不安其身又不安其心，斯為下矣。而以緡蠻為安身之法，無乃開一臨難苟免之隙乎？[207]

其下又評心齋之失云：

……於遯世不見知而不悔之學，終隔一塵。[208]

---

[204]《王心齋先生遺集》，卷一，〈明哲保身論〉。又《明儒學案》，卷三十二

[205]《明儒學案》，卷三十二，〈答徐子直語〉

[206]《王心齋先生遺集》，卷一，〈語錄〉

[207]《明儒學案》，卷三十二，黃氏在小傳中案語

案黃氏合論龍溪心齋之失陽明之傳時，但以「蓋躋陽明而為禪矣」一語統說之，此自是太簡。此處評心齋「安身」之說，則所涉問題較多。另一面若專心齋本人之說看，所含理論問題亦非一端。今欲稍作清理，則當分數點論析之。

第一、心齋由論「修身」，而轉至「安身」及「保身」，其說即與〈大學〉原意愈來愈遠。蓋〈大學〉之「修身」，順正心誠意而言，其所謂「修」自是取成德意義；心齋以「誠意、正心、修身」為「立本」時，亦不能不取此成德意義；但心齋同時又以「安身」為「立本」，倘自家之說不互相違反，則所謂「安身」，即亦應不離「誠、正、修」三字之德性意義說。但如此則當如黃氏所論，以「安心」與「安身」為一事；顧此點依心齋自己所提出之「上、次、下」之分別看，則顯然心齋不以為「安心」即「安身」。倘「安心」之外別有「安身」之事，則此所謂「安身」不能與〈大學〉中「修身」一詞之德性意義相符，亦與心齋以「誠意、正心、修身」為「立本」而同於「安身」之說衝突。此乃見心齋立說內部之困難，非僅如黃氏所言有「開一臨難苟免之隙」之流弊也。

第二、若欲進一步展示心齋此說之病痛所在，則應分別從「安」字及「身」字下手析論。

先就「身」字說，如上所言，「身」可專指現實世界之特殊形軀講，亦可指有主宰性之自我講。倘取後一講法，則「身」雖不同於「心」，然「修身」正是「良知」通過「心」與「意」在此特殊自我上之顯現；如此，「身」雖仍是此特殊形軀，但只為超越主宰性在具體存在中顯現自身之條件（或憑資）；此是依成德之學講「身」及「修身」之通義，亦合於陽明之本旨。然取此義時，「安身」即不能離開「安心」說，蓋只能就此身之能實循此心之「理」或「良知」而說「安」，不能離此而說「安」。今心齋既離「安心」而說「安身」，則所取者不能合於此一意義。換言之，其所謂「身」只能專指特殊「形骸」或「形軀」——如黃氏所議。「身」字取此意義，則所

208 《明儒學案》，卷三十二，黃氏在小傳中案語

謂「修身」、「安身」、「保身」諸語，皆下落至「利害層面」而喪失其德性層面之意義矣。

此處所指出之「利害」與「德性」二層面之混亂，由心齋自身所說「愛」、「敬」等語中最易顯出。例如：心齋以為「愛身」者「不敢不愛人」，其解說則是：能愛人則人必愛我，人愛我則吾身可「保」，反之，若「保身」而不「愛人」，則將「利己害人」而「人將報我」，結果使吾身不能「保」。此種說法在正反兩面，皆將「利害意義」與「德性意義」相混；就正面看，為吾身可「保」而「愛人」，則「愛人」只有工具意義即只有「利害意義」；就反面看，「不愛人」則「人將報我」，更顯然取「利害意義」。此處涉及道德哲學上一常見之問題，即「德性」或「道德價值」若依「利害」而立，則即必喪失其確定性及規範性。此義數語可明之。即如因慮「人將報我」故去「愛人」，則信仰權力者可說：倘我能掌有一絕對權力，而「人」不能「報我」時，我即不必「愛人」。由此，又可說「愛人」乃一虛偽道德態度。蓋以「後果」觀念解釋「道德價值」時，皆必有此病也。

心齋之所以將「利害意義」與「德性意義」相混，若再追進一步，則可說此一混亂乃由於心齋根本將「應然」與「實然」混亂，或將「規範」與「事實」混亂。而若取事實或實然意義，則愛人者亦未必能為人所愛，不愛人者亦未必不能制止他人之「報我」；「保身」取事實意義說，則縱使愛人敬人，亦未必能免於禍害。凡此種種事實關係，皆無「必」字可說。心齋本欲講「應然」或「規範」之問題，但處處誤取「實然義」及「事實義」，故其說不唯必有流弊（如黃梨洲所論），且根本不能成立也。

茲再就「安」字說，心齋引「修己以安人」、「修己以安百姓」等語，以助成其「安身」為本之說，實則此處又另有一觀念上之混亂。此即：「德性意義」與「事功意義」之混亂。此點與上節所論者相似而又實不相同。應再稍作析論。

先秦儒家原已有「修己以安人」之說，此義與〈大學〉全文要旨亦屬相符。簡言之，即以「德性」為「事功」之基礎。心齋如僅取此傳統觀念說「身」為「天下之本」一義，原亦無特殊弊病可言，蓋以「德性」為「事功」之基礎，即是視政治生活為道德生活之延長；此說縱有病，非心齋所獨有之病也。然心齋引修己安人之說以助成其「安身」之說時，不知「修」字只能取德性意義（〈大學〉中「修身」之「修」亦然），而「安」字則取事功意義；而混淆二義隨意立說。如上所言，心齋論「安身」為「立本」時，既與以誠正修之工夫為「立本」一同提出，則「安身」即應與誠正修之工夫同義，如此，「安」字即應是德性意義。但另一面又欲離開「安心」而言「安身」，則「安身」之「安」便應是功效或事功意義。今再將「修己以安人」中之「安」字與「安身」視為同義，且將「修己」與「安」亦視為同義，於是傳統中「修己以安人」之說——原指德性為事功之基礎者——至此變為「安身」則能「安天下」之說。而此說所用之「安」字究取德性意義或事功意義，反成為朦朧不明矣。

總之，心齋所立「安身」之說，由於「身」字及「安」字均屬意義混亂，故其本旨已難有確定解釋。至於其流弊則更顯而易見。蓋若以此特殊形軀在事實上之「安」為目的，則所謂「保身」即成為一基本價值擇定；觀心齋論明哲保身時，直以「明哲」為「良知」，而以「保身」為「安身」，則此種態度亦實是心齋本人所信持者；由此論之，「安身」、「保身」即是基本價值擇定，則一切為理想而犧牲之道德行為，反將受此擇定之排斥。泰州學派日後有顏山農、何心隱之流，隨利欲之念而橫行無忌，皆心齋混亂不明之說所啟也。黃梨洲但謂泰州派下諸人「非名教之所能羈絡」，尚屬寬恕之詞。實則顏何諸人荒誕邪僻，但憑意氣橫行，全失儒學規矩；自以為能「立本」又能「安天下」，而不過自墮為狂妄詭詐一流，卒之身亦不能保，可笑亦可歎也。

心齋「安身」、「保身」之弊如此。但心齋所以如此重視「身」，若從心齋本人之生活態度講，則又與重視具體生命之感受有關。蓋就理論意義著眼，則心齋「安身」及「保身」之說，如上所論，必有大弊，而事實上泰州後學亦確表現此弊；然心齋有人何以未覺察此一危機，則是另一問題。欲說明此點，即涉及心齋對具體生命感受之重視。於此，學者應注意心齋之〈樂學歌〉。

㈢〈樂學歌〉之意義

所謂〈樂學歌〉甚為簡短，大抵乃仿佛教偈語之作；但所含觀念，頗可注意。歌文云：

人心本自樂，自將私欲縛，私欲一萌時，良知還自覺，一覺便消除，人心依舊樂。樂是樂此學，學是學此樂。不樂不是學，不學不是樂。樂便然後學，學便然後樂。樂是學，學是樂。嗚呼，天下之樂，何如此學！天下之學，何如此樂！[209]

案此歌前六句可作一段看，其要旨仍順「知善知惡是良知」之義說，蓋「人心」本「樂」而縛於「私欲」則失去此「樂」，而「私欲」之動乃「良知」所能「自覺」到者，而「良知」一覺即消除「私欲」之縛束，故重顯此道德主體之自由，此即所謂「依舊樂」也。

以下八句重複言「樂」與「學」之不二義。蓋「樂」既指此主體自由之境界言，則所謂「良知之學」，即是要實現此境界之努力；而此境界之達成，亦必依於此種努力。再就反面說，不能實現主體自由，則不算「良知之學」，故一切語言概念之布置，皆非此「學」所重；另一面，不致力於「良知之學」，則主體所駐境界即非真實「主體自由」。前四句大致如此解。後四句則原意不過說，對主體自由之境界之體驗覺悟，與「良知之學」是一非二。但兩用「然後」字眼，稍嫌語意欠明。結處作讚歎語，則不待釋。

至此處牽涉之理論問題，則又應分兩層說。

第一步，若專看此歌，不涉及心齋其他言論，則此處所說之「樂」，不過如一般儒者之所謂「心安理得」或「受用」等，由之，即不引出特殊困難。蓋成德之學本以意志方向為主；而意志純化時，其活動方向與所指境

[209]《王心齋先生遺集》，卷二。《學案》亦載此歌

界自不可分。依此，則所謂「樂」與「學」之不二，亦正如陽明所論之「知行合一」也。

第二步，欲將此歌與心齋論「安心」與「安身」之說合看，則此「樂」字之解釋便須另有落實處；蓋如上文所論，心齋既以為「安身」不同於「安心」或不止於「安心」，則所謂「樂」者既指最後歸宿，便不能同於「心安理得」之意，不然，則一面以「安其身而安其心」為「上」，一面又以「安心」為最後歸宿，則其意不合矣。

倘順此理路看，則心齋之言「樂」，當不止於在「安心」處說，而必須兼就「安身」處說。換言之，良知所顯之主體境界不只是超越主宰一層，且須落在具體生命上。如此，則所謂「樂」須歸於具體生命之感受而言。此處即顯出心齋自己在生活態度上之特色。

心齋不解「臨淵履冰」之嚴苦工夫；其生活態度是以追求安適為方向；由此，凡以對治生命中之種種陰暗為主之「學」，在心齋看來，均不足以達成其「樂」，因之亦不是真「學」。必在具體生命之感受中呈現安適，方是「樂」，方是「學」。此即「安其心」又「安其身」也。正由於心齋如此看法，故不了解經驗層面上自我之種種限制，以為「應然」意義之境界可直接與「實然」之生命感受完全同一，由是，心齋對其說之弊及理論困難亦皆不能覺察。就工夫理論說，心齋不唯不能了解程朱一系克制私欲之工夫，且對陽明之「格物」工夫亦不甚明白。其解〈大學〉「格物」，雖與原文意近，然頗違陽明合講「致知格物」之原意；此點亦心齋所未能正視之問題也。

× × × × ×

總上所論，王心齋之學為陽明學之旁支異流，已甚明顯。心齋重「身」，「身」字又與具體生命、特殊形軀混而不分，可謂是啟後學之大顛倒之迷亂說法。然心齋本意所注重者，乃在具體生命之「自得感」；此「自得感」即心齋所謂「樂」。若順心齋此種立場而取一較嚴格之說法，則當先立某一意義之「道德理性」，然後就「道德理性」之實現於「生命」中，以規定此所謂「自得感」之確義；如此始可將「理性化之生命」與「自然生命」之分別顯出，而「樂」與「學」之不二義，亦得確立。然心齋自己立說向不甚嚴格，故有顛倒迷亂之弊。但學者詳觀心齋種種言論後，應可知其說雖有大弊，然其弊終與其本意不同也。

理論地講，凡說「生命理性化」時，必須先立此「理性」，以作為「作」此「生命」之根本依據，故「身」不能為「本」，而立「理性」方是「立本」。〈大學〉中所謂「壹是皆以修身為本」，乃對「家、國、天下」而言，「修身」本身工夫固必須依「格致誠正」而可能也。就此一理路看，心齋解〈大學〉，雖近原文本意，然由此而以為「修身」或「安身」是「立本」，則大有病在。至少，若就成德之學講，「修身」不能是「立本」也。但若專重「實現」意義看，則道德理性必落在「生命」上而顯其用；特別是當吾人強調文化秩序時，則必重此「實現」義，因而亦常會強調此「實現」乃「道德理性」所必須依循之要件。順此理路看，則強調「理性必須在生命中實現」時，便可生出以「生命理性化」為大樞紐之說。此種思路亦可表現為層次不同、規模不同之說法，統言之，總是強調「實現」而已。心齋之說，屬於強調「實現」諸說之一種。雖因其輕用「安身」、「保身」等詞語，又將「安心」與「安身」分說，故啟後學之弊，然如就哲學問題看，則心齋之強調「實現」，因亦針對一確定哲學問題，而此種趨向自陽明身後至明末清初，亦形成一種思想潮流。而心齋在時間次序上則立說較早，亦可視為此一重實現之思潮之創始人物也。

五、餘　論

以上論陽明弟子之學，即以四家為代表。事實上若就陽明學派之演變言，則後學中異說甚多。如李材（見羅）原學於鄒東廓，而其後自立一說，以「止修」為宗旨，力反「良知為心體」之義。其所謂「修」，即指「修身」，所謂「止」即指「知止」。前一點與心齋之說相近，後一點又與雙江相近。實則李見羅所立之說，大旨以反對以「良知」為體一點為其特色。然所用「止」、「修」二觀念無論從大本或工夫講，皆不切實，未足以成家。其所以反對以「良知」為體，又由於誤解儒佛之辨，以為凡言「心」為體為本者皆屬佛教思路，故最喜伊川所謂「釋氏本心，聖人本天」二語。李氏於儒學心性論中之主體性觀念，根本未能悟入，乃有此惑耳。李見羅非陽明及門弟子，故上節不論及。

此外，曾師事陽明，而其後又力反陽明者有黃綰（久庵）。黃綰於陽明，先友後師。陽明逝世，久庵初仍以弟子自居。但晚年思想大變，不唯反陽明之學，且以為周張程朱以下皆是「禪學」；其說見《明道編》。〈梨州學案〉卷十三，雖列黃氏小傳，然只稍作批評，而不述其學，蓋久庵偏執浮薄之說，為梨州所深惡也。今觀《明道編》，則久庵之說，粗疏混亂，於儒學內部問題既無確切了解，釋經訓故，亦隨意強說。如以「法」釋「格物」之「格」字，又以見「物則之當然」為「致知」；其訓解固無理據，其主張亦實不脫程朱舊說，而自以為妙悟新解，正見其陋也。近人雖有極力讚美黃久庵者[210]，然以哲學史標準言，其說實無可取，故本章亦不述及。

雙江主歸寂之說，王門諸弟子均不以為然；而羅洪先（念庵）獨契合其論旨，以為能救龍溪立說之病。羅氏論學，大旨皆與雙江相類。故本章既述雙江以代表此派，於羅氏即從略。

以上略舉其彰著者言。陽明後學變化極繁，若詳作整理，則可論者尚多，非本書所能容納。故述陽明之學即到此為止。至於明末之思想趨勢及清初之哲學言論，則在第六章中另作評述。以下當對宋明儒學之後期理論作一總結，以結束本章。

---

[210] 如容肇祖在其《明代思想史》中即極力推崇久庵之說，然其論點不外常識，未能接觸儒學之真問題及真理路也

肆　後期理論總評

宋明儒學之後期理論，即與通常所謂「陸王之學」大致相應。此一階段之儒學，以歸向「心性論」為特色；與重視「宇宙論」及「形上學」之初期及中期之學說，有根本方向之不同。若就歷史標準講，則因孔孟立說，本取「心性論」模式，故陸王之學應屬最接近先秦儒學之本意者。若就理論標準講，則周張所代表之「天道觀」，與程門所立之「本性論」，在嚴格意義上，皆含有極難消除之理論困難（此點在總說中已反覆說明），而「心性論」則由於歸向主體性，對以上二型理論之困難大致可以避免。就此意義講，後期理論在穩定性上即勝過前二期之學說，亦可說較為成熟。

然專就「心性論」一型之儒學看，自亦涉及許多不易解決之問題。陽明立說，原代表此一階段之理論之完成，然其後學議論紛紜，演變繁雜，其原因即在於立「心性論」時，所涉及之種種理論問題，本身既不易解，在陽明言論中亦未能一一清理，故後學滋疑，爭不能決也。

陽明學說所引出之哲學問題之爭論，即決定明末清初哲學思想種種傾向之主要線索。此點在下章中詳說。此處總結後期理論，所應指出者，則有以下兩點：

一、內在問題

「心性論」之特色，原在於道德主體性之透顯。但「主體性」觀念與常識距離甚遠。人在經驗意識層面思考觀察時，常不能悟見此主體性。倘欲建立一明確理論以透顯主體性，則此處第一關鍵即在於「最高自由」之肯定；而「最高自由」一觀念顯然與經驗界之條件系列直接衝突；因此，欲肯定「最高自由」，又必須先區分「經驗」與「超經驗」兩境域。建立此種理論區分，雖有種種思路可循，皆非可輕易完成者。陽明之思路，以在當前人之自覺活動中透顯「應然意識」為起點，此自與孟子思路最近，亦與象山之「本心」觀念相近。此種思路，就體驗反省一面說，雖易使人有親切感；但對自我留駐於經驗層面者言，則缺乏之思辯（非「思辨」）上之強力論證，由之對此處種種常見之誤解或混亂觀念，殊欠澄清之功能。若不輔以一套較嚴格之語言，處處清理所涉觀念，則此種思路即易被誤解、誤用而喪失本來面目。此可說是心性論一型之儒學——陸王上承孟子一系之思路——之內在問題。

如上各章所屢屢言及，「心性論」在理論標準一面說，原較「天道觀」及「本性論」為成熟，其理論效力，在嚴格意義上，本較他說為高；然此種理論建立時，所需要之語言清理及思辯工夫亦較多較難。故建立一心性論型之學說，每每最不易使人能確切了解。此即所謂「內在問題」。

若更求淺顯，則可說：「心性論」本身需要之條件較多較難，因此，循此一思路講德性文化問題時，所取雖是正路，然所需完成之理論工作，則遠比講宇宙論、形上學各類理論時為多。實際上講心性論者，未必能完成此類建立所需之工夫，由之，便有常被誤解之後果矣。

「心性論」之根本義，在於「主體性」及「最高自由」，距經驗意識最遠；不似「天道觀」或「本性論」皆依「存有」立說，易於接近。此是「心性論」內在特性使然，故從此角度說，「心性論」即有難於建立，難於使人確切了解之「內在問題」。但此所謂「內在問題」，乃建構理論及傳達方面之問題，與「心性論」之理論地位無關。反之正因「心性論」之理論地位較「天道觀」或「本性論」為高，故其建構傳達，均較後二者為難。此中分寸，學者須明辨之。

陸王之學，本身最為高明，然所引出之誤解特多，亦是事實。學者倘對以上所言之「內在問題」有一確切了解，則即不致將一理論本身之地位與此理論在建構傳達上之困難混而為一。此亦吾人講「心性論」時所最應留意之事也。

二、外緣問題

「心性論」表現於陸王之學說中，即本書所述之宋明儒學後期理論；上節已說明此種理論在建構及傳達兩層面上，均涉及較深曲之理論工作，因此易為人誤解。此由其理論特性使然，故稱之為「內在問題」。除此種「內在問題」外，外緣方面尚有許多因素，使陸王之學易受誤解。本節即舉其大者，略作解釋。

所謂「外緣」自指歷史環境而言。細分之又可有兩層：第一是一學說興起時，其他已有之學說所造成之思想情況；此自亦是一種歷史環境，但只限於學說思想一層。第二則是一般意義之歷史環境，主要指當時之社會政治情況；此類問題可與前一層問題分開，而作為另一層問題。

先就第一層講。先秦儒學至秦漢時，即開始為人誤解；其樞紐在於心性論本身之特性不為人所了解，而孔孟之學說遂被人通過形上學觀念及宇宙論觀念而解釋。蓋就歷史契機而言，秦漢之大一統，有利於種種文化成績之混合；而在哲學思想方面，南方之形上學觀念，「燕齊迂怪之士」所倡之宇宙論觀念，甚至巫祝神仙之說，皆與代表周文化之人文精神混合浸潤，於是有漢儒之「宇宙論中心之哲學」出現。自此，孟子心性論中之「主體性」觀念，遂為此一混合思想所隔，而罕為人所了解。就此而論，唐韓愈及宋代諸儒所謂孟子之後儒學本旨不傳，亦非無理。至韓愈及宋儒（象山除外）本身之未能回向心性論，則又是另一問題。此點自與學者誤用後出文件為據有關，前章已論，茲不復贅。

漢以後之中國思想，在一長時期中不能接觸「主體性」觀念，此是心性論精義不能透顯之原因；但漢以後之中國思想界中又有另一因素，有利於「主體性」觀念之重顯者，此即外來之佛教教義之影響。

佛教教義自原始教義經部派小乘之說至大乘空有二支，再發展為真常之教，內容滋繁；然統觀其思想趨向，則佛教始終以「主體性」為教義中心；自最初言解脫涅槃之義，至晚期中國佛教之強調「佛性」，蓋無不以「主體性」為依歸。雖佛教所肯定之「主體性」，在功能及境界方面，與儒學所肯定之「主體性」不同，然就是否強調「主體性」而論，則佛教大乘教義反與儒學之心性論有相近處；由此，當陸王諸家力倡心性論之儒學時，即不免時時攝取佛教某種觀點或論證以助其立說。雖在「主體性」之境界上，「儒佛之辨」甚明，然另一方面，欲透顯「主體性」，則其理論除上承孟子外，可以得助者，只有佛教教義。此乃歷史環境之限定，亦屬無可奈何之事也。

陽明及其後學，在論及「心體」時，皆不免吸取佛教某種觀點。此雖不礙「化成」與「捨離」之大分別，然在不明此中嚴格理論分際者觀之，則極易誤會「心性論」之「近禪」，至如王龍溪之流，本身對佛教及儒學所肯定之「主體性」之殊異未能掌握，則其說被人視為瞿曇之說，更不足怪矣。

關於陽明及其後學受佛教影響而提出之哲學問題，下章中另有論述。此處須指出者，只是晚期之宋明儒學，由於攝取佛教對於「主體性」之某種論點，故極易啟世人之疑。此是一「外緣問題」，然治哲學史時，學者亦不可因其非內在問題便不予注意也。

再就第二層講。晚期宋明儒學雖肇始於南宋之象山，然其大成在明代中葉之陽明。明代開國以來，本無真正「盛世」；而英宗之後，更是步步進入「衰世」。陽明一生歷憲、孝、武、世四代，正屬日見衰落之階段；至後學則不數傳已至明末之大衰亂矣。故就哲學思想以外之歷史環境講，則晚期宋明儒學（即以「心性論」為主之宋明儒學）在完成其理論時，已處於社會政治之衰亂時期。及其說大行之際，則更值大亂之來臨。由此，陽明之學遂陷於一極不利又極易受責難之歷史環境中。

蓋人處衰亂之世，最感迫切者乃外在之實效問題。心性論之儒學，作為「成德」之學，或甚至作為廣義之純哲學看，自屬最成熟最高明之學說；然「成德」與立功非一事；理論內部之效力與外在影響之實效又各涉及不同問題。「心性論」與事功問題雖非有任何內在衝突，然心性論如不透過一客觀化之觀念，即可與事功問題之境域隔離。陽明及其後學，對於客觀化問題皆不甚看重。倘其學說流行不在衰亂之世，則世人之反應或有不同。不幸此學說正在衰亂之歷史環境中出現，對世人之迫切問題遂有所隔。此種感受在明亡而滿清以異族入主中國時，更為強烈；而持心性論之儒者，面對此種歷史環境，亦似束手無策。於是急於救衰止亂之學人，除對心性論本身確有了解者（如黃宗羲）外，即由衰亂感之壓力轉而排斥心性論，甚至指為引生衰亂之因素矣。

此是明末清初王學衰落之外緣因素，亦晚期宋明儒學之悲劇也。

×　×　×　×　×

總之，晚期宋明儒學歸於心性論，就歷史標準看，此學說原最接近孔孟本旨，就理論標準看，此學說亦是一最成熟之成德理論，然由於內在與外緣兩面之問題，此一最成熟之理論，反而最受人誤解。當其為派內學者誤解時，便有所謂「王學之流弊」出現；當其為派外一般人所誤解時，即被指為應對當時之衰亂負責者，因而益受抨擊。吾人治中國哲學史，論及此一學說，固當確切掌握種種理論分際而不使問題淆亂；另一面亦應明切了解此中種種問題之相關線索。吾人倘確切了解陽明之學如何為人誤解，又如何處於一不利之歷史環境中，則結束宋明儒學時，已可隱隱看出其後之思想趨勢，本章至此論述已畢，以下即轉至明末清初之哲學思想；而以上總評即由本章轉至下章之理論線索也。

魏晉清談

唐翼明　著

這是中外各種文字中，第一本全面研究魏晉清談的獨立專著，填補了中國學術思想史上的一項空白。作者以辛勤細心的態度，犀利獨到的眼光，分肌擘理、刮垢磨光，為我們重新展示了魏晉清談之內容、形式，以及其形成與演變的輪廓。全書材料豐富，條理分明，分析深入，文字雅潔，凡研究中國，尤其是魏晉的學術、思想與文化、文學者皆不可不讀。

老子的哲學

王邦雄　著

作者在先秦諸子的思想源流中，探究老子《道德經》的義理真實，並建構其思想體系。本書由生命修證，開出形上體悟；再由形上結構，探討其政治人生的價值歸趨；並由生命與心知兩路的歷史迴響，對老子哲學作一價值的評估，以顯現其精義與不足。

莊子的生命哲學

葉海煙　著

莊子哲學不是鯤鵬的哲學，不是神仙的哲學，而是屬於天地間至真之人的哲學。作者在超越與辯證兩大原理引領下，經由或曲或直的思考路徑，向莊子哲學的高峰邁進，運用詮釋手法，提振起莊子的概念系統，進而將理性與生命緊密結合，以見莊子俊逸的生命風采。

中國百位哲學家

黎建球 著

以往讀哲學史最大的困難，就是不知如何從卷帙浩繁的著作中，快速掌握該時代、該學派或哲學家的中心思想。本書針補時弊，從哲學家的觀點來介紹每一位哲學家的生平、著作與學說。期望藉由對各個不同哲學家思想的整理，以及系統的規劃，有助於哲學教育的廣泛推展。

中國哲學史話

吳怡、張起鈞 著

作者以中國哲學特有的路數來詮釋中國哲學，並用通俗的語言、輕鬆的筆調，深入淺出地介紹中國哲人的思想。書中以中國思想家為單元，在橫向方面勾勒出各思想家和思想學派的中心理論，以及與當時其他思想家和學派的相互關涉；縱向方面則剖析各思想、理論的流演及發展，理出中國思想前後相繼、首尾連貫的統序。隱隱中，點出中國哲人為世道而學問的旨趣，使讀者對中國哲學的本來面目，有正確的認識。

中國哲學史

周世輔 著 周玉山 修訂

本書探究中國哲學的起源與演進，分論中國古代、中古、近代、現代的哲學思想，言必有據，立論公允，而皆本原典。並與西洋哲學對照比較，期見中國哲學之未來趨勢，以促中華文化之復興。二十世紀七十年代，本書出版後，風行海內外。今全面修訂，推出新版，盼有助於大學之教學，更有利於讀者之自修。

莊子

吳光明 著

本書以考證訓詁為準備工作，直接探入莊子特異的核心妙境，一面持續推理以達西方哲學般的理脈一貫，論理謹密，另一面呈現具體細緻的人生理性，以「人蝶互夢」、「夢晤路髑」等具體故事喻明此理，又與孔子、孟子、老子，及蘇格拉底、魯克雷雕斯等東西賢哲對話，而襯出莊子又玄奧又現實的特殊意境。

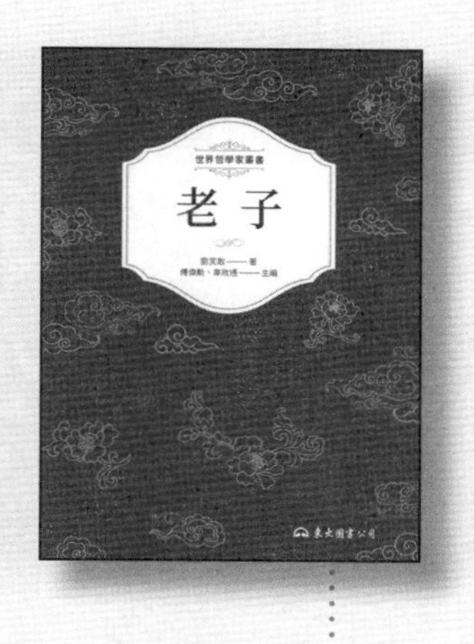

老子：年代新考與思想新詮

劉笑敢 著

本書以概念的深層剖析和體系的有機重構為主要方法，力求逼近老子哲學的本來面目，同時探討老子哲學的現代應用或現代意義。老子之道是世界的總根源和總根據，是貫穿宇宙、世界、社會、人生的統一性的根本性解釋。而針對《老子》晚於《莊子》的觀點，書中從韻式、合韻、修辭、句式等方面詳細比較，為確定《老子》的年代提出了新的論證。

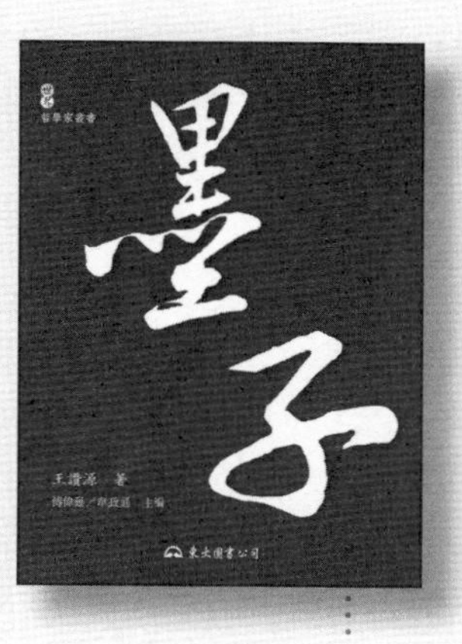

墨子

王讚源 著

本書基於學術的立場、通俗化的企求，運用筆者所構想的「層面整體動態觀」這一方法，重新研討墨子的現代意義。針對墨子生平、著作、宇宙觀、知識論、方法論等核心觀念，提出許多獨到的見解，發人深思，期能使讀者了解墨子的時代意義，及其不朽的精神。